国家自然科学基金项目(41071073)
国家自然科学基金项目(41471100) 联合资助
上海高校高峰高原学科建设计划

高速公路网与城镇体系的区域整合

——以长江三角洲地区为例

林 涛等 著

科学出版社
北 京

内 容 简 介

本书针对我国持续快速扩张的高速公路网络、快速推进的城市化与汽车化及其相互关联所产生的复杂的城市、区域效应,以长江三角洲地区为案例,在对高速公路网络与区域城镇体系网络的适应性、区域城镇体系网络结构与区域高速公路网结构的关联特性进行定量分析与评价的基础上,深入探索了高速公路网可达性变化与城市区位及城际公路客运的空间联系、公路客货运量的城市等级体系、中心城市腹地变化、核心城市日通达性、宁沪杭甬高速公路走廊、高速公路网的区域影响、县域交通优势与其综合实力耦合、区域城市网络空间结构及其变化等,揭示了高速公路网络与城镇体系在区域尺度上的互动机理,提出了两者之间多样化空间整合模式。

本书可供区域规划、城市规划、公路建设等部门的科技工作者参考,也可作为高等院校地理科学、人文地理与城乡规划、经济地理学、城市规划等专业师生的参考书。

图书在版编目(CIP)数据

高速公路网与城镇体系的区域整合——以长江三角洲地区为例 / 林涛等著. —北京:科学出版社,2016.1
ISBN 978-7-03-046195-7

Ⅰ. ①高… Ⅱ. ①林… Ⅲ. ①长江三角洲-高速公路-公路网-城乡一体化-研究 Ⅳ. ①U412.1

中国版本图书馆 CIP 数据核字(2015)第 262097 号

责任编辑:许 健
责任印制:谭宏宇 / 封面设计:殷 靓

科学出版社 出版
北京东黄城根北街 16 号
邮政编码:100717
http://www.sciencep.com

南京展望文化发展有限公司排版
苏州市越洋印刷有限公司印刷
科学出版社发行 各地新华书店经销

*

2016 年 1 月第 一 版 开本:787×1092 1/16
2016 年 1 月第一次印刷 印张:18
字数:393 000
定价:98.00 元
(如有印装质量问题,我社负责调换)

Preface

前　言

交通运输网络是区域城镇体系网络的物质条件及其发展的必要前提。自1988年中国开始建设高速公路以来,高速公路网的规模增长幅度之大为世界罕见。我国的高速公路里程目前已达9.6万km,其中国家高速公路约7万km,在全球范围内位居前列。根据我国城镇和区域发展实际和新颁布的《国家公路网规划(2013—2030年)》,到2030年我国高速公路总规模将达到11.8万km。目前,全国性的高速公路网骨架基本形成,高速公路已连通我国主要的大中城市和除西藏外的所有省级区域,形成了支撑城市发展的快速通道和高效运输网络,极大地带动了城市和区域的发展,公路运输方式在综合运输中的地位已经发生了显著变化。

2011年末,我国人口城镇化率已经超过50%,2014年达到54.77%。城市化水平与区域交通网络连接度线性相关,互为因果;若干年前,中国汽车已经进入以私人消费为主的发展阶段。2014年末,全国民用汽车保有量达到15 447万辆,其中私人汽车保有量12 584万辆,占81.47%;民用轿车保有量8 307万辆,其中私人轿车7 590万辆,占91.37%。快速推进的城市化、汽车化,在持续扩张的高速公路网络支持下,正在不断加剧城市空间的增长,强化城市之间联系的强度和规模,并影响城际联系的方向。那么,相对稳定的区域城镇体系空间结构如何影响高速公路网络?反之,高速公路网络的运营对区域城镇体系的结构又有何影响?同时,两个关联网络的交互影响是在开放条件下进行的,其互动还必须充分考虑航空、铁路、干线公路等综合交通运输业已形成的极化格局、空间网络、综合廊道等带来的影响;因高速公路网发展所提高的城市通达性,使主要城市腹地拓展、市场区范围扩大,其对中小城市产生的影响是怎样的?这些核心城市功能的进一步极化是否强化可能产生的轴—辐(hub-spoke)交流的影响?由于日通达范围扩展而产生的及时化交流对城际商务活动和旅游的重要影响是什么?高速公路的规划、建设与运营,在多大程度上推进了"强化国土均衡开发"的功能和网络化资源配置的政府意志?这两个关联的网络如何整合,才能比较充分地实现区域资源的交流?

因此,急速扩张的高速公路网络建设伴随快速发展的城市化、汽车化及其相互关联所产生的城市、区域效应,应适时从多视角、充分和系统地进行研究。"推动社会进步,优化运输布局和服务,强化国土均衡开发,促进区域协调发展,改善人民生活质量"是国家高速公路网在宏观层面上的功能定位之一;高速公路网与区域城镇体系发展互动关系是解决区域经济增长、区域城市化空间格局、区域系统结构优化、区域一体化进程等重大问题的基础，也与宏观层面的区域可持续发展、人地关系机理问题等密切相关。

交通运输的城市、区域效应以及交通运输与区域空间组织是交通地理学的重要内容，其中交通网络与城镇体系的关系是重点和前沿领域之一。目前国内外的研究多集中在航空、铁路两种交通运输方式上，对公路运输网络与城市发展的研究还不够充分。

感谢国家自然科学基金委员会对本书研究工作的资助(41071073)，同时还要感谢国家自然科学基金委员会给予我们的进一步支持，以开展在本书研究项目基础上的进一步研究(41471100)。本书的写作实际上始自2010年国家自然科学基金项目的申请。其实在此之前，项目组已申请过多年，每一年同行专家都予以本书所涉及的研究给予中肯的评议。基于此，我们才能够对本书的研究工作有一个相对比较清晰的认识，并不断推进研究工作。在此，作者由衷地感谢那些匿名的同行专家。

同时，限于作者的水平、数据的可获得性等因素，本书所呈现的研究结果仍然有许多不足。恳请读者和同行一如既往给予我们批评和建议，以使我们的工作做得更好，研究成果能发挥更大的作用。

林　涛

二〇一五年六月

目 录

前言

第1章 绪论 ·· 1
    1.1 高速公路网与区域城镇体系的基本关系 ·· 1
    1.2 高速公路网与区域城镇体系关系研究动态 ·· 4
    1.3 高速公路网与城镇体系区域整合目标 ·· 6
    参考文献 ·· 7

第2章 高速公路网络与区域城镇体系空间网络的适应性 ······························· 11
    2.1 引言 ··· 11
    2.2 高速公路网络与区域城镇体系的适应性内涵及其测度 ·································· 12
    2.3 长三角地区高速公路网络与区域城镇体系适应性 ·· 18
    2.4 小结 ··· 22
    参考文献 ·· 23

第3章 长江三角地区高速公路网与城镇体系空间结构的分形特征 ··················· 25
    3.1 引言 ··· 25
    3.2 长三角地区高速公路网与城镇体系的空间发展 ··· 26
    3.3 数据与方法 ·· 28
    3.4 长三角地区高速公路网络空间结构分形维数测算 ·· 29
    3.5 长三角地区城镇体系空间结构分形维数测算 ··· 31
    3.6 长三角地区高速公路网络与城镇体系空间结构关系 ····································· 33
    3.7 小结 ··· 35
    参考文献 ·· 35

第4章 长三角地区高速公路网可达性变化与城市区位 ··································· 37
    4.1 引言 ··· 37
    4.2 数据与方法 ·· 38

4.3 长三角地区高速公路网络可达性变化 ·········· 39
4.4 长三角地区中心城市区位变化 ·········· 44
4.5 小结 ·········· 49
参考文献 ·········· 49

第5章 长三角地区城际公路客运的空间联系 ·········· 52
5.1 引言 ·········· 52
5.2 数据与方法 ·········· 53
5.3 长三角地区城市之间高速公路客流的联系方向 ·········· 55
5.4 长三角地区城市间公路客流联系强度 ·········· 60
5.5 小结 ·········· 62
参考文献 ·········· 63

第6章 长三角地区公路客货运量的城市等级体系 ·········· 65
6.1 引言 ·········· 65
6.2 数据与方法 ·········· 66
6.3 长三角地区公路客货运量水平综合评价 ·········· 67
6.4 长三角地区公路客货复合流量节点城市 ·········· 78
6.5 小结 ·········· 82
参考文献 ·········· 83

第7章 高速公路网与长三角地区旅游流网络结构 ·········· 86
7.1 引言 ·········· 86
7.2 数据与方法 ·········· 87
7.3 长三角区域旅游流网络节点的分析与评价 ·········· 92
7.4 长三角区域旅游流网络结构的分析与评价 ·········· 97
7.5 小结 ·········· 99
参考文献 ·········· 99

第8章 高速公路网与长三角地区中心城市腹地变化 ·········· 101
8.1 引言 ·········· 101
8.2 城市腹地的内涵及其相关研究 ·········· 102
8.3 研究数据与研究方法 ·········· 105
8.4 长三角地区城市腹地变化的测度 ·········· 107
8.5 长三角地区城市腹地变化 ·········· 118
8.6 小结 ·········· 122
参考文献 ·········· 123

第9章 高速公路网与长三角地区核心城市日通达性 ·········· 126
9.1 引言 ·········· 126

9.2	城市的日通达性及其相关研究	128
9.3	长三角地区中心城市日通达范围划分	131
9.4	长三角地区中心城市日通达范围变动分析	142
9.5	长三角中心城市日通达范围内的城镇体系的空间组织	147
9.6	小结	151
	参考文献	152

第10章 长三角地区高速公路走廊：宁沪杭甬高速通道 155

10.1	背景、概念与相关研究	155
10.2	数据与方法	161
10.3	宁沪杭甬高速公路走廊空间范围确定	167
10.4	宁沪杭甬高速公路走廊的城市规模分布	176
10.5	宁沪杭甬高速公路走廊内的城市联系	179
10.6	小结	190
	参考文献	190

第11章 高速公路网对长三角地区的影响测度 194

11.1	高速公路网密度与人口密度关系	194
11.2	长三角地区对高速公路网络的需求模型	197
11.3	高速公路网对长三角地区城镇职能的影响	198
11.4	高速公路网对长三角地区发展的总体影响	203
	参考文献	209

第12章 长三角地区县域交通优势与其综合实力的耦合 211

12.1	引言	211
12.2	数据与方法	213
12.3	长三角地区县域城市综合交通优势度	217
12.4	长三角地区县域综合实力	225
12.5	长三角地区县域交通优势度与其综合实力的耦合	229
12.6	小结	232
	参考文献	232

第13章 长三角地区城市网络的空间结构及其变化 234

13.1	背景和相关研究动态	234
13.2	数据与方法	237
13.3	长三角地区城市经济联系分析	239
13.4	长三角地区城市网络及其空间联系	250
13.5	不同视角的长三角地区城市网络研究	257
	参考文献	258

第 14 章　高速公路网与城镇体系区域整合机理 ·················· 260
  14.1　高速公路网络与区域城镇体系的相互作用过程 ·············· 260
  14.2　高速公路网与城镇体系的区域空间整合方式 ················ 263

后记 ··· 265

第1章 绪 论[*]

1.1 高速公路网与区域城镇体系的基本关系

1.1.1 高速公路网与区域城镇体系:一种互动的演化关系

公路是综合交通体系的重要组成部分,公路运输以极其机动、灵活、方便、直达的特点在综合运输体系中起着连接和骨干的作用[1]。从旅客运输平均距离看,公路、铁路和航空三种客运方式的分工非常明确,公路主要承担短距离运输。近20年来,我国公路的客运量、客运周转量、货运量、货运周转量分别保持在全国84%~93%、46%~56%、72%~76%、11%~14%[2]。随着路网的规模扩张、结构升级,公路运输强度的变化最为剧烈。最近10年,我国的高速公路进入了建设高潮,极大地改善了城市体系的空间通达性,使公路网络整体结构及其在综合运输网络中的功能发生了转变。

自1988年中国开始建设高速公路以来,高速公路网的规模增长幅度之大世界罕见。到2001年末,已达到1.9万km,跃居世界第二位,我国高速公路建设仅十多年便走过了发达国家半个世纪走过的历程。2005年,国家高速公路网规划公布,"连接所有目前城镇人口超过20万的中等及以上城市,形成高效运输网络"成为其布局目标,同时明确支持地方修建连接国家高速公路网的地方高速公路[3],各省区相继公布各自的高速公路网规划并付诸实施。近年来,中国高速公路年均通车里程在5 000 km,到2009年底,中国已建成和运营的高速公路为6.5万km[4],已经达到国家高速公路网规划总规模(8.5万km)的76.5%。目前,全国性的高速公路网骨架基本形成,高速公路已连通除西藏外的所有省级区域,并连通了我国主要的大中城市,形成了支撑城市发展的快速通道[5]。国家和地方高速公路网规划和实施,使高速公路建设持续扩张,推进了高效运输网络的形成,极大地影响了城市和区域的发展。

实际上,公路运输服务社会经济发展的水平还长期被低估。2004~2007年间的多项

---

[*] 本章主要内容参见:林涛. 高速公路网与区域城镇体系的关系及研究动态[J]. 城市问题,2011,196(11):22-29.

调查结果显示,我国公路货运平均运距在70~100 km,个别省市已经突破了200 km,远高于对应年度政府公布的货运平均运距水平,公路货运周转量高出政府公布的水平一倍以上;2007年全国范围的高速公路网运输量统计调查显示,高速公路上货车的平均行驶里程为171.31 km,省内高速公路货车的平均行驶里程为83.39 km,跨省高速公路货车的平均行驶里程为395.09 km[6]。公路货运平均运距的幅度表明,公路除了能为其他运输方式进行集散运输外,也能进行远程的干线运输。这说明,公路运输方式在综合运输中的地位已经发生了变化,区域内城市之间的相互作用和交流正在不断加强。而近距离空间相互作用绝对强度的增加体现了经济区区内联系的加强,相对强度的增加则会推动系统结构的内敛发展。因此,城市群的空间分异将更明显[7]。

据统计,我国城镇居民的年均出行次数是农村居民的8~9倍,城市人口规模的扩大将导致公路客货运输量的显著增长。2009年,全国城镇人口6.218 6亿,占全国总人口比重为46.6%[8]。联合国预测,到2020年我国城镇人口达到7.56亿,城镇化水平将达到53.2%[8]。从1986年到2003年,我国用了将近20年的时间使私人汽车拥有量突破了千万辆,而突破2 000万辆仅仅用了3年。2009年末,全国民用汽车保有量达到7 619万辆,其中私人汽车保有量5 218万辆,占68.5%;民用轿车保有量3 136万辆,其中私人轿车2 605万辆,占83.1%[8],中国汽车消费已经进入以私人消费为主的发展新阶段。快速发展的城市化、汽车化,在持续扩张的高速公路网支持下,将会不断加剧城市空间增长,增强城市间相互作用,提高城市之间联系的强度和规模,并影响城际联系的方向。

城市化水平与交通网络连接度呈线性相关,城市化过程与交通网络的发展互为因果,城镇体系与交通网络之间是一种关联互动的演化关系,城市体系的发展与区域交通网络的建设应该同步进行,在区域空间结构优化过程中两者应作为一个整体进行处理[9]。交通运输网络作为城市体系网络系统的物质条件和必要前提,其发展促进了我国交通枢纽城市、城市密集区和交通经济带的成长,导致城镇体系的迅速扩展[10,11]。目前,已基本形成全国性的高速公路网骨架的高效运输网络,中尺度空间的公路网络效应已经十分显著[12],对区域城镇体系及其网络结构已经或者正在产生深刻的影响。

1.1.2 高速公路网与区域城镇体系关系研究的科学意义

交通运输的城市、区域效应以及交通运输与区域空间组织是交通地理学的重要内容[13,14]。急速扩张的高速公路网络建设伴随快速发展的城市化、汽车化所产生的城市、区域效应更为复杂,其所带来的区域人地关系的变化应适时从多视角、充分和系统地进行研究。在实践中,最近10年来,各地高速公路投资热情和投资规模的不断膨胀,在一定程度上说明了强化公路网络引导城市与区域发展是各地政府的主导思维逻辑和对两个网络之间关系的主要认知。而实际上,一些地方高速公路甚至包括国家高速公路的修建运营并未产生预期的效果,例如,作者近年多次亲身感受的苏州绕城高速极少的车流状况。这说明既有的城市体系空间结构存在一定的惯性,还可能有其他一些因子影响着一些高速公路的实际运营效果。而交通流恰恰是合理确定路网建设规模和布局,有效调整网结构、改善公路交通出行服务水平的重要依据[15]。

第1章 绪　论

　　交通与城市、区域空间相互关系的研究一直是交通地理学、城市地理学等学科的基础研究领域之一,其中交通网络与城镇体系关系是重点和前沿领域之一[13],目前国内外的研究集中在航空、铁路两种交通运输方式上,对公路运输网络与城市发展的研究相对薄弱[16]。既然城镇体系与交通网络之间是一种关联互动的演化关系,那么,城镇体系空间结构的相对稳定性是如何影响高速公路网络的?同时,两个关联网络的交互影响是在开放条件下进行的,因此,其互动发展还必须充分考航空、铁路、干线公路等综合交通运输业已形成的交通廊道带来的影响;因高速公路网发展提高的通达性,使主要城市腹地拓展、市场区范围扩大对中小城市产生的区位袭夺,以及这些城市功能进一步极化可能产生的轴—辐交流的影响;由于日通达(daily accessibility)范围扩展而产生的及时化交流对城际商务活动和旅游的重要影响;因推进高速公路网络"强化国土均衡开发"功能实现的网络化资源配置的政府意志的影响;等等。那么,这两个关联的网络究竟通过怎样的整合路径才能实现高度的协调发展?其整合的实现方式是否受不同主导因子支配而形成多样化的互动整合模式,才能实现区域资源充分的交流与配置?因此,高速公路网与区域城镇体系演化的空间互动合机理是值得我们深入研究的科学问题。项目符合《国家中长期科学和技术发展规划纲要(2006—2020年)》之重点领域关于"城镇化与城市发展"及其优先主题"城镇区域规划与动态监测"和"城市功能提升与空间节约利用",有利于补充、发展和完善公路交通网络与城镇体系空间发展关系的理论。

　　长江三角洲地区是我国经济最发达的地区之一。吴威等的研究表明,2000~2004年间,长江三角洲区域综合运输格局中公路运输已居主导地位[17];但凌怡莹等的研究认为,本区域城镇体系通达性不高,差异较大[18];朱英明的分析,也得出整个网络的通达性不够完善的结论,因而导致城市间联系不够紧密,影响了该地区城际物资、信息、人员等的大规模高效率流动[19]。此外,王成金在对国家尺度上的高速公路网的区域效应研究后认为,本地区尚未形成一体化的城镇体系[20];吴威等对长江三角洲综合交通可达性研究表明,以上海及周边节点为中心向外围呈不规则环状逐渐降低,可达性较好区域大致构成"Z"字形[17],这暗示了该区域的空间结构存在一定的稳定性。2008年9月,《国务院关于进一步推进长江三角洲地区改革开放和经济社会发展的指导意见》明确指出,"走新型城市化道路,培育具有较强国际竞争力的世界级城市群","积极推进重大基础设施一体化建设,增强区域发展的支撑能力"。前者的重要措施之一就是"构建完备的城镇体系",要求通过"加快建设以特大城市和大城市为主体,中小城市和小城镇合理发展的网络化城镇体系";后者的重要举措之一是"完善综合交通运输体系",其强调"公路要以加强关键工程和断头路段建设为重点,加快国家高速公路网建设,加强区域对外通道、区域内省际通道、重要的城际快速通道、跨海湾和跨长江通道及重要疏港高速公路建设"。因此,本书以长江三角洲地区为例进行研究,既结合了学科前沿,也符合国家建设、发展的实际需求。

　　本书拟在GIS技术的支持下,以长江三角洲地区为样本,首先,建立关联网络适应性评价模型并对高速公路网络与区域城镇体系网络的适应性进行定量分析与评价,揭示高速公路网络引导下的城镇体系空间发展特点;其次,采用空间拓扑等数学方法,探讨区域城镇体系网络结构与区域高速公路网交通流格局及其关联特性,阐释城镇体系空间结构惯性对高速公路网络规模、结构和运营的影响;第三,在考虑区域航空、铁路交通运输方式特点的前提的下,根据区域城镇体系空间结构特点与区域高速公路网结构特征,建立两者之间的空间整合模式,如交通廊道式(综合化)、轴—辐式(核缘化)、日通达式(及时化)、网络式(均衡化)等,以充分发挥两个关联网络相互作用的优势;最后,归纳出高速公路网络与城镇体系在区域尺度上的互动机理。

"推动社会进步,优化运输布局和服务,强化国土均衡开发,促进区域协调发展,改善人民生活质量"是国家高速公路网在宏观层面上的功能定位之一;高速公路网与区域城镇体系发展互动关系是区域经济增长、区域城市化空间格局、区域系统结构优化、区域一体化进程等重大问题的基础,也与宏观层面的区域可持续发展、人地关系机理问题等密切相关。总之,在学科上,本书有助于交通网络与城镇体系相互关系研究内容补充和完善,使交通地理学在该领域的研究更加深入和系统;在实践上,有助于政府对公路网与城镇空间发展相互关系的认知深化,以优化决策,对国家区域发展战略实施具有重要的实践意义。

1.2 高速公路网与区域城镇体系关系研究动态

在宏观地域范围上,交通网络预先决定了一定技术水平下发展的优先结构和优先区位[21],交通运输网是经济空间结构演变的基本条件[11]。现代交通对区域空间结构演化、城市系统、空间经济联系与发展影响日益深刻[12,22],即使在信息时代其实物运输的基础作用对区域结构的影响仍然是信息技术所无法替代的[23]。目前,交通网络的研究主要集中在网络结构特征、可达性和城市体系等方面[13]。

在国际上,较早有 Murayama 系统探讨了 1868～1990 年日本铁路发展对日本国家尺度城市体系通达性的影响,认为通达性的改变使日本的城市体系得到较快发展,铁路交通网络的扩展使通达性与城市体系相互融合[24];Javier 等对欧洲铁路网络的通达性变化进行了研究,根据欧共体高速铁路网的规划预测了 2010 年通达性空间格局,认为各个中心的时空收敛将导致主要城市与腹地之间发展的不平衡[25];Kobayashi 则以高速铁路系统建设为例,探讨了快速交通对城市资本、知识交流、城市规模分布、城际间相互作用等空间结构的影响,并建立多因子区际增长模型,动态模拟了城市群经济联系发展[26];O'Kelly 探索了中心地经济联系的轴—辐(hub-spoke)关系,以美国 100 组城市数据为基础,分析了城市航空运网轴—辐网络结构,揭示出城市间经济联系及腹地变化的空间特征[27];Weidlich 等以我国南京大都市区为案例进行研究,建立了城市区域演化的交通模式[28];Mun 建立了城市体系的人口规模、工业结构、贸易水平、土地扩展及房产发展等与城市运网结构间的相互关系模型,强调运网投资带来的城市内部空间集聚特征以及运网发展引起的大幅度城市规模结构空间分异现象[29]。近期,Puliafito 更以精细的数学方法构建了城市体系演化的交通模式[30];Limtanakoo 等以德国和法国为例,基于人流(people flow,又称客流)建立了国家尺度上的城镇体系研究理论框架和方法[31]。在公路网络方面,早期有 Aoyama 等研究主要道路发展与日本城市影响圈的关系[32];Dupuy 等运用系列网络指数对欧洲的公路网络和城镇体系关联进行了全面分析[33],认为不同的道路开发和建设模式在一定程度上反映了欧洲各个城市在快速道路系统中的地位和作用;Li 等分析了高速公路项目对地区通达性影响的时间与空间差异,认为高速公路投资对区域通达性的影响作用随着时间推移将逐步减弱,对不同地区通达性变化影响作用强度存在差异,即内陆城市通达性影响较沿海城市显著[34]。

在国内,周一星等等通过分析中国城市的航空港客运量、城市间航线运量、航班频率来揭示开放条件下中国城市体系的结构框架和网络特征,依据航空网络结构形态以及国内外航空联系的变化预测未来城市体系空间结构的可能演变[35],推进了我国城镇化和城市体系研究进展[36];金凤君、王法辉等以航空机场和客流为分析对象,探讨了中国城市间的相互作用特征以及航空客运网络的空间演化模式[37,38];金凤君还构筑了轴—辐侍服理念下的中国航空网络模式[39];金凤君等详细研究了世纪的跨度的中国铁路网扩展及其空间通达性[40],分析了中国铁路客运网络组织与空间服务系统优化[41],揭示了铁路交通网络的发展促进城市体系的迅速扩展的关系,从时间成本的角度评价铁路提速引起的中国客运网络系统演进及不同城市在网络优化中的受益;潘坤友等研究我国航空货运网络结构,在宏观尺度上反映了我国城市之间的联系[42];戴特奇等基于点—轴理论或轴—辐理念,以新的视角来通过对我国20世纪90年代铁路客流进行经验性的考察,从空间关联的角度,研究了城市群在20世纪90年代的变化及其内在机制,把对面的研究转换为对点和线的研究,既避免城市群范围界定的问题,也消除了对面进行分析常常遇到的统计口径变化和可信度较低的问题[43]。在公路网络方面,沈德熙等、姚士谋等较早探讨了中尺度区域(省区、城市群)高速公路与城镇发展的相互关系[44~45],而潘海啸等、侯学刚则对较小空间尺度的大都市区范围内(上海市)高速公路、快速干道对近域城镇或城镇体系的影响进行了研究[46~47]。近期,杨忠臣等简要分析了高速公路建设与区域城镇分布的相互影响[48];肖慎等筛选了若干指标,从公路网引导城镇空间发展的视角,对公路网络与城镇发展空间网络适应性进行了简要的定量分析评价[49];曹小曙等的研究发现,经济发达地区的通达性空间格局呈现均质化的发展,其空间收敛显著,导致经济活动范围的扩大和空间相关类型的多样化和复杂化,也明显地改变了区位决策的条件,扩大了区位决策的范围和选择余地[50];朱英明在对城市群经济空间功能的分析中,用通达性和趋中性指标阐释了沪宁杭城市群高等级公路(国道)网络功能,认为该地区的通达性最好城市与趋中性最好的城市位次吻合[23];张建松等对省级地域公路货运的空间联系探讨发现,省级地域的公路货运空间联系存在一个或数个中心城市以及货运量与城市性质的关系[51]。最近,王成新等以江苏省为例,从区域城市规模与体系、城市形态、城市结构布局三大空间尺度,对高速公路与城市空间演化进行了探索,对城市体系的影响进行了扼要分析[52];刘承良以武汉为中心的城镇体系(节点)通达性分析表明,城镇体系通达性值与城镇等级规模、交通路网设施水平密切相关,受城镇发展水平区域差异影响,形成通达性分布的"核心—边缘"组织模式,通达性空间格局与城镇等级规模呈共轭协同关系[53]。此外,有关高速公路网的区域效应研究也部分涉及了城镇空间发展的内容[20,54,55],如王成金的研究发现,城镇密集区的公路交通流的空间格局与城镇体系存在一定分异——中心城市并不一定成为区域交流的中心节点;中心城市间的交通流并不一定规模较大。具体表现为,基于公路尤其高速公路的区域性轴—辐交流系统开始形成,并成为城镇密集区的主要交流组织形式;各系统的轴(hub)均为中心城市;呈现一定的城市关联网络,部分城市通过线性连续衔接而构成交流体系,各系统间也通过关联节点形成网络。

城市区域空间结构变化的主要影响因素是空间地域结构的联系和作用程度,而这在很大程度上取决于该地域的空间可(通)达性[56,57]。通达性作为度量交通网络结构的有效指标,是评价区域或城市获取发展机会和控制市场能力的有效指标之一,在城市体系与交通网络的关系研究中一直是交通运输地理学的研究核心[58~60]。如 Javier 等[61]、徐昀等[54]、金凤君[40]、张兵等[12]、徐旭等[64]、吴威等[17]、封志明[62]的研究等。空间—距离—通达性已经成为城市区域一体化联系与发展的先决条件[63],但是区域通达性与区位并无绝对联系[64]。例如,朱英明[19]的对沪宁杭地区的高等级公路网通达性研究发现,湖州是该地区通达性和趋中性最好的城市。但是,湖州的地位及其区位条件显然并未因此而发生大的变化。此外,分形方法在交通网络和城市体系网络及其相互关系的研究中已成为重要的数学工具,并已逐步扩展应用到城市网络的空间复杂性研究。

综上所述,现有交通网络与城镇发展研究集中在铁路与航空两种交通运输网络对城市体系的影响。在铁路网络和航空体系中,长时间、不同尺度的城镇体系及区域空间关联分析、"轴-辐"式运输组织网成为研究重点。由于公路网络具有复杂性、公路等级多样性和公路流获取困难等特征,国内外在公路网络与城镇体系关系方面研究成果不多,进展较慢。国内从地理角度对道路运输研究不够重视,即使高速公路产生后也是如此,对于公路运输网络与城市发展的研究相对薄弱[65,66],公路网络与城镇体系关系方面研究特别是长时间序列和系统性研究较少,国家尺度上的公路网络分析在一定程度上忽略了公路运距较短以及空间衰减大等客观规律,而尺度太小则不能推动公路网络功能的有效发挥[12]。这些研究和已获国家自然科学基金资助的相关项目——牛树海的"高速公路建设对城乡发展及区域均衡发展影响研究"(40901071/D010201)、王法辉的"中国交通网络和城市系统演化实证研究"(40928001/D0102)、王成新的"高速公路对区域城市群结构演变的影响与优化研究——以山东半岛城市群为例"(40771060/d010203)、姚士谋的"高速公路对城市用地布局的影响与优化研究"(40271040/D010203)为本书奠定了重要基础。但是,区域城镇体系结构的相对稳定性如何影响高速公路网络的发展?两个相互关联的网络通过怎样的互动整合才能实现和谐发展?其间的空间互动机理是什么?如何改进目前的可达性评价方法以使其与匹配快速变化的社会经济发展?[67]这些问题仍然需要进一步研究或补充研究。

1.3　高速公路网与城镇体系区域整合目标

作者试图从以下三个方面来探索高速公路网络与区域城镇体系的整合:

首先,对高速公路网络与区域城镇体系空间网络适应性进行分析和评价。即从高速公路网的技术经济特征入手,分析其与区域城镇体系的关系;进而采用定性或定量的方法分析高速公路网络空间形态结构与区域城镇体系空间结构的关系;还要探讨高速公路网络各种空间尺度的等级配置(国家级、省级路网配置及跨省区配置)与区域城镇体系空间结构。

第二,探索区域城镇体系空间结构的惯性与高速公路网发展与营运关系。区域高速公路网的通达性随着其建设、发展和营运在不断地变化,然而区域城镇的区位存在着强大的惯性;高速公路网络的建设、发展和营运本身也是一把双刃剑——在提高区域城镇的整体通达性同时,一些通达性好、实力强大、竞争性强的城市,可能形成功能极化效应,进而剥夺一些弱小城镇的发展机会,产生区位袭夺效应;同时,还要分析区域城镇体系空间结构与区域高速公路网交通流格局的关联特性以及城镇体系空间结构惯性对高速公路网络规模、结构、运营的影响。

第三,明确高速公路网络与城镇体系区域空间整合内涵,理清高速公路网与城镇体系的区域空间整合模式。按照区域高速公路网络的运营实际和预期,区域高速公路网络中必然存在若干干线通道,与铁路形成综合交通运输廊道,在廊道范围内的城镇联系密切,进而形成廊道式的综合化整合方式;区域内强大的核心城市或中心城市,依靠自身的实力和强大的吸引力或辐射范围,通过高速公路网络,控制和影响周边城镇,形成"轴-辐式"的整合模式,以达成核心—边缘化的整合模式;区域高速公路网络带来的快速和便捷,促进区域内每一座核心/中心城市的及时化交流圈的形成,并能伴随路网的扩张不断扩展,因而在区域内以核心/中心城市为中心,必然形成规定性的日通达空间范围,从而促使该范围内城镇的及时化联系和整合。当然,高速公路网络建设与发展的理想目标是为推进区域大小城镇的均衡发展形成支撑条件,因此,区域内各类城镇的网络式联系是一个必然的客观存在,在此基础上可以形成均衡化的整合方式。

在这些研究的基础上,笔者试图从高速公路网络引导区域城镇体系空间发展、区域城镇体系的结构惯性对路网的影响及其两者协调发展的路径三个方面,阐明高速公路网与城镇体系演化的空间互动机理,并建立高速公路网与城镇体系空间发展相互关系的研究方法体系。这里的关键问题是如何进行区域高速公路网络的通达性格局与城市区位惯性评价以及建立或筛选高速公路网络的区位袭夺效应的测度方法。

参 考 文 献

[1] 陈航,张文尝,金凤君. 中国交通地理[M]. 北京:科学出版社,1999.
[2] 国家统计局. 中国统计年鉴2007[M]. 北京:中国统计出版社,2007;国家统计局. 中华人民共和国 2007－2009国民经济和社会发展统计公报.
[3] 交通部规划研究院. 国家高速公路网规划. 2004.9.
[4] 谭剑,雷敏. 交通部部长李盛霖:中国高速公路总里程三年内将超美国[OL]. http://news.xinhuanet.com/politics/2010－03/07/content_13117431.htm.
[5] 张文尝,王姣娥. 改革开放以来中国交通运输布局的重大变化[J]. 经济地理,2008,28(5):705－710.
[6] 杨铭. 公路货运平均运距分析与实证研究[J]. 物流技术,2009,28(6):22－24,49.
[7] 戴特奇,金凤君,王姣娥. 空间相互作用与城市关联网络演进——城际铁客流案例[J]. 地理科学进展,2005,24(2):80－89.
[8] 国家统计局. 中华人民共和国2009国民经济和社会发展统计公报[R],2010.
[9] 陈彦光. 交通网络与城市化水平的线性相关模型[J]. 人文地理,2004,19(1):62－65.
[10] 顾朝林. 中国城镇体系——历史、现状、展望[M]. 北京:商务印书馆,1992:248－274.
[11] 张文尝,金凤君,樊杰. 交通经济带[M]. 北京:科学出版社,2002:43－71.

[12] 张兵,金凤君,于良. 近 20 年来湖南公路网络优化与空间格局演变[J]. 地理研究,2007,26(4):712-722.
[13] Taaffe, Edward J, et al. Geography of transportation [M]. 2nd. N. J. : Prentice Hall, 1996:422.
[14] Taaffe, Edward J, et al. Transportation Geography and Geographic Thought in the United States: An Overview [J]. Journal of Transport Geography, 1994:24-49.
[15] 国家交通部. 国家高速公路网交通量调查观测站点布局规划(简本)[M],2008.
[16] 曹小曙,薛德升,闫小培. 中国干线公路网络联结的城市通达性[J]. 地理学报,2005,60(6):904-910.
[17] 吴威,曹有挥,曹卫东等. 开放条件下长江三角洲区域的综合交通可达性空间格局[J]. 地理研究,2007,26(2):391-402.
[18] 凌怡莹,徐建华. 基于分形理论和 Kohonen 网络的城镇体系的非线性研究——以长江三角洲地区为例[J]. 地球科学进展,2003,18(4):521-526.
[19] 朱英明. 城市群经济空间分析[M]. 北京:科学出版社,2004:86-103.
[20] 王成金. 中国高速公路网的发展演化及区域效应研究[J]. 地理科学进展,2006,25(6):126-136.
[21] 陆大道. 中国区域发展的理论与实践[M]. 北京:科学出版社,2003:221.
[22] Banister D, Berechman Y. Transport investment and the promotion of economic growth [J]. Journal of Transport Geography, 2001, 9(3):209-218.
[23] 张京祥. 城镇群体空间组合[M]. 南京:东南大学出版社,2000:32-69.
[24] Murayama Y. The impact of railways on accessibility in the Japanese urban system [J]. Journal of Transport Geography, 1994, 2(2):87-100.
[25] Javier G, Rafael G, Gabriel G. The European high speed train network: predicted effects on accessibility patterns [J]. Journal of Transport Geography, 1996, 4(4):227-238.
[26] Kiyoshi Kobayashi, Makoto Okumura. The growth of city systems with high-speed railway systems [J]. Annals of Regional Scienc, 1997, 31:39-56.
[27] Morton E O'Kelly. A geographer's analysis of hub-and-spoke networks [J]. Journal of Transport Geography, 1998, 6(3):171-186.
[28] Weidlich W, Haag G. An integrated model of transport and urban evolution: with an application to a metropole of an emerging nation [M]. Berlin: Springer, 1999.
[29] Se-il Mun. Transport network and system of cities [J]. Journal of urban economics, 1997(42):205-221.
[30] Jose L, Luis Puliafito. A transport model for the evolution of urban systems [J]. Applied Mathematical Modelling, 2007, 31(11):2391-241.
[31] Narisra Limtanakoo, Martin Dijst, Tim Schwanen. A Theoretical Framework and Methodology for Characterising National Urban Systems on the Basis of Flows of People [J]. Urban Studies, 2007, 44(11):2123-2145.
[32] Yoshitaka Aoyama, Akio Kondo. The impact of major road developments on the spheres of urban influence of Japanese cities [J]. Transportation (Historical Archive), 1993, 20(3):305-323.
[33] Dupuy G, Stransky V. Cities and highway networks in Europe [J]. Journal of Transport Geography,1996, 4(2):107-121.
[34] Li S M., Shum Y M. Impacts of the National Trunk Highway System on accessibility in China [J]. Journal of Transport Geography, 2001, 9(1):39-48.
[35] 周一星,胡智勇. 从航空运输看中国城市体系的空间网络结构[J]. 地理研究,2002,21(3):

276-286.
- [36] 冷疏影,宋长青. 我国城镇化和城市体系研究不断取得新进展[J]. 中国科学基金,2005(4): 233-235.
- [37] 金凤君. 我国航空客流网络发展及其地域系统研究[J]. 地理研究,2001,20(1):31-39.
- [38] 王法辉,金凤君,曾光. 中国航空客运网络的空间演化模式研究[J]. 地理科学,2003,23(5): 519-525.
- [39] 金凤君. 轴—辐侍服理念下的中国航空网络模式构筑[J]. 地理研究,2005,24(5):775-784.
- [40] 金凤君,王姣娥. 20世纪中国铁路网扩展及其空间通达性[J]. 地理学报,2004,59(2):293-3021.
- [41] 王娇娥,金凤君. 中国铁路客运网络组织与空间服务系统优化[J]. 地理学报,2005,60(3): 371-380.
- [42] 潘坤友,曹有挥,魏鸿雁,等,我国航空货运网络结构研究[J]. 经济地理,2007,27(4):53-657.
- [43] 戴特奇,金凤君,王姣娥. 相互作用与城市关联网络演进——城际铁客流案例[J]. 地理科学进展, 2005,24(2):80-89.
- [44] 沈德熙,吴新纪,张鉴,曹国华. 高速公路与城市布局的关系——以江苏省为例[J]. 城市规划汇刊, 1998(4):33-41.
- [45] 姚士谋,管驰明,房国坤. 高速公路建设与城镇发展的相互关系研究初探——以苏南地区高速路段为例[J]. 经济地理,2001,21(3):300-305.
- [46] 潘海啸,粟亚娟. 都市区高速公路对近域城镇发展影响研究——以上海市为例[J]. 城市规划汇刊, 2000,134(5):44-50.
- [47] 侯学钢. 快速干道与城镇体系的区域整合[M]. 长沙:湖南大学出版社,2002.
- [48] 杨忠臣,陆玉麒. 高速公路建设与区域城镇分布的相互影响初探——以山东省为例[J]. 中国人口资源与环境,2003,13(3):57-60.
- [49] 肖慎,过秀成,明图章,等. 公路网络与城镇发展空间网络适应性分析评价[J]. 土木工程学报,2003, 36(7):7-13.
- [50] 曹小曙,闫小培. 经济发达地区交通网络演化对通达性空间格局的影响:以广东省东莞市为例[J]. 地理研究,2003,22(3):305-312.
- [51] 张建松,韩增林,董晓菲. 省级地域公路货运的空间联系探讨——以辽宁省为例[J]. 地理科学进展, 2006,25(4):96-107.
- [52] 王成新,方青青,姚士谋. 高速公路与城市发展论[M]. 济南:山东大学出版社,2007.
- [53] 刘承良,丁明军,张贞,等. 武汉都市圈城际联系通达性的测度与分析[J]. 地理科学进展,2007, 26(6):96-108.
- [54] 徐旳,陆玉麒. 高等级公路网建设对区域可达性的影响——以江苏省为例[J]. 经济地理, 2004,24(06):830-833.
- [55] 牛树海. 高速公路建设对区域发展的影响研究[J]. 北京:经济科学出版社,2008.
- [56] 刘艳军,李成固,孙迪. 城市区域空间结构——系统演化及驱动机制[J]. 城市规划学刊,2006(6): 76-78.
- [57] 李培祥. 城市与区域相互作用机制研究[J]. 地理科学,2006,26(2):136-143.
- [58] 杨家文,周一星. 通达性:概念,度量及应用[J]. 地理学与国土研究,1999,15(02):25-30.
- [59] Mei-Po Kwan. Recent advances in accessibility research [J]. Journal of Geography System,2003(5):129-138.
- [60] 陈洁,陆锋,程昌秀,可达性度量方法及应用研究进展评述[J]. 地理科学进展,2007,26(5): 100-110.

[61] Javier G, Rafael G, Gabriel G. The European high speed train network: predicted effects on accessibility patterns [J]. Journal of Transport Geography, 1996, 4(4): 227-238.

[62] 封志明,刘东,杨艳昭. 中国交通通达度评价:从分县到分省[J]. 地理研究,2009,28(2):419-429.

[63] 曹小曙,闫小培等. 穗深港巨型城市走廊空间演化研究[M]. 北京:商务印书馆,2006.

[64] 徐旭,曹小曙,闫小培. 不同指标下的穗港城市走廊潜在通达性及其空间格局[J]. 地理研究,2007,26(1):179-186.

[65] 王成金,金凤君. 中国交通运输地理学的研究进展与展望[J]. 地理科学进展,2005,24(6):66-78.

[66] 曹小曙,彭灵灵. 中国交通运输地理学近十年研究进展[J]. 人文地理,2006,89(3):104-109.

[67] 陈洁,陆锋,程昌秀. 可达性度量方法及应用研究进展评述[J]. 地理科学进展,2007,26(5):100-110.

第2章 高速公路网络与区域城镇体系空间网络的适应性

2.1 引言

交通网络是形成城市体系网络系统的物质条件和必要前提[1],其发展促进了城镇密集区和交通经济带的成长,以致城镇体系的迅速扩展[2],两者之间是一种关联互动的演化关系,因此,城市体系的发展与区域的交通网络的建设应该保持适宜的速度和规模,在区域空间结构优化过程中两者应为一个整体进行处理[3]。

最近10年,我国高速公路的快速建设极大地改善了区域城镇体系的空间通达性,使公路网络整体结构及其在综合运输网络中的功能发生了转变。目前,全国性的高速公路网络基本建成,已连通除西藏外的所有省级区域,成为支撑城市发展的快速通道[4],对区域城镇体系及其网络的空间结构已经或者正在产生深刻的影响。到2008年,仅占全国公路总路程1.6%的高速公路通车里程(6.03万km),承担了全社会公路营业性周转总量中货物周转量的36%、旅客周转量的30%。近年来,高速公路货运周转量增加的比重在铁路、水路、高速公路三种交通运输方式中最大,其在陆路上交通运输中的作用不断加强(表2-1)。2010年底,全国高速公路达7.41万km,仍居世界第二位。其中,国家高速公路5.77万km,"五纵七横"12条国道主干线提前13年全部建成,11个省份的高速公路里程超过3 000 km*。

表2-1 2006~2008年货物周转量趋势(以2006年为100%)

运输方式	2006年		2007年		2008年	
	10^8 t·km	%	10^8 t·km	%	10^8 t·km	%
铁 路	21 954.2	100.0	24 214.7	110.3	24 817.5	113.0
水 路	55 485.7	100.0	64 284.8	115.8	50 262.7	90.5
高速公路	7 458.7	100.0	9 970.2	133.7	11 980.8	160.6

数据来源:交通运输部综合规划司.2008中国高速公路运输调查分析报告整理[M].北京:人民交通出版社,2008.

---

* 交通运输部综合规划司.2010年公路水路交通运输行业发展统计公报[R],2011.

高速公路网和城镇体系在区域发展过程中交互作用,两者在共同建设与发展过程中会不断出现新的问题。高速公路网络规划则是具体的专项规划,区域城镇体系规划则是综合性的规划,两者在规划目标、职能上属于不同层次,因此,高速公路网络建设与发展适应区域城镇体系建设与发展是一个十分重要的课题*。例如,"捆绑式"还贷的山西高速公路。目前效益好的不超过四条。"'晒太阳'的高速路交通流量不足,还贷压力很大,实际情况就是拿效益好的补贴效益差的"***。又如,长江三角洲地区作为中国经济最发达的地区,公路运输在其综合交通运输中已占据了主导地位[6]。但是,近年研究发现,整个区域内交通网络的通达性不够完善,由此导致城市间的联系不够紧密,影响了区域城际物资、信息和人员的高效流动[7];从国家尺度上的高速公路网络区域效应看,长三角地区尚未形成一体化的城镇体系[8]。这说明,在该地区高速公路网络与区域城镇体系还存在着一定的不适应。

国外关于交通网络对城镇体系发展的影响研究多集中于铁路、航空等方面[9~13],对于公路特别是高速公路和区域内城镇的关系的研究相对较少[14,15]。国内研究有类似的情形[16~20]。但随着我国高速公路建设的急速推进,其对城市与区域产生的空间效应引起了学者关注[21~23],这些研究侧重于高速公路网络建设和发展带来的城市和区域效应。关于公路网与城市与区域发展的适应性关系似乎并未引起地理学界关注,相关研究主要来自交通运输(工程)学界,如较早开展的高速公路的适应性的学位论文研究***,小尺度空间的公路网络与城镇空间的适应性探讨[24],基于木桶理论的公路交通与经济发展适应性分析[25],公路交通适应性评价的灰色关联度评价方法改进[26],区域高速公路社会经济适应性评价的DEA模型方法建立[27],新近关于高速公路经济适应性的理论和方法的博士学位论文****,基于经济适应性对高速公路网规模的预测[28]等。当然,有公关公路网密度与区域人口、经济的关系,公路网规模预测与评价等研究[29~31]在内容或方法上都涉及了两个网络之间的适应性问题。不过这些研究讨论的适应性之内涵比较宽泛,而诸如在县域空间上开展的公路网络与城镇发展空间网络适应性的分析与评价[24]、高速公路网络布局的区域适应性指标[32]等以地理空间视角分析公路网与城市或区域空间网络之间适应性研究并不多见。

本书试图在区域尺度空间上,进一步讨论按照"适度超前"国家战略建设发展的高速公路网络与快速城市化过程中的城镇体系空间网络之间的适应性及其评价问题。

2.2 高速公路网络与区域城镇体系的适应性内涵及其测度

2.2.1 适应性内涵及其评价

广义的适应性指事物或者系统适应外界环境因素,并与之保持协调一致的能力。广

---

* 中国交通信息统计网. http://www.jttj.gov.cn/shownews.asp?id=2284[EB/OL]. 2011-07-19.

** 中国青年报. 中国高速债务累积顽症何解?[EB/OL]. http://caijing.ccvic.com/jrht/2011/0810/85310_3.shtml[2011-9-18].

*** 贾元华. 高速公路经济适应性研究[D]. 北京: 北京交通大学博士论文,2002.

**** 刘奕. 高速公路经济适应性理论与评价方法研究[D]. 北京: 北京交通大学博士论文,2009.

义的适应性又分为局部适应性和整体适应性。局部适应性是系统内部或某一要素与外界环境相互适应、协调发展的能力;整体适应性是系统内所有要素与外界环境之间以及要素之间相互适应、协调的能力。整体适应性是系统持续、协调发展的必备条件,也是其有序发展的永久动力。因此,公路网络作为区域交通网络的组成要素之一,其与区域城镇体系的适应性,应理解为局部适应性,即在一定区域内,区域公路网络要素与其背景环境——区域城镇体系空间的适应性,而高速公路网络正是区域公路网络的骨架。

作为描述系统特性的指标,适应性的大小是可以测度的。适应度和差异度是经常用到的测度适应性的两个指标,适应度指系统内各要素之间以及与外界环境之间的适应能力,即系统内各要素与外界环境彼此适应、相互协调的程度;差异度指系统与外部环境以及系统内各要素的关系偏离最佳适应状态的程度。适应度和差异度是从两个不同的角度反映了系统的同一特性。本章采用适应度为指标来评价和描述系统的特性。

2.2.2 高速公路网络与区域城镇体系空间网络适应性测度

(1) 关于(高速)公路网络社会经济适应性的认识

我国的高速公路建设虽然起步晚,但是发展迅速,众多学者针对区域公路网的布局评价进行了较为广泛和深入的研究,主要从路网的总体规模和覆盖范围(采用路网密度、目标长度、理想规模接近度等指标来评价)、路网布局特征(主要指标为连通度、可达性、迂回率、中位点吻合性等)、路网的等级结构、铺装水平四个方面进行评价,但是这些研究多忽视公路网络布局与区域的适应性评价,甚至就网络论网络,显然这种评价是不全面的[32]。鉴于此,一些学者开展了公路网络与社会经济的适应性分析与评价。从已有成果看,这些研究立意较高,视角宽广,适应性内涵十分丰富。如"高速公路社会经济适应性指高速公路在规划、设计、建设及可持续发展中,与社会经济基础及未来发展趋势之间相互协调和制约的关系,表现为两系统间的相互作用、相互适应,其评价问题应同时涉及两个系统的相关指标,主要体现为区域高速公路建设与经济发展的适应性,与社会进步的适应性以及与交通发展基础的适应性,其内涵十分丰富",并指出这种适应性有层次性,是实时的、动态变化的[27,28]。更有明确地认为,公路交通与经济发展适应性所涵盖的内容十分广泛,是公路交通系统内部的各个方面与经济发展的各个方面相互协调一致,持续发展的能力,或理解为在一定的经济发展阶段和发展水平下,公路建设、发展与之相适应的能力[25]。甚至直接将实际公路网密度与计算公路网密度的比值定义为适应性指标,认为两者的比值能很好地反映公路网与国民经济发展的适应程度[33]。还有认为公路交通与经济发展的适应性指公路交通系统内部的各个方面(包括层次、规模、结构和功能等)在社会经济发展的各阶段,与经济发展的各方面相互协调、相互促进,并能实现可持续发展的能力[26]。这些内涵丰富的适应性认识显然是"仁者见仁,智者见智",不仅认识的出发点有差异,评价指标多多不同,成果之间也难于相互比较。

本章基于高速公路网络,从地理空间视角提出高速公路网与区域城镇体系的空间网络的适应性,试图强调两个网络的地理空间内涵,以路网的空间特征与区域城镇体系的空间格局为出发点考察两个相关网络之间的关系,期望明确地考察在一定时期内两个网络之间的适应性,以城镇体系这样一个地域综合体涵盖内容宽泛和抽象的"社会经济系统"。已有类似的研究是本章的重要基础。如"适应性"指区域的公路网络空间布局形态、等级配置等与该区域的城镇体系空间结构形态、城镇发展趋势的适应(或匹配)程度[24]。再如以现有的网络布局特征指标和区域特征指标为基础,建立起的路网布局的区域适应性指标——路网的区位吻合度[反映网络整体布局(如可达性)与区域特征(节点重要度)的吻合性]和路网加权连通度(反映网络布局结构特征与区域特征的适应程度)[32]。

基于上述认识,笔者认为,基于地理空间视角,高速公路网络与城镇体系空间网络适应性指在区域一定发展水平和阶段下,区域高速公路的规模、空间布局、通达性、功能特征与区域城镇体系的交通需求、空间结构、区域特征、经济集聚功能等的相互适应状况。具体含义和测度方法阐释如下。

(2) 高速公路网络与区域城镇体系空间网络的适应性测度

第一,高速公路网络的建设规模与区域城镇体系交通运输需求的适应性。高速公路网的合理规模指在区域社会经济发展的特定阶段,与区域国民经济发展水平以及其对交通运输的需求达到均衡状态的高效率配置时的规模,是区域高速公路供应与需求达到均衡状态时系统的高效配置[41],也是区域高速公路网络的合理规模。高速公路网的建设规模的适应性主要表现在其与区域社会经济的总体适应程度,即高速公路网自身建设的因素(建设里程、通行能力)与区域社会经济因素(自然环境、区域面积、人口分布以及生产力布局)。交通运输需求是影响高速公路理想规模的直接因素,主要包括客运交通需求和货运交通需求。根据以上对影响因素的分析,阚龙梅*建立高速公路网的实际规模与交通运输需求之间的适应性指数,将之称为高速公路网的建设规模与交通运输需求的适应度V,公式为

$$V = \frac{L \times H}{A^{\partial_1} \times (t_1 B)^{\partial_2} \times (t_2 \times C)^{\partial_3} \times D^{\partial_4}} \quad (2-1)$$

式中,L为高速公路网总里程;H为高速公路设计通行能力(辆/每日);A为土地面积(km^2);B为人均GDP;C为高速公路网运输周转量(10^4 t·km);D为机动车辆折算数(辆),载货汽车、大型载客车按1.0,载货拖挂车按2.0,小型载客车按0.5;t_1为区域经济影响系数;t_2为交通需求影响系数;$\partial_i (i=1,2,3,4)$为A、B、C、D指标权重,且$\sum_{i=1}^{4}\partial_i = 1$。

当V的值大约等于100时,说明高速公路网络的建设规模与社会经济发展对交通运输的需求基本适应;当V的值低于100时,说明高速公路网络的建设规模不能满足社会经济发展对交通运输的需求;当V的值高于100时,说明区域高速公路网络建设规模超前于社会经济发展对交通运输的需求*。另外,还可以采用比较简便的实际公路网密度与计算公路网密度的比值进行测度[33]。

但是,由于地区之间社会经济发展的不平衡,仅以高速公路的规模为评价标准并不能有效反映区域内高速公路的规模与实际需求之间的适应性关系。高速公路网络的覆盖范围直接影响区域内部及其与外部交通联系的边界程度,区域内的人口规模、经济规模同样

---

* 阚龙梅.区域高速公路网规模的适应性评价研究[D].西安:长安大学硕士论文,2006.

是高速公路网络建设要考虑的首要因素。因此,考虑到高速公路网建设与区域城镇的经济、人口、面积的关系,如果选用区域高速公路网络的经济密度、人口密度、面积密度不仅可以克服单一指标衡量的局限性[34],还避免了区域社会经济发展的特殊性,具有普适性。综合考虑和测度这些密度是容易的,但是测度的结果与谁比较、理想值是什么,则是困难的和复杂的。本章仍建议采用最为普遍和最为人们所理解的面积密度进行测算,以《国家高速公路网规划》测算的不同地区高速公路网面积密度为基准,该密度实际上也综合考虑了各类地区的人口密度、土地资源、地理特征等。

表2-2 31个省(市、区)分类及其高速公路密度预测

类别	人口密度范围（人/km²）	省(市、区)名称	高速公路密度(km/100 km²)
1类	700～2 400	上海、天津、北京、江苏	4
2类	370～570	山东、河南、安徽、浙江、广东、重庆	3
3类	170～350	河北、湖北、湖南、辽宁、福建、江西、海南、贵州、山西、广西、四川、陕西	1.4～2.3 1.5～2.0(大部分省区应达到)
4类	60～140	吉林、云南、宁夏、黑龙江、甘肃	1.0～1.5
5类	2～20	内蒙古、新疆、青海、西藏	<0.2

资料来源：根据"交通部规划研究院.国家高速公路网规划.2004：53-57"整理。

第二,高速公路网络空间布局与城镇体系空间结构的适应性。分析高速公路网的空间布局以及发育程度是否满足城镇体系空间格局,用以考察高速公路的线路和节点的连接是否科学合理,城镇之间的连通度是否满足核心城市经济辐射的要求等。笔者认为,这种适应性可以用以下4项指标来衡量。

1) 区域核心城市与高速公路网络中位点的吻合度 σ：核心城市因其在整个区域的核心地位而与区域的其他城市之间存在频繁的经济联系,对外交通有较高的要求,因此,核心城市到区域内的次级城市之间应该建有高效、便捷的交通线。区域高速公路网络中的中位点指网络中通过高速公路到其他节点的距离之和最小的节点。对于城市等级序列明显,且存在一个核心城市的城镇体系,通过比较区域高速公路网络内中位点与区域中核心城市在空间上的吻合度,在一定程度上反映了高速公路网络的空间布局的合理性与区域内城镇体系空间结构的合理性,公式为

$$\sigma = \frac{\min \sum T_{ij}}{\sum T_{mj}} \quad (2-2)$$

式中,σ 为核心城市与高速公路网络中位点的吻合度,$\sigma \leqslant 1$,其值越接近于1,吻合度越高[44];m 为区域城镇体系核心城市；T_{mj} 为区域城镇体系中城市 m 到城市 j 的公路里程；T_{ij} 为区域城镇体系中城市 i 城市 j 的公路里程。

2) 高速公路网络连接率 C：表示在高速公路网络中,节点(城镇)平均连接的线路数,反映了区域内各节城镇点依靠高速公路网络连通的强度,公式为

$$C = \frac{E}{N} \quad (2-3)$$

式中，E 为城市间高速公路网络的线路数；N 为区域高速公路网络中的节点数量。$C<1$ 时，高速公路网络为树枝状网络；$C>1$ 时，表示高速公路网络为回路网络。

3) 高速公路网络成环率 α：反映高速公路网络复杂程度的指标，用高速公路网络实际连通状况与最大可能连通状况之比表示，即网络中提供的实际可供选择的路线与网络最大可能提供的路线之比。

$$\alpha = \frac{L-V+P}{2V-5} \qquad (2-4)$$

式中，L 为网络中的边数，即高速公路网络中线路的数量；V 为高速公路网络中的节点数，即城镇数量；P 为子图数（高速公路网络是完全连通的，则 P 值为 1；若不完全连通，则 P 的值等于子图的数量）。α 的取值范围从 0 到 1，0 时表示网络是树枝状的，没有环路；1 时表示网络完全连接，环路达到最大值。

4) 高速公路网络基本联通度 β：某一公路网络中的实际连接线数量与最大程度连接时连接线的数量之比，是评价网络的相对连通度的基本比率，公式为

$$\beta = \frac{L}{3(V-2)} \qquad (2-5)$$

式中，L 为网络中的边数，即高速公路网络中线路的数量；V 为高速公路网络中的节点数，即城镇数量。

第三，高速公路网络的通达性与城镇体系的区域特征的适应性。指区域内各个城镇在高速公路网络中的交通便利性与该城镇的人口、经济规模等之间的适应问题。区域城镇体系的通达性可以反映城区域高速公路的网络特征，这一适应性可以用每个城市的高速公路网络通达性特征指标与城镇的区域特征指标之间的相关性来表示和测度[32]。测度时，首先计算高速公路网络中每个城市的通达性并以此排序，然后，根据每个城镇的区域特征对所有城镇排序，最后再分析两者之间的相关性。

常用的可达性度量方法较多，但是，由于可达性度量指标的选取以及度量方式的不同，使得各种方法的度量过程以及产生的度量结果各具特色甚至存在较大差异。目前，重力模型法（又称潜能模型）是应用最为广泛的可达性度量方法，因为重力模型可以解决其他可达性模型因交通系统、距离变量、对可获得的机会的理解的差异等因子而产生的问题，并考虑了由于吸引力而产生的区域间相互作用，最大的特色是将交通运输系统与社会经济活动纳入了统一的分析框架，因此它能同时反映交通运输系统的改善与社会经济活动的进展。其经典的数学表达式为

$$P_i = \sum_{j=1}^{n} \frac{M_j}{C_{ij}^a} \qquad (2-6)$$

式中，P_i 为节点的经济潜能；M_j 是经济中心的质量经济、人口或就业；C_{ij} 是节点到中心的交通成本；a 为和之间的距离摩擦系数[35~37]。

以城市的经济重要度表示城镇的区域特征，选取城市的非农业人口数、国内生产总值以及企业内科技人员数量作为城市的经济实力和经济发展水平的指标[49]。在此基础上，依据各城市的非农业人口数 P_i、国内生产总值 G_i 以及企业内科技人员数量 S_i，分别计算

第 2 章 高速公路网络与区域城镇体系空间网络的适应性

各城市的人口职能指数 K_{Pi}、经济职能指数 K_{Gi} 以及科技职能指数 K_{Si}。

$$K_{Pi} = \frac{P_i}{\frac{1}{n}\sum_{i=1}^{n} P_i} \tag{2-7}$$

式中，n 为高速公路网络中城市的个数。进一步分别计算出 K_{Pi}、K_{Gi}、K_{Si}，再计算各城市的经济重要度 K_i，公式为

$$K_i = \frac{K_{Pi} + K_{Gi} + K_{Si}}{3} \tag{2-8}$$

比较每个城市的 K_i，并对其进行排序，与城市的通达性序列进行相关性分析，得出高速公路网络通达性特征与城镇体系的区域特征之间的适应状况。

根据上述两因子的测度结果，分别对各个城市进行排序，由于各城市序位值无量纲，因此，可以计算每个城市通达性序位与其对应的城重要度序位差值，显然，差值越接近于0，说明两者之间的适应性越好。还可进一步说明，若研究地区所有城市该差值之和越接近于 0，该地区城镇基于高速公路网的通达性与其经济重要度是相适应的。公式为

$$R_{pk} = \sum_{j=1}^{n}(P_i - K_i) \tag{2-9}$$

式中，R_{pk} 为高速公路网络的通达性与城镇体系的区域特征的适应度，理想值为 0；$i = 1, 2, 3, \cdots, n$，为研究区城镇数量；$j = 1, 2, 3, \cdots, n$，为城市通达性序位与其对应的城重要度序位差值数量。

第四，高速公路网络的功能特征与城镇体系经济聚散功能的适应性。指以高速公路沿线经济发展轴为载体，通过集聚和扩散效应，网络节点产生的经济溢出效应的强度。本章以高速公路沿线一小时的车行时间内所覆盖的区域的经济总量来表示高速公路对经济的集聚能力。因此，高速公路沿线覆盖区经济活动集中度 Φ 等于高速公路沿线一小时覆盖区的经济总量与整个研究区域的经济总量之比，公式为

$$\Phi = \frac{H}{T} \tag{2-10}$$

式中，Φ 为高速公路沿线覆盖区经济活动集中度；H 为高速公路一小时覆盖区经济总量；T 为研究区域城镇经济总量。Φ 值越接近于1，两者之间的适应性越好。

高速公路网络与区域城镇体系适应性评价需要充分考虑高速公路网络的有效利用和区域城镇体系空间网络的交通运输需求。评价指标的选取要充分考虑高速公路网络和城镇体系空间网络的总体特征以及两个空间网络相互作用的诸方面，同时还兼顾数据的可获得性。因此，评价指标体系的设定要能反映系统的整体结构特点和效益，既能反映系统内部结构和功能的协调，同时又要兼顾与系统和外部环境的关系；指标的选取主要参照评价地区统计指标口径最少的城市的指标进行评价，以确保适应性评价的科学性，即所谓的"木桶原理"；评价指标必须考虑区域内城市之间经济与空间特性的异同；评价指标要对未来高速公路建设和城镇体系规划具有理论指导意义。

基于上述考虑,并综合相关研究,可以建立高速公路网络与区域城镇体系适应性评价指标体系框架(图2-1),并以各指标的理想值建立评价模型,凡达到理想值或接近理想值的测度指标被认为是适应的,以此对区域高速公路网和城镇体系之间的适应性进行评价。

高速公路网络与城镇体系空间网络的适应性评价指标体系	高速公路网络的建设规模与区域城镇体系交通运输需求的适应性	1. 高速公路网的建设规模与区域城镇体系交通需求适应度 V 2. 区域高速公路网络面积密度 μ
	高速公路网布局与城镇体系空间结构的适应性	3. 区域核心城市与高速公路网络中位点吻合度 σ 4. 高速公路网络连接率 c 5. 高速公路网络成环率 α 6. 高速公路网基本连通度 β
	高速公路网络的通达性与城镇体系的区域特征的适应性	7. 路网通达性与各城市的经济重要度的适应度 R_{pk}
	高速公路网络的功能特征与城镇体系经济聚散功能的适应性	8. 高速公路沿线覆盖区经济活动集中度 Φ

图 2-1 高速公路网络与区域城镇体系适应性评价指标体系

表 2-3 高速公路网络与区域城镇体系适应性评价指标

	指 标	理想值
高速公路网络的建设规模与区域城镇体系交通运输需求的适应性	1. 高速公路网的建设规模与区域城镇体系交通需求适应度 V	100
	2. 区域高速公路网络面积密度 μ	4*
高速公路网布局与城镇体系空间结构的适应性	3. 区域核心城市与高速公路网络中位点吻合度 σ	1
	4. 高速公路网络连接率 c	1
	5. 高速公路网络成环率 α	1
	6. 高速公路网络基本连通度 β	1
高速公路网络的通达性与城镇体系的区域特征的适应性	7. 高速公路网通达性与各城市的经济重要度 K_i 的相关度	0
高速公路网络的功能特征与城镇体系经济聚散功能的适应性	8. 高速公路沿线覆盖区经济活动集中度 Φ	1

注:该理想值取自下文案例地区,对于其他地区可参考表2-2取值,即本评价指标是基于《国际高速公路网规划》(2004)的。

2.3 长三角地区高速公路网络与区域城镇体系适应性

2.3.1 长三角地区高速公路网络发展

1995～2010年的15年期间,长三角地区高速公路网络建设的过程体现出明显的阶段性特征:自1995年,长三角地区高速公路建设迅速发展,从1996年第一条跨越行政界线的高速公路建成至20世纪末,区域内的沪杭、沪宁、杭甬、京沪4条长距离的高速公路建设,在区域内形成了"之"字形的高速公路联系通道,为"线型延伸";从2000年开始,随着整个区域经济的迅速发展,为适应不断增加的交通运输需求,区域高速公路开始网络化建设,高速公路的覆盖面积和连接的节点城市数量逐年增加,网络密度大大提高,长三角地区高速公路建设进入"网络拓展"阶段;2010年后,高速公路建设以"网络内调整"为主[38]。到2010年末,长三角地区建成通车的高速公路总里程共8 128 km,其中,江苏4 059 km,浙江省3 291 km,上海市778 km*。

表2-4显示了2008年长三角地区高速公路的通车里程以及所承担的客运量、货运量。显然,高速公路在长三角地区的公路运输中占据着绝对优势。

表2-4 长三角地区高速公路通车里程、客运量、货运量与公路比较(2008年)

运输方式	通车里程 (km)	占比 (%)	客运量 (万人)	占比 (%)	货运量 (万t)	占比 (%)
公　路	259 886	100.0	388 640	100.0	254 388	100.0
高速公路	7 435	3.4	195 844	50	158 579	62

数据来源:2008年上海市、浙江省、江苏省统计年鉴;2008年中国高速公路运输量分析调查分析报告。

2.3.2 长三角地区城镇体系发展

长江三角洲地区是中国经济实力最强、城镇化密度最高的地区。随着基础设施网络体系不断完善,地区内城市间联系更加紧密,城市群一体化趋势不断加强。该地区发展具有明显的阶段性、区域性。20世纪80年代,中小城镇发展迅速,且集中在苏南地区,长三角地区城镇体系演化的动力中心也集中在此,浙北地区发展相对缓慢;90年代,苏南地区的中等城市迅速发展为大城市,城镇体系相对成熟,而浙北地区的小城市开始发展,长三角地区城镇体系空间演化的动力中心转移到南部地区;2000年以后,苏南、浙北两地的大城市发展迅速,成长为区域重要的增长中心,而中小城市在城镇体系中的地位变化相对较小,特大城市成为促进城镇体系经济发展的核心动力。目前,长三角地区现已形成上海、南京、杭州三个中心城市为核心的功能区域,相应的次级城市群发展迅速,各中心城市之间以及城市群内部联系紧密,构成了等级明显的多中心空间结构。

2.3.3 长三角地区高速公路网络与区域城镇体系适应性测度

(1) 长三角地区高速公路网络与区域城镇体系适应性指标测度

以长江三角洲地区25个地级市作为主要节点(图2-2),采用2008年底数据,则当年长三角地区高速公路总里程达到7 435 km,地区GDP为65 497.68亿元,人均GDP为

---

* 宋薇萍. 交通部首度规划长三角交通蓝图区域交通规划出炉. http://news.xinhuanet.com/house/2004-08/16/content_1797102.htm [EB/OL]. 2011.03.11.

45 954 元,两省一市区域面积 193 318.65 km²,非农业人口 10 252.89 万人。高速公路的设计通行能力依据整个区域的高速公路平均车道数以及中华人民共和国行业标准《公路工程技术指标》(JTG B01 2003)中关于高速公路设计的技术指标折算。这样,长三角地区高速公路车道总里程为 36 273.6 km,平均车道数为 4.88 条,设计通行能力为 50 000 辆/日,地区高速公路面积密度为 0.04 km/km²;取区域经济影响系数 t_1 为 1.2,交通需求影响系数 t_2 为 0.35[43],其中,σ_1、σ_2、σ_3、σ_4,根据因素的重要度取值为 0.1、0.2、0.3、0.4;以高速公路的平均时速 100 km 测算,则一小时覆盖区内的 GDP 为 59 273.43 亿元;根据长三角地区各地级市间最短路径之和测算,湖州市是本地区高速公路网络的中位点(表 2-5,图 2-3);选取城市规模(以各城市的户籍人口数量、行政区划面积、财政收入、非农业产值和社会消费品零售总额五个因子无量纲化后,根据专家咨询法获得因子权重,进而得到城市规模因子得分)作为城市中心的质量,以各节点城市的最短路径时间作为其交通成本进行城市潜能可达性测算,分别计算出各城市的人口职能指数 K_{Pi}、经济职能指数 K_{Gi}、科技职能指数 K_{Si} 以及经济重要度 K_i,得出长三角地区城市经济重要度的排序(表 2-6,图 2-4),并与每个城市的潜能可达性排序(表 2-6,图 2-5)。其他各项指标测度结果见表 2-7。

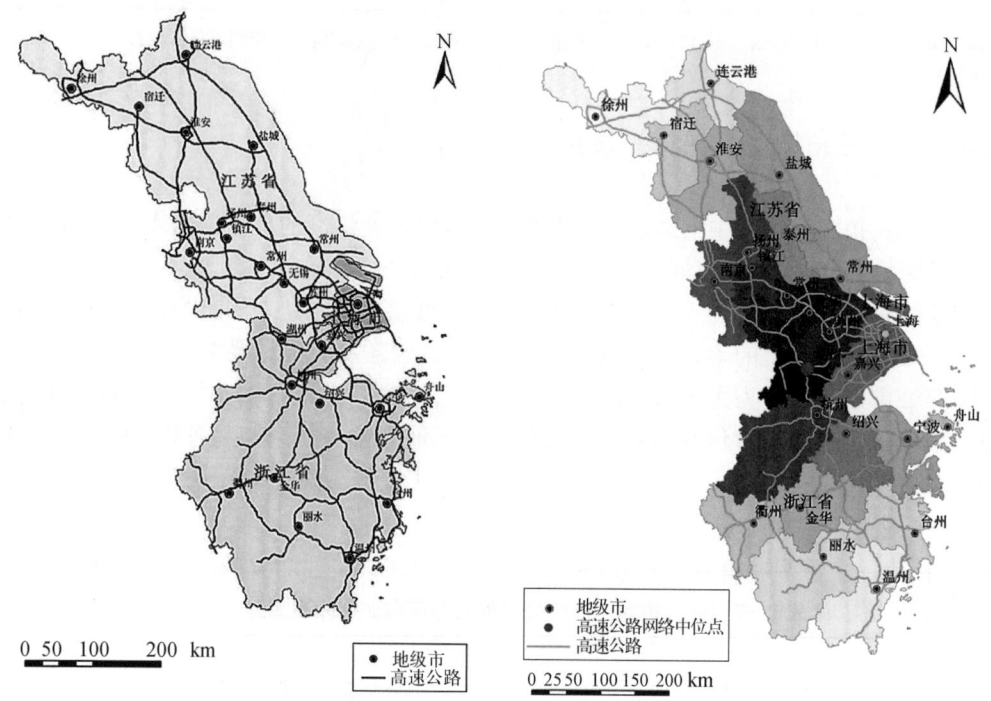

图 2-2　长三角地区高速公路网络及 25 个主要节点
（地级以上城市）

图 2-3　长三角地区高速公路中位点示意图

表 2-5　长三角地区各地级市间最短路径之和

地级市	最短路径之和	排序	地级市	最短路径之和	排序
上海	7 268	9	无锡	6 421	2
苏州	6 711	4	常州	6 669	3

续 表

地级市	最短路径之和	排 序	地级市	最短路径之和	排 序
南 通	8 361	13	杭 州	6 782	6
镇 江	6 726	5	湖 州	6 277	1
泰 州	7 397	12	绍 兴	7 361	11
扬 州	6 960	7	宁 波	8 927	15
盐 城	8 725	14	衢 州	10 269	19
淮 安	9 613	17	金 华	9 162	16
连云港	11 921	23	台 州	10 981	21
宿 迁	10 902	20	丽 水	11 175	22
徐 州	12 986	25	温 州	12 213	24
南 京	7 231	8	舟 山	10 110	18
嘉 兴	7 292	10			

表 2-6 长三角地区城市潜能通达性与城市经济重要度(K)适应性

城市	K_i	排序	潜能	排序	差值	城市	K_i	排序	潜能	排序	差值
上海市	7.52	1	145.49	1	0	嘉兴市	0.55	14	19.93	15	−1
杭州市	2.13	2	60.18	3	−1	台州市	0.53	15	13.07	16	−1
南京市	2.01	3	44.98	4	−1	连云港市	0.53	16	12.17	23	−7
苏州市	1.51	4	61.53	2	2	泰州市	0.48	17	24.95	11	6
无锡市	1.27	5	40.50	5	0	金华市	0.48	18	22.26	13	5
宁波市	1.04	6	36.14	6	0	镇江市	0.46	19	16.47	18	1
徐州市	0.86	7	19.96	14	−7	宿迁市	0.43	20	13.63	21	−2
南通市	0.73	8	31.56	7	1	淮安市	0.38	21	16.38	19	2
盐城市	0.72	9	25.25	9	0	湖州市	0.33	22	16.33	20	2
温州市	0.69	10	22.36	12	−1	丽水市	0.19	23	13.07	22	1
常州市	0.66	11	27.04	8	3	衢州市	0.18	24	10.01	24	0
扬州市	0.60	12	25.16	10	2	舟山市	0.16	25	3.90	25	0
绍兴市	0.57	13	18.24	17	−4						

差值总和＝0

表 2-7 长三角地区高速公路网络与区域城镇体系适应性评价

指 标	计算值	理想值
1. 高速公路网的建设规模与交通运输需求的适应度 V	176	100
2. 高速公路网络密度（km/10^2 km^2）	4	4
3. 核心城市与高速公路网络中位点的吻合度 σ	0.84	1
4. 高速公路网络连接率 C	2.16	1
5. 高速公路网络 α 指数（成环率）	0.44	1
6. 高速公路网络 β 指数	0.78	1
7. 高速公路网络的通达性与城镇体系的区域特征的适应度 R_{pk}	0	0
8. 高速公路覆盖区经济活动集中度	0.925	1

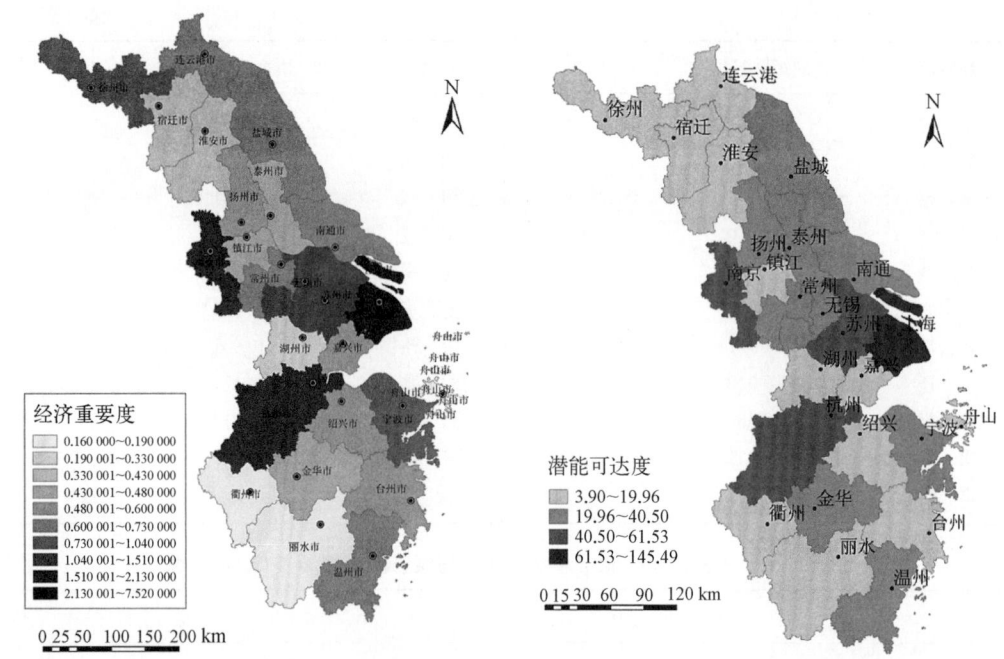

图2-4 长三角地区城市的经济重要度示意图　　图2-5 长三角地区城市潜能可达性格局

(2) 结果分析

比较表2-7中的计算值和理想值,除了第1、4、5项指标外,其余指标均接近或达到理想值,说明基于长三角地区25个重要节点(地级以上城市)的城镇体系网络与本区域高速公路网络总体上是适应的。但是,本地区高速公路建设的规模显然已经超出了"适度超前"的范畴;仅就25个地级市而言,其依靠高速公路网络的连通已经处于超强的状态,但路网提供的实际可供选择的路线与路网最大可能提供的路线相比还比较低,说明网络的复杂程度不高,发育不够完善,今后需要加强县级市间以及与地级市的联络通道建设。本地区相关研究也有类似结果,也主张未来公路发展的重点是完善网络结而非路网规模扩张[6,38,40]。而本地区高速公路一小时覆盖区内的经济量占到整个区域经济总量的0.925,说明高速公路网络的集聚功能远大于扩散作用。高速公路改善了重要节点及其沿线地区的区位条件,形成新的区位优势,集聚作用强化了已有的区域发展轴线。

2.4 小结

本章提出的模型在案例地区的应用表明,模型的指标体系和模型对于评判区域高速公路网络与城镇体系的适应性是适用的,可以用来评价一个地区高速公路网络与其城镇体系之间的适应性问题。但是,一个区域存在着多种交通运输方式,对于其他交通运输方式之间的关系及其与城镇体系的相互影响,尤其是高速公路和高速铁路的修建对沿线城镇的影响,还需要进一步研究。此外,本章工作基于高速公路网络的重要节点——地级以上城市,进一步的工作还需考虑广大中小城镇节点,以符合国家高速公路网规划所要求的连接20万以上人口城市要求。再者,高速公路的建设与城镇体系发展是一个动态的过程,因此,两者的适应状况也是处于不断变化之中,关于动态性的适应性评价指标及其方法还需要深入研究。

参 考 文 献

[1] 刘继生,陈彦光. 交通网络空间结构的分形维数及其测算方法探讨[J]. 地理学报,1999,54(5):471-478.

[2] 顾朝林. 中国城镇体系——历史、现状、展望[M]. 北京:商务出版社. 1992:248-274.

[3] 陈彦光. 交通网络与城市化水平的线性相关模型[J]. 人文地理,2004,19(1):62-65.

[4] 张文尝,王姣娥. 改革开放以来中国交通运输布局得到重大变化[J]. 经济地理,2008,28(5):705-710.

[5] 张文尝,王姣娥,金凤君,等. 新中国交通运输60年发展与巨变[J]. 经济地理,2009,21(11):1770-1776.

[6] 吴威,曹有挥,曹卫东,等. 开放条件下长江三角洲区域的综合交通可达性空间格局[J]. 地理研究,2007,(2):391-402.

[7] 凌怡莹,徐建华. 基于分形理论和Kohonen网络的城镇体系的非线性研究——以长江三角洲地区为例[J]. 地球科学进展,2003,(4):521-526.

[8] 王成金. 中国高速公路网的发展演化及区域效应研究[J]. 地理科学进展,2006,25(6):126-136.

[9] Kiyoshi Kobayashi, Makoto Okumura. The growth of city systems with high-speed railway systems [J]. Annals of Regional Science, 1997, 31:39-56.

[10] Morton E O'Kelly. A geographer's analysis of hub-and-spoke networks [J]. Journal of Transport Geography, 1998, 6(3):171-186.

[11] Jose L Luis Puliafito. A transport model for the evolution of urban systems [J]. Applied Mathematical Modelling, 2007, 31(11):2391-2411.

[12] Narisra Limtanakool, Martin Dijist, Tim Schwanen. A Theoretical Frameworck and Methodology for Characterising National Urban Systems on the Basis of Flows of People [J]. Urban Studies, 2007, 44(11):2123-2145.

[13] Se-li Mun. Transport Network and System of Cities [J]. Journal of Urban Economics, 1997(42):205-221.

[14] Y. Kanemoto and K. Mera. General equilibrium analysis of the benefits of large transportation improvements [J]. Regional Science and Urban Economies, 1985, 15:343-363.

[15] Gabriel Dupuy, Stransky. Cities and Highway Networks in Europ [J]. Journal of Transport Geography, 1996, 4(2):107-121.

[16] 杜德斌,黄吉乔. 长江三角洲城市带一体化的交通网络模式构想[J]. 经济地理,1999,19(3):91-95.

[17] 周一星,胡智勇. 从航空运输看中国城市体系的空间网络结构[J]. 地理研究,2002,21(3):276-286.

[18] 戴特奇,金凤君,王姣娥. 空间相互作用与城市关联网络演进——以我国20世纪90年代城际铁路客流为例[J]. 地理科学进展,2005,24(2):80-89.

[19] 金凤君,王成金. 轴—辐侍服理念下的中国航空网络模式构筑[J]. 地理研究,2005,(5):774-784.

[20] 薛俊菲. 基于航空网络的中国城市体系等级结构与分布格局[J]. 地理研究,2008,27(1):23-33.

[21] 王成金. 中国高速公路网的发展演化及区域效应研究[J]. 地理科学进展,2006,25(6):126-137.
[22] 姚士谋. 高速公路建设与城镇发展的相互关系研究初探——以苏南地区高速路段为例[J]. 经济地理,2001,21(5):300-305.
[23] 杨忠臣,陆玉麒. 高速公路建设与区域城镇分布的相互影响初探——以山东省为例[J]. 中国人口,资源与环境,2003,13(3):57-61.
[24] 肖慎,过秀成,明图章,等. 公路网络与城镇发展空间网络适应性分析评价[J]. 土木工程学报,2003,36(7):7-13.
[25] 周伟,马书红. 基于木桶理论的公路交通与经济发展适应性研究[J]. 中国公路学报,2003,16(3):77-82.
[26] 于江霞,王选仓,韩少华,等. 基于加权灰色关联度的公路交通适应性评价[J]. 公路交通科技,2006,23(5):75-78.
[27] 刘奕,贾元华. 基于DEA模型的区域高速公路社会经济适应性评价方法研究[J]. 北京交通大学学报:自然科学版,2007,31(3):1-5.
[28] 刘奕,石良清,贾元华. 基于经济适应性的高速公路合理规模预测研究[J]. 交通运输系统工程与信息,2010,10(3):1-6.
[29] 孙根年. 国家区域公路网密度与人口密度、人均GNP关系的统计分析[J]. 西南交通大学学报,2000,35(2):221-223.
[30] 翟冬梅. 公路网综合评价模型的研究[J]. 河北工业大学学报,2001,30(4):84-86.
[31] 顾政华,李旭宏. 区域高速公路网合理规模研究[J]. 公路交通科技,2004,(09):78-81.
[32] 李晓锋,张亚东,于世军. 高速公路网络布局的区域适应性评价指标研究[J]. 公路,2008,(3):113-117.
[33] 朱辉,李沛才. 公路网现状综合评价[J]. 长安大学学报(自然科学版),2005,25(5):79-82.
[34] 王炜,等. 公路网规划[M]. 北京:科学出版社. 2000:146.
[35] 陈洁,陆锋,程昌秀. 可达性度量方法及应用研究进展评述[J]. 地理科学进展,2007,26(5):100-110.
[36] 杨家文,周一星. 通达性:概念,度量及应用[J]. 地理学与国土研究,1999,15(02):25-30.
[37] 李平华,陆玉麒. 可达性研究的回顾与展望[J]. 地理科学进展,2005,24(3):69-78.
[38] 周恺. 长江三角洲高速公路网通达性与城镇空间结构发展[J]. 地理科学进展,2010,29(2):241-248.
[39] 郁鸿胜,宗传哄,李娜. 长三角区域城镇体系空间布局研究[M]. 上海:上海社会科学院出版社,2008.
[40] 吴威,曹有挥,曹卫东,等. 长江三角洲公路网络的可达性空间格局及其演化[J]. 地理学报,2006,61(10):1065-1074.

第3章 长江三角地区高速公路网与城镇体系空间结构的分形特征

3.1 引言

城镇体系和交通网络的发展是一种空间互动过程,城市体系的建设与交通网络的发展应该是同步进行的[1]。交通与城市、区域空间相互关系的研究一直是交通地理学、城市地理学等学科的基础研究领域之一,而交通网络与城镇体系关系更是重点和前沿领域[2]。目前国内外关于交通网络与城镇体系关系的研究集中在航空、铁路两种交通运输方式上,对公路运输网络与城市发展的研究相对薄弱[3]。至于(高速)公路与城镇的关系研究则以路网对个体城市的影响居多,且以定性分析为主[4~9],除了路网的通达性测算分析,鲜有其他定量分析[10]。

区域城镇的空间分布具有无标度性和统计分形(fractal)特征,城镇体系的这种自相似性意味着区域城镇系统的自组织演化受到一定规则的支配,具有优化趋向。因此,揭示城镇体系的分形几何特征及其支配法则有着重大的理论意义和实践价值,并成为国内最近10年的一个持续热点。测度分形的有效参数是分形维数(fractal dimension),它是反映空间现象的重要变量。聚集维数、网格维数、空间关联维数三种基本分维是刻画城镇体系的空间结构特征量。城镇体系的分形几何性质还暗示了交通网络的自相似性特征,一般可用长度—半径维数、分枝数目—半径维数和空间关联维数三种基本参数研究交通网络空间结构分形特征,伴随城市和城市体系分形研究的深入,交通网络的分形也受到更多的关注[11~14]。但是,最近10年以来,国内关于交通网络的分形研究进展不大,特别是公路网络的分形研究更少。

目前,全国性的高速公路网基本形成。2010年底,全国高速公路达7.41万km,仍居世界第二位,其中,国家高速公路5.77万km,"五纵七横"12条国道主干线提前13年全部建成。11个省份的高速公路里程超过3 000 km*。高速公路已连通除西藏外的所有省级区

---

* 交通运输部综合规划司.2010年公路水路交通运输行业发展统计公报[EB/OL]. http://www.jttj.gov.cn/shownews.asp?id=2284[2011-07-19].

域,并连通了我国主要的大中城市,形成了支撑城市发展的快速通道[3]和高效运输网络,对区域城镇体系及其网络的空间结构已经或者正在产生深刻的影响。本文以长三角地区为例,重点对高速公路网络的空间结构和城镇体系空间结构的分形维数进行测算,分析两者间在空间结构上的相互关系,试图揭示高速公路网络引导下的区域城镇体系空间结构发展的特点。

3.2 长三角地区高速公路网与城镇体系的空间发展

3.2.1 长三角地区高速公路网络发展及其空间结构

2009年,长三角地区(两省一市)高速公路里程已达到7 821 km(含地方高速公路),约占全国总里程的1/8(图3-1)。本地区国家高规划"十横七纵"的高速公路干线(表3-1),至2020年,总里程将达到7 153 km(国家高速)。按照国家高速公路网规划,届时将以上海、南京、杭州、宁波四个重要的节点为中心,按照重要节点城镇、较重要节点城镇、一般节点城镇三个层次,全面推进区域内经济的发展。长三角地区高速公路建设的速度、规模和路网结构对该区域的城镇体系和城镇布局的空间结构及城镇自身扩展方向等方面已经或正在产生巨大影响。

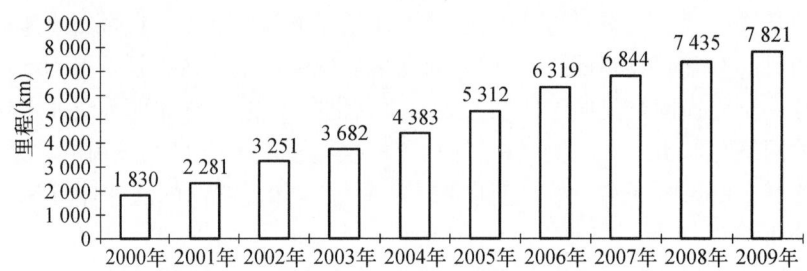

图3-1 2000~2009年长三角地区高速公路里程数增长

资料来源:根据2001~2010年2省1市统计年鉴整理。

表3-1 长三角区域内的国家级高速公路

所属范围	区域内国家级高速公路名称
首都放射线	京沪高速(G2)、京台高速(G3)
南北纵线	沈海高速(G15)、常台高速(G15W)、甬金高速(G1512)、温丽高速(G1513)、长深高速(G25)、淮徐高速(G2513)
东西横线	连霍高速(G30)、宁洛高速(G36)、沪陕高速(G40)、扬溧高速(G4011)、沪蓉高速(G42)、宁芜高速(G4211)、沪渝高速(G50)、杭瑞高速(G56)、沪昆高速(G60)
地区环线	杭州湾环线(G92)、宁波—舟山(G9211)

3.2.2 长三角地区城镇体系发展及其空间格局

长三角地区城市群是我国城镇密度最高、发展最具活力、综合实力最强的大都市连绵区和经济增长极之一。该地区两省一市涉及国土 21 多万平方千米,2009 年底常住人口达到 14 825.82 万人,含城镇人口 8 673.43 万人。包括有 1 个直辖市(上海),3 个副省级城市(南京、杭州、宁波),21 个地级市(江苏的无锡、徐州、常州、苏州、南通、连云港、淮安、盐城、扬州、镇江、泰州、宿迁;浙江的温州、嘉兴、湖州、绍兴、金华、衢州、舟山、台州、丽水),48 个县级市,已经初步形成了大、中、小城市等级较完整、层级较清晰、类别较齐全的城镇体系(图 3-2、图 3-3)。

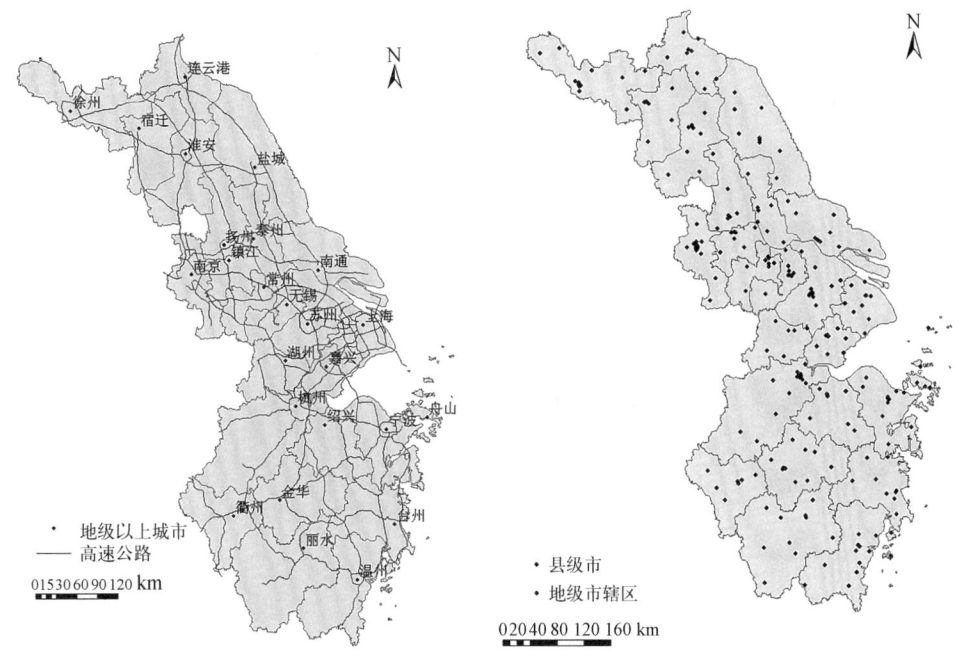

图 3-2 长三角地区高速公路网及地级以上城市分布

图 3-3 长三角地区县级以(含市辖区)分布

以市辖区非农人口为基数的城镇规模计算,长三角地区城镇体系规模在等级上已经呈现出"特大和大城市较多、中等城市分布密集、等级层次分明"的格局(表 3-2)。规模等级序列完善,其中,特大城市以上级别城市 9 个,大城市 8 个,中等城市 7 个,城镇体系发育较为成熟[15]。

表 3-2 长三角地区中心城市(地级以上城市)及其规模等级

层次序列	规模等级(万人)	城市数(个)	城 市(人口数·万人)
1	≥500	1	上海(1 192.24)
2	200~500	3	南京(490.71)、杭州(285.11)、无锡(223.81)
3	100~200	5	徐州(157.98)、常州(118.28)、苏州(158.06)、宿迁(118.67)、宁波(132.07)
4	50~100	8	南通(87.52)、连云港(63.22)、淮安(92.33)、盐城(78.92)、扬州(94.53)、镇江(65.85)、泰州(56.82)、温州(66.75)

续　表

层次序列	规模等级（万人）	城市数（个）	城　　　市(人口数·万人)
5	20～50	7	绍兴(47.00)、金华(31.48)、衢州(27.00)舟山(27.49)、台州(30.53)、嘉兴(42.03)、湖州(42.88)
6	≤20	1	丽水(12.65)

资料来源：根据2009年中国城市统计年鉴整理。

3.3　数据与方法

本章以1∶400万国家基础地理信息为基础，将最新出版的长三角洲地图、江苏省地图、浙江省地图、上海市地图*扫描配准基础，获得长三角地区的高速公路网络等要素。

关于城市体系和交通网络的分形维数的测算，采用刘继生、陈彦光提出的基本模型、测算方法[12,14]，此不赘述。其模型的地理意义为：对于区域交通网络：① 采用长度维数D_L测算交通网络分布密度从测算中心向周边区域变化的动态特征。D_L值越高，表明网络密度从测算中心向周边区域下降的速率越慢。当测算中心为交通枢纽或交通枢纽城市，测算到的分维D_L值较高(接近2)，且系数L_1较大时，意味着区域的通达性较好，交通网络的发育已经较为完善。② 采用分枝维数D_b测算交通网络的复杂程度。D_b是由交通网络的分枝数目变化率确定的，可以揭示交通网络的纵横交叉特征及其复杂性的空间变化。若分维越高，则网络分叉数从测算中心向周围地域变化递增越快；若分维越低，则网络分叉的递增率越小。当D_b变化时，分枝密度与交通网络密度特征类似。因此，分枝数密度在某种意义上是交通网络的复杂性量度。若测算中心在枢纽城市，则模型系数较大且维数值D_b较高时，表示交通网络复杂，网络的覆盖能力较强，通达性能较好[12,14]，本章测算区域高速公路网络。

对于区域城镇体系网络：① 采用集聚维数测算城镇分布从中心城市向周边区域的密度衰减的特征。当$D_f=2$时，表明城市沿着半径方向呈均匀分布，且D_f值越接近2，表明城市分布越是均匀；当$D_f<2$时，表明城市沿着半径方向呈现凝聚状态分布，此时的城市体系在形态上具有向心的特征；当$D_f>2$时，表明城市分布密度随着到中心城市的距离的扩大而增加，城市沿着半径方向均匀散开呈离散状态分布，城市体系不能与正常的交通网络相匹配，亦不能为环境系统所包容，是一种不正常的空间形态。理论上需要城市体系的空间结构优化。② 采用网格维数D_o和D_l测算区域城镇空间分布的均衡性，其中D_o为容量维，D_l信息维，两者均系借助区域网格化测得，故名。正常情况下，$1<D<2$，D越大表示城镇体系各要素的空间分布越均衡，反之就越集中；当$D→1$时，表示城镇体系均匀地集中在一条线上了(如铁路、河流等)。D_o和D_l的关系是$D_l<D_o<2$；当城镇体系是简单的分形时，$D_o=D_l$[12,14]。

---

* 长三角洲地图(1∶65万)由中华地图学社编制，2008年3月出版；江苏省地图(1∶81万)、浙江省地图(1∶76万)、上海市地图(1∶20万)均有由中国地图出版社编制，2010年1月出版。——作者注。

对于交通网络与城市体系的关系,采用空间关联维数 D_s 测算城镇体系要素分布的空间相关性,一般地,就表征空间分布而言,空间关联维数与网格维数含义相似,反映了城镇体系要素空间分布的均衡性,但其独特用途在于可以反映城镇体系各要素之间交通网络的通达性,从而指示城市之间的关联性。具体测度时,通过定义空间关联维数与网格维数比 $\rho = D_{s1}/D_{s2}$ 进行。ρ 越接近于 1,表明城市之间交通网络通达性越好,从而城镇体系各要素关联度越高,特别是当 $\rho = 1$ 时,表示城市间的交通网络连通度达到极限[14]。

3.4 长三角地区高速公路网络空间结构分形维数测算

3.4.1 长度维数:高速公路网络的密度变化特征

根据 Frankhouser 的经验,借助地图和交通里程数计算区域内的交通网络的长度维数[14]。具体方法是:借助地图考察长三角地区的高速公路网络,以中心枢纽城市上海市为圆心作回转半径 r,根据计算区域高速公路网络覆盖范围,r 的取值范围为 30~570 km。按照公式 $L(r) = L_1 r^{D_L}$,计算半径范围内的高速公路线路总长度 $L(r)$。改变 r,可得不同的 $L(r)$,即点列 $(r, L(r))$(表 3-3),并绘制成坐标图(图 3-4)。分析图表,可以发现其总长度与半径呈明显的对数线性分布,大致呈直线分布,说明长三角地区高速公路网络长度分布具有基本的分形性质。利用最小二乘法得到分维值 $D_L = 1.1085$,测定系数 $R^2 = 0.9807$。D_L 数值较低,说明本地区高速公路网密度从测算中心上海向周围地区递减较快。

表 3-3 长三角地区高速公路网络的回转半径与高速公路总长

r(30 km)	1	2	3	4	5	6	7	8	9	10
$L(r)$(km)	320	777	1 307	1 679	2 486	3 133	3 747	4 409	5 001	5 654
r(30 km)	11	12	13	14	15	16	17	18	19	
$L(r)$(km)	6 026	6 701	6 993	7 254	7 449	7 554	7 707	7 797	7 821	

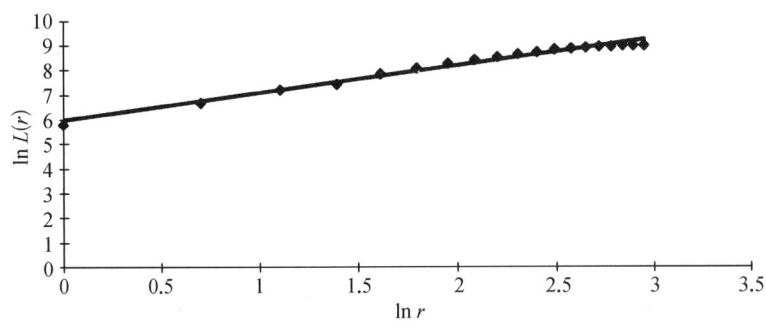

图 3-4 长三角地区公路网络长度—回转半径双对数坐标图

3.4.2 分支维数：区域高速公路网络的复杂性量度和通达程度

同样，以上海市为圆心作回转半径 r，利用长度维数中所作的同心圆图为基础，由于同心圆已经将区域分成若干等宽的同心环带，所以只要计算出每个环带中的公路网络的分支数目 $n(k)$ 即可，即出现一个支线算一个分支，按照公式 $N(r) = \sum_{k=1}^{r} n(k)$ [14] 累加得 $N(r)$（表 3-4）。将 $(r, N(r))$ 绘在双对数坐标图上。显然，点子呈对数线性分布（图 3-5）。利用非线性回归法算得分支维数 $D_b = 0.848$，测得系数 $R^2 = 0.9839$。分支维数接近于 1，数值不高，表明长三角地区高速公路网络的结构是以上海市为中心区域按自相似性向外延展的，而且路网分叉数从测算中心上海向周围地域递减较小，说明路网结构并不复杂，覆盖能力不强，通达性不完善。

表 3-4 长三角地区高速公路网络的路线分支数

k	1	2	3	4	5	6	7	8	9	10
$n(k)$	38	37	31	22	43	37	24	27	35	28
$N(r)$	38	75	106	128	171	208	232	259	294	322
k	11	12	13	14	15	16	17	18	19	
$n(k)$	17	30	12	8	13	6	5	6	2	
$N(r)$	339	369	381	389	402	408	413	419	421	

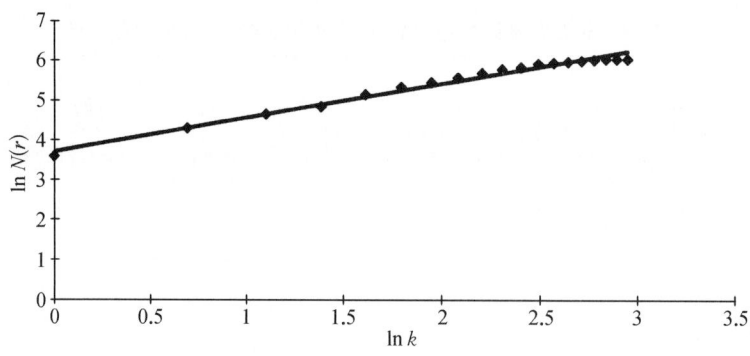

图 3-5 长三角地区高速公路网络分支数目—回转半径双对数坐标图

长三角地区高速公路网络的长度—半径维数和分支维数测算的拟合度较高，区域间拟合度没有明显的空间差异，高速公路网络的分形性较强。分支维数测算表明其结构也具有分形所内蕴的自相似性特征，即长三角地区高速公路网络结构以上海市为中心按自相似性向外延展。而长度—半径维数和分支维数在数值上的差异，反映了公路网络密度与具体的连通状况之间的差别，也说明本地区高速公路网络在连通性上还有更大的发展空间。若以交通网络半径维数 1.7 作为判断空间不规则实体与形态成熟度的指标[16]，则本地区的高速公路网络密度还有待加强。初步判断，苏北、浙西等地区发展滞后于本地其他地区,高速公路网络需求强度相对较低,结构简单,因而降低了长三角区域高速公路网络整体结构的复杂性,这种可能性较大。

3.5 长三角地区城镇体系空间结构分形维数测算

3.5.1 聚集维数:城镇体系随机分布的向心性

利用 $Rs \equiv \langle \left(\frac{1}{S}\sum_{i=1}^{s}r_i^2\right)^{1/2}\rangle$ 及 $Rs \propto S^{1/D}$ 可以方便地计算城镇体系空间结构的分维。式中,Rs 是平均半径;r_i 是第 i 个城镇到中心城市的欧氏距离;s 是城镇个数;〈…〉表示平均;D 是分维[12]。根据长三角地区城镇体系分布,本章选取长三角地区县级以上城镇(含县级城市辖区)220 个,并以区域核心城市上海为测算中心。首先测量各城镇到上海市的重心距 r_i,然后按照公式将其转换成平均半径 Rs,再将点 (s, Rs) 绘成双对数坐标图(图 3-6),显然,点列分布的对数线性形态较好,计算得分维值 $D = 2.2163$,测得系数 $R^2 = 0.9435$。这表明本地区城镇体系要素分布以上海市为中心向四周递增,呈离散态分布,即城市分布密度随着到中心城市的距离的扩大而增加,说明城市体系不能与交通网络相相互匹配,亦不能为环境系统所包容,是一种不正常的空间形态。从理论上看,城市体系的空间结构需要优化[17]。

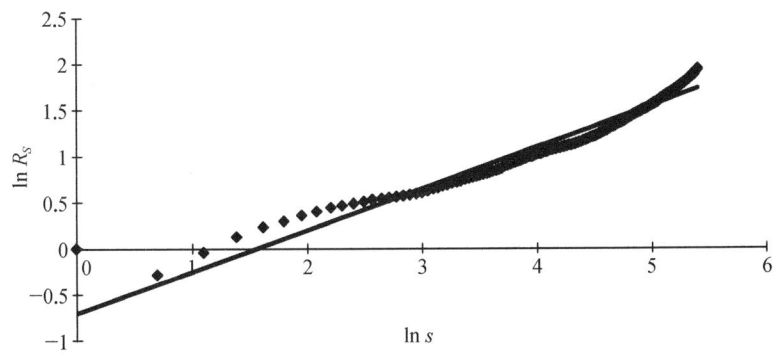

图 3-6 长三角地区城镇体系随机聚集特征

3.5.2 网格维数:区域城镇空间分布的均衡性

类似于聚集维数,作全区域测算,将研究区域归限在一矩形区域内,区域内共有 220 个城镇,即 $N = 220$。视矩形区域内边长是 1 单位(长与宽取不同单位),分别将各边 K 等分,所以研究区域被分割成 K^2 个小区域,且有 $\varepsilon = 1/K$,ε 是小区域尺寸。首先统计城镇占据的网格数 $N(\varepsilon)$,其次统计各网格中的城镇数量 $N_{ij}(\varepsilon)$,算出概率 $P_{ij}(\varepsilon)$,这里 i、j 表示子区所在的行、列编号($i, j = 1, 2, \cdots, K$)。按 e 的倍数改变 K 值,即取等比数列 $K = e^n$,这里 $n = 0, 1, 2, \cdots$(n 的上限以 $N_{ij}(\varepsilon) = 1$ 为判断依据)。实验表明,本例 n 介于 5~7 之间,故

取 n 的上限为 7。然后按式 $I(\varepsilon)=-\sum_{i}^{k}\sum_{j}^{k}P_{ij}(\varepsilon)\ln P_{ij}(\varepsilon)$[12] 计算出信息量 $I(\varepsilon)$，改变 ε，可以得到不同的 $N(\varepsilon)$ 和 $I(\varepsilon)$（表 3-5）。再将点 $(\varepsilon, N(\varepsilon))$ 及点 $(\varepsilon, I(\varepsilon))$ 绘成双对数坐标图（图 3-7）。利用线性回归法，根据式 $I(\varepsilon)=I_0-D_1\ln\varepsilon$，得到容量维 $D_0=1.6586$，测定系数 $R^2=0.994$（图 3-7）；信息维 $D_1=1.4611$，测定系数 $R^2=0.976$（图 3-8），说明拟合情况较好，长三角地区城镇空间分布总体上是集聚的，并没有呈现均衡的分布格局。

表 3-5 长三角区域网格化所得的城镇体系统计数据

K	ε	$N(\varepsilon)$	$P_{ij}=N_{ij}/N(N=220)$	$I(\varepsilon)$
1	1	1	220/220	0
2	0.5	4	65/220,54/220,5/220,96/220	1.153
3	0.333	6	16/220,36/220,63/220,47/220,22/220,36/220	1.701
4	0.25	11	11/220,23/220,8/220,26/220,48/220,2/220,34/220,24/220,3/220,22/220,19/220	2.164
5	0.2	16	9/220,2×15/220,10/220,2×4/220,37/220,2×11/220,1/220,32/220,3/220,26/220,19/220,16/220,7/220	2.321
6	0.167	20	9/220,6/220,10/220,3×3/220,1/220,2×12/220,2×11/220,23/220,25/220,18/220,15/220,17/220,14/220,8/220,6/220,13/220	2.627
7	0.143	27	3×8/220,5×2/220,2×9/220,2×3/220,1/220,2×13/220,2×12/220,2×18/220,2×4/220,20/220,2×10/220,16/220,5/220,6/220	2.431

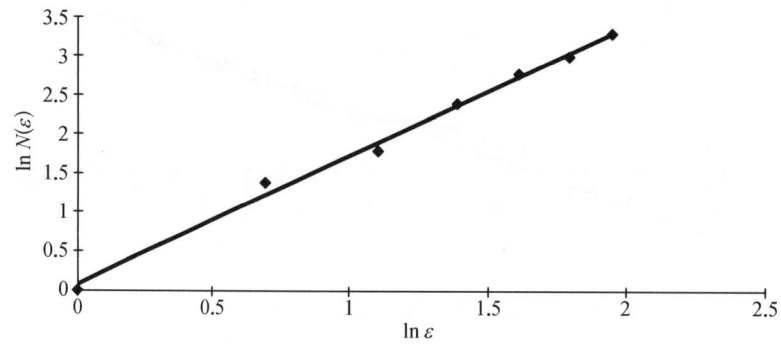

图 3-7 长三角地区城镇空间分布的容量维双对数坐标图

Benguigui 等认为，城市体系与交通网络互为因果关系，交通网络使聚落的生成和分布呈凝聚态进行[18]。随着交通通信条件等的改善，进一步增强了以上海市为中心城市的向心性结构，使得远距离城市之间的联系更加紧密，形成了中小城市围绕大都市的格局，对城市聚集分维影响也是很大的。以上两种维数的测度表明，长三角地区的城镇体系分布表现出自相似性结构，并仍然呈空间集聚格局。基于长三角核心区 20 个城市最近研究支持这一结论[19]，而同样基于两省一市的相关研究也有类似结果[20]。但是，本章基于 220 个县级城镇单位测算的城镇体系聚集维数大于 2，说明本地区的城镇体系随机分布呈现非向心性态势，即呈离散态的城市分布密度随着到中心城市的距离的扩大而增加的状

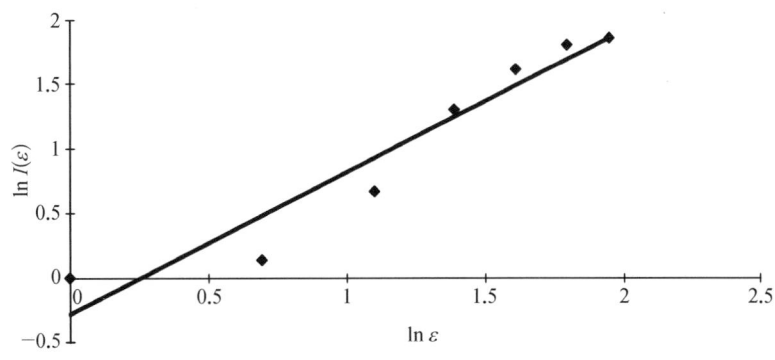

图 3-8　长三角地区城镇空间分布的信息维双对数坐标图

况。这在一定程度上说明,最近十年本地区高速公路网的快速建设,使得沿线中小城市的通达性大大提高,区位优势显著提高,城市自身增长十分迅速。就整个地区而言,城镇体系的规模分布尚不能与高速公路网络相匹配,整合不足,在理论上属于一种不正常的空间形态,需要优化城镇体系空间结构。关于本地区相关的最近研究也表明,本地区城市增长和初始规模之间均存在负相关关系,即长江三角洲地区城市规模分布表现出收敛增长模式,虽然城市初始规模对城市增长的解释能力非常有限;整个地区城市体系的规模分布仍呈现首位型模式,但城市首位度的下降;本地区规模较小的城市增长率相对稍快,城市体系并没有呈现平行增长模式[19]。另一研究还表明,在长江三角洲核心区域,城市体系的空间分布虽具有一定的集聚性,但是城市空间集聚分布的特点不够明显[20]。更早关于本地核心区域(基于 15 个地级以上城市,64 个县级市)的研究认为,城市与交通网络之间的不协调,城镇体系交通网络的通达性不高,城市间联系不够紧密[21,22],这应与当时有限高速网络密度以及有限铁路的运输密度有关。

3.6　长三角地区高速公路网络与城镇体系空间结构关系

关联维数可以测度城镇体系要素分布的空间相关性及城市体系的空间连通性。这里以本区域 25 个地级以上城市作为系统要素进行测度。首先,建立 25 个城市之间基于高速公路实际里程的矩阵,总点数为 $N^2 = 25 \times 25 = 625$ 个。其次,运用 ArcGIS 软件中的最短路径方法,测得长三角地区 25 个地级市之间高速公路的最短路径;然后根据式 $N(r) \propto r^{D_s}$ 计算关联维数 D_S,这里 $N(r) = \sum_i \sum_j \theta(r - d_{ij})$[14]。其中选择尺码 $r = 50, 100, 150, \cdots, 950$ (步长 $\Delta r = 50$ km),相应地有 $N(r) = 33, 59, 111, \cdots, 625$。对表 3-5 中的数据不断进行筛选,可得点列$(r, N(r))$,将此点列标绘在双对数坐标图上(图 3-9),并借助 $N(r) \propto r^{D_s}$ 对点列进行回归运算,得到 $D_{s_2} = 1.0476$,测定系数 $R^2 = 0.9679$。

用相同的方法求得基于直线距离的长三角地区城镇体系空间分布关联维数 $D_{s_1} = 1.0088$,测定系数 $R^2 = 0.9501$(表 3-6,图 3-10),于是网络直通度 $\rho = 1.0385$。这表明,基于实际里程的关联维数甚至已经超越基于直线距离的关联维数,本地区地级以上城市之间的联通度达到了甚至超过了极限,说明地级以上城市之间的高速公路连接已呈饱

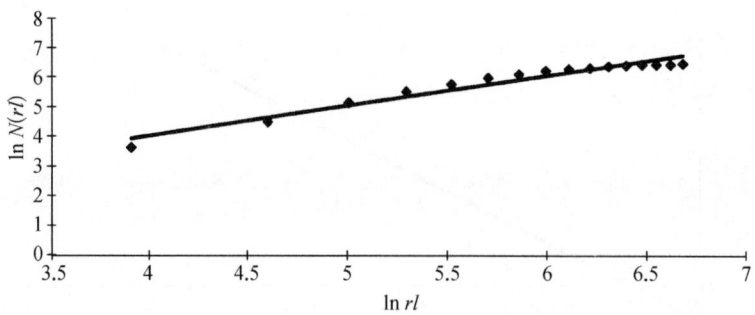

图 3-9　长三角地区城镇体系—高速公路网络空间关联特征图

和或饱和状态,已经不是适度超前了。根据最新版本地区地图和《中国公路网络交通地图册》*测算,这 25 个地级市除舟山市以外,每个城市不同方向高速公路连接入口已经平均达到 4 个以上,每个城市至少有 2 个以上连接入口,最多的南京、杭州多达到 9 个,上海居次,为 7 个。

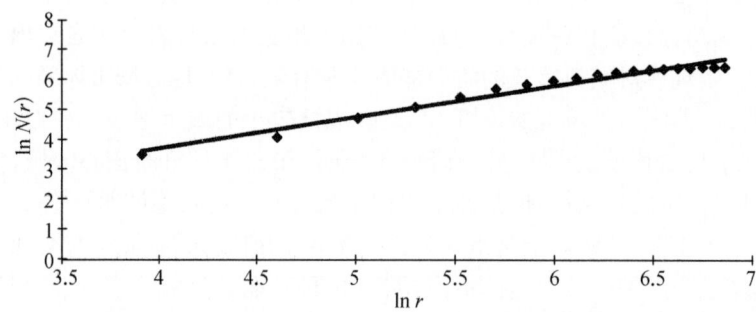

图 3-10　长三角地区城镇体系—高速公路基于直线距离的空间关联度双对数坐标图

表 3-6　长三角地区城镇和高速公路网络的空间关联数目

基于直线距离			基于实际距离		
序　号	码尺(r_1)	累计数目($N(r_1)$)	序　号	码尺(r)	累计数目($N(r)$)
1	50	29	1	50	33
2	100	85	2	100	59
3	150	161	3	150	111
4	200	239	4	200	163
5	250	315	5	250	229
6	300	389	6	300	293
7	350	443	7	350	343
8	400	495	8	400	391
9	450	527	9	450	433
10	500	549	10	500	481

---

* 中国地图出版社编制.中国公路网络交通地图册.第 2 版.测绘出版社,2009.7。——作者注

续 表

基于直线距离			基于实际距离		
序 号	码尺(r_1)	累计数目($N(r_1)$)	序 号	码尺(r)	累计数目($N(r)$)
11	550	571	11	550	517
12	600	587	12	600	543
13	650	601	13	650	563
14	700	611	14	700	579
15	750	619	15	750	593
16	800	625	16	800	607
17	850	625	17	850	617
18	900	625	18	900	623
19	950	625	19	950	625

3.7 小结

研究表明：第一，长三角地区的高速公路网已具备分形结构特征，并以上海市为中心区域按自相似性向外延展。长度维数和分枝维数的分维值测算说明，长三角地区的高速公路路网密度尚未饱和，有待进一步加强，路网在连通性上还有更大的发展空间。第二，长三角地区的城镇体系分布表现出自相似性结构，总体上仍呈空间集聚格局；但是基于220个县级城镇单位测算表明，本地区的城镇体系随机分布出现了非向心性态势，说明本地区的城镇体与高速公路网络之间系尚未实现相互整合。因此，作为影响区域城镇体系空间结构的重要因素之一，本地区的高速公路网络需要进一步完善，同时城镇体系空间结构也需要进一步优化。第三，本地区地级以上城市之间的高速公路网络的联通度已经达到甚至超过极限水平。

本章仅对长三角地区高速公路网络和城镇体系的空间结构的分形维数进行了静态测算，如果对不同时期的长度—半径维数及分枝维数进行测算，是否可以预测和模拟一定时期以内的网络形态变化趋势，是值得进一步研究的问题。同时，本章在进行两个网络分维值测算时，并未按高速公路的产生效益等指标对高速公路进行等级划分，是假设全区域高速公路网络运营效益、结构等同情况下的分析，今后的工作还可考虑对不同路段、不同局域效益的高速公路网络赋予合理的权重，以使此类研究更加符合路网实际状况，应是一个更有意义的课题。

参 考 文 献

[1] 陈彦光.交通网络与城市化水平的线性相关模型[J].人文地理,2004,19(1):65-68.
[2] 张兵,金凤君,于良.近20年来湖南公路网络优化与空间格局演变[J].地理研究,2007,26(4):712-722.
[3] 金凤君.我国空间运输联系的实验研究——以货流为例[J].地理学报,1991,46(1):16-25.

[4] 姚士谋,管驰明,房国坤.高速公路建设与城镇发展的相互关系研究初探——以苏南地区高速路段为例[J].经济地,2001,21(3):300-305.

[5] 侯学钢.快速干道与城镇体系的区域整合[M].长沙:湖南大学出版,2002.

[6] 沈德熙,吴新纪,纪鉴,等.高速公路与城市布局的关系——以江苏省为例[J].城市规划汇,1998(4):33-41.

[7] 潘海啸,粟亚娟.都市区高速公路对近域城镇发展影响研究——以上海市为例[J].城市规划汇刊,2000,134(5):44-50.

[8] 杨忠臣,陆玉麒.高速公路建设与区域城镇分布的相互影响——以山东省为例[J].中国人口资源与环境,2003,13(3):57-60.

[9] 王成新,方青青,姚士谋.高速公路与城市发展论[M].济南:山东大学出版社,2007.

[10] 肖慎,过秀成,明图章,等.公路网络与城镇发展空间网络适应性分析评价[J].土木工程学报,2003,36(7):7-13.

[11] 陈彦光,刘继生.城市土地利用结构和形态的定量描述:从信息熵到分数维[J].地理研究,2001,20(2):146-152.

[12] 刘继生,陈彦光.城镇体系空间结构的分形维数及其测量方法[J].地理研究,1999,54(5):471-478.

[13] 陈彦光,刘继生.区域交通网络分形的DBM特征——交通网络Laplacian分形性质的实证研究[J].地理科学,1999,19(2):114-118.

[14] 刘继生,陈彦光.交通网络空间结构的分形维数及其测算方法探讨[J].地理学报,1999,54(5):471-478.

[15] 顾朝林,张敏,张成,等.长江三角洲城市群发展展望[J].地理科学,2007,27(1):1-8.

[16] 冯永玖,刘妙龙,童小华.广东省公路交通网络分形空间特征研究[J].地球信息科,2008,10(1):26-33.

[17] 刘继生,陈彦光.东北地区城市体系分形结构的地理空间图式——对东北地区城市体系空间结构分形的再探讨[J].人文地理,2000,15(6):9-16.

[18] Benguigui L, Daoud M. Is the Suburban Railway System a Fractal [J]. Geographical Analysis,1991,23(4):362-368.

[19] 尚正永,张小林.长江三角洲城市体系空间结构及其分形特征[J].经济地理,2009,29(6):913-917.

[20] 蒲英霞,马荣华,马晓冬,等.长江三角洲地区城市规模分布的时空演变特征[J].地理研究,2009,28(1):161-172.

[21] 凌怡莹,徐建华.长江三角洲地区城镇体系的分形研究[J].华东师范大学学报(自然科学版),2004(3):87-92.

[22] 凌怡莹,徐建华.基于分形理论和Kohonen网络的城镇体系的非线性研究——以长江三角洲地区为例[J].地球科学进展,2003,18(4):521-526.

第4章 长三角地区高速公路网可达性变化与城市区位

4.1 引言

交通网络的可达性反映了城市之间或区域之间发生空间相互作用的难易程度,是区域空间结构变化主要的影响因素[1,2]。作为度量交通网络结构的有效指标,可达性对区域或城市获取发展机会和控制市场能力的评价十分有力。因此,公路网路等交通网络带来的城市或区域可达性变化,并以其揭示区域城镇体系网络的空间特征,分析评估区域节点城镇之间运输联系的空间形式是当前研究的焦点[3,4]。

交通网络可达性的测度主要是将交通网络抽象成几何网络或拓扑网络,从空间阻隔(实际距离、通行时间和运输费用等距离度量法)、空间作用(Hansen 潜能模型和 Shen 供需势能模型等重力度量法)、机会累积(以工作、学习、购物、医疗、休闲等交流机会的多少来评价的累积机会法)、空间连接(网络的连接性,不考虑实际距离)四个视角进行[3,4],空间形式的可达性分析表明,城镇网络可达性与交通网络设施建设、中心城市等级体系密切相关,空间形态上呈"轴—辐"放射状与同心圈层状空间结构[3,4]。近年来,国内关于公路网络可达性的研究以最短路径、最短时间距离[5~26]、加权平均旅行时间[24~29]及其少数改进方法[25,26]等空间阻隔视角为主,极少从重力度量模型、潜能通达性等空间相互作用[29,30]或网络联通度的空间连接[31]切入,基于拓扑网络的空间句法等新方法才引入不久[3,4]。这些研究除了极少数综合运用多种通达性计量模型的[23,28,29]之外,以单一度量方法最为常用,特别是距离度量法,不同指标反映了学者对可达性概念理解上的差异。

自1988年开始建设高速公路以来,我国高速公路网规模增长幅度之大为世界罕见。特别是最近十多年,急速推进的高速公路进建设,大大地改善了城市体系的空间通达性,使公路网络整体结构及其在综合运输网络中的功能发生了转变。随着路网的规模扩张、结构升级,公路运输的强度发生了剧烈的变化。到2011年底,我国已建成和运营的高速公路达8.49万km*,

---

* 交通部综合规划司. 2011年公路水路交通运输行业发展统计公报[EB/OL]. http://www.moc.gov.cn/zhuzhan/tongjigongbao/fenxigongbao/hangyegongbao/201204/t20120425_1231778.html[2012-04-25].

基本达到了国家高速公路网规划总规模的要求(8.5万km)。基于全国性的高速公路网的高效运输网络已经形成,对区域城镇体系及其网络结构已经或者正在产生着深刻的影响[32,33]。本章在考虑案例地区的城镇空间分布、高速公路网络的几何特征前提下,在采用时间距离、加权平均旅行时间的基础上,进一步用城市潜能来测算研究地区的高速公路网络的可达性及其综合变化。同时以城市间的空间引力、城市社会经济综合实力等支撑城市发展的主要条件作为区位分析重要内容[33],对研究的25个重要城市的区位及其变化进行综合评判。

4.2 数据与方法

本章依据国家行业标准《公路工程技术标准》(JTGB01-2003),2000年高速公路的平均行车速80 km/h,2008年高速公路平均车速100 km/h。如果节点城市间有多条公路连接时,首先考虑选取该时间节点上用时最短的道路。如出现相同时间的情况,优先选择等级最高的公路进行计算。公路里程选取依据《上海市公路里程地图册》《江苏省公路里程地图册》《浙江省公路里程地图册》。选取最短时间距离、加权平均旅行时间、城市潜能3种方法测算长三角地区两省一市的25个地级及以上城市的路网重要节点的可达性变化。

"最短旅行时间"定义为在区域网络中各节点城市达到其他节点的最短路径所花费的时间。而"加权平均出行时间"则除了考虑一个节点到区域其他节点的最短旅行时间外,还要考察各个节点的质量,计算公式为

$$A_i = \sum_{j=1}^{n}(T_{ij} \times M_j) / \sum_{j=1}^{n} M_{kj} \qquad (4-1)$$

式中,T_{ij}为节点i到节点j的最短旅行时间,反映节点间的旅行成本;M_j为节点j的质量,如人口、地区生产总值(GDP)或设定的权重等,反映节点j的吸引力[34]。本书选取非农业人口的作为节点质量。指标得分愈低,表示该节点通达性愈高,与区域中心的联系愈紧密;指标得分越高,表示该节点通达性越低,与区域中心的联系越少。

"城市潜能可达性"采用重力模型法将自然间隔与各个地理实体的自身属性结合起来衡量通达性。它认为城市的空间效应随距离而衰减,城市对城市以外的某地点的影响即为城市在该点的潜能,一个地方的可达性是它所在的系统中对所有其他地理实体施加的影响的总和。因此,它从城市质量角度诠释各节点城市的可达性,模型表达式为

$$P_i = \sum_{j=1}^{n} M_j / C_{ij}^{\alpha} \qquad (4-2)$$

式中,M_j是经济中心i的质量(职位或人口);C_{ij}是节点i到中心j的交通成本;α为i和j之间的距离摩擦系数。重力度模型法考虑了节点之间的交通阻力、空间作用强度等更全面的因素,将交通运输系统与社会经济活动纳入了统一的分析框架,其测度的可达性能同时反映交通运输系统的改善与社会经济活动的进展。因此,该方法是目前应用最为广泛的可达性度量方法,广泛用于各种尺度下的可达性度量,如土地使用模式、经济发展潜力、交通规划、城镇空间发展等[2,29,35,36]。

城市规模、空间相互作用、社会经济综合实力分析数据来自长三角两省一市的 2001 年和 2009 年统计年鉴。城市间的相互作用引力受节点城市的城市规模和各城市间距离共同影响,可由空间引力模型进行分析,计算公式为

$$T_{ij} = kQ_i^{\alpha}Q_j^{\beta}/d_{ij}^{\lambda} \tag{4-3}$$

式中,T_{ij} 为 i 城市对 j 城市的吸引力;d_{ij} 为 i 城市到 j 城市的距离;Q_i 为 i 城市的质量(城市质量是城市引力的基础),Q_j 表示 j 城市的质量;k、α、β、λ 为系数,由德尔菲法确定,$k=1$,$\alpha=1$,$\beta=1$,$\lambda=2$。对于两城市间的引力模型公式来说,可直接写成 $T_{ij}=Q_iQ_j/d_{ij}^2$ [37]。城市的社会经济综合实力采用主成分分析。

4.3 长三角地区高速公路网络可达性变化

4.3.1 长三角地区的高速公路网络发展

我国的第一条高速公路——位于上海的沪嘉高速于 1988 年建成通车,此后的十多年间长三角地区高速公路建设与发展较为缓慢。自 2000 年起,本地区高速公路网络建设开始快速推进。至 2008 年底,江苏省规划的"四纵四横四联"高速公路网络主骨架全面建成,浙江省高速公路突破了 3 000 km,上海市高速公路超过 600 km,形成了较为完善的高速公路网络体系。2008 年之后,该地区路网建设又有所放缓[30](图 4-1、图 4-2)。到

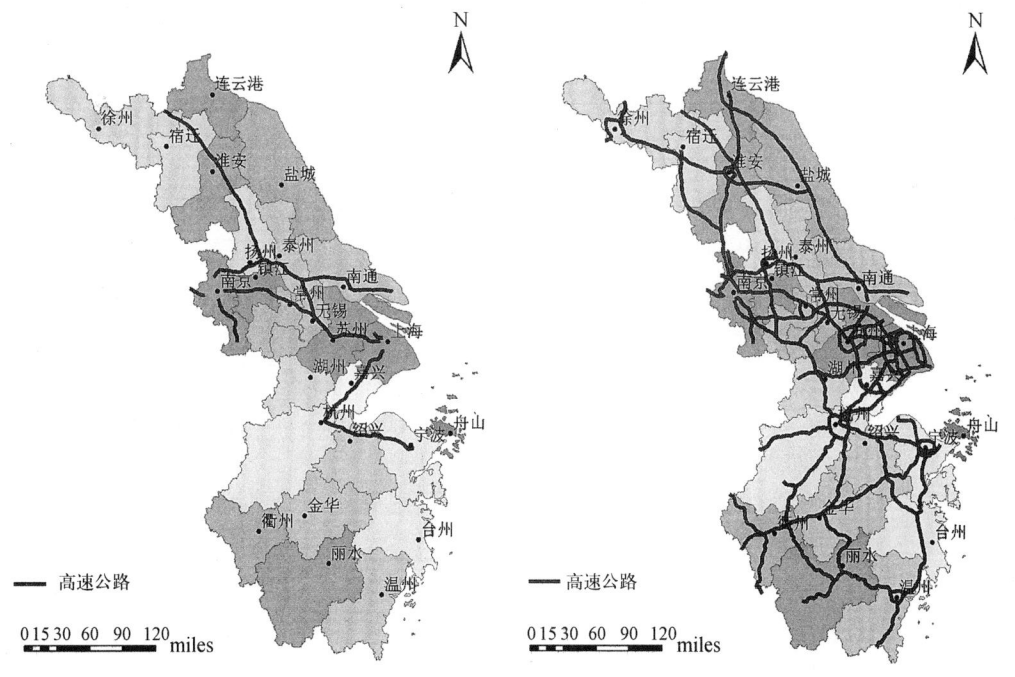

图 4-1　2000 年与 2008 年长三角地区高速公路网＊

＊　1 mile=1.609 344 km。

2011年底,长江三角洲地区高速公路已建成通车8 428 km(浙江3 500 km,江苏4 122 km,上海806 km)*,形成了较完善的高速公路网,改善了各节点城市的可达性和区位条件。持续扩张的高速公路网不断加剧城市的空间增长,提高城市间联系的强度和规模。

基于此,我们选择2000年和2008年两个时间节点进行考察。

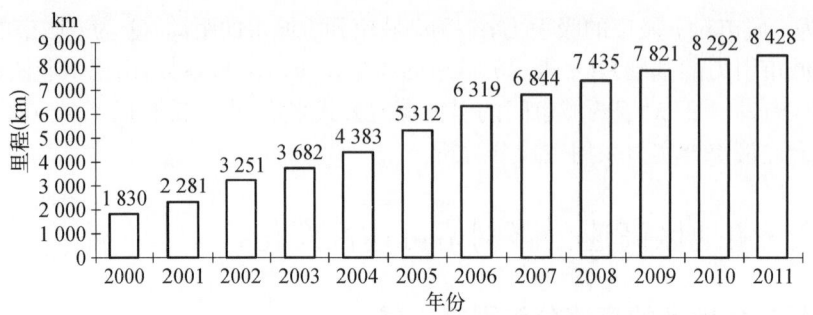

图4-2　2000～2011年长三角地区高速公路里程数增长
资料来源：根据2001～2011年长三角两省一市统计年鉴整理。

4.3.2　长三角地区高速公路网络可达性变化

(1) 最短旅行时间的可达性测算与分析

借助ArcGIS,得到25个节点城市2000年和2008年的最短旅行时间矩阵,进一步获得2000年和2008年各节点城市到其他所有节点城市可达性值和变化率(表4-1、图4-3、图4-4)。我们发现,在2000～2008年间：

① 基于高速公路网的长三角地区25个城市之间的最短旅行时间平均减少66.41 min,平均缩减了36.13%,说明本地区各城市间的通达时间成本明显减少,可达性显著提高。其中衢州、舟山、杭州、徐州和金华可达性值的变化达到40%以上。

② 基于高速公路网的长三角地区25个城市之间的最短旅行时间标准差由46.06减小到26.97,说明各节点城市间的可达性差距伴随高速公路网络的建设和完善显著缩小,本地区时空收敛态势明显。

③ 基于高速公路网的长三角地区25个城市之间的最短旅行时间的变化率标准差仅为0.05,说明本地区基于时间距离的可达性格局变化不大,呈现出较为稳定的格局。

(2) 加权平均旅行时间的可达性测算与分析

选取2000年和2008年各节点城市的非农业产值(M)与最短时间(T)两个指标进行分析,得出基于加权平均旅行时间的长三角地区的可达性格局(图4-5)。分析图表,我们发现,在2000～2008年间：

① 基于高速公路网的各节点城市加权平均出行时间平均由6.65 h下降到4.30 h,减少2.35 h,平均下降35%,反映该区域整体的可达性明显提高。

---

* 交通部综合规划司.2011年公路水路交通运输行业发展统计公报,2012-04-25;上海市统计局,国家统计局上海调查总队.2011年上海市国民经济和社会发展统计公报,2012-02-24.

第4章 长三角地区高速公路网可达性变化与城市区位

表4-1 2000~2008年长三角地区高速公路网三种可达性及其变化

城市	最短旅行时间					加权平均旅行时间					基于城市潜能的可达性				
	2000年	排序	2008年	排序	Δ	Δ%	2000年	排序	2008年	排序	Δ	Δ%	2000年	排序	2008年	排序	Δ	Δ%
上海	144.09	8	94.39	8	−49.70	−34.49%	4.35	5	2.97	5	−1.38	−31.72%	114.85	1	145.49	1	30.64	26.68%
苏州	128.13	2	87.96	6	−40.17	−31.35%	4.02	4	2.86	4	−1.16	−28.86%	38.84	2	61.53	2	22.69	58.42%
无锡	129.57	3	82.25	1	−47.32	−36.52%	3.93	1	2.60	1	−1.33	−33.84%	33.26	4	40.50	5	7.24	21.77%
常州	130.74	5	86.62	5	−44.12	−33.75%	4.02	3	2.70	2	−1.32	−32.84%	20.48	8	27.04	8	6.56	32.03%
南通	154.11	11	99.64	11	−54.47	−35.34%	4.95	9	3.18	8	−1.77	−35.76%	22.77	6	31.56	7	8.79	38.60%
镇江	140.72	7	100.35	12	−40.37	−28.69%	4.97	10	3.45	12	−1.52	−30.58%	13.82	14	16.47	18	2.65	19.18%
泰州	145.20	10	96.50	9	−48.70	−33.54%	4.85	8	3.11	7	−1.74	−35.88%	18.95	9	24.95	11	6.00	31.66%
扬州	155.02	12	96.89	10	−58.13	−37.50%	5.44	12	3.25	10	−2.19	−40.26%	16.94	11	25.16	10	8.22	48.52%
盐城	202.42	15	137.80	19	−64.62	−31.92%	7.22	15	4.71	16	−2.51	−34.76%	17.90	10	25.25	9	7.35	41.06%
淮安	189.04	14	137.85	20	−51.19	−27.08%	6.65	13	4.53	14	−2.12	−31.88%	12.20	16	16.38	19	4.18	34.26%
连云港	221.96	21	144.70	22	−77.26	−34.81%	8.02	17	4.96	18	−3.06	−38.15%	8.52	20	12.17	23	3.65	42.84%
宿迁	213.29	17	128.21	16	−85.08	−39.89%	7.62	16	4.51	13	−3.11	−40.81%	9.23	19	13.63	21	4.40	47.67%
南京	142.30	6	85.72	4	−56.58	−39.76%	4.58	7	2.86	3	−1.72	−37.55%	30.62	5	44.98	4	14.36	46.90%
徐州	275.82	25	161.15	24	−114.67	−41.57%	10.23	24	5.77	22	−4.46	−43.60%	12.81	15	19.96	14	7.15	55.82%
嘉兴	122.45	1	91.14	7	−31.31	−25.57%	3.99	2	3.21	9	−0.78	−19.55%	15.47	13	19.93	15	4.46	28.83%
湖州	130.51	4	84.18	2	−46.33	−35.50%	4.56	6	3.08	6	−1.48	−32.46%	11.25	18	16.33	20	5.08	45.16%
杭州	144.60	9	85.42	3	−59.18	−40.93%	5.42	11	3.39	11	−2.03	−37.45%	35.09	3	60.18	3	25.09	71.50%
绍兴	202.59	16	123.57	15	−79.02	−39.00%	8.46	19	5.17	19	−3.29	−38.89%	11.83	17	18.24	17	6.41	54.18%
宁波	177.91	13	109.69	13	−68.22	−38.35%	6.98	14	4.62	15	−2.36	−33.81%	21.19	7	36.14	6	14.95	70.55%
衢州	217.84	18	128.99	17	−88.85	−40.79%	8.98	21	5.60	21	−3.38	−37.64%	3.91	24	10.01	24	6.10	156.01%
金华	220.87	19	114.24	14	−106.63	−48.28%	9.27	22	4.95	14	−4.32	−46.60%	7.31	22	22.26	13	14.95	204.51%
台州	225.34	22	138.48	21	−86.86	−38.55%	9.43	23	5.92	23	−3.51	−37.22%	8.30	21	18.61	16	10.31	124.22%
丽水	234.26	23	150.56	23	−83.70	−35.73%	8.10	18	6.69	24	−1.41	−17.41%	6.91	23	13.07	22	6.16	89.15%
温州	261.05	24	173.85	25	−87.20	−33.40%	11.37	25	7.87	25	−3.50	−30.78%	16.90	12	22.36	12	5.46	32.31%
舟山	221.37	20	130.88	18	−90.49	−40.88%	8.90	20	5.54	20	−3.36	−37.75%	1.40	25	3.90	25	2.50	178.57%
合计	4531.2		2871.03		−1660.2	−36.64%	166.31		107.50		−58.81	−35.36%	510.75		746.10		235.35	46.08%
平均	181.25		114.84		−66.41	−0.36	6.65		4.30		−2.35	−0.35	20.43		29.84		9.41	0.64
标准差	46.06		26.97		22.23	0.05	2.26		1.41		−0.85	0.06	21.92		27.98		6.06	0.50

41

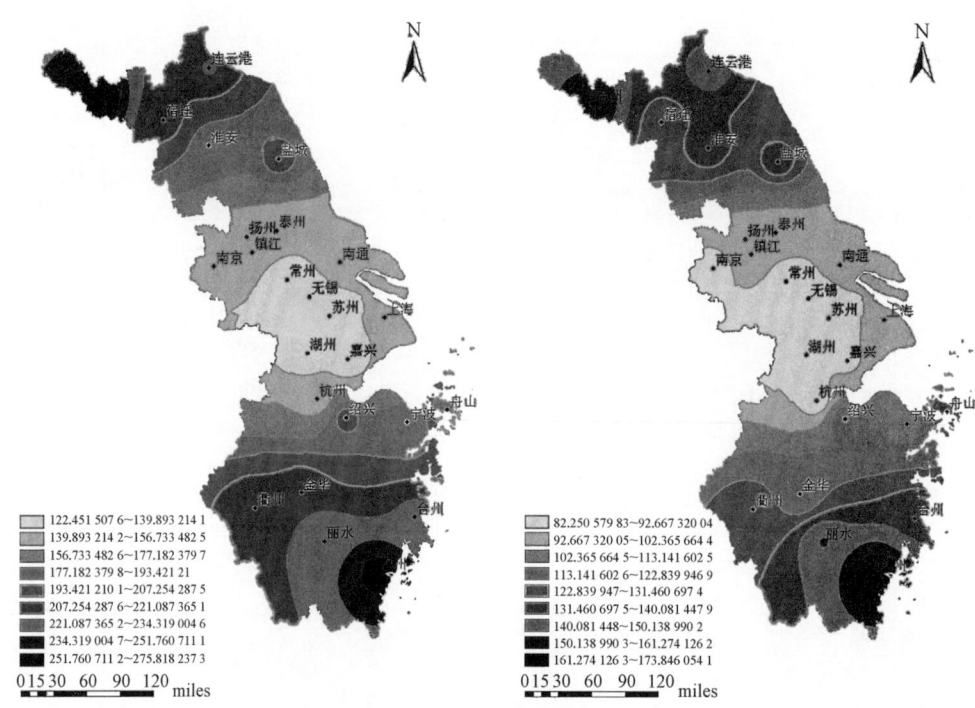

图 4-3 2000 年和 2008 年长三角高速公路网最短旅行时间空间格局

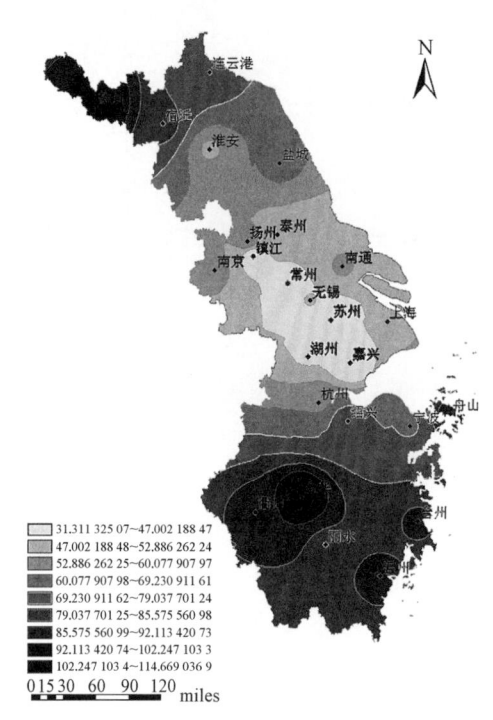

图 4-4 2000～2008 年长三角地区可达性变化率图

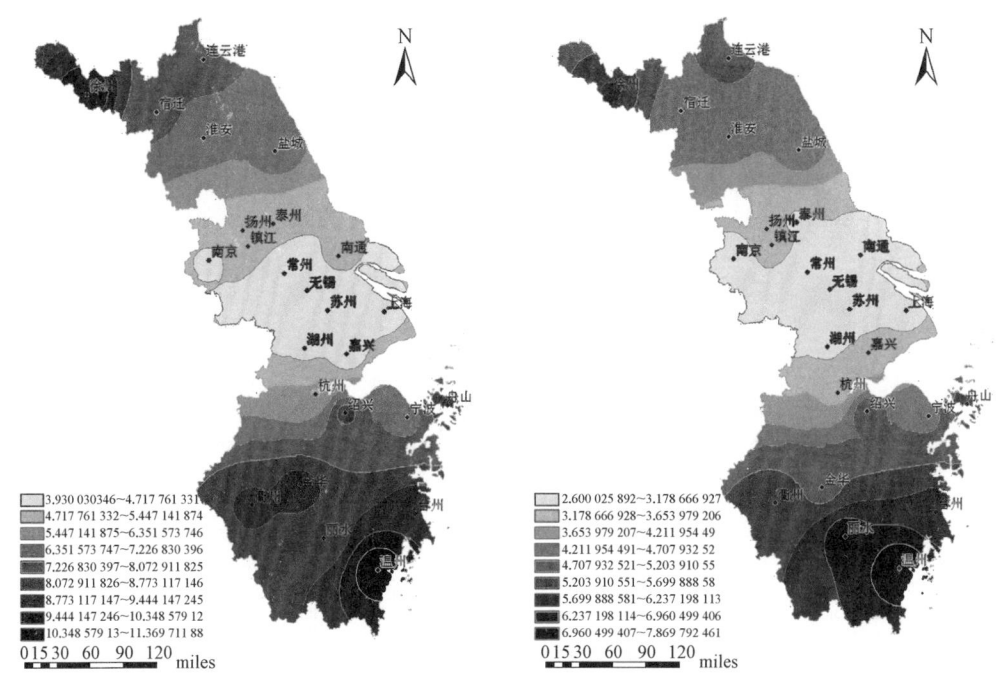

图 4-5 2000 年和 2008 年长三角高速公路网加权平均旅行时间空间格局

② 基于高速公路网的各节点城市加权平均出行时间的标准差由 2.26 下降到 1.41，同样说明各城市之间可达性差距有较明显的缩小，时空收敛显著。加权平均时间的变化超过 40% 的有徐州、宿迁、扬州、金华 4 个城市。

③ 基于高速公路网的各节点城市加权平均出行时间变化率的标准差仅为 0.06，与基于最短旅行时间测算的结果十分接近，同样说明本地区基于时间距离的可达性格局变化不大，呈现出较为稳定的格局。

(3) 城市潜能可达性测算和分析

上述的两种方法，仅从时间距离直接反映高速公路网络建设对长三角地区可达性的影响，是一种理想状态。而城市潜能模型则从城市的质量来测度长三角地区各节点城市的可达性变化，是对前两种方法的补充。本书选取城市规模作为城市的质量，同时选取各节点城市的最短路径时间作为其交通成本进行测算。

选取长三角地区 25 个城市 2000 年和 2008 年户籍人口数量、行政区划面积、财政收入、非农业产值和社会消费品零售总额这五个因子表示城市规模，并对这五个因子进行无量纲化处理，按照因子的权重 $W=(0.3,0.2,0.1,0.3,0.1)$，进一步得到 25 个城市的城市规模得分，以前文的最短旅行时间为时间成本，得到 25 个节点城市的潜能可达性值（表 4-1、图 4-6）。结果表明，2000～2008 年长三角地区：

① 基于高速公路网的各城市潜能可达性平均由 22.43 提升到 29.84，变化率达到了 64%，说明长三角地区城市潜能的可达性得到明显提高。

② 基于高速公路网的各城市潜能可达性的标准差却由 21.92 增加到 27.98，其变化率标准差达到了 0.50，远远超过基于时间距离的变化率标准差，说明加入城市潜能因素后，本

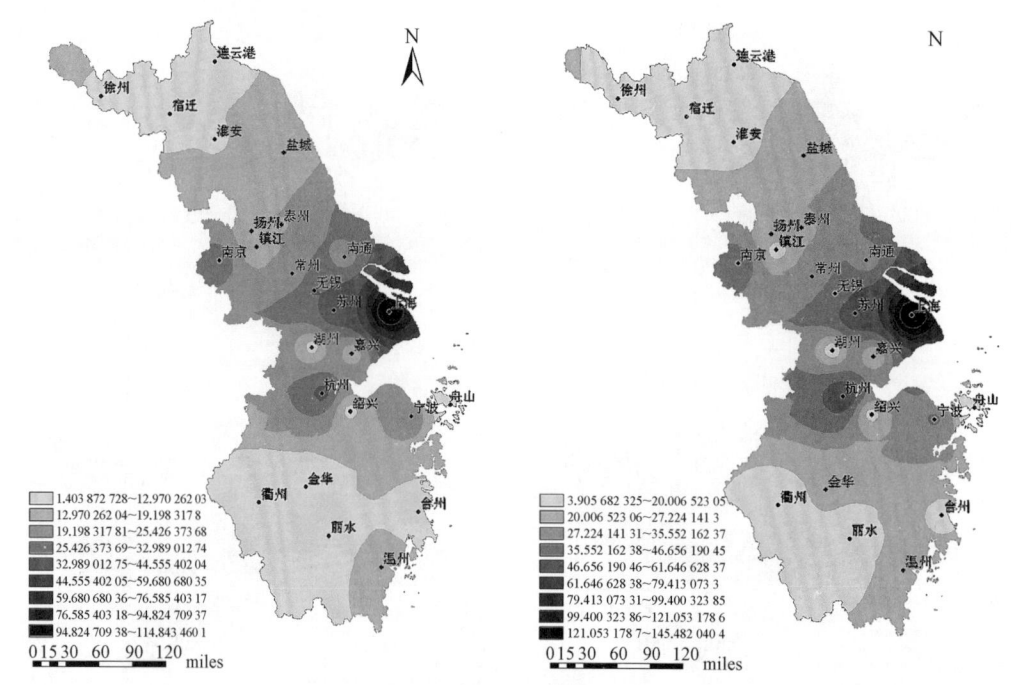

图 4-6 2000年和2008年城市潜能可达性格局

地区城市之间的高速公路网可达性在提高的同时,各个节点城市的可达性差距明显加大。

③ 2/3 以上城市的潜能可达性得到了极大的提高,其中变化率在 40%~60% 的有苏州、绍兴、徐州、扬州、宿迁、南京、湖州、连云港、盐城等 10 座城市;变化率在 70%~80% 的有丽水、杭州、宁波;而金华、舟山、衢州、台州的潜能可达性甚至呈倍数变化,变化率分别达到了 204.51%、178%、156.01% 和 124.22%,其中金华和台州的可达性改善十分明显,而衢州和舟山因经济实力较小,其可达性变化率虽然成倍增长,但是在研究区内其可达性地位并未显现出明显改善。

④ 以上海都市圈为主核(核心为上海,外围为苏州、无锡、常州、南通),杭州、南京、宁波为次核的"Z"形格局有一定的强化态势,因为南京、宁波的潜能位序均有所改善,而杭州居中间,位序稳定。

4.4 长三角地区中心城市区位变化

交通可达性是区位条件的定量表达,同时一个城市与周围其他城市产生互相影响和作用的空间联系强度实际上也反映了该城市的区位属性。因此,对一个城市的区位评价除了考察它与其他城市间人流、物流和信息流间交流的便捷程度之外,还可以分析由于空间位置差异而形成的城市之间的相互作用及其变化过程[33]。

4.4.1 基于高速公路网络可达性变化的城市区位

基于高速公路网络的可达性变化测度,我们发现,在 2000~2008 年:第一,长三角 25

个城市的交通便捷程度有了明显提高,城市交通区位条件明显改善;第二,在仅考虑时间耗费的情况下,长三角地区25个城市交通区位格局变化不大,呈现稳定发展的态势;在考虑城市质量和相互影响的情况下,长三角地区25个城市交通区位格局却发生了显著变化,城市之间的区位条件发生明显分化,差距拉大,其中2/3以上城市的交通区位条件有了明显提高;南京、苏州、杭州、宁波的城市潜能可达性变化率达到46%～72%,上海也接近30%,说明原本具有优势区位的城市,在高速公路网建设和完善的推进下,其交通区位条件进一步优化,由高速公路通道连接起来的宁、沪、杭、甬节点形成的"Z"形廊道进一步强化。

4.4.2 基于城市间的空间引力的区位分析

根据式(4-3)计算得到25个节点城市相互引力值和排名(表4-2、图4-7)。

表4-2 2000年和2008年长三角地区地级以上城市空间引力

城市	2000年引力	排序	2008年引力	排序	引力Δ	排序Δ	城市	2000年引力	排序	2008年引力	排序	引力Δ	排序Δ
上海	144.7	1	236.89	1	92.19	0	徐州	7	21	16.27	21	9.27	0
苏州	79.3	3	151.62	2	72.32	1	嘉兴	55.39	4	80.13	7	24.74	−3
无锡	79.57	2	130.96	3	51.39	−1	湖州	18.99	13	43.19	12	24.74	1
常州	49.48	5	80.98	6	31.5	−1	杭州	49.08	6	108.52	4	59.44	2
南通	28.21	9	55.04	8	26.83	1	绍兴	7.75	17	21.93	18	14.18	−1
镇江	24.37	11	36	13	11.63	−2	宁波	23.02	12	49.45	11	26.43	1
泰州	32.63	8	53.78	9	21.15	−1	衢州	2.34	24	12.31	24	9.97	0
扬州	26.3	10	51.01	10	24.71	0	金华	4.24	23	31.07	14	26.83	9
盐城	11.33	15	27.53	15	16.2	0	台州	7.17	20	23.04	17	15.87	3
淮安	10.32	16	21.14	19	10.82	−3	丽水	7.4	19	16.4	20	9	−1
连云港	5.66	22	13.13	23	7.47	−1	温州	12.45	14	24.14	16	11.69	−2
宿迁	7.7	18	16.1	22	8.4	−4	舟山	1.02	25	6.64	25	5.62	0
南京	44.33	7	81.04	5	36.71	2	标准差	33.11		53.83			

结合图4-3分析,显然,在2000～2008年间:

① 25个主要城市间的空间互相引力有了大幅度的提高,说明城市之间的联系更加密切,由于在综合运输中的地位日益增强,高速公路网络显然在其中发挥了重要作用。

② 25个城市之间相互引力标准差变化率达到62.58%,城市间引力值极值差由2000年最大值为143.68扩大到2008年的最大值为230.25,说明城市之间相互作用的差距明显扩大;宿迁、淮安、镇江、温州的城市引力有较明显下降,而金华引力得到极大提高,台州、杭州、南京的引力提升明显,宁波却仅有所改善。

③ 上海、苏州、无锡是长三角地区空间引力最强的三个城市,进一步表明,这些城市是该地区的核心和经济重心之所在[38~40];南京、杭州引力次强,是该地区的次核;而常州、嘉兴则为上海大都市圈的外围。

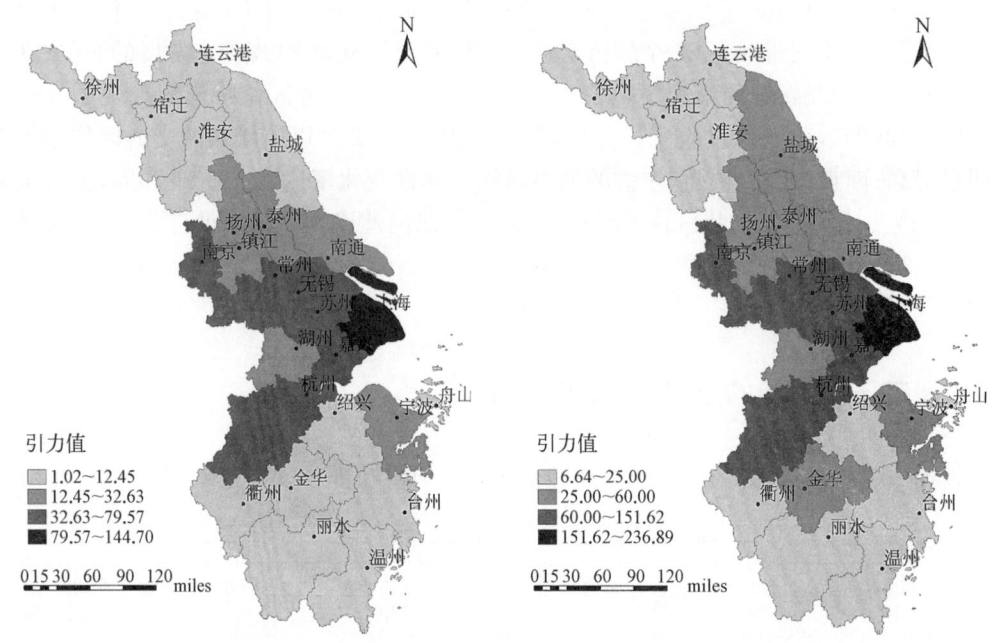

图 4-7　2000 年和 2008 年长三角 25 个城市空间引力

④ 从区位看,该地区城市间引力也显现出明显的"Z"形空间格局,也是本地区的优势区位格局所在。

4.4.3　基于城市社会经济综合实力的城市区位

选取 25 个城市 2000 年和 2008 年 11 个社会经济指标并进行标准化处理,根据主成分计算,前 3 个主成分累计方差的贡献率为 86.805%(表 4-3)。根据主成分的载荷矩阵,主成分 1 在人均 GDP、第三产业占 GDP 的比重、工业总产值、固定资产投资总额、人均财政收入、实际使用外资金额上有较大载荷。主成分 2 在人均非农产值、人均社会消费品零售额上有较大的载荷。主成分 3 在第二产业占 GDP 的比重、职工平均工资、万人拥有的科技人员数上有较大载荷(表 4-4)。

表 4-3　长三角 25 个城市 2000 年 11 个指标主成分计算结果

主成分	初始特征值			被提取的载荷平方和		
	特征值	方差贡献度	累计方差贡献度	特征值	方差贡献度	累计方差贡献度
1	5.842	53.108	53.108	5.842	53.108	53.108
2	2.352	21.385	74.494	2.352	21.385	74.494
3	1.354	12.311	86.805	1.354	12.311	86.805
4	0.657	5.974	92.778	0.657	5.974	92.778
5	0.358	3.251	96.029	0.358	3.251	96.029
6	0.183	1.662	97.691	0.183	1.662	97.691
7	0.159	1.444	99.136	0.159	1.444	99.136

续表

主成分	初始特征值			被提取的载荷平方和		
	特征值	方差贡献度	累计方差贡献度	特征值	方差贡献度	累计方差贡献度
8	0.063	0.568	99.704	0.063	0.568	99.704
9	0.019	0.176	99.88	0.019	0.176	99.88
10	0.009	0.081	99.961	0.009	0.081	99.961
11	0.004	0.039	100			

表 4-4 长三角 25 个城市 2000 年 11 个指标主成分因子载荷矩阵

	成 分					
	1	2	3	4	5	6
人均 GDP	0.893	−0.113	0.313	−0.099	−0.054	−0.228
第二产业占 GDP 的比重	0.335	0.169	0.875	−0.23	−0.023	0.113
第三产业占 GDP 的比重	0.792	−0.247	−0.165	0.407	−0.233	−0.016
人均非农业产值	0.464	0.828	0.061	0.065	0.27	0.077
工业总产值	0.924	−0.232	−0.179	−0.222	−0.038	0.072
固定资产投资总额	0.875	−0.257	−0.298	−0.221	−0.054	0.149
职工平均工资	0.792	0.31	0.336	0.193	−0.249	−0.007
人均社会消费品零售额	0.347	0.881	−0.207	0.191	0.03	−0.106
人均财政收入	0.85	0.356	−0.341	−0.109	0.002	0.128
万人拥有的科技人员数	0.512	−0.598	0.245	0.459	0.295	0.115
实际使用外资金额	0.86	−0.294	−0.085	−0.174	0.27	−0.209

将主成分载荷矩阵中每个数据除以主成分相对应开平方根后的特征值,得到 3 个主成分中每个指标对应的系数,即特征向量(表 4-5)。根据每个主成分所对应的特征值占所提取的主成分总特征值之和的比例作为其权重*(权 $W_1=\lambda_1/(\lambda_1+\lambda_2+\lambda_3)$,$W_2=\lambda_2/(\lambda_1+\lambda_2+\lambda_3)$,$W_3=\lambda_3/(\lambda_1+\lambda_2+\lambda_3)$),以及各主成分的得分值,得到 2000 年主成分综合模型:

$$F_{2000} = 0.246X_1 + 0.219X_2 + 0.141X_3 + 0.258X_4 + 0.175X_5 + 0.144X_6 + 0.291X_7 + 0.204X_8 + 0.231X_9 + 0.063X_{10} + 0.16X_{11}$$

同理,得到 2008 年主成分综合模型:

$$F_{2008} = 0.308X_1 + 0.145X_2 + 0.153X_3 + 0.309X_4 + 0.250X_5 + 0.207X_6 + 0.256X_7 + 0.239X_8 + 0.181X_9 + 0.170X_{10} + 0.239X_{11}$$

将相应数据代入主成分综合模型,得到 2000 年和 2008 年的社会经济评价分和排名(表 4-6),其中负值则表示该城市处于平均水平之下。

---

* 张志学. 区域可达性演变及与区域经济发展关系研究[D]. 西安:西北大学,2009.

表 4-5　长三角 25 个城市 2000 年 11 个指标的特征向量

指　　标	主成分1	主成分2	主成分3
人均 GDP(X_1)	0.369	−0.074	0.269
第二产业占 GDP 的比重(X_2)	0.139	0.110	0.752
第三产业占 GDP 的比重(X_3)	0.328	−0.161	−0.142
人均非农业产值(X_4)	0.192	0.540	0.052
工业总产值(X_5)	0.382	−0.151	−0.154
固定资产投资总额(X_6)	0.362	−0.168	−0.256
职工平均工资(X_7)	0.328	0.202	0.289
人均社会消费品零售额(X_8)	0.144	0.574	−0.178
人均财政收入(X_9)	0.352	0.232	−0.293
万人拥有的科技人员数(X_{10})	0.212	−0.390	0.211
实际使用外资金额(X_{11})	0.356	−0.192	−0.073

表 4-6　2000 年和 2008 年长三角 25 个城市社会经济综合评分

城市	2000年	排名	2008年	排名	城市	2000年	排名	2008年	排名
上　海	4.857	1	5.881	1	徐　州	−1.112	20	−1.162	17
苏　州	1.661	2	3.983	2	嘉　兴	−0.099	12	−0.164	18
无　锡	1.297	3	2.008	3	湖　州	−0.599	16	−0.696	15
常　州	0.227	9	0.974	7	杭　州	1.063	8	1.718	5
南　通	−0.961	19	−0.439	11	绍　兴	−0.084	10	−0.138	9
镇　江	−0.197	13	−0.021	8	宁　波	1.139	6	1.581	6
泰　州	−1.312	21	−1.249	20	衢　州	−0.278	15	−1.225	19
扬　州	−0.83	18	−0.832	16	金　华	1.327	5	−0.667	14
盐　城	−1.716 2	23	−1.779	22	台　州	1.461	4	−0.579	12
淮　安	−1.878	24	−2.062	24	丽　水	−0.672	17	−1.399	21
连云港	−1.716 4	22	−2.013	23	温　州	−0.189	14	−0.653	13
宿　迁	−2.43	25	−2.74	25	舟　山	−0.094	11	−0.332	10
南　京	1.137	7	2.003	4	标准差	1.54		1.97	

根据表 4-6,在 2000~2008 年:

(1) 上海的经济综合实力在长三角始终处于强势地位,其分值远远大于其他各城市;苏州、无锡、南京、杭州、宁波紧随其后,特别是南京、杭州势力提升较为明显,在空间上显现出长三角经济综合实力最强的节点城市形成了"主核"——上海都市圈(上海—苏锡常),"次核"——南京、杭州、宁波的"Z"形空间格局,支撑长三角地区的经济发展,沿线城市迅速成为最具活力的城市带。

(2) 除了上海、苏州、无锡、南京、杭州、宁波、常州、南通、镇江、泰州 10 个城市之外,其余的 15 个城市社会经济综合实力有所下降;城市社会经济综合实力的标准差由 1.54 提高到 1.97,表明这种差距的存在且有所扩大,反映出城市间的社会经济呈现不平衡的发展态势。

(3) 江苏省的城市综合实力提升明显好于浙江省的城市,其中南通、镇江、南京、徐州实力水平提升明显,常州、泰州实力提升较为明显,盐城、泰州也得到了改善;而浙江省的金华、台州、嘉兴、丽水的综合实力下降非常显著,只有杭州实力提升比较明显,而湖州、绍兴、温州、舟山仅有所改善而已。

4.5 小结

(1) 2000~2008 年,长三角地区高速公路网络的可达性水平有了明显提升,各城镇总体可达性有较大幅度提高。

(2) 在仅考虑时间成本的前提下,高速公路各节点城市之间的可达性差距缩小明显,区域时空收敛显著,区域可达性的空间格局未发生明显变化。但是,在考虑空间摩擦、引力规模等城市质量和相互影响的情况下,高速公路网络的可达性在有较大程度提高的同时,各城市之间的可达性差距明显扩大,区域时空不但没有表现出收敛态势,而且优势区位的城市可达性进一步增强。

(3) 高速公路网路可达性不宜采用单一度量方法进行评价。时间距离作为目前国内最为常用的单一度量方法局限性显然较大,虽然它考虑了个体在交通网络中时间耗费,但忽视了实际的路网空间形态,更没有考虑距离衰减以及路网节点的作用力规模等因素。因此,其应用范围较窄,适用于仅考虑最近吸引点具有绝对优先权的快速响应服务等应用领域,如大城市地区的日交流圈的分析与规划等宏观层面可达性评价等;而城市潜能可达性则将公路网络与城市社会经济活动纳入统一的分析框架又能够同时反映公路网络的改善与社会经济活动的进展,更切实际,应用范围更广。

(4) 潜能可达性、城市空间引力、城市综合实力的变化显现出宁、沪、杭、甬等城市的区位优势有强化的态势,这些节点由高速公路连接形成的"Z"形的空间格局表现显著,沿线城市的区位惯性表征明显。早期建成的沪宁、沪杭和杭甬高速公路对于长三角地区可达性的影响仍较深远。

参 考 文 献

［1］Mackiewicz A, Ratajczak W. Toward a new definition of topological accessibility [J]. Transport Research B, 1996, 30(1): 47-48.
［2］李平华,陆玉麒.可达性研究的回顾与展望[J].地理科学进展,2005,24(3):69-78.
［3］刘承良,余瑞林,熊剑平,等.武汉都市圈路网空间通达性分析[J].地理学报,2009,64(12):1488-1498.
［4］Liu C, Yu R. Spatial accessibility of road network in Wuhan metropolitan area based on spatial syntax [J]. Journal of Geographic Information System, 2012, X(4): 128-135.
［5］李沛权,曹小曙.广佛都市圈公路网通达性及其空间格局[J].经济地理,2011,32(3):371-378.
［6］李红,李晓燕,吴春国.中原城市群高速公路通达性及空间格局变化研究[J].地域研究与开发,2011,30(1):55-59.
［7］周恺.长江三角洲高速公路网通达性与城镇空间结构发展[J].地理科学进展,2010,29(2):

241-248.

[8] 潘裕娟,曹小曙.乡村地区公路网通达性水平研究——以广东省连州市乡镇为例[J].人文地理,2010,25(1):94-99.

[9] 蒋海兵,徐建刚.基于交通可达性的中国地级以上城市腹地划分[J].兰州大学报(自然科学版),2010,46(4):58-67.

[10] 靳诚,陆玉麒,范黎丽.基于公路网络的长江三角洲旅游景点可达性格局研究[J].自然资源学报,2010,25(2):258-269.

[11] 李亚婷,秦耀辰,闫卫阳.河南省公路网络的可达性空间格局及其演化特征[J].地域研究与开发,2010,29(1):60-64.

[12] 刘俊,陆玉麒,孟德友,等.基于不同指标的公路交通网络可达性评价——以江苏省为例[J].工业技术经济,2009,28(2):78-82.

[13] 靳诚,陆玉麒,张莉,等.基于路网结构的旅游景点可达性分析——以南京市区为例[J].地理研究,2009,28(1):803-816.

[14] 张莉,陆玉麒,赵元.基于时间可达性的城市吸引范围的划分——以长江三角洲为例[J].地理研究,2009,28(3):803-816.

[15] 陆锋,陈洁.武汉城市圈城市区位与可达性分析[J].地理科学进展,2008,27(4):68-74.

[16] 徐旭,曹小曙,闫小培.不同指标下的穗港城市走廊潜在通达性及其空间格局[J].地理研究,2007,26(1):179-186.

[17] 刘承良,余瑞林,熊剑平,等.武汉都市圈城际联系通达性的测度与分析[J].地理科学进展,2007,26(6):96-108.

[18] 张兵,金凤君.湖南公路网络演变的可达性评价[J].经济地理,2006,26(5):776-796.

[19] 张莉,陆玉麒.基于陆路交通网的区域可达性评价——以长江三角洲为例[J].地理学报,2006,61(12):1235-1246.

[20] 曹小曙,薛德升,闫小培.中国干线公路网络联结的城市通达性[J].地理学报,2005,60(6):904-910.

[21] 徐昀,陆玉麒.高等级公路网建设对区域可达性的影响——以江苏省为例[J].经济地理,2004,24(6):830-833.

[22] 朱兵,张小雷,桂东.新疆城镇发展与交通可达性相互影响[J].地理科学进展,2010,29(10):1239-1248.

[23] 刘海隆,包安明,陈曦,等.新疆交通可达性对区域经济的影响分析[J].地理学报,2008,64(3):428-436.

[24] 吴威,曹有挥,梁双波.20世纪80年代以来长三角地区综合交通可达性的时空演化[J].地理科学进展,2010,29(5):619-626.

[25] 刘俊,陆玉麒,等.基于不同指标的公路交通网络可达性评价——以江苏省为例[J].工业技术经济,2009,28(2):78-82.

[26] 吴威,曹有挥,曹卫东,等.开放条件下长江三角洲区域的综合交通可达性空间格局[J].地理研究,2007,26(2):391-402.

[27] 吴威,曹有挥,曹卫东,等.区域高速公路网络构建对可达性空间格局的影响——以安徽沿江地区为实证[J].长江流域资源与环境,2007,16(6):726-731.

[28] 吴威,曹有挥,曹卫东,等.长江三角洲公路网络的可达性空间格局及其演化[J].地理学报,2006,61(10):1065-1074.

[29] 李沛权,曹小曙.广佛都市圈公路网络通达性及其空间格局[J].经济地理,2011,32(3):371-378.

[30] 周恺.长江三角洲高速公路网通达性与城镇空间结构发展[J].地理科学进展,2010,29(2):241-248.
[31] 林涛.高速公路网与区域城镇体系的关系及研究动态[J].城市问题,2011,X(1):22-29.
[32] 吴威,曹有挥,曹卫东.长三角地区交通优势度的空间格局[J].地理研究,2011,30(12):2199-2209.
[33] 陆玉麒,董平.经济地理区位分析的思路与方法——以江苏省灌河口地区为例[J].地理科学进展,2009,28(2):301-306.
[34] 杨家文,周一星.通达性——概念,度量及应用[J].地理学与国土研究,1999,15(2):25-30.
[35] 陈洁,陆锋,程昌秀.可达性度量方法及应用研究进展评述[J].地理科学进展,2007,26(5):100-110.
[36] 朱道才,陆林,晋秀龙,等.基于引力模型的安徽城市空间格局研究[J].地理科学,2011,31(5):551-556.
[37] 宁越敏.中国都市区和大城市群的界定——兼论大城市群在区域经济发展中的作用[J].地理科学,2011,31(3):257-263.
[38] 顾朝林,张敏,张成,等.长江三角洲城市群发展展望[J].地理科学,2007,27(1):1-8.
[39] 陈志刚,王青,黄贤金,等.长三角城市群重心移动及其驱动因素研究[J].地理科学,2007,27(4):457-462.
[40] 林海明,张文霖.主成分分析与因子分析的异同和SPSS软件[J].统计研究,2005,X(3):63-69.

第5章 长三角地区城际公路客运的空间联系

5.1 引言

自然要素和社会经济要素的分布具有非均衡性的特征,相互间的丰裕程度和职能分工促使各种要素的空间流动,反映了区域空间结构中不同节点间的相互作用强度;而各种形式的空间"流"包括客流、物流、信息流和资金流是其重要表现形式。作为衡量区域交通运输发展水平的重要指标,客货流的动态变化、网络化组织及其网络变化对区域空间结构、空间联系的影响一直是交通地理领域关注的热点[1,2]。空间运输联系是指在自然、社会、经济诸要素综合作用下,区域间通过运输设施进行旅客和货物交流产生的相互联系与作用[2]。张文尝于1994年提出了空间运输联系旅客和货物的生成规律、增长规律、分布规律、交流规律四个主要方面[3,4]。

最近十年,我国交通流的空间运输联系受到一定程度关注,主要以公路、铁路和航空客货运等综合交通流数据,对城际、区域或区际交通流进行了的空间分布形态[2,5~10]、时空演化[8,9,11~14]、城市之间的经济联系强度[15]等实证研究,在理论上构筑了我国交通流距离衰减规律的可能函数模型[1]。在公路运输方面,近年来开展了公路货运的生成、演变、分布、交流特征[16],基于公路运输成本的区域物流网络[17],城市间客流量的生成规律[18]、分布状况、空间运输联系强度和特征[19~21]等方面的少量研究,而针对铁路[22]的类似研究更少。可以说,采用不同交通方式的客货流数据进行区域空间运输联系的研究还未引起更多的关注。

事实上,我国高速公路自1988年开始建设以来,其规模增长幅度之大为世界罕见。最近十余年,我国的高速公路网络建设更是突飞猛进。到2011年底,我国已建成和运营的高速公路达8.49万km。2009年,全国高速公路里程虽然只占公路总里程的1.68%,但实现的货物周转量已占全社会营业性货物周转量的36.35%,乘用车客运量占客运总量53.94%,乘用车旅客周转量占43.30%。在高速公路上,不小于20座客车实现的旅客周转量占全社会营业性客车旅客周转量的31.06%。高速公路的发展极大提高了我国公路运输技术水平,优化了交通运输结构[23,24]。同期,长江三角洲地区高速公路已建成通车8 428 km,形成了较完善的高速公路网,大大改善了节点城市的可达性和区位条件。

2000~2009年这10年间,长江三角洲的公路客运量增长高达82.9%,旅客周转量增长高达89.7%[25],快速高效的高速公路运输功不可没。基于此,我们运用空间运输联系强度模型,采用公路客流O-D数据,试图对长江三角洲地区高速公路客流空间运输联系的强度和规律进行深入分析,以揭示高速公路网络的建设和运营对区域城镇体系带来的影响,裨益长三角区域的整合发展。

5.2 数据与方法

5.2.1 数据来源

考虑数据的可获得性以及真实性,通过筛选,我们采用"畅途网"(www.trip8080.com)*的长途汽车客运班次数据。畅途网是中国道路运输协会认证的站外售票指定运营商,实时同步与全国汽车客运站联网售票,数据真实、有效、可靠。我们研究的具体数据采自2012年9月12~15日,短期内客运班次应无变化。

高速公路客运在短途运输(≤200 km)中占主导地位;中途运输(200~500 km)是高速公路客运的黄金出行距离,高速公路客运的快捷、方便的优越性在该距离范围内体现最佳;在长途运输(500~800 km)范围内,高速公路客运并无太大的优势,只要铁路的总出行时间小于道路客运的总出行时间,旅客就必然选择铁路;在超长途运输(≥800 km)范围内,高速公路客运存在和发展的空间就更小,这个区段主要是高速铁路客运和航空客运的主要竞争运距范围[12]。长三角地区大部分城市之间的公路里程在800 km范围内,因此,彼此之间的客运联系以高速公路为主,以长途汽车客运班次为研究对象具有实际意义[26]。

5.2.2 研究方法

(1) 空间相互作用模型

空间相互作用模型是研究"区域流"的代表模型,将相互作用表示为随反映距离的变量指数衰减[27],其基本假设条件是:一个封闭的区域内有N个小区,每个开放小区具有输出流(O_i)和输入流(D_i)两种流,每一对小区间的流量用式(5-1)描述:

$$T_{ij} = A_i \cdot B_j \cdot O_i \cdot D_j \cdot f(r_{ij}) \quad (5-1)$$

式中,O_i为区域i的客流输入量;D_j为j区域的客流输出量;A_i、B_j分别为发送地i和到达地j的比例常数;r_{ij}为区域i、j之间的距离因子;$f(r_{ij})$为距离衰减函数。该距离衰减函数可以有多种形式,其中最常用的是指数型函数和幂函数:

$$f(r_{ij}) = \exp(-\beta r_{ij}) \quad (5-2)$$

$$f(r_{ij}) = r_{ij}^r \quad (5-3)$$

---

* 畅途网. http://www.trip8080.com.

式中，β 为距离对客货流量的摩擦系数；r 为客货流量随距离增加而衰减的弹性系数。β、r 始终大于零，其值越大，客货流随距离衰减越快，短途流所占比重越大。

(2) 首位联系强度模型

城市群本质上是城市关联网络，城市之间的公路客流的优先联系形成了显著的"轴—辐"系统，确定城市之间交流的密切程度及城市归属的地域系统，一般利用首位联系强度的指标进行评价[28]，其公式为

$$F_{ij} = O_{ij} + D_{ij}(j = 1, 2, \cdots, n), \quad F_i = \sum_{j=1}^{n} F_{ij} \tag{5-4}$$

$$L_{ik} = \max\left(\frac{F_{ij}}{O_i + D_i}\right)(j = 1, 2, \cdots, n) \tag{5-5}$$

式中，O_{ij} 与 D_{ij} 分别代表 i 城市流向 j 城市和 j 城市流向 i 城市的公路客流；F_{ij} 为 i 城市与 j 城市之间的交通流量，则 F_i 为 i 城市的总交通流量；L_{ik} 为 i 城市的首位联系强度；k 代表 i 城市的首位联系城市；n 为城市数量；O_i 与 D_i 分别代表 i 城市客流的输出量和输入量。

(3) 空间运输联系强度模型

首位联系强度模型只能够表示各个城市在公路客流上的优先选择，并不能够表现城市间的联系强度，而公路客流"空间运输联系强度模型"基于交流系统的双向性，用以评价城市间关联强弱的相对联系程度，因此可以反映城市间客流联系密切程度[29]。其表达式为

$$H_{ij} = \alpha_i^1 \frac{O_{ij}}{O_i} + \alpha_i^2 \frac{D_{ij}}{D_i} + \alpha_j^1 \frac{D_{ij}}{O_j} + \alpha_j^2 \frac{O_{ij}}{D_j} \tag{5-6}$$

式中，H_{ij} 为区域 i 和区域 j 之间的客流联系强度；O_{ij} 为区域 $i \to j$ 的客流量；D_{ij} 为区域 $j \to i$ 的客流量；O_i、O_j 分别是区域 i 和区域 j 的客流输出量；D_i、D_j 分别是区域 i 和区域 j 的客流输入量；α 是标准化系数，使不同区域间联系具有可比性。

$$\alpha_i^1 = \frac{O_i}{T}, \quad \alpha_i^2 = \frac{D_i}{T} \tag{5-7}$$

公式(5-7)是研究省内城市间公路客运联系强度的标准化系数公式，其中，T 是 i 所在区域公路客运输出量或输入量的总和（公路客运输出与输入可视为相等）。α_j^1 和 α_j^2 同理求出。从式(5-6)和(5-7)可以看出，$H_{ij} = H_{ji}$。

这一指标仅反映区域间的相对联系程度。所研究区域构成这样一个集合：每个区域相对独立，既不重叠也不包含，至多相邻。值越大，说明 i 区域和 j 区域之间的客流联系越密切。反之，两个区域之间的客流联系就越弱。

若进一步区分区域输出强度和区域输入强度，可用下述公式测度：

$$H_{ij}^O = \alpha_i^1 \frac{O_{ij}}{O_i} \tag{5-8}$$

$$H_{ij}^D = \alpha_i^2 \frac{D_{ji}}{D_i} \tag{5-9}$$

H_{ij}^O表示区域i输入区域j方向上的强度,值越大表明客流输送量越大;H_{ij}^D表示区域i从区域j方向上输入的强度,值越大表明客流输入量越大。

H_i^O、H_i^D分别表示i所在区域的系统输出强度和系统输入强度,分别反映了i区域在系统客流输出场中和系统客流输入场中的相对地位。其公式如下

$$H_i^O = \sum_{j=1}^n H_{ij}^O \quad (5-10)$$

$$H_i^D = \sum_{j=1}^n H_{ij}^D \quad (5-11)$$

5.3 长三角地区城市之间高速公路客流的联系方向

5.3.1 长三角地区高速公路客流的距离衰减

根据长三角地区公路客运距离与班次百分比、累计百分比(图5-1),我们发现本地区公路客运交通流量在距离城市的50~100 km内增加非常迅速,且在100 km处达到最大值,客运班次超过9%。而后交通流量下降伴随波动,在150 km出现一个超过7%的波峰后在200 km处达到次峰值,客运班次又升至8.5%;随后交通流量迅速下降,在270 km处,客运班次百分比跌至3%;然而之后又开始迅速增加,到300 km处日交通流量达到第三峰值,客运班次百分比接近6.5%;之后客流量又迅速下降,客运班次不足2%(图5-2)。总体上,本地区公路客运日交通流量随距离增加衰减明显,但在310 km范围之内波动较大。从累计发车班次来看,客流量累计达到60%的距离为200 km,60%~90%的客流集中在200~400 km,580 km以内的客流量累计达到99%。可见,200~400 km是长三角地区城市公路客运的适宜运输距离,在该范围内,公路客运具有较好的经济效益。

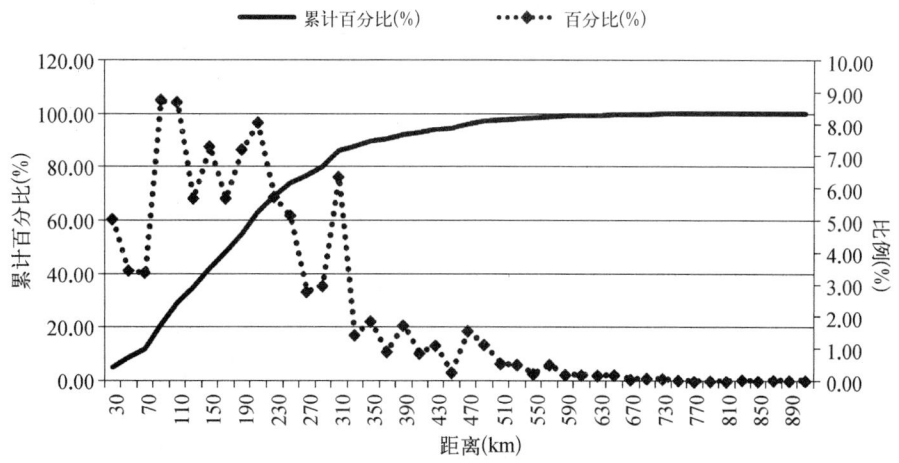

图5-1 长三角地区公路客运距离衰减(a)

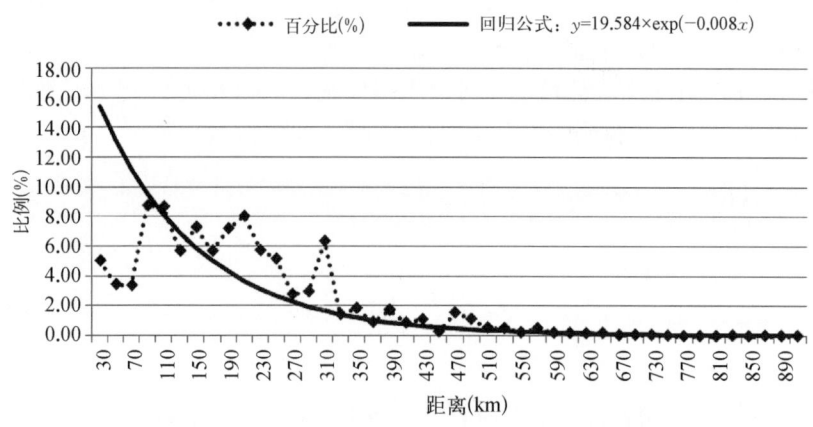

图 5-2　长三角地区公路客运距离衰减（b）

对客流量分配百分比和距离进行回归分析，得到指数函数 $y = 19.584 \times \exp(-0.008x)$，$R^2 = 0.909$，距离对客流量的摩擦系数 $\beta = 0.008$；以及幂函数 $y = 82956.778x^{-2.006}$，$R^2 = 0.649$，距离对客流量的摩擦系数 $\beta = 0.008$，客流量随距离增加而衰减的弹性系数 $\gamma = 2.006$。可见，指数函数拟合精度较高，β 值较小；幂函数的拟合精度略低，而 γ 值较高。这说明该地区公路客流量与距离的关系密切，距离产生的摩擦虽然比较小，但是，客流量随距离增加而衰减幅度较大。

5.3.2　长三角地区城市之间高速公路客流的优先联系

首位联系城市能说明城市客运交流关系。长三角地区经济发达，两省一市的城际联系密切。因此，本文分析城际公路客流的优先联系，除了首位联系城市之外，还增加了次位联系城市和第三位联系城市。为了能够更深入了解公路客运交流规律，本文先单独分别分析江苏省和浙江省，再对长三角区域整体进行分析。

(1) 江苏省和浙江省公路客流的优先联系

考察江苏省各中心城市前五位联系城市和累计被连接次数（表5-1），我们发现，第一，南京作为全省的政治、经济和文化中心，被所有其他12个地级市连接，成为当然的客运中心；第二，除淮安、南通、盐城、扬州的首位联系城市是南京之外，其他城市的首位联系城市多为最邻近城市，反映出本地区多数城市与邻近城市间的密切联系；第三，从交通流量看，苏州、扬州、无锡、镇江、常州旗鼓相当，成为次于南京的客运中心，第三级为淮安、盐城、南通，其他城市为第四级。

表 5-1　江苏省中心城市的公路客运优先联系

城　市	1	2	3	4	5	N	F_i
南　京	扬　州	镇　江	淮　安	盐　城	常　州	12	949
常　州	无　锡	南　京	镇　江	扬　州	苏　州	6	600
淮　安	南　京	宿　迁	扬　州	徐　州	镇　江	6	526

续 表

城市	1	2	3	4	5	N	F_i
苏州	无锡	南通	南京	常州	泰州	5	766
扬州	南京	镇江	常州	淮安	南通	5	749
镇江	扬州	南京	常州	淮安	泰州	5	625
南通	南京	苏州	无锡	扬州	常州	5	490
盐城	南京	连云港	苏州	泰州	南通	4	492
无锡	苏州	常州	南通	泰州	南京	4	727
泰州	无锡	苏州	镇江	盐城	南京	4	427
徐州	宿迁	淮安	南京	南通	盐城	3	327
宿迁	徐州	淮安	南京	连云港	盐城	3	309
连云港	盐城	南京	淮安	徐州	宿迁	2	275
平均值	—	—	—	—	—	5	559
标准差							202

注：第一行数字表示首位至第5位连接城市，N表示各城市总的被连接次数，F_i为交通流量，S表示标准差。

考察浙江省各中心城市前五位联系城市和累计被连接次数(表5-2)，我们发现：第一，杭州，被所有其他9个地级市连接，成为当然的客运中心，反映了其作为全省的政治、经济和文化中心的地位。杭州同时还是五座城市的首位联系城市，进一步说明杭州在本省内部的客运重要地位。第二，除了宁波、温州，其他城市的首位联系城市是最邻近城市，同样反映出本地区邻近城市间的密切联系。第三，从交通流量看，依次为第一级杭州，第二级宁波，第三级绍兴、温州、嘉兴、金华，第四级为其他城市。

表5-2 浙江省中心城市的公路客运优先联系

城市	1	2	3	N	F_i
杭州	绍兴	宁波	嘉兴	10	1019
宁波	杭州	舟山	温州	7	469
金华	衢州	杭州	丽水	4	211
温州	杭州	宁波	台州	3	299
嘉兴	杭州	宁波	湖州	2	280
绍兴	杭州	宁波	金华	2	320
湖州	杭州	嘉兴	绍兴	1	228
衢州	金华	杭州	宁波	1	174
舟山	宁波	金华	杭州	1	125
台州	温州	杭州	宁波	1	142
丽水	温州	杭州	金华	1	145
平均值	—	—	—	3	310
标准差	—	—	—	—	255

注：第一行数字表示首位至第3位连接城市，N表示各城市总的被连接次数，F_i为交通流量，S表示标准差。

高速公路网与城镇体系的区域整合

根据表5-1得到江苏省、浙江省省域首位城市连接图(图5-3a)和江苏省和浙江省省内独立的首位、次位以及第三位城市连接图(图5-3b)。

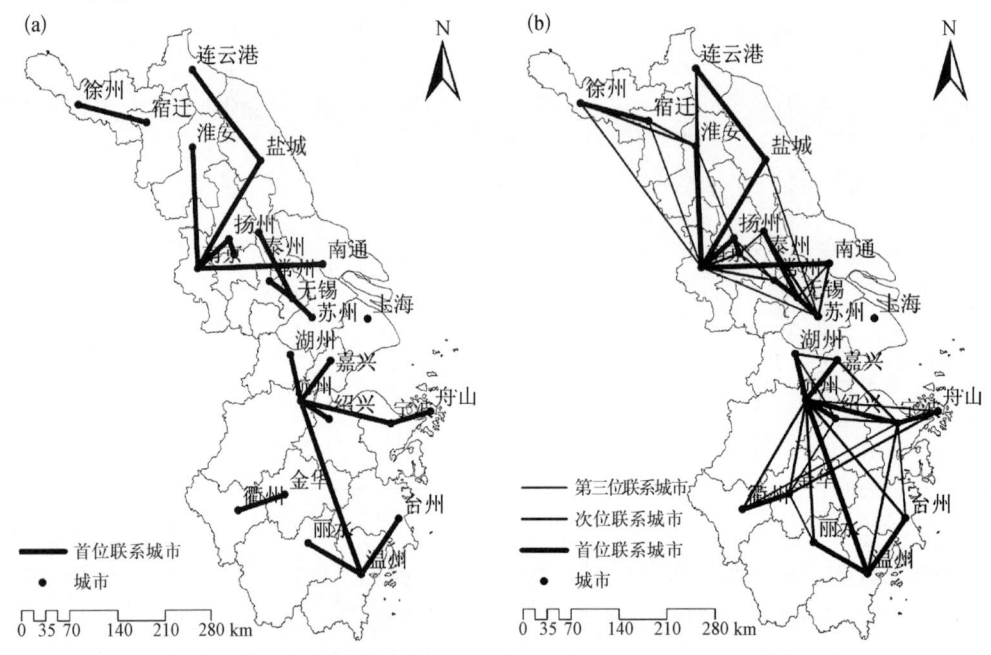

图5-3 江苏省、浙江省首位联系城市图(a)、三次联系城市图(b)

(2) 长三角地区公路客流的优先联系

考察长江三角洲"两省一市"地级以上城市的城际的首位、次位和第三位联系,以及各城市总的被连接次数和交通流量,我们发现:第一,作为本地区的核心城市上海被本地区25个地级市中的15个连接,占比达60%,成为本地区最重要的客运中心;杭州与南京相当;居次位宁波和苏州为第三客运中心。第二,从交通流量来看,本地区客运中心的位序呈上海第一,杭州第二,苏州、南京、无锡第三,其他城市第四排列,而且江苏省各城市的交通流量远胜于浙江省。第三,除了上海、杭州、常州、温州之外,其他城市的首位联系城市均为最邻近城市,结合二、三位联系城市考察,反映出本地区多数城市与邻近城市间的密切联系(表5-3)。

表5-3 长三角地区域首位、次位、第三位联系城市比较

城 市	1	2	3	N	F
上海市	杭 州	苏 州	宁 波	15	1 964
南京市	扬 州	镇 江	上 海	9	1 264
苏州市	无 锡	上 海	嘉 兴	6	1 390
无锡市	苏 州	上 海	常 州	3	1 073
扬州市	南 京	镇 江	上 海	3	877
淮安市	南 京	宿 迁	扬 州	3	633
常州市	上 海	无 锡	南 京	2	843

续表

城 市	1	2	3	N	F
镇江市	扬州	南京	常州	2	697
宿迁市	徐州	淮安	南京	2	370
连云港市	盐城	南京	淮安	1	342
盐城市	南京	上海	连云港	1	641
徐州市	宿迁	淮安	南京	1	367
南通市	上海	南京	苏州	0	717
泰州市	无锡	上海	苏州	0	516
杭州市	上海	绍兴	宁波	11	1 687
宁波市	杭州	上海	舟山	7	824
温州市	杭州	上海	宁波	2	448
金华市	衢州	杭州	丽水	2	245
嘉兴市	杭州	上海	苏州	1	742
绍兴市	杭州	上海	宁波	1	520
衢州市	金华	杭州	宁波	1	196
舟山市	宁波	杭州	上海	1	146
丽水市	温州	杭州	金华	1	179
湖州市	杭州	上海	苏州	0	547
台州市	温州	杭州	宁波	0	206
平均值	—	—	—	3	697
标准差	—	—	—	—	473

注：第一行数字表示首位至第 3 位连接城市，N 表示各城市总的被连接次数，F_i 为交通流量。

若对本地区城市客运交通流量做一个大致的分级，可以得到表 5-4 所示的本地区的客运中心等级体系。

表 5-4　长三角地区客运中心等级体系

客运中心等级	客运交通流量分级	城　市
一级	$F>1\,900$	上海
二级	$1\,400<F<1\,900$	杭州
三级	$1\,000<F<1\,400$	苏州、南京、无锡
四级	$500<F<1\,000$	扬州、常州、宁波、嘉兴、南通、镇江、盐城、淮安、湖州、绍兴、泰州
五级	$F<500$	温州、宿迁、徐州、连云港、金华、台州、衢州、丽水、舟山

(3) 上海市对联系城市的影响程度分析

图 5-4 反映了上海市对长三角地区其他城市的影响。我们发现，上海市在公路客流空间运输方面的影响十分明显：① 受上海市影响最深的城市为常州市、南通市和杭州市；② 受上海市影响较深的城市是苏州市、无锡市、盐城市、泰州市、宁波市、温州市、嘉兴市、绍兴市和湖州市；③ 受上海市影响较弱的城市有南京市、扬州市和舟山市；④ 受上海市微弱影响的城市是淮安市、镇江市、连云港市、徐州市、宿迁市、金华市、丽水市、衢州市和台州市。

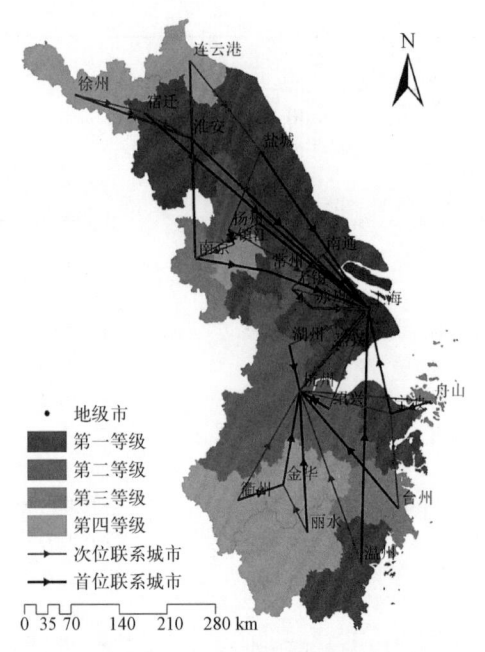

图 5-4　长三角区域首次位城市连接以及上海市影响等级图

5.4　长三角地区城市间公路客流联系强度

5.4.1　上海市与其他城市客流空间运输联系强度

根据长三角地区 25 个地级市的 O-D 客流矩阵数据,采用空间运输联系强度模型进行标准化处理,得到长三角地级市间公路客流空间运输联系强度矩阵表(表 5-6)。进一步的得到上海市与其他城市的空间运输联系强度位序(表 5-5)。显然,杭州、苏州、宁波、南通、绍兴、无锡、湖州、南京、常州、盐城比其他城市与上海的联系强度大,表明这些城市与上海的社会经济联系更为密切。而且,除了南通和湖州之外,其他城市均位于宁沪杭甬"之"字形高速公路沿线,显现出明显的交通走廊特征。

表 5-5　上海市与其他城市的客流空间运输联系强度

苏州	南通	无锡	南京	常州	盐城	扬州	泰州	淮安	宿迁	镇江	连云港
0.046	0.036	0.027	0.025	0.021	0.020	0.018	0.013	0.013	0.008	0.006	0.004
徐州	杭州	宁波	嘉兴	绍兴	湖州	温州	台州	舟山	丽水	金华	衢州
0.002	0.053	0.037	0.034	0.028	0.027	0.018	0.003	0.003	0.003	0.002	0.002

容易计算上海市与江苏省和浙江省各城市的客运联系强度平均值为 0.019,标准偏差江苏省为 0.013,浙江省为 0.018。我们发现,客运联系强度值低于平均值的城市均为苏中、苏北、浙西、浙南这些距离上海较远区域的城市,说明距离衰减和空间摩擦效应的客观性,同时,上海与江苏的城市联系强度略胜于浙江。

第5章 长三角地区城际公路客运的空间联系

表5-6 长江三角洲区域公路客流空间运输联系强度值

	沪	宁	锡	徐	常	苏	通	连	淮	盐	扬	镇	泰	宿	杭	甬	温	嘉	湖	绍	金	衢	舟	台	丽
沪		0.025	0.027	0.002	0.021	0.046	0.036	0.004	0.013	0.020	0.018	0.006	0.013	0.008	0.053	0.037	0.018	0.034	0.027	0.028	0.002	0.002	0.003	0.003	0.003
宁	0.025		0.012	0.008	0.019	0.017	0.019	0.008	0.024	0.023	0.040	0.025	0.010	0.014	0.019	0.009	0.003	0.005	0.006	0.004	0.000	0.000	0.000	0.001	0.000
锡	0.027	0.012		0.003	0.021	0.062	0.015	0.005	0.008	0.008	0.009	0.008	0.014	0.002	0.013	0.007	0.004	0.014	0.006	0.003	0.001	0.000	0.000	0.003	0.001
徐	0.002	0.008	0.003			0.004	0.006	0.005	0.013	0.006	0.006	0.002	0.005	0.017	0.001	0.001	0.000	0.002	0.001	0.001	0.000	0.001	0.000	0.001	0.000
常	0.021	0.019	0.021			0.016	0.010	0.004	0.009	0.008	0.018	0.019	0.009	0.003	0.014	0.003	0.002	0.004	0.006	0.003	0.000	0.001	0.000	0.001	0.000
苏	0.046	0.017	0.062	0.004	0.016		0.017	0.004	0.010	0.011	0.012	0.008	0.013	0.003	0.027	0.010	0.003	0.028	0.018	0.004	0.002	0.001	0.000	0.003	0.002
通	0.036	0.019	0.015	0.006	0.010	0.017			0.002	0.009	0.012	0.007	0.009	0.002	0.006	0.003	0.000	0.003	0.002	0.002	0.000	0.000	0.000	0.000	0.000
连	0.004	0.008	0.005	0.005	0.004	0.004			0.007	0.013	0.002	0.004	0.002	0.005	0.004	0.002	0.000	0.003	0.001	0.000	0.000	0.000	0.000	0.000	0.000
淮	0.013	0.024	0.008	0.013	0.009	0.010	0.002	0.007		0.006	0.013	0.012	0.004	0.014	0.002	0.003	0.000	0.003	0.001	0.000	0.000	0.000	0.000	0.000	0.000
盐	0.020	0.023	0.008	0.006	0.008	0.011	0.009	0.013	0.006		0.008	0.007	0.011	0.004	0.005	0.001	0.001	0.004	0.001	0.001	0.000	0.000	0.000	0.000	0.001
扬	0.018	0.040	0.009	0.006	0.018	0.012	0.012	0.002	0.013	0.008		0.039	0.010	0.003	0.003	0.001	0.000	0.002	0.001	0.001	0.000	0.000	0.000	0.000	0.000
镇	0.006	0.025	0.008	0.002	0.019	0.008	0.007	0.004	0.012	0.007	0.039		0.011	0.002	0.004	0.001	0.001	0.001	0.001	0.000	0.000	0.000	0.000	0.000	0.001
泰	0.013	0.010	0.014	0.005	0.009	0.013	0.009	0.002	0.004	0.011	0.010	0.011		0.001	0.002	0.001	0.001	0.002	0.001	0.001	0.000	0.000	0.000	0.000	0.000
宿	0.008	0.014	0.002	0.017	0.003	0.003	0.002	0.005	0.014	0.004	0.003	0.002	0.001		0.001	0.001	0.000	0.001	0.001	0.000	0.000	0.000	0.000	0.000	0.000
杭	0.053	0.019	0.013	0.001	0.014	0.027	0.006	0.004	0.002	0.005	0.003	0.004	0.002	0.001		0.043	0.027	0.037	0.032	0.048	0.010	0.012	0.010	0.007	0.008
甬	0.037	0.009	0.007	0.001	0.003	0.010	0.003	0.002	0.003	0.001	0.003	0.001	0.001	0.001	0.043		0.011	0.008	0.003	0.008	0.005	0.005	0.015	0.006	0.003
温	0.018	0.003	0.004	0.000	0.002	0.003	0.000	0.000	0.000	0.001	0.001	0.000	0.001	0.000	0.027	0.011		0.002	0.002	0.002	0.003	0.000	0.001	0.009	0.009
嘉	0.034	0.005	0.014	0.002	0.004	0.028	0.003	0.003	0.003	0.001	0.001	0.001	0.001	0.000	0.037	0.008	0.002		0.007	0.003	0.002	0.001	0.001	0.001	0.002
湖	0.027	0.006	0.006	0.001	0.006	0.018	0.002	0.001	0.001	0.001	0.001	0.001	0.001	0.001	0.032	0.003	0.002	0.007		0.003	0.001	0.001	0.001	0.001	0.002
绍	0.028	0.004	0.003	0.001	0.003	0.004	0.002	0.000	0.000	0.001	0.001	0.000	0.001	0.000	0.048	0.008	0.002	0.003	0.003		0.003	0.001	0.001	0.001	0.006
金	0.002	0.000	0.001	0.000	0.001	0.001	0.000	0.000	0.000	0.000	0.000	0.000	0.000	0.000	0.010	0.005	0.003	0.002	0.001	0.003		0.014	0.001	0.003	0.001
衢	0.002	0.000	0.000	0.001	0.000	0.001	0.000	0.000	0.000	0.000	0.000	0.000	0.000	0.000	0.012	0.005	0.000	0.001	0.001	0.001	0.014		0.000	0.001	0.000
舟	0.003	0.000	0.000	0.000	0.000	0.000	0.000	0.000	0.000	0.000	0.000	0.000	0.000	0.000	0.010	0.015	0.001	0.000	0.000	0.001	0.001	0.000		0.000	0.000
台	0.003	0.001	0.003	0.001	0.001	0.003	0.000	0.000	0.000	0.000	0.000	0.000	0.000	0.000	0.007	0.006	0.009	0.001	0.001	0.001	0.003	0.001	0.000		0.001
丽	0.003	0.000	0.001	0.000	0.000	0.002	0.000	0.000	0.000	0.001	0.000	0.001	0.000	0.000	0.008	0.003	0.009	0.002	0.002	0.002	0.006	0.001	0.000	0.001	
合计	0.451	0.290	0.246	0.084	0.193	0.319	0.165	0.078	0.145	0.147	0.201	0.160	0.118	0.085	0.387	0.189	0.103	0.170	0.126	0.119	0.056	0.045	0.033	0.047	0.041

5.4.2 江浙跨省城际客流空间运输联系强度

在长三角区域内,进行江浙跨省公路客流空间运输联系强度计算(表5-7),我们发现:第一,江浙跨省各城市客流空间运输联系强度位序为杭州、苏州、南京、无锡、扬州、常州、宁波、嘉兴、南通、镇江、盐城、淮安等。第二,苏州目前是江苏省公路客流空间运输联系强度最大的城市,南京市则次之,无锡第三,扬州第四。第三,杭州市依然是浙江省公路客流空间运输联系强度值最大的城市;其次是宁波市;嘉兴第三;而宁波市的强度值不及杭州市的一半,说明杭州的公路客运交流中心地位十分突出。第四,江苏省各城市的客运联系强度远胜于浙江省的城市。

表5-7 江浙跨省各城市客流空间运输联系总强度值

苏州	南京	无锡	扬州	常州	南通	镇江	盐城	淮安	泰州	宿迁	徐州
0.319	0.290	0.246	0.201	0.193	0.165	0.160	0.147	0.145	0.118	0.085	0.084
连云港	杭州	宁波	嘉兴	湖州	绍兴	温州	金华	台州	衢州	丽水	舟山
0.078	0.387	0.189	0.170	0.126	0.119	0.103	0.056	0.047	0.045	0.041	0.033

5.4.3 长三角地区城市间客流空间运输联系强度分类

图5-5是城际公路客流空间运输联系强度值大于0.02的城市。其中,强度值大于0.04的六对城市分别为无锡—苏州、上海—杭州、杭州—绍兴、上海—苏州、杭州—宁波、南京—扬州。显然,这里是以上海市、南京市和杭州市这三座城市为中心,明显呈"之"字形的人流车流集聚区域。这种高强度的交流与我国第一条高速公路——沪嘉高速公路(1988年通车),江苏省第一条高速公路——沪宁高速公路(1996年9月通车),浙江省的第一条高速公路——杭甬高速公路(1996年12月通车)建设运营以及之后如火如荼的高速公路建设与发展密不可分。

5.5 小结

本章采用长三角地区的长途客运班次O-D矩阵表,运用首位联系强度模型和公路运输联系强度模型进行分析,得到如下结论:

① 本地区的城市公路客运交通流量随

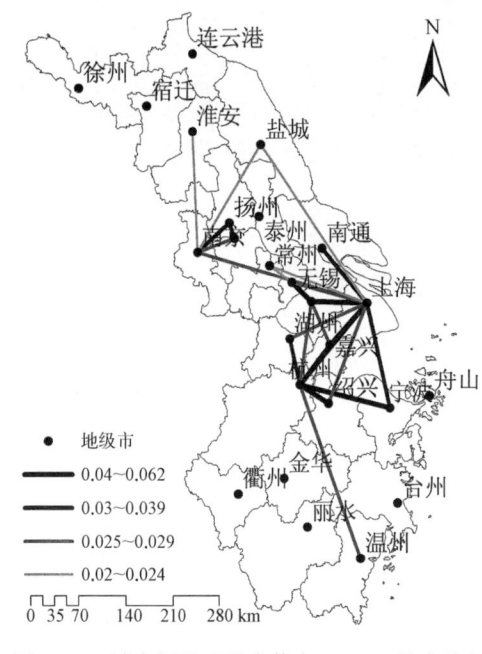

图5-5 城市间联系强度值大于0.02的交流图

距离增加衰减明显,在 310 km 范围之内虽然客流量波动较大,但是累计客流达到了 80%,而且分别在 100 km、200 km、300 km 出现了客流最大值、次峰值和第三峰值,此后客流量迅速下降;200~400 km 是本地区城市主要客运交流空间。

② 本地区公路客运中心等级层次分明——上海是本地区最重要的客运中心,其次是杭州,第三是苏州、南京、无锡,第四是其他城市。在江浙两省内部,公路客运中心等级一样明显——南京是江苏省的公路客运核心城市,苏州、扬州、无锡、镇江、常州居次,第三为淮安、盐城、南通,其他城市为第四级;杭州是浙江省的公路客运中心,第二级为宁波,第三级是绍兴、温州、嘉兴、金华,其他城市为第四级。

③ 本地区多数城市的客运首位联系城市为最邻近城市,说明与邻近城市间的密切联系。

④ 与上海公路客流联系强度较大的城市绝大多数位于宁沪杭甬"之"字形高速公路沿线,显现出明显的公路客运走廊特征;江苏省城市的客运联系强度远胜于浙江省的城市,这可能与江苏人口超出浙江近 2 500 万有关。

参 考 文 献

[1] 王成金.中国交通流的衰减函数模拟及特征[J].地理科学进展,2009,28(5):690-696.
[2] 徐建,曹有挥.长三角货流的演化及变动趋势分析[J].中国软科学,2008,(7):62-68.
[3] 张文尝.空间运输联系的生成与增长规律研究[J].地理学报,1994,49(5):440-448.
[4] 张文尝.空间运输联系的分布与交流规律研究[J].地理学报,1994,49(6):490-498.
[5] 曹小曙,闫小培.珠江三角洲客货运量的空间演化研究[J].人文地理,2002,17(3):66-68.
[6] 曹小曙,闫小培.珠江三角洲城际间运输联系的特征分析[J].人文地理,2003,18(1):87-89.
[7] 张文尝.80 年代以来我国区域旅客生成特征分析[J].地理科学,2004,24(4):387-39.
[8] 关颖,曹有挥,梁双波.安徽省运输联系空间格局演化与经济发展的关系分析[J].世界地理研究,2007,16(1):76-82.
[9] 郁玉兵,曹有挥,曹言红.安徽省空间运输联系初探——以货流为例[J].世界地理研究,2007,16(3):7884.
[10] 郁玉兵.近 10 年长三角城际运输联系初步研[J].资源开发与市场,2007,23(4):336-338.
[11] 周一星,杨家文.九十年代我国区际货流联系的变动趋势[J].中国软科学,2001,(6):85-89.
[12] 李平华,陆玉麒.长江三角洲空间运输联系与经济结构的时空演化特征分析[J].中国人口.资源与环境,2005,15(1):16-20.
[13] 李平华,于波.改革开放以来长江三角洲经济结构变迁与城际联系特征分析[J].经济地理,2005,25(3):362-365.
[14] 马定国,吴连霞.江西省空间运输联系演化特征[J].地域研究与开发,2010,29(1):55-59.
[15] 苗长虹,王海江.河南省城市的经济联系方向与强度——兼论中原城市群的形成与对外联系[J].地理研究,2006,25(2):222-232.
[16] 张建松,韩增林,董晓菲.省级地域公路货运的空间联系探讨——以辽宁省为例[J].地理科学进展,2006,25(4):97-107.
[17] 徐建,曹有挥,孙伟.基于公路运输成本的长三角轴—辐物流网络的构建[J].地理研究,2009,28(4):911-919.

[18] 李斌,陈郁.河南省公路客流空间运输联系的生产规律[J].河南科学,2010,28(2):231-234.
[19] 刘昕,吴永平,付鑫.京津都市圈空间运输联系的分布特征研究[J].公路交通科技,2006,23(10):155-158.
[20] 李斌,陈太政.河南省公路客流空间运输联系强度分析[J].河南大学学报(自然科学版),2011,(05):489-493.
[21] 李斌,许立民,秦奋,等.基于重力模型的河南省公路客流空间运输联系[J].经济地理,2010,30(6):955-959.
[22] 唐芙蓉,杨先清.基于实际拓扑结构的交通网络客运流量的理论研究[J].南京师范大学学报(自然科学版),2010,33(3):45-49.
[23] 肖润.2009年中国高速公路网运输状态[J].交通运输工程学报,2011,11(3):61-67.
[24] 中华人民共和国交通运输部.2009年全国公路水路运输量专项调查主要数据公报.[EB/OL].http://www.moc.gov.cn/zizhan/siju/guihuasi/tongjixinxi/niandubaogao/[2009-4-15].
[25] 林涛.高速公路网与区域城镇体系的关系及研究动态[J].城市问题,2011,(11):22-28.
[26] 杨铭.公路货运平均运距分析与实证研究[J].物流技术,2009,28(6):22-24,49.
[27] 刘奕,贾元华,税常峰.基于引力模型的城际交通网络布局规划方法研究[J].人文地理,2011,26(6):127-132.
[28] 金凤君.我国航空客流网络发展及其地域系统研究[J].地理研究,2001,1(20):31-39.
[29] 李斌,陈太政.河南省公路客流空间运输联系强度分析[J].河南大学学报(自然科学版),2011,41(5):489-493.

第6章 长三角地区公路客货运量的城市等级体系

6.1 引言

对城市体系的等级划分一般依据城市人口规模或者是从城市的行政级别进行城市等级的划分。其中,使用人口规模方法研究城市等级体系划分较为多见[1~3]。但事实上,城市等级是城市综合实力的反映,以人口规模或行政等级来划分城市体系难以真正反映城市等级的高低,也难以真正揭示城市体系的结构和格局[4]。因此,我国一些学者从城市功能的角度[5],如以就业人员数量的城市中心性[6]来划分城市等级体系,与传统方法相比,更具有实际意义。

交通运输网络是形成城市体系网络系统和城市群系统的物质条件和必要前提[4]。20世纪50年代以来,西方学者逐步开展了基于交通运输水平及客货流量等的城市体系研究[7],航空运输对城市和城市体系的影响得到广泛认同[8~15],基于铁路、公路客货运量视角的城镇体系研究逐步推进[16~18]。国内自20世纪80年代以来,随着航空运输网络日渐成熟和完善,也展开航空客货运输与城镇体系之间关系[19~26]以及公路客货运量与区域城镇体系的讨论[27~30],有关高速公路网的区域效应研究也部分涉及了城镇空间发展的内容[31~34]。由于在国家尺度上的公路网络分析在一定程度上忽略了公路运距较短以及空间衰减距离大等客观规律,而尺度太小则不能推动公路网络功能的有效发挥[35]。因此,在中尺度区域空间基于公路客货运量的城市等级体系开始受到关注,特别是长时间序列的系统研究。

公路运输机动、灵活、方便、直达,在综合运输体系中起着连接和骨干的作用[36]。城市的公路客货运量反映了城市经济社会发展水平以及城市对外联系强度,是城市体系网络系统形成的物质条件和必要前提,客货运输数据更能直接和准确地反映区域运输联系和真实的区域关系。本章试图对长三角地区两省一市133个市县的公路客货运量进行集中度等量化分析,运用重力模型对城市间的空间联系强度进行定量计算;发现公路客货运量所体现的空间联系,判断节点城市的变化和节点城市等级关系,认识基于公路客货运输量的长三角城市等级体系关系。

6.2 数据与方法

6.2.1 数据来源

我们以长三角地区二省一市的县级以上行政区划单位为研究对象。为便于对比和保证时间的连续以及研究对象的一致性,以 2010 年长三角地区的城市名称和数量为基准,包括上海 1 个直辖市、江苏省 63 个城市(含副省级市、地级市和县级市)、浙江省 69 个城市(含副省级市、地级市和县级市),总计 133 个行政区划单位;公路是连接各城市、城市和乡村、乡村和厂矿地区的道路,包括高速公路、国道、省道、市级公路、县级公路等不同等级的公路。选取 1990 年、1995 年、2000 年、2005 年、2010 年 5 个年份的各市县客货运量。数据来源于各年份的江浙沪统计年鉴。公路客(货)运量指按公路运输的实际运送的旅客(货物)数量。

6.2.2 研究方法

我们以公路客货运量作为切入点对长三角城市等级体系从三个方面进行研究:一是通过集中系数、非均衡系数等研究方法,计算各城市客货运量的集中系数,比较各城市客货运量的集中程度,客货运量的节点分布、节点城市空间联系形态,综合评价长三角地区公路客货运量水平;二是通过修正重力模型以及最大引力连接线指标,形成最大引力连接线分布图,得出客运和货运的节点分布,进而分析客货运节点城市间空间联系形态,综合分析客货引力方向的城市等级体系;最后,引入复合流量口径对长三角地区客货运量进行综合评价,建立基于公路复合流量的城市等级体系,并判断其时间序列和空间格局的变化。

(1) 集中系数

集中系数指相应指标在区域或全国的比值,可在一定程度上衡量某指标在区域或全国所处的地位。本书的集中系数主要反映各城市公路客货运量作用于长三角区域的相对能力。系数越大,客货运量的集中程度越高,对区域其他城市的影响程度越大;系数越小,说明对区域其他城市没有太大意义。参考杨宇等的研究[37],本书采用下列集中系数:

$$C_i = P_i \Big/ \sum_{i=1}^{n} P_i \tag{6-1}$$

式中,C_i 为 i 城市集中系数;P_i 为 i 城市公路客(货)运量;n 为区域内城市数量。

(2) 非均衡系数

非均衡系数能够反映公路客货运量在区域内各城市分布的均衡程度,同时也能够反映公路客货运量的分散程度。系数越大,说明分布不均衡,客货运量的集中程度就越高。根据李平华等的研究[38],本书非均衡系数为

$$E = \sqrt{\sum_{i=1}^{n}(P_i - \overline{P})^2 / N} \qquad (6-2)$$

式中，E 为非均衡系数；P_i 为 i 城市公路客（货）运量；n 为区域内城市数量。

(3) 重力模型

传统的重力模型是通过两个城市人口、经济总量和距离来测量城市间的经济联系，该模型是在假设产业结构与分工、交通方式、信息传输、资金和人力资源的吸引能力等要素相同的条件下构建的[39]。但是，随着信息技术的不断发展，城市间的空间联系已经呈现多元化的发展趋势，人流、物流等经济社会要素的有序流动是城市间空间联系不断增强的基础。因此，引入公路客（货）运量指数（P_i），运用城市的客货运量对城市间运输联系进行模拟。K 是介质常数，根据朱道才等相关研究[40]，取值为1。另外，对于距离摩擦系数 b，根据国内学者顾朝林等的验证，$b=1$ 揭示的是国家尺度上城市"网络联系"状态，$b=2$ 揭示的是省区尺度上"地区联系"状态[41]。因此，本书距离摩擦系数选择 $b=2$ 更有利于研究长三角区域城市间联系状态。因此，本书的重力模型为

$$T_{ij} = K\frac{P_i P_j}{R_{ij}^2} (i \neq j; i=1,2,3,\cdots,n; j=1,2,3,\cdots,m) \qquad (6-3)$$

式中，T_{ij} 是城市 i 和城市 j 之间引力；P_i 为 i 城市公路客（货）运量，P_j 为 j 城市公路客（货）运量；K 是介质常数，取值为1。根据已有研究，R 可取城市间空间直线距离，亦可采用城市间最短路径距离。本书采用城市间最短路径距离为 R 值，具体测算由 ArcGIS 10.0 实现。通过城市间客货运量的吸引力大小的计算，可以得到城市间引力矩阵。

(4) 最大引力连接线

最大引力连接线即每个城市 i 对应的吸引力最大的城市，然后将该城市与其吸引力最大的城市进行连线，依次类推，将每个城市与其对应的吸引力最大的城市两两连线，得到最大引力连接线[56]，用以下公式表示

$$T_i^{\max} = \max(T_{i1}, T_{i2}, \cdots, T_{ij}, \cdots, T_{i(n-1)}, T_{in}) \qquad (6-4)$$

根据重力模型，每个城市都有对应的吸引力最大的城市，将对应的城市进行两两连线之后，将得出最大引力连接线分布图。最大引力连接线分布图能清楚地显示城市间的空间联系状态，最大引力连接线最多的城市在区域中的吸引力越强，在空间中的支配地位就越高。

6.3 长三角地区公路客货运量水平综合评价

6.3.1 长三角公路客货运量集中度

(1) 客运集中程度的空间格局

根据客货运集中系数测算，从历年客运集中系数排名前十五的城市中（图6-1），我们发现：① 长三角地区客运量没有明显处于支配地位的城市，呈较为分散的空间格局。② 历年客运集中度排在首位的城市有扬州（1990年，5.43%）、苏州（1995年，5.80%）、南

京(2000年,5.43%;2005年,6.19%;2010年,7.71%)。③ 南京在五个年份中客运集中度稳步上升;苏州的客运集中程度整体排名靠前(1990年,5.10%;1995年,5.80%;2000年,3.41%;2005年,5.97%;2010年,3.94%);宁波和杭州的客运集中度相对稳定(宁波1990年为2.26%,排名第十,1995年为5.54%,排名第二,2000年为5.07%,排名第二,2005年为5.32%,排名第三,2010年为4.20%,排名第三;杭州集中系数2000年为4.72%,2005年为4.89%,2010年为4.28%);扬州的客运集中程度逐步下滑,2010年仅为0.70%,排在第40位。④ 上海、常州、连云港、南通、徐州、无锡、盐城、淮安、镇江等城市客运集中程度历年波动较大。例如,上海1995年为0.83%,2000年为1.25%;盐城1990年为2.89%,2005年为1.29%;徐州2005年为1.03%,2010年为2.58%。

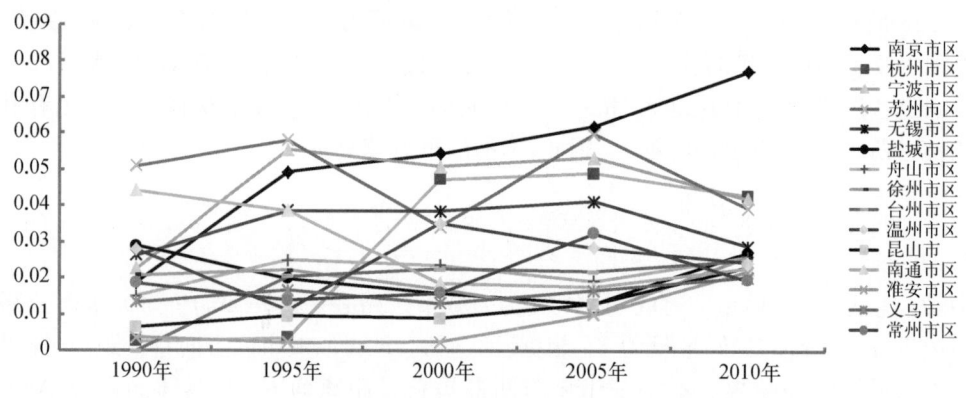

图6-1 长三角地区排名前十五的城市历年客运量集中系数

1990年、1995年、2000年、2005年、2010年的客运量集中系数分级图(图6-2)显示:① 长三角地区历年客运集中程度较低,城市之间客运集中程度分级差异不大,呈现相对均衡与分散的空间格局。② 客运集中系数均值排名前五的城市分别为苏州、宁波、无锡和杭州,系数分别为4.84%、4.48%、3.47%和2.90%,其他城市的均值均低于2.83%,最低的只有0.049%。③ 上海、南京、杭州之间的历年客运集中系数均值差异显著。上海仅为0.89%,排名第31名。南京为5.23%,排名第1名。杭州为2.90%,排名第5名。

(2) 货运集中程度的空间格局

根据对长三角地区各城市的货运量集中系数的测算,在历年集中系数排名前十五的城市中(图6-3),我们发现:

① 本地区货运量的集中程度非常明显,上海处于绝对优势地位。上海货运集中度虽然波动较大,但历年均占据首要位置,均值达到17.74%,远远超过其他城市;1990年,上海的货运集中系数占整个长三角区域的22.80%,货运总量比南京、宁波、杭州等其他货运较集中的城市高出3～5倍;1995年,上海的货运集中程度下降到只有7.80%,但是仍然高于其他城市;之后,货运集中系数开始上升,2000年达到峰值25.64%,之后又开始下降。2005年、2010年上海的集中系数分别为18.21%和14.74%,但依然处于优势地位。

② 南京的货运集中程度比较稳定,历年排名均为第二。1990年,南京的货运集中度为7.26%,其余四个年份在5.05%～5.77%浮动。

第6章 长三角地区公路客货运量的城市等级体系

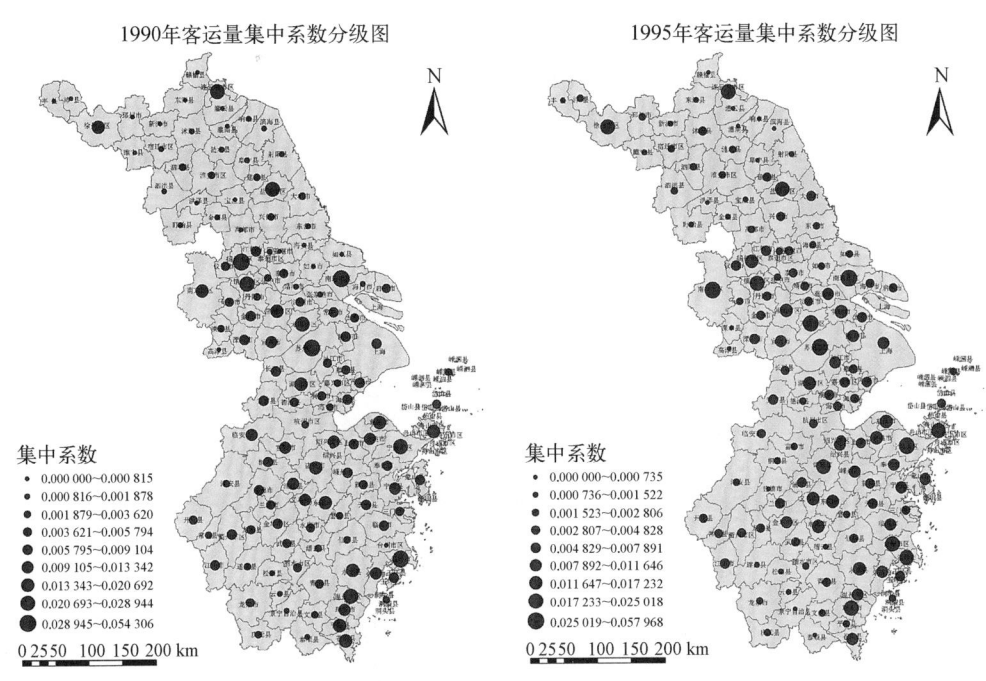

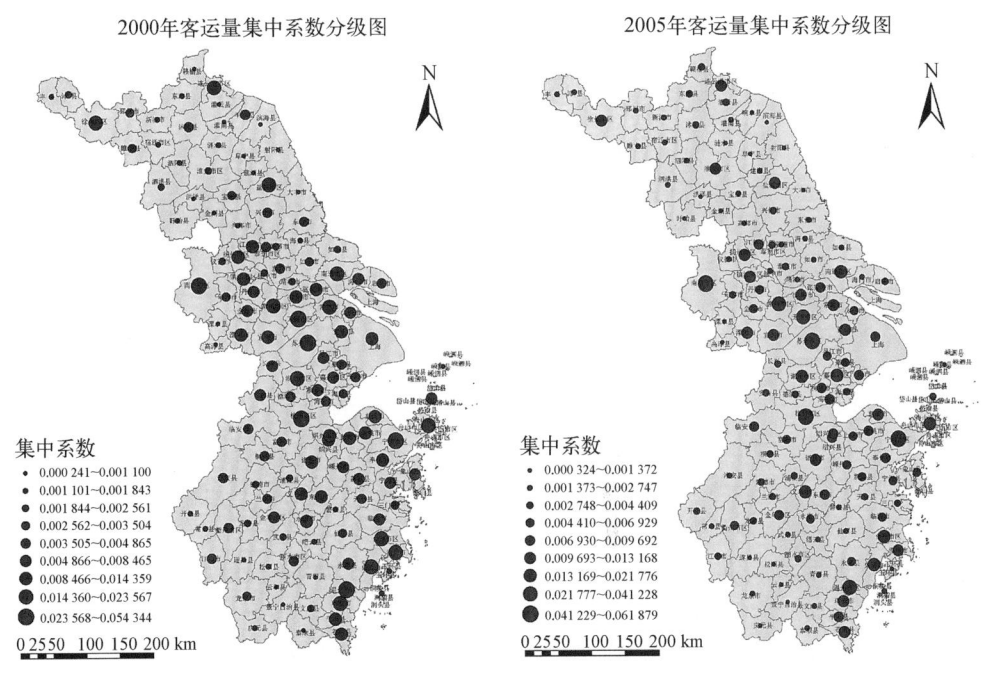

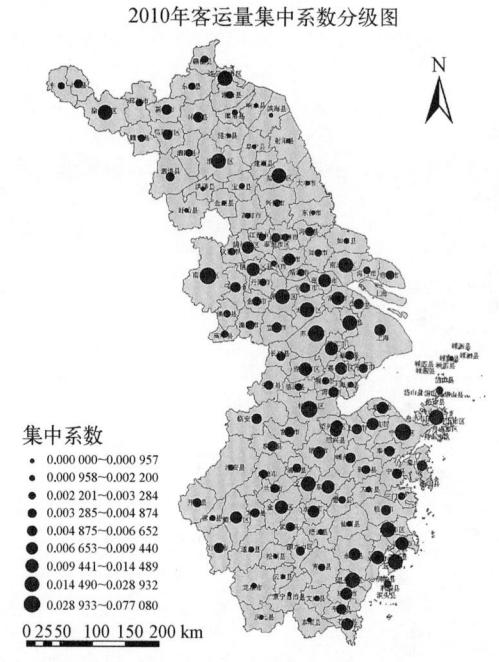

图 6-2 1990～2010 年的客运量集中系数分级图

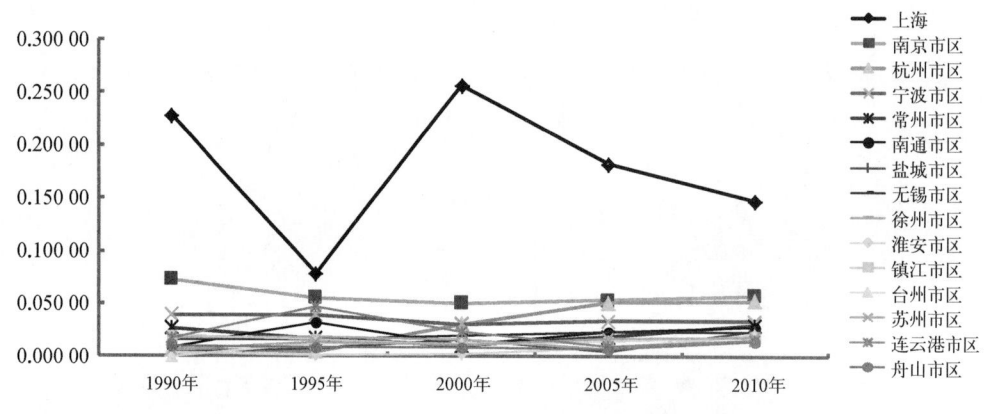

图 6-3 长三角排名前十五的城市历年货运量集中系数

③ 杭州、宁波、常州、连云港、南通、徐州、无锡、盐城、淮安、镇江等城市货运集中程度较低,呈平稳波动态势。杭州货运集中系数稳步上升(2000年、2005年、2010年货运集中系数分别为3.03%、5.12%、5.25%),宁波的稳中有降(3.93%~3.07%),常州、连云港、南通、徐州、无锡、盐城、淮安、镇江等城市的货运集中程度波动略大,例如,常州2000年为0.99%,2010年为2.99%;连云港1995年为4.69%,2005年为0.96%;南通1990年为0.84%,1995年为3.21%;徐州2005年为0.74%,2010年为2.14%。

1990年、1995年、2000年、2005年、2010年的货运量集中系数分级图(图6-4)表明:
① 上海历年货运集中程度均居首位,虽然1995年与南京、连云港、宁波、南通的差距大幅

第 6 章 长三角地区公路客货运量的城市等级体系

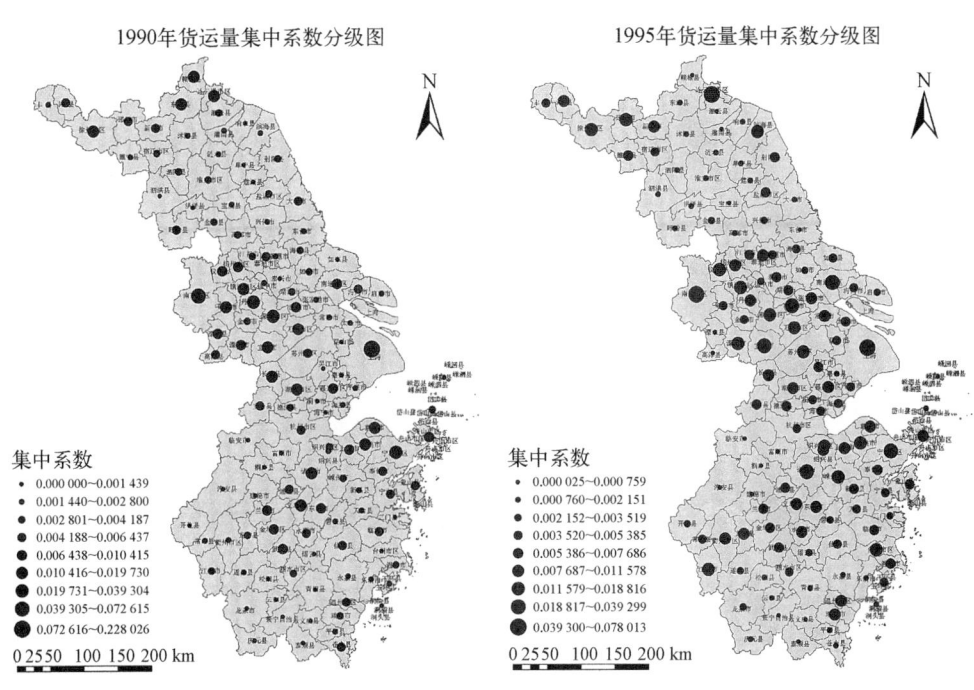

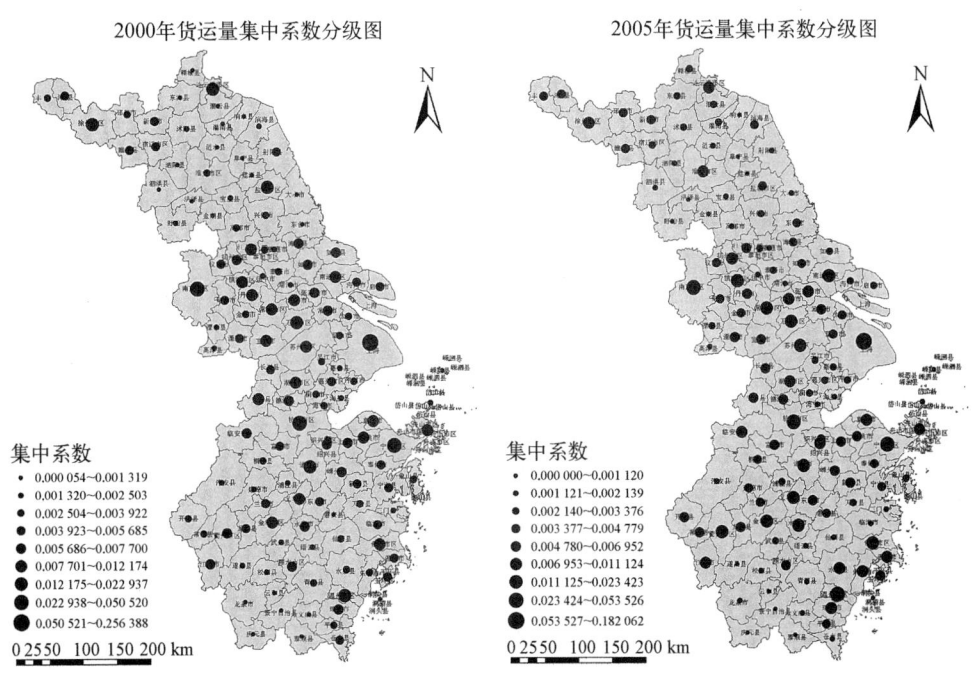

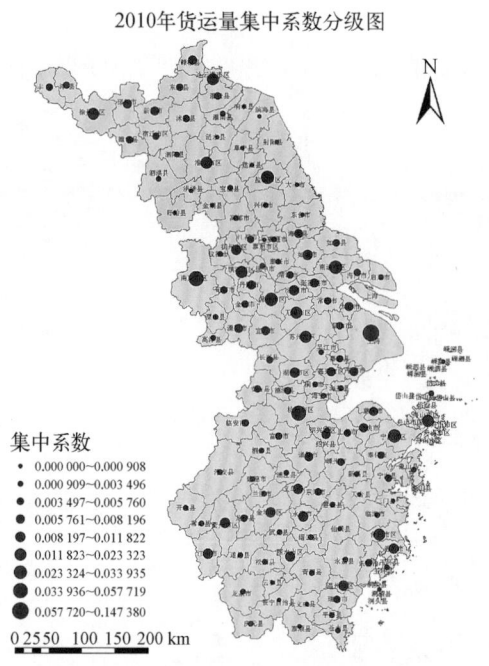

图 6-4　1990～2010 年货运量集中系数分级图

度减小;② 其他城市的货运集中系数均低于 10.00%,相互间差异不大,相对均衡;③ 2005 年和 2010 年,上海、南京、杭州货运集中程度占了前三甲,三座城市之和分别占了整个区域的 28.68% 和 25.76%。

(3) 公路客货运量的非均衡系数测度

对本地区的公路客货运量的非均衡性测度表明:① 本地区无论是客运非均衡系数,还是货运非均衡系数都在逐年增高(表 6-1),说明区域整体客货运集中程度逐年增高;② 客运非均衡系数值自 1995 年开始增长迅速,货运非均衡系数相对滞后,自 2000 年才开始迅速增长。这与长三角地区公路道路建设的完善情况息息相关,尤其是沪宁、沪杭、杭甬等高速公路建成通车后,城市间公路运输能力得到显著提升,客货运输流量明显提高。

表 6-1　长三角地区公路客、货运量非均衡系数

年份	1990	1995	2000	2005	2010
客运量非均衡系数	766.295	1 512.850	1 893.632	3 133.366	4 526.002
货运量非均衡系数	800.296	830.289	2 501.803	3 090.392	4 138.810

6.3.2　基于最大引力连接线的城市节点分布

根据公路客货运节点的分布以及最大引力连接线图所表现的特征,可以认为,最大引力连接线越多的城市吸引力越大,在区域中所占的支配地位就越高,对其他城市的影响程

度就越大,从而成为区域中的中心城市或次中心城市。客货运量节点等级的划分取决于该城市最大引力连接线的个数,即客货运量最大引力城市的个数,本书分别采用图表判别法和聚类分析法将长三角地区节点城市分为五级(表6-2)。

表6-2 节点等级划分

节 点 等 级	节 点 数 量
一级节点	$N \geqslant 9$
二级节点	$7 \leqslant N < 9$
三级节点	$5 \leqslant N < 7$
四级节点	$3 \leqslant N < 5$
五级节点	$1 \leqslant N < 3$
非节点城市	$N = 0$

(1) 基于公路客运量的节点分布

以城市间最短路径作为城市间距离(R值)计算得出1990、1995、2000、2005、2010年五个年份的长三角地区客运量节点分布和最大引力连接线(图6-5、表6-3)。我们发现,城市间不同的最大引力连接线和公路客运节点城市呈现以下特征:第一,公路客运量节点等级分明;第二,除了公路客运量五级节点数量比较稳定外,其他节点数量有比较大的变动;第三,本地区的上海、南京、杭州三个重要城市在公路客运方面并无显著的优势地位,而且南京、杭州的地位变动较大。

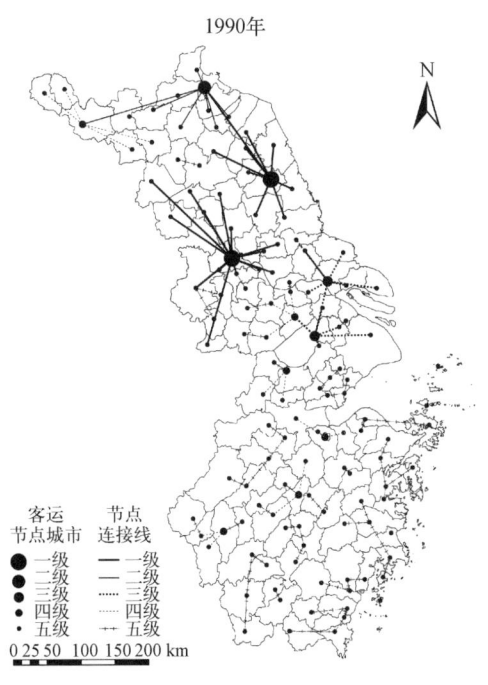

高速公路网与城镇体系的区域整合

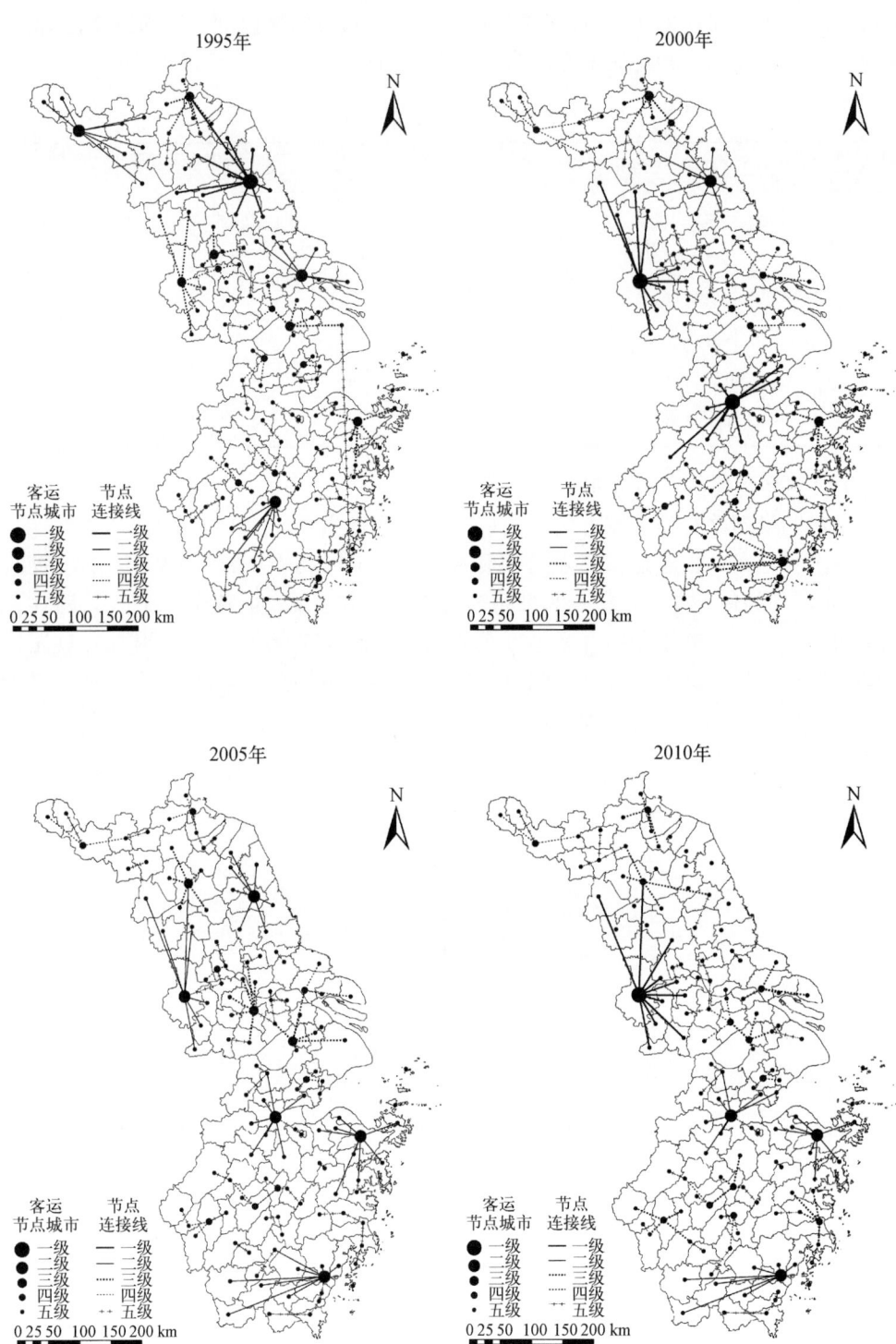

图 6-5 1990~2010 年客运量节点分布及最大引力连接线图
(基于城市间最短路径距离为 R 值)

表6-3 基于最短路径距离为 R 值的1990~2010年长三角地区客运量节点分布

R值	等级	年份	节点个数	城市
城市间最短路径距离为R值	一级	1990	2	扬州、盐城
		1995	1	盐城
		2000	2	杭州、南京
		2005	0	无
		2010	1	南京
	二级	1990	1	连云港
		1995	3	永康、徐州、南通
		2000	1	盐城
		2005	5	宁波、温州、杭州、南京、盐城
		2010	3	杭州、宁波、温州
	三级	1990	2	苏州、南通
		1995	5	连云港、宁波、南京、苏州、扬州
		2000	3	温州、宁波、连云港
		2005	3	常州、苏州、淮安
		2010	0	无
	四级	1990	6	义乌、徐州、湖州、绍兴、衢州、无锡
		1995	7	瑞安、义乌、无锡、镇江、嘉兴、湖州、兰溪
		2000	10	无锡、徐州、南通、瑞安、东阳、义乌、永康、衢州、苏州、响水
		2005	8	嘉兴、金华、义乌、衢州、徐州、南通、连云港、扬州
		2010	12	义乌、衢州、台州、苏州、南通、连云港、淮安、嘉兴、金华、永康、无锡、徐州
	五级	1990	48	温州、嘉兴、南京、镇江、富阳等
		1995	41	温州、衢州、台州、常州、绍兴等
		2000	42	嘉兴、湖州、台州、扬州、泰州等
		2005	41	湖州、台州、无锡、镇江、瑞安等
		2010	37	湖州、常州、宿迁、平阳、绍兴等

从长三角区域客运节点城市空间联系形态来看，第一，客运节点变化显著、分异明显。第二，基于客运量的最大引力连接线所呈现客运节点辐射范围较小，大部分节点城市吸引与该城市距离较近的城市客流。第三，不同年份，公路客运量的中心外围格局有较大变化：1990年形成了以扬州和盐城为中心，连云港为次中心的客运联系格局；1995年，盐城成为唯一的客运中心，徐州、南通和永康为次中心；2000年，南京和杭州是客运的中心，盐城降为客运次中心；2005年，按照本书的分级，本地区缺失客运一级节点城市，次中心城市呈现多点覆盖的格局，宁波、温州、杭州、南京、盐城是5个客运次中心，因此这些城市成为事实上的客运量中心城市；2010年，南京是唯一的客运中心，杭州、宁波和温州是客运次中心。

(2) 基于公路货运量的节点分布

以城市间最短路径作为城市间距离（R值）计算得到长三角地区公路货运量节点分布和最大引力连接线（图6-6、表6-4）。显然，第一，公路货运节点等级也是明显的；第二，

高速公路网与城镇体系的区域整合

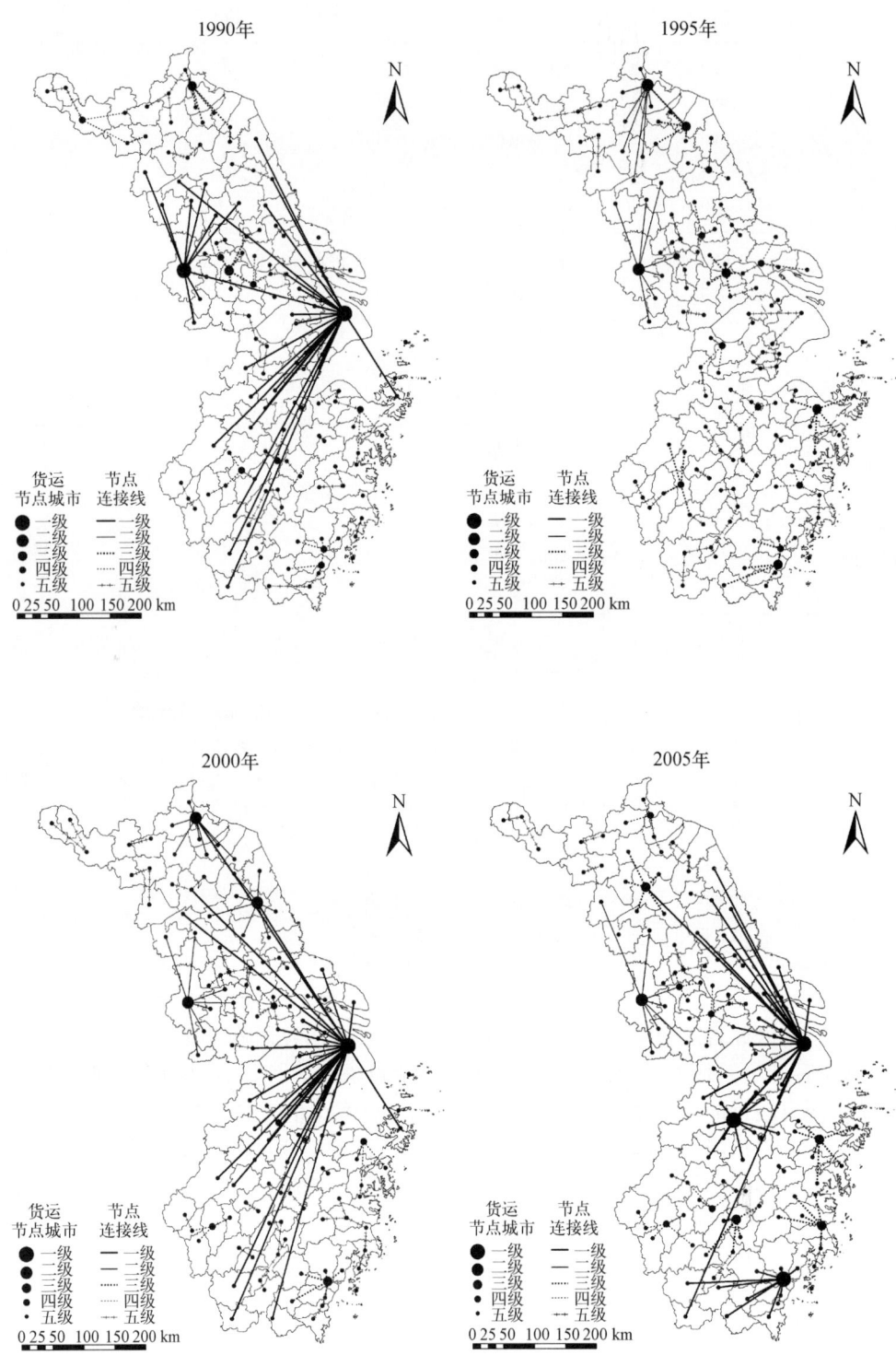

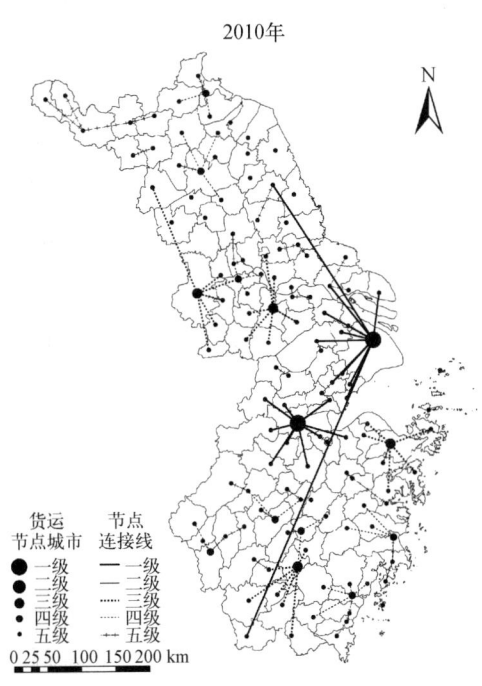

图6-6 1990～2010年货运量节点分布及最大引力连接线图
(基于城市间最短路径距离为R值)

与公路客运量类似,除了公路货运五级节点数量相对稳定外,其他节点数量有比较大的变动;第三,上海是本地区公路货运量的绝对优势节点,其节点数量远远大于其他一级节点城市,具有绝对支配地位;其他两座重要城市的公路货运量地位波动较大,南京徘徊在二级节点,杭州近年才跃居公路货运量一级节点。

表6-4 基于最短路径距离为R值的1990～2010年长三角地区货运量节点分布

R值	等级	年份	节点个数	城市
城市间最短路径距离为R值	一级	1990	2	上海、南京
		1995	0	无
		2000	1	上海
		2005	3	上海、杭州、温州
		2010	2	上海、杭州
	二级	1990	0	无
		1995	2	连云港、南京
		2000	3	南京、连云港、盐城
		2005	1	南京
		2010	0	无
	三级	1990	2	连云港、丹阳
		1995	4	宁波、瑞安、江阴、滨海

续表

R值	等级	年份	节点个数	城市
城市间最短路径距离为R值	三级	2000	1	温州
		2005	4	宁波、永康、台州、淮安
		2010	4	宁波、丽水、南京、常州
	四级	1990	8	宁波、温州、瑞安、兰溪、义乌、徐州、常州、镇江
		1995	9	温州、龙游、湖州、绍兴、临海、南通、盐城、镇江、泰州
		2000	4	江阴、杭州、宁波、衢州
		2005	5	衢州、常州、金华、连云港、镇江
		2010	8	温州、台州、淮安、金华、连云港、永康、江山、镇江
	五级	1990	45	余姚、慈溪、平阳、湖州、淮安等
		1995	52	嘉兴、衢州、台州、扬州、宿迁等
		2000	48	台州、丽水、徐州、淮安、扬州等
		2005	35	义乌、扬州、温岭、江阴、湖州等
		2010	34	衢州、徐州、南通、扬州、嘉兴等

从图6-6所体现的长三角区域货运量节点城市空间联系形态看：第一，本地区货运节点等级较为稳定，区域分异不明显。第二，上海是具有绝对优势的货运中心。除了1995年之外，1990年、2000年、2005年和2010年上海都是一级货运节点，并且最大引力连接线数量远远超过区域内其他货运节点城市，直接吸引范围覆盖长三角地区50%以上区县——1990年与上海吸引力最大的城市依次是嘉兴、苏州、杭州、平湖、常熟等25个城市；1995年，只有嘉善一个城市与上海形成了最大引力；2000年与上海吸引力最大的城市依次是杭州、苏州、无锡、嘉兴、湖州、吴江等29个城市；2005年与上海吸引力最大的城市依次是杭州、苏州、南通、无锡、昆山、太仓等21个城市；2010年与上海吸引力最大的城市依次是嘉兴、平湖、嘉善、海盐、庆元、苏州等12个城市。第三，基本上形成以上海为中心，南京和杭州为次中心货运量空间格局。

6.4 长三角地区公路客货复合流量节点城市

6.4.1 基于公路复合流量的引力节点

本书进一步采用"复合流量口径"，对城市的公路客货运量进行综合评价。杨宇等的分析设一个复合流量＝100 kg货物或一个客流。但长三角地区是我国经济发展较快的地区，城市客货流量较大，所以本书采取一个复合流量＝100 kg×10^4货物或10^4个客流，将个城市的客货运量换算成复合流量进一步综合评价。同时，公式(6-3)仍采用不同年份城市间最短路径距离作为R值。如此，我们得到表6-5。

总体而言，第一，5个不同年份，不同等级各级别的节点城市存在变动。第二，除了1995年，基本形成以上海为主中心，南京和杭州为次中心的空间联系格局，但是杭州地位变动较大，同样是近年才跃居核心城市；南京比较稳定在二级节点。第三，上海的客货复合流量辐射范围远远超过南京、杭州两个次中心城市，除了个别年份，上海的辐射覆盖范围涵盖了半个区域。第四，连云港和宁波作为区域重要的港口城市，货物吞吐量大，也有机会（1995、2000、2005 年）成为次核节点城市，是区域内重要的客货流量交往节点。

表 6-5 基于复合流量口径（最短路径为 R 值）的 1990～2010 年长三角地区节点分布

等级	年份	节点个数	城市
一级	1990	2	上海、南京
	1995	0	无
	2000	1	上海
	2005	4	上海、杭州、温州、南京
	2010	2	上海、杭州、
二级	1990	0	无
	1995	2	连云港、南京
	2000	3	南京、连云港、盐城
	2005	1	宁波
	2010	1	南京
三级	1990	1	连云港
	1995	4	宁波、瑞安、江阴、滨海
	2000	2	杭州、温州
	2005	2	永康、淮安
	2010	4	宁波、丽水、台州、常州
四级	1990	11	徐州、常州、盐城、扬州、宁波、慈溪、温州、瑞安、兰溪、义乌、镇江
	1995	10	温州、盐城、嘉兴、湖州、绍兴、龙游、临海、南通、镇江、泰州
	2000	7	江阴、宁波、义乌、永康、衢州、无锡、徐州
	2005	5	衢州、常州、金华、连云港、盐城
	2010	8	温州、淮安、金华、永康、江山、徐州、连云港、镇江
五级	1990	47	湖州、苏州、南通、淮安、嘉兴等
	1995	50	衢州、台州、扬州、宿迁、徐州等
	2000	45	淮安、扬州、嘉兴、湖州、绍兴等
	2005	38	苏州、南通、扬州、嘉兴、湖州等
	2010	32	衢州、南通、嘉兴、湖州、无锡等
非城市节点	1990	72	杭州、富阳、临安、建德、桐庐等
	1995	67	上海、杭州、富阳、临安、建德等
	2000	75	富阳、临安、建德、桐庐、淳安等
	2005	83	富阳、临安、桐庐、淳安、余姚等
	2010	86	富阳、临安、桐庐、淳安、余姚等

6.4.2 引力节点空间格局变化

从基于复合流量(最短路径为 R 值)节点分布和最大引力连接线来看(图 6-7),主要引力节点的变化较明显。1990 年,16 个城市的主要引力方向指向上海,上海在长三角地区的客货流量占据明显的支配地位。南京作为江苏省第一大城市,国家历史文化名城,共有 9 个城市的主要引力方向指向南京,使得南京成为引力节点数目低于上海的区域次中心。三级节点为连云港。四级节点为徐州、常州、宁波等 11 个城市。湖州、苏州、南通等 47 个城市是五级节点,这些节点在城市体系内的吸引力范围较小,吸引范围主要以周围近距离城市为主。

1995 年,一级节点缺失,连云港的公路客货运流量交往能力得到加强,在城市体系中的地位得到提升,是唯一一个拥有 8 个主要引力方向城市的节点,分担了南京在区域中的部分城市职能,使得上海和南京的地位下降,连云港的节点数量明显增加,由 $N=5$ 的三级节点变为 $N=8$ 的二级节点。南京由一级节点降为二级节点。三级节点为宁波、瑞安、江阴、滨海 4 个城市。四级节点为温州、盐城、嘉兴等 10 个城市。五级节点为苏州、扬州、徐州等 50 个城市,这些城市的吸引范围也是以周围近距离城市为主。上海降为非节点城市,在区域中没有最大引力城市。

2000 年,随着长三角地区高速公路的快速建设,沪宁高速、杭甬高速、宁通高速、沪杭高速、广靖高速、锡澄高速相继通车,迅速缩短了城市间公路运输距离。同时随着上海经济的飞速发展,上海重新升级为唯一的 1 个一级节点,上海的公路客货流量交往能力得到显著增强,而且有 18 个城市主要引力方向指向上海,上海在长三角区域内的吸引范围基

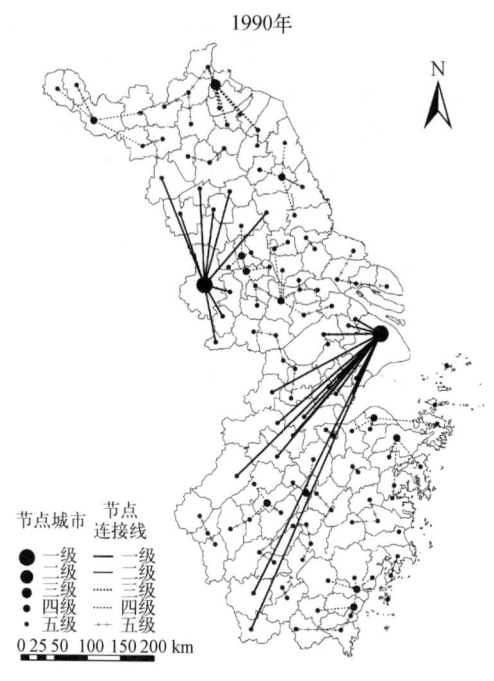

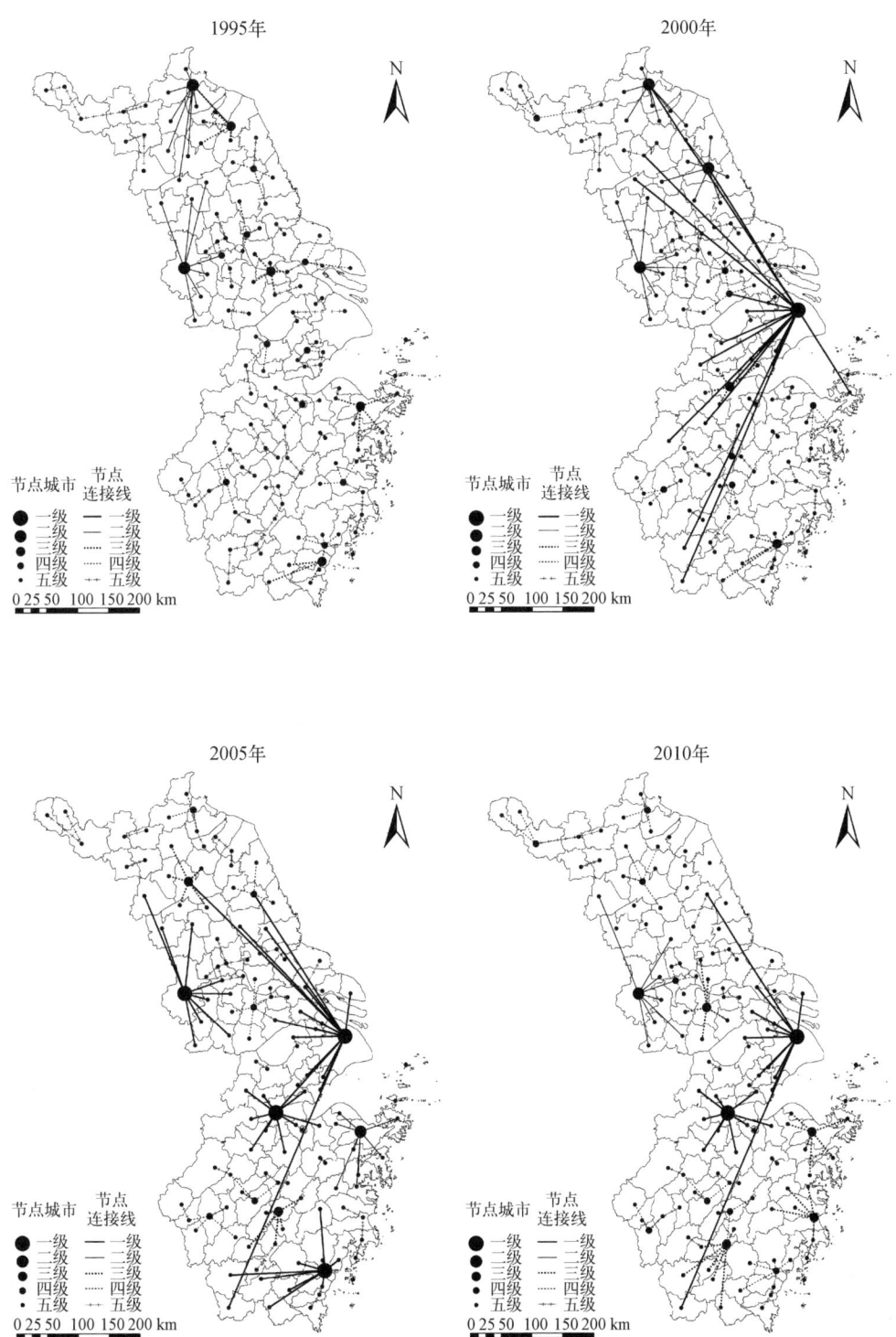

图 6-7 1990～2010 年基于复合流量(最短路径为 R 值)节点分布和最大引力连接线图

本涵盖了半个区域。南京的节点数量没有发生改变,仍然是二级节点。连云港的客货引力略有下降,仍然是二级节点,但是节点数量降为7。盐城的客货运输地位有所提高,由四级节点升为二级节点,吸引了滨海的部分引力城市。三级节点是杭州、温州。四级节点有江阴、宁波、义乌等7个城市。五级节点有台州、南通、扬州等45个城市。

2005年,17个城市的主要引力方向指向上海,上海仍然是占支配地位的客货中心城市。南京的节点数量为9,作为区域次中心的地位得到了稳定。随着杭宁高速、徽杭高速、甬台温高速、温丽高速等高速的相继建成通车,杭州和温州升为一级节点,与其他城市的客货流量交往能力大大提升,杭州作为区域次中心的态势初步显现。宁波因为北仑港海港建设的投入加大,宁波的客货运量较2000年相比增长了近50%,宁波由四级节点升为二级节点。三级节点是淮安和永康,四级节点有常州、连云港、盐城等5个。五级节点有义乌、台州、苏州等38个。虽然2005年的节点城市比非节点城市要少,但却是一级节点最多的一个年份。

2010年,随着长三角地区公路交通网络的逐渐完善和经济的快速发展,以上海为主中心,杭州和南京为次中心的空间格局显现。上海仍然是客货流量交往能力优势明显的一级节点;杭州也保持了拥有9个主要引力方向城市的一级节点;南京略有下降,成为有8个节点数量的二级节点;宁波也由二级节点下降为三级节点;其余的三级节点是丽水、台州和常州;四级节点是温州、连云港、徐州等8个城市;五级节点是南通、湖州、盐城等32个城市。2010年是5个不同年份中节点城市数量最少的一个年份,节点城市共47个,而非节点城市却有86个。

根据复合流量(基于最短路径为R值)节点分布及最大引力连接线图(图6-7)可以清晰地看出各城市在长三角公路客货运量城市等级体系中地位的变化。主要节点对周围城市的辐射和带动作用,反映了其复合流量客货交往能力及其所处的地位。节点的公路客货流量大小反映了城市实际经济交往能力,有助于构建基于实际经济联系的城市体系。

6.5 小结

本章从公路客货运量的角度对长三角地区的城市等级体系进行长时间序列的研究,通过集中系数、非均衡系数、修正重力模型、最大引力连接线等研究方法,引入复合流量口径对客货运量进行综合评价,得到以下结论。

第一,长三角地区公路客运与货运量的集中程度差异明显,客运量集中程度较低,货运量的集中程度非常明显,但是客运和货运集中程度都在逐年增高,且与高速公路建设发展密切相关:① 总体上客运量集中程度较低,没有明显处于支配地位的城市,呈相对分散的空间格局。历年客运集中度排在首位的城市有扬州、南京;南京、苏州、扬州、宁波、杭州等核心城市公路客运集中度相对稳定,上海、常州、连云港、南通、徐州、无锡、盐城、淮安、镇江等城市客运集中程度波动较大。② 长三角地区货运量的集中程度非常明显,上海处于绝对优势地位,形成上海为主、南京为次的空间格局。上海货运集中度虽然波动较大,但历年均占据首要位置,远远超过其他城市;南京的货运集中程度比较稳定,历年排名第二;杭州、宁波、常州、连云港、南通、徐州、无锡、盐城、淮安、镇江等重要城市货运集中程度较低,呈平稳波动态势。③ 客运非均衡系数值自 1995 年开始增长迅速,货运非均衡系数相对滞后,自 2000 年才开始迅速增长。

第二,长三角地区公路客运与货运量节点等级分明,但是节点数量除了低级节点(第5级)的数量比较稳定外,其他等级节点及其数量有比较大的变动,客运量与货运量等级体系的空间格局存在明显差异:① 在客运量方面,上海、南京、杭州三个重要城市并无显著的优势地位,而且后两者的地位变动较大。大部分节点城市吸引与该城市距离较近的城市客流。不同年份公路客运量的中心—外围格局有较大变化。② 在货运方面,本地区货运节点等级体系较为稳定。上海是本地区绝对优势节点,其节点数量远远大于其他一级节点城市,直接吸引范围覆盖长三角 50% 以上的地区,具有绝对支配地位;南京、杭州两座重要城市的公路货运量地位波动较大,南京徘徊在二级节点地位,杭州近年才跃居公路货运量一级节点;货运量基本上形成以上海为中心,南京和杭州为次的空间格局。

第三,长三角地区公路复合流量各级节点数量变化较大,基本形成以上海为中心,南京和杭州为次核的空间联系格局——上海的客货复合流量辐射范围远远超过南京、杭州两个次中心。南京稳定于二级节点,杭州地位变动较大,近年才跃居核心城市。除了个别年份,上海的公路复合流量辐射覆盖范围覆盖了长三角半个区域。连云港和宁波作为区域重要的港口城市,客货流量较大也有机会(1995、2000、2005 年)成为次核节点城市。

本章基于公路客货运量的角度研究长三角地区的城市等级体系,揭示公路客货流作用下的城市等级体系变化。今后的工作可以更加深入地将铁路、航空等不同运输方式作用下的客货运量进行加权平均,可以更加系统、全面、客观地反映区域公路客货运量的城市等级体系空间演化特点。此外,如果能将基于公路客货运量视角与基于经济指标、人口规模视角的城市等级体系进行综合研究,则更具有现实意义。

参 考 文 献

[1] 许学强,周一星,宁越敏. 1997. 城市地理学(第一版)[M]. 北京:高等教育出版社:111-112.

[2] 许学强. 1982. 我国城镇规模体系的演变和预测[J]. 中山大学学报(社会科学版),22(3):40-49.

[3] 周一星,杨齐. 1986. 我国城镇等级体系变动的回顾及其省区地域类型[J]. 地理学报,41(2):97-111.

[4] 薛俊菲. 2008. 基于航空网络的中国城市体系等级结构与分布格局[J]. 地理研究,27(1):23-32.

[5] 王言荣,刘洁. 2001. 中国城市科教职能等级划分及空间分布研究[J]. 地理科学,21(2):182-187.

[6] 周一星,张莉,武悦. 2001. 城市中心性与我国城市中心性的等级体系[J]. 地域研究与开发,20(4):1-5.

[7] 于涛方,顾朝林,李志刚. 2008. 1995 年以来中国城市体系格局与演变——基于航空流视角[J]. 地理研究,28(11):1407-1418.

[8] Taaffe E J. 1958. Air transportation and United States urban distribution [J]. The Geographical Review,46(2):219-238.

[9] Taaffe E J. 1962. The urban hierarchy:An air passenger definition[J]. Economic Geography,38(1):1-14.

[10] 森川洋. 1990. 都市化と都市[M]. 东京:大明堂.

[11] Murayama Y. 1982. Canadian urban system and it's evolution process in terms of air passenger flows[J]. Geographical Review of Japan,55(6):380-402.

[12] Goetz A R. 1992. Air passenger transportation and growth in the US urban system 1950-1987[J]. Growth and Change,23(2):218-242.

[13] Rimmer P J. 1999. Flow of goods, people and in formation among cities of Northeast Asia[J]. The Korean Journal of Regional Science,15(2):39-74.

[14] Matsumoto H. 2003. Hub-ness of Asian major cities in terms of international air passenger and cargo flows[J]. The Korean Transport Policy Review,10:103-123.

[15] Matsumoto H. 2004. International urban systems and air passenger and cargo flows: Some calculations[J]. Journal of Air Transport Management,10(4):239-247.

[16] Gutierrez J, Gonzalez R, Gomez G. 1996. The European high speed train network: predicted effects on accessibility patterns[J]. Journal of Transport Geography,4(4):227-238.

[17] Kiyoshi Kobayashi, Makoto Okumura. 1997. The growth of city systems with high-speed railway systems[J]. Annals of Regional Scienec,31:39-56.

[18] Narisra Limtanakoo, Martin Dijst, Tim Schwanen. 2007. A theoretical framework and methodology for Characterising National Urban Systems on the basis of flows of people[J]. Urban Studies,44(11):2123-2145.

[19] 顾朝林.1992.中国城镇体系:历史、现状、展望[M].北京:商务印书馆:275-313.

[20] 郭文炯,白明英.1999.中国城市航空运输职能等级及航空联系特征的实证研究[J].人文地理,14(1):27-31.

[21] 金凤君.2001.我国航空客流网络发展及其地域系统研究[J].地理研究,20(1):31-39.

[22] 周一星,胡智勇.2002.从航空运输看中国城市体系的空间网络结构[J].地理研究,21(3):276-285.

[23] 朱英明.2003.中国城市密集区航空运输联系研究[J].人文地理,18(5):22-25.

[24] 王法辉,金凤君,曾光.2003.中国航空客运网络的空间演化模式研究[J].地理科学,23(5):519-525.

[25] 金凤君,王成金.2005.轴-辐侍服理念下的中国航空网络模式构筑[J].地理研究,24(5):774-784.

[26] 王成金,金凤君.2005.从航空国际网络看我国对外联系的空间演变[J].经济地理,25(5):667-672.

[27] 罗震东,何鹤鸣,耿磊.2011.基于客运交通流的长江三角洲功能多中心结构研究[J].城市规划学刊,30(2):371-376.

[28] 王成新,方青青,姚士谋.2007.高速公路与城市发展论[M].济南:山东大学出版社:59-81.

[29] 杨宇,张小雷,雷军.2010.基于客货运量的新疆城市等级体系分析[J].中国科学院研究生院学报,27(1):27-35,64.

[30] 林涛.2011.高速公路网与区域城镇体系的关系及研究动态[J].城市问题,(11):22-28.

[31] 徐昀,陆玉麒.2004.高等级公路网建设对区域可达性的影响——以江苏省为例[J].经济地理,24(6):830-833.

[32] 牛树海.2008.高速公路建设对区域发展的影响研究[M].北京:经济科学出版社.55.

[33] 王成金.2006.中国高速公路网的发展演化及区域效应研究[J].地理科学进展,25(6):126-136.

[34] 林涛,孙婷婷.2012.长三角地区高速公路网络与城镇体系空间结构的分形研究[J].人文地理,(6):43-49.

[35] 张兵,金凤君,于良.2007.近20年来湖南公路网络优化与空间格局演变[J].地理研究,26(4):

712-722.
- [36] 陈航,张文尝,金凤君.1999.中国交通地理[M].北京:科学出版社.
- [37] 杨宇,张小雷,雷军.2010.基于客货运量的新疆城市等级体系分析[J].中国科学院研究生院学报,27(1):27-35.
- [38] 李平华,于波.2005.改革开放以来长江三角洲经济结构变迁与成绩联系特征分析[J].经济地理,25(3):362-365.
- [39] 杨上广.2011.长三角经济空间组织的演化[M].上海:上海人民出版社:178.
- [40] 朱道才,陆林,晋秀龙,等.2011.基于引力模型的安徽城市空间格局研究[J].地理科学,31(5):551-556.
- [41] 顾朝林,庞海峰.2008.基于重力模型的中国城市体系空间联系与层域划分[J].地理研究,27(1):1-12

第7章 高速公路网与长三角地区旅游流网络结构

7.1 引言

以旅游者空间移动为核心的旅游流是旅游现象和旅游业的基础,各类旅游流因连接着客源地与旅游地、旅游地与旅游地而成为旅游系统的神经中枢或纽带[1]。近年来,不断出现多类型、多层次和多空间尺度的旅游流理论和实证研究。如对旅游流模式、时空特征、旅游流预测、驱动力的持续关注,并开始突破单一旅游流问题本身,开展了与相关主题的融合研究,如旅游流具有的空间指向性、对区域旅游系统的影响、旅游地定位规划、旅游市场细分、旅游地方感知和互动等[2]。但是,同其他旅游研究相比,旅游流空间问题却仍是一个相对被忽略的领域[2,3],原因在于数据的收集和分析存在一定的困难[3]。虽然旅游目的地旅游流及其空间网络结构受到学者关注,但是国内的相关研究相对较少。

出现于20世纪50～60年代的社会网络分析作方法在社会学、经济学、管理学等学科得到了广泛应用[4],但是,直到近年国外刊物才开始出现用社会网络分析方法研究旅游网络[5,6]。几乎与此同时国内也将社会网络分析方法应用于旅游研究,如陈秀琼等,杨兴柱等分别引介城市旅游流空间网络结构模型,并重新审视旅游系统,开展应用研究[6,7]。此后,学者们对社会网络分析方法在旅游研究中的应用进行了梳理[8],并以社会网络分析方法探讨跨界旅游区网络结构[9],从旅游流的角度分析城市群区域旅游目的地的空间结构[4]。但是,最近的研究似乎集中在用社会网络分析法探讨入境旅游流网络结构及其目的地角色等问题[10~16]。这表明,以社会网络分析方法研究区域旅游流空间结构虽然受到关注,但是研究数量少,主题集中。同时,除了个别研究讨论旅游流与航空网络关系[13,15]之外,这些研究基本上考虑的是综合旅游流,对旅游流的转移和扩散有重要作用的公路旅游通道的关注不足。

实际上,旅游客源地、旅游目的地及其空间相互作用构成旅游O-D系统,任何探讨旅游流产生的机制、过程、模式等都应从旅游O-D系统的角度出发。已有的多种旅游空间模型用于旅游流的空间流动、分布、距离衰减性、互流性、集中性、等级性等研究,多基于城市出游性等特征,的确存在"二元陷阱"问题,即围绕旅游O-D系统的单一方面——仅从客源地的角度探讨旅游需求或从目的地的角度探讨旅游供给。旅游流研究需要从"单点层次"向"点对点层次"、"旅游系统层次"转变[17],但几乎没有多少研究将旅游客源地、旅游目的地和联系媒介进行一体化研究[17,18]。

我们采用社会网络分析方法,以旅行社的线路作为数据的主要来源,区域高速公路作为旅游通道,高速公路节点城市为旅游目的地,构建基于高速公路的区域旅游流网络,并在长三角地区进行实证研究,探寻基于旅游通道区域旅游流网络结构特征。

7.2 数据与方法

7.2.1 数据获取与处理

我们以长三角核心区两省一市的十六个核心城市作为研究区域,用携程网、同城网两个旅游网站的旅游线路作为数据来源。作者集中在2014年9月14～15日两天进行线路的收集,假设这些旅游线路均可成行和运营,共收集到1 298条以高速公路作为旅游通道的线路。假如一条旅游线路为上海—杭州—苏州—南京—上海,则可以建立原始矩阵表(表7-1),并按照此方法构建长三角地区的旅游流原始矩阵表(表7-2)。

表 7-1 旅游流矩阵示例表

	上海	杭州	苏州	南京	上海
上海	0	1	0	0	0
杭州	0	0	1	0	0
苏州	0	0	0	1	0
南京	0	0	0	0	1

表 7-2 长三角地区旅游流原始矩阵表

	SH	NJ	SZ	WX	CZ	ZJ	YZ	NT	TZ	HZ	NB	JX	HZ	SX	ZS	TZ
SH	0	33	89	23	38	0	4	3	0	120	13	10	23	2	9	10
NJ	84	0	69	24	29	0	2	15	0	53	19	5	16	0	0	0
SZ	46	84	0	55	27	0	3	45	0	84	48	2	15	5	6	3
WX	22	51	63	0	27	0	0	8	0	48	11	1	16	0	1	0
CZ	1	29	27	27	0	0	0	25	0	0	21	0	0	0	0	0
ZJ	1	0	0	0	0	0	0	0	0	0	0	0	0	0	0	0
YZ	5	2	2	0	0	1	0	0	0	2	1	0	0	0	0	0
NT	3	15	45	8	25	0	0	0	0	22	4	0	5	0	0	0
TZ	0	0	0	0	0	0	0	0	0	0	0	0	0	0	0	0
HZ	96	41	151	48	30	0	2	22	0	0	37	22	18	16	14	0
NB	11	19	47	11	21	0	1	4	0	39	0	1	15	2	2	0
JX	7	4	3	1	0	0	0	0	0	17	1	0	2	0	0	0
HZ	23	16	15	16	0	0	0	5	0	0	15	0	0	0	0	0
SX	6	0	0	4	0	0	0	0	0	12	0	0	0	0	0	0
ZS	7	0	7	1	0	0	0	0	0	10	5	0	0	0	0	0
TZ	10	0	3	0	0	0	0	0	0	0	0	0	0	0	0	0

在区域范围内进行旅游时,旅游者往往会追求路上时间最小化,即会选择最为便捷、最节省时间的交通通道,高速公路是其首选。此外高速公路作为一条轴线,连接两个或多个旅游城市,本章采用区域范围内两城市间高速公路最短路径作为一项指标来进行衡量。

7.2.2 研究方法与步骤

(1) 网络的节点分析方法

网络分析的一个主要目的就是识别网络中的重要"节点"。重要或最重要的节点通常占据网络中的战略区位。因此,节点在网络中的中心性(centrality)就成为网络分析重要目的之一。网络中心性用于度量网络中要素(节点或边)实现相互作用(交流)的能力,即要素个体的地位以及元素整体的集聚程度。在大量的网络中心性研究中,Freeman(1978)对中心性测度指标的系统总结是目前较为公认的分类体系,其中心性测度指标分为度中心性(Degree Centrality)、邻中心性(Closeness Centrality)和介中心性(Betweenness Centrality)3类[19],他还归纳了基于图论的测度方法[20]。台湾学者[5]较早阐释了上述三个中心性测度指标在旅游目的地网络特征研究中的意义。具体含义及其测度模型如下。

1) 度中心性

度中心性用以测度旅游流网络某节点城市与网络中其他节点城市交换旅游流的能力,以此来判断该节点城市与其他节点城市的关联程度及其在整个网络中的重要程度。度中心性分为内向度中心性(the in-degree centrality, $C_{D,in}$)和外向度中心性(out-degree centrality, $C_{D,out}$)。分别表示某旅游节点城市与同网络中的其他旅游节点城市的内在联系和外在联系:如果旅游者从该节点城市流向其他节点城市,则为外向度中心性;反之则为内向度中心性,以揭示该节点在网络中多样化的路径中是"起点"(beginning)、"核心"(core)还是"终点"(terminal),模型为

$$C_{D,in}(n_i) = \sum_{j=1}^{l} r_{ij,in} ; \quad C_{D,out}(n_i) = \sum_{j=1}^{l} r_{ij,out} \qquad (7-1)$$

式中,$C_{D,in}(n_i)$ 和 $C_{D,out}(n_i)$ 分别代表内向度中心性和外向度中心性,即旅游节点城市旅游流的集聚和发散程度;$r_{ij,in}$ 表示旅游节点城市 j 到 i 存在有向联系;$r_{ij,out}$ 表示旅游节点城市 i 到 j 存在有向联系;l 为旅游节点城市个数。节点 i 的旅游流量越大,则度中心性指数就越高,表明该旅游节点城市在区域旅游系统中有关联数越多,具备核心竞争力。

2) 邻中心性

邻中心性是用来判断旅游流某一节点城市与网络中其他节点城市之间的联系紧密程度,其衡量的是旅游流在旅游节点城市间流动的有效程度和通畅性。如果两节点城市间的距离越短,交通越快捷,则邻中心性越高,因为其更具中心性且与其他所有节点的可达性好。反之,则邻中心性低。公式为

$$C_C(n_i) = \frac{1}{\sum_{j=1}^{i} d(n_i, n_j)} \qquad (7-2)$$

式中，$C_C(n_i)$代表旅游节点城市i的邻中心性；$d(n_i,n_j)$代表旅游节点城市i和j之间的最短路径距离；其中邻中心性$C_C(n_i)$就是旅游节点城市i到区域中其他节点城市的最短距离加总后的倒数，其值越高，则表示i与其他各节点城市紧密程度越高，联系性越强，反之亦然。内向邻中心性和外向邻中心性均可用上式表示。

3) 介中心性

介中心性是衡量旅游流网络中某个旅游城市节点在整个网络中作为中介者的能力(highly critical intermediary)，刻画的是某一旅游节点城市通过旅游流对同一旅游流网络中其他旅游城市的依赖和控制程度。如果某一节点城市位于其他节点城市的多条最短路径上，则该旅游节点城市就具有较高的介中心性，旅游者多会在这一节点城市停留并周转，定义为

$$C_B(n_i) = \sum_{j}^{l}\sum_{k}^{l}\frac{g_{jk}(n_i)}{g_{jk}},\ j\neq k\neq i \quad (7-3)$$

式中，$C_B(n_i)$代表旅游节点城市i的介中心性；g_{jk}是旅游者从旅游节点城市j到达旅游节点城市k的捷径数；$g_{jk}(nj)$代表从j到达k所经过的旅游节点i的捷径数。需要注意的是，从节点城市j到k以及从k到j所经过的旅游节点i的捷径数目是一样的。

4) 结构洞(structural holes)

另外，Shih 等(2006)将网络分析中的"结构洞"(structural holes)概念应用于旅游目的地网络特征研究[5]。所谓结构洞就是在旅游流网络中节点城市之间无直接关系或关系间断的现象，这些联系断开的地方就被称为"结构洞"[21]。例如，在某旅游流网络中，节点城市 A 与节点 B、C 都产生直接的旅游流，但 B 和 C 之间并没有形成直接的旅游流，则 B 和 C 之间就存在"结构洞"，而 A 就处于结构洞中的节点位置。某旅游节点城市所拥有的结构洞越多，则表示该节点的关系优势越大，即该节点拥有无可替代的区位优势。当然，如果缺乏替代该节点的其他节点或路径，则会产生严重的旅游流瓶颈。此外，受与道路和景观特征相关的自然田间的限制，在某些地区会自发地产生次级节点。由于节点与次级节点之间的联系，这些次级节点之间的交错重叠的节点也会显现出来，具有结构洞优势的节点(通常是次级节点交错的节点)具有更高容量以控制来自该节点竞争对手的旅游者往来本节点的路径，从而应获得来自政府及区域旅游组供给旅游者资源配置的竞争优势。结构洞可采用冗余度(redundancy)与约束性(constraint)来度量：

冗余度 可以采用旅游流节点城市的有效性(effective size)衡量旅游节点城市与区域中其他节点城市连接的非冗余部分，即$(1-R)$。计算公式：

$$1-R = \sum_{j}\left(1-\sum_{q}p_{iq}m_{jq}\right),\ q\neq i,j$$
$$p_{iq} = \frac{z_{iq}+z_{qi}}{\sum_{j}(z_{ij}+z_{ji})},\ i\neq j \quad (7-4)$$

$$m_{jq} = \frac{z_{jq}+z_{qj}}{\max(z_{jk}+z_{kj})},\ j\neq k \quad (7-5)$$

$$Z_{ij} = \begin{cases} 0 & \text{当 } i \text{ 与 } j \text{ 之间不相连时} \\ 1 & \text{当 } i = j \\ 1 - f_{ij}/h_i & \end{cases}$$

式中，p_{iq} 是旅游节点城市 i 与 q 之间的比例关系，即节点 i 与 q 之间的所有连接数除以节点 i 与 j 的所有连接数之和；m_{jq} 是旅游节点城市 j 与 q 之间的边际强度，即节点城市 j 与 q 之间的所有连接数除以节点 j 与其他节点中的最大连接数[22]；Z_{ij} 表示旅游节点城市 i、j 之间的联系强度。其中 $\sum_q p_{iq} m_{jq}$ 即为冗余度，冗余度也被称为回路性，是旅游节点城市相似性和地面交通不便共同作用的结果。冗余度可用来判断高速公路是否存在重复开发和建设及其可达程度。相似度越高，冗余度也就越高。

约束性 用以衡量某一旅游节点城市直接和间接依赖于其他旅游节点城市的程度。约束性高说明是寄生关系，即高度依赖于其他节点城市的辐射；约束性中等是互生互利的关系；约束性低说明该旅游节点城市是区域的旅游核心。用公式表示如下：

$$CT_i = \sum_j (p_{ij} + \sum_q p_{iq} p_{qi})^2 \quad (q \neq i, j) \tag{7-6}$$

式中，p_{ij} 为旅游节点城市 i 与 j 之间的比例连接；p_{iq} 是旅游节点城市 i 与 q 之间的比例连接；p_{qj} 是旅游节点城市 q 与 j 之间的比例连接。当 $CT_i = 0$，则表明节点城市 i 有无数的连接点；当 $CT_i = 1$ 时，则表明节点城市 i 仅有一个有效连接。

(2) 网络结构的整体分析方法

旅游网络的整体结构分析可以采用网络规模、密度、中心势、直径等指标以及核心边缘模型等进行测度[21]。

1) 旅游网络规模

指某个旅游网络中节点城市的数量。若旅游网络中有 n 个旅游节点，则对于有向旅游网络图中所有可能的关系数量为 $n \times (n-1)$，无向则为 $[n \times (n-1)]/2$。

2) 旅游网络密度

指某个旅游网络实际存在的关系数量与所有理论上可能存在的最大关系数量之比，其值介于 0 和 1 之间，公式如下

$$D = \left(2\sum_{i=1}^{k} d_i(n_i)\right) / (k \times (k-1)) \tag{7-7}$$

$$d_i(n_i) = \sum_{j=1}^{k} d_i(n_i, n_j) \tag{7-8}$$

式中，k 为旅游节点城市数量。如果某两个旅游节点城市有直接联系，则 $d(n_i, n_j) = 1$；如果无直接联系，则 $d(n_i, n_j) = 0$。旅游网络密度越高，则表明网络中旅游节点间的联结越多，节点城市之间的旅游线路就越多，旅游网络就越发达。

3) 旅游网络中心势

用以度量整个旅游流网络中心化的程度，并辨别旅游网络是否存在结构中心，可分为度中心势、邻中心势和介中心势三个方面进行测度。

度中心势 其测度借助节点旅游城市度中心性的方法分析旅游流网络的中心化程度：

$$C_D = \frac{\sum_1^n (C_D(n*) - C_D(n_i))}{\max \sum_{i=1}^n (C_D(n*) - C_D(n_i))} \quad (7-9)$$

式中，$C_D(n*)$代表该旅游流网络中最大的程度中心性值；分子表示该网络中所有其他节点程度中心性与最大程度中心性之间的差值之和；n为该旅游网络中旅游节点城市的数量。度中心势的数值越大，说明旅游流围绕少数核心城市集聚或发散的程度越深。

邻中心势 其测度借助旅游网络节点城市邻中心性的方法衡量整个网络的邻化程度：

$$C_C = \frac{\sum_1^n (C_C(n*) - C_C(n_i))}{(k-2)(k-1)} \times (2k-3) \quad (7-10)$$

式中，$C_C(n*)$是整个旅游流网络中节点邻中心性的最大值；分子表示该网络中所有其他节点邻中心性与最大邻中心性之间的差值之和；n为该旅游网络中旅游节点城市的数量。邻中心势的数值越大，说明旅游流在整个网络中的集聚或扩散越便捷，反之亦然。

介中心势 其测度借助节点旅游城市的介中心性方法衡量整个网络的介中心化程度：

$$C_B = \frac{\sum_1^n (C_B(n*) - C_B(n_i))}{(n-1)(n-1)(n-2)} \quad (7-11)$$

式中，$C_B(n*)$是整个旅游流网络中节点介中心性的最大值；分子表示该网络中所有其他节点介中心性与最大介中心性之间的差值之和；n为该旅游网络中旅游节点城市的数量。介中心势的数值越大，说明旅游流的转移和扩散越来越依赖于少数几个核心旅游城市，反之亦然。

4) 旅游网络直径

旅游网络中两个旅游节点城市之间的最短路径长度称为距离，最长的路径长度称为直径。但是如果旅游网络中存在一个孤立的旅游节点，则该网络直径无穷大。

5) 核心—边缘模型

用来测算某旅游节点城市在整个旅游网络中所处的地位，即该旅游节点城市在网络中是核心还是边缘量化认知，采用 UCINET 软件中的 core-periphery model 分析模块进行测度。

(3) 旅游流网络的分析步骤

旅游流网络定义为旅游行为主体旅游者在不同旅游地(点)之间的进行旅游活动过程中发生联结时(线)而建立的各种旅游流关系的总和。本章按照以下步骤对区域旅游流网络节点城市进行评价，进一步对旅游流网络整体进行分析判断：① 确定区域单元，选择旅游节点城市；② 根据旅游者在旅游节点城市之间的流动关系，建立旅游流网络结构；③ 搜集和整理数据，建立旅游流流向数据库；④ 构造旅游节点流量流向矩阵；⑤ 进一步建立二分矩阵；⑥ 运用社会网络分析软件 Ucinet 对区域旅游流网络进行定量分析。

7.2.3 基于高速公路的长三角区域旅游流网络构建

为了分析旅游节点和区域旅游流网络的结构特征,首先要将原始数值矩阵转换为二分矩阵。在二分化的过程中,要选取合适的断点值,以保证网络的连接性。本章采用社会网络统计分析软件 UCINET 进行六次试验,最终选取 4 作为断点值,大于 4 取值为 1,小于等于 4 的取值为 0,可得经转化后的二分矩阵(表 7 - 3)。

表 7 - 3 基于高速公路的长三角地区旅游流网络二分表

	SH	NJ	SZ	WX	CZ	ZJ	YZ	NT	TZ	HZ	NB	JX	HZ	SX	ZS	TZ
SH	0	1	1	1	1	0	0	0	0	1	1	1	1	0	1	1
NJ	1	0	1	1	1	0	0	1	0	1	1	1	1	0	0	0
SZ	1	1	0	1	1	0	1	1	0	1	1	1	1	1	1	0
WX	1	1	1	0	1	0	0	1	0	1	1	0	1	0	0	0
CZ	0	1	1	1	0	0	1	0	0	1	1	0	0	0	0	0
ZJ	0	0	0	0	0	0	0	0	0	0	0	0	0	0	0	0
YZ	1	0	0	0	0	0	0	0	0	0	0	0	0	0	0	0
NT	0	1	1	1	1	0	0	0	0	0	0	1	0	0	0	0
TZ	0	0	0	0	0	0	0	0	0	0	0	0	0	0	0	0
HZ	1	1	1	1	1	0	0	1	0	0	1	1	1	1	1	0
NB	1	1	1	1	1	0	0	1	0	1	0	0	0	0	0	0
JX	1	1	0	0	0	0	0	1	0	0	0	0	0	0	0	0
HZ	1	1	1	1	0	0	1	0	0	1	0	0	0	0	0	0
SX	1	0	1	0	0	0	0	0	0	1	0	0	0	0	0	0
ZS	1	0	1	0	0	0	0	0	1	1	0	0	0	0	0	0
TZ	1	0	0	0	0	0	0	0	0	0	0	0	0	0	0	0

注:为方便制表,分别以每座城市名称的首字母代表长三角 16 个核心城市。

根据上文所生成的旅游网络二分图,运用 NETDRAW 软件,生成长三角地区旅游流结构网络图*(图 7 - 1)。该图可直观地考察每个旅游节点城市在整个旅游流网络中的地位及重要程度。显然,杭州、苏州、上海、南京处于旅游流网络的中心位置,而镇江、泰州并不在旅游流的网络之中,似乎成为孤立的城市。这与本地区的高速公路网络特征及其各个城市节点的通达性有着密切的关系。

7.3 长三角区域旅游流网络节点的分析与评价

7.3.1 节点城市的中心性

运用 UCINET 软件对长三角地区的旅游流数据库进行中心性分析,获得了基于高速公路的旅游节点城市度中心性、邻中心性和介中心性评价数值(表 7 - 4)。

---

* 该图并没有空间地理位置上的含义,是从相对的角度表示出各个城市在旅游流网络中的重要程度。

第 7 章 高速公路网与长三角地区旅游流网络结构

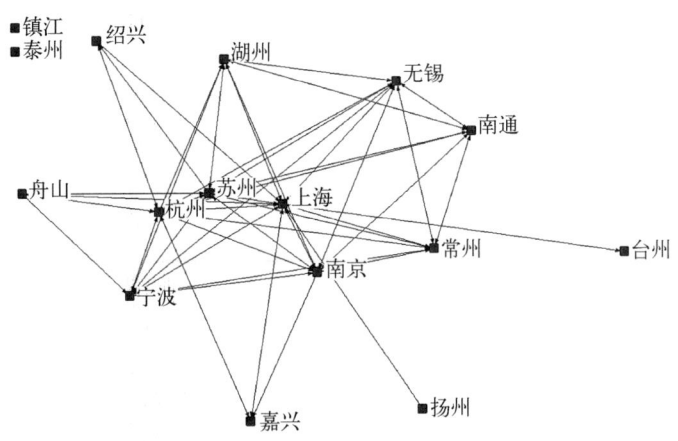

图 7-1 长三角地区旅游流结构网络图

表 7-4 基于高速公路的长三角地区旅游节点的中心性测度

节点城市	度中心性		邻中心性		介中心性
	外 向	内 向	外 向	内 向	
上 海	10.000	11.000	31.915	24.194	22.063
南 京	9.000	8.000	30.000	23.810	2.603
苏 州	10.000	9.000	30.612	24.194	6.175
无 锡	8.000	8.000	30.000	23.438	1.175
常 州	5.000	7.000	29.412	22.059	0.000
镇 江	0.000	0.000	6.250	6.250	0.397
扬 州	1.000	0.000	6.250	25.424	0.000
南 通	6.000	6.000	27.778	22.388	0.349
泰 州	0.000	0.000	6.250	6.250	0.000
杭 州	11.000	9.000	30.612	24.590	9.873
宁 波	7.000	8.000	30.000	23.077	1.063
嘉 兴	2.000	3.000	27.273	21.429	0.000
湖 州	6.000	7.000	29.412	22.727	0.587
绍 兴	2.000	2.000	25.862	21.429	0.000
舟 山	4.000	3.000	27.273	22.059	0.000
台 州	1.000	1.000	25.424	20.548	0.000
平均值	5.125	5.125	24.645	20.866	2.768
标准差	3.689	3.638	9.001	5.666	5.644
总 和	82.000	82.000	394.322	333.863	44.286
方 差	13.609	13.234	81.024	32.098	31.858
最小值	0.000	0.000	6.250	6.250	0.000
最大值	11.000	11.000	31.915	25.424	22.063

在基于高速公路的长三角旅游流网络中,所选取的十六个旅游节点城市平均每个旅游节点城市与 5.125 个其他节点存在着旅游流的集聚和扩散的关系;平均每个旅游节点

城市在网络中充当旅游中介者的次数是 2.768;各个旅游节点城市间的外向与内向亲近性的均值为分别为 24.645 和 20.866,这说明各个节点城市间的联系不是很紧密。标准差反映了一个数据集的离散程度,其中外向度中心性和外向邻中心性的标准差比内向程度中心性和内向亲近中心性要高,这说明该地区的旅游节点城市在输出旅游流方面差距较大,少数节点城市占据了旅游流输出的通道。方差反映了统计数据的总体分布特征,这里的旅游节点城市的中心性方差数值表明,该旅游网络中各旅游节点城市之间分布不平衡(外向和内向度中心性方差分别为 13.609、13.234,中介性方差为 31.858),大部分的旅游流通过少数核心旅游节点城市形成;外向和内向亲近性的方差分别为 81.024 和 32.098,表明各旅游节点城市虽然存在一定的联系,但仍有少数旅游节点城市仍处于相对孤立的位置。

具体到各个旅游节点城市,在外向度中心性方面,杭州、上海、苏州、南京居于前四位,表明这五个城市在区域旅游流的输出方面占据主导地位;在内向度中心性方面,同样还是这五个城市居于前列,表明它们在旅游流的引入方面同样也占有优势。在邻中心性方面,上海、南京、苏州、杭州数值较高,这五个城市与区域内的其他城市联系紧密,旅游流流动较为频繁;而扬州、镇江、泰州数值较小,表明这三个城市与区域内的其他城市联系较少,旅游流流动频率较小。在中介性方面,上海占有绝对优势,这表明上海是该区域的首要旅游流中介者。

本章所选取的路线以高速公路为旅游通道,但是由于通道各个节点城市在高速公路网络中的地位、通达性、通车里程等方面存在着差异,导致各城市的可进入性不同,所以在旅游流的引入和输出方面也存在着较大差异。例如,上海、杭州、南京是本地区高速公路网络的重要节点,旅游者到达它们方便快捷,自然在中心性相关指标的评价中居于前列;而嘉兴、绍兴等地虽然也具有等级较高的旅游资源,旅游基础设施比较完善,但因其境内高速公路的通过性远高于中端性,因此旅游流输入较少,在中心性相关指标的评价方面处于劣势。

7.3.2 节点城市的结构洞

以上述二分矩阵作为数据来源,运用 UCINET 软件中的 network/ego network/structural holes 的分析模块来进行结构洞的分析,结果如表 7-5。

表 7-5 基于高速公路的长三角地区旅游节点城市结构洞

节点城市	结构洞			
	效能大小	效率性	约束性	等级性
上 海	7.619	0.635	0.281	0.110
南 京	3.118	0.346	0.400	0.033
苏 州	4.289	0.429	0.361	0.047
无 锡	2.125	0.266	0.431	0.005
常 州	1.583	0.226	0.501	0.021
镇 江	0.000			

续 表

节点城市	结构洞			
	效能大小	效率性	约束性	等级性
扬州	1.000	1.000	1.000	1.000
南通	1.667	0.278	0.551	0.010
泰州	0.000			
杭州	5.675	0.516	0.318	0.066
宁波	2.467	0.308	0.445	0.034
嘉兴	1.000	0.333	0.970	0.026
湖州	1.615	0.231	0.492	0.010
绍兴	1.000	0.333	1.024	0.041
舟山	1.000	0.250	0.789	0.016
台州	1.000	1.000	1.000	1.000

结构洞是用来衡量旅游城市节点间联系断裂程度的，显然，上海、杭州、苏州、南京在整个旅游网络中处于优势地位(表7-5)。这几个城市的结构洞水平比较高，和网络中的其他节点城市联系较多，旅游流的集聚与扩散都比较频繁，因而拥有较高的竞争机会和非替代性。这和这些城市的高速公路情况密不可分，以上4个城市都具有较为发达的高速公路网，便利了与区域中其他城市的往来，方便了旅游流在不同时空范围内的流转，因而结构洞水平比较高。

嘉兴、湖州在结构洞指标方面处于劣势，并不具有竞争性和非替代性的优势；扬州、台州这两个城市在结构洞指标方面的数值均为1，这并不表示它们的结构洞水平高，而是表明这两个城市只有一条旅游流通道；镇江、泰州的效能大小为0，其余的三个指标均没有具体数值，这表明这两个城市并没有存在于旅游网络中，是孤立的城市。上述这几个城市并没有完善的高速公路网，因而大大影响了旅游流的扩散与转移，对于区域旅游流产生了负面的影响。

根据长三角16个节点城市中心性和结构洞的测算结果，可以得到一个总体能力的评价(表7-6)。将原本各项数值看作100%，然后综合测算各个节点城市所占的百分比，最终排定各个城市在输出能力、引入能力、中介能力、联系能力和约束能力的顺序。

表7-6 基于高速公路的长三角地区旅游节点功能位序表

节点	输出能力		引入能力		中介能力		联系能力		约束能力	
	数值(%)	排名	数值(%)	排名	数值(%)	排名	数值(%)	排名	数值(%)	排名
上海	10.144	2	10.331	1	49.819	1	21.671	1	3.282	1
南京	9.292	4	8.444	4	5.878	4	8.869	4	4.671	4
苏州	9.979	3	9.111	3	13.944	3	12.19	3	4.216	3
无锡	8.682	5	8.388	5	2.653	5	6.044	6	5.033	5
常州	6.778	9	7.572	8	0.000	10	4.503	9	5.851	8
镇江	0.793	15	0.936	15	0.896	8	0.000	15		15
扬州	1.402	14	3.808	13	0.000	10	2.844	10	11.678	12

续 表

节 点	输出能力 数值(%)	排名	引入能力 数值(%)	排名	中介能力 数值(%)	排名	联系能力 数值(%)	排名	约束能力 数值(%)	排名
南 通	7.181	8	7.011	9	0.788	9	4.741	7	6.435	9
泰 州	0.793	15	0.936	15	0.000	10	0.000	15		15
杭 州	10.589	1	9.171	2	22.294	2	16.141	2	3.714	2
宁 波	8.072	6	8.334	6	2.400	6	7.017	5	5.197	6
嘉 兴	4.678	11	5.039	11	0.000	10	2.844	10	11.328	11
湖 州	7.388	7	7.672	7	1.328	7	4.594	8	5.746	7
绍 兴	4.499	12	4.429	12	0.000	10	2.844	10	11.958	14
舟 山	5.897	10	5.133	10	0.000	10	2.844	10	9.214	10
台 州	3.833	13	3.685	14	0.000	10	2.844	10	11.678	12

显然，在先前分析中占有优势的上海、杭州、苏州、南京仍占据各种能力排行的前列。为了更好地、直观地了解各个城市在网络中的排序及所发挥的作用，还需要测算各个城市的综合能力。在综合考虑输出能力、引入能力、中介能力、联系能力、约束能力对旅游节点城市影响的基础上，通过征求相关专家意见，设置适宜的权重，测算各个旅游节点城市的综合能力，计算公式如下：

$$综合能力=0.3\times 输出能力+0.3\times 引入能力+0.2\times 中介能力+0.1\times 联系能力+0.1\times 约束能力$$

据此得到表7-7。

表7-7 基于高速公路的长三角地区旅游节点功能定位表

排位	城市	数值	城市功能定位	旅游目的地类型
1	上海	0.186	核心节点城市	重要旅游流输出城市、首要旅游流引入城市、首要旅游中转城市、首要旅游流通道城市
2	杭州	0.124	核心节点城市	首要旅游流输出城市、重要旅游流引入城市、重要旅游中转城市、重要旅游流通道城市
3	苏州	0.102	次级核心节点城市	重要旅游流输出城市、重要旅游流引入城市、重要旅游中转城市、重要旅游流通道城市
4	南京	0.079		
5	无锡	0.068	重要旅游目的地	一般旅游流输出和引入城市、一般旅游中转城市
6	宁波	0.066	重要旅游目的地	
7	湖州	0.058	一般旅游目的地	旅游缓冲城市
8	南通	0.055	一般旅游目的地	
9	常州	0.053	一般旅游目的地	
10	舟山	0.045	一般旅游目的地	
11	嘉兴	0.043	一般旅游目的地	
12	绍兴	0.041	一般旅游目的地	
13	台州	0.037	旅游边缘城市	旅游通道末端城市
14	扬州	0.030	旅游边缘城市	
15	镇江		孤立节点城市	
16	泰州		孤立节点城市	

上海、杭州是本地区的核心旅游节点城市,是本地区旅游流集聚与扩散的首要节点,其对本地区旅游流具有控制力;苏州、南京是本地区的次级旅游核心城市,在本地区旅游发展、旅游流的集聚与扩散方面也发挥着举足轻重的作用。杭州和南京作为浙江省和江苏省的省会城市,是本省旅游流集聚和扩散的门户,依赖于所拥有的高速公路网络,发挥了重要的旅游通道作用,便利了旅游流的流转。苏州高速公路网的通达性好,加之优质的旅游资源,因而成为重要旅游流门户城市;无锡、宁波是本地区的重要旅游目的地,同时作为旅游流中转城市,承担者本地区部分旅游流的集聚与扩散的任务;湖州、南通、常州、舟山、嘉兴、绍兴为一般旅游目的地,无论在引入旅游流方面还是在输出旅游流方面有一定局限;台州、扬州为本地区的旅游边缘城市;镇江、泰州是本地区的孤立节点城市,它们似乎独立于区域旅游流网络之外。

7.4. 长三角区域旅游流网络结构的分析与评价

7.4.1 长三角区域旅游流网络结构基本测度

旅游网络规模 长三角地区内共有 16 个旅游节点城市,则本地区所有可能的关系数量为 16×15＝240,即为长三角地区旅游流规模。

旅游网络密度 可观察到的联系数为 82 个,则可得旅游网络密度为 82/240＝34.2%,可见旅游网络密度并不是很高。

旅游网络中心势 由于该旅游网络并不是一个完全相连的图形,因而无法计算亲近中心势。基于高速公路的长三角地区整体旅游网络度中心势为 41.778%,数值较高,这表明长三角旅游流网络存在着较大的不均衡性,即旅游流高度集中在少数几个城市;同时,介中心势相对较低,也表明在该网络中大部分的旅游节点城市通过少数几个核心节点城市发生联系,如上海、南京、杭州在该网络中处于核心的地位,而大部分的节点城市处于边缘地位(表 7-8)。

表 7-8 基于高速公路的长三角地区旅游流网络中心势

中 心 势	子 指 标	数 值
度中心势	外向中心势	41.778%
	内向中心势	41.778%
介中心势	中介中心势	20.58%

旅游网络直径 因为该网络中有两个孤立的旅游节点城市,即镇江和泰州,所以该旅游网络的直径为无穷大。

核心—边缘模型 运用 UCINET 中的 Network/Core & Periphery 工具即可以进行相关分析,分析后的结果进一步证明了前面的结论。共有 5 个城市成为该网络中的核心城市,其余 11 个城市为边缘城市。在整个网络的平均密度为 0.341 7 的情况下,核心节点城市之间联接密度达到了 1,这说明五个核心城市之间旅游流的互动相当频繁且比较顺畅;而边缘节点城市之间的联结密度仅为 0.082,边缘城市之间旅游流的互动较少。

以上说明基于高速公路的长三角旅游流网络存在明显的分层结构。此外,核心节点城市与边缘节点城市的联结密度为 0.455,这说明核心节点城市与边缘节点城市的联结还是相当紧密的,这反映了核心节点城市在带动区域内边缘节点城市发展方面发挥了重大的作用。

7.4.2　长三角区域旅游流网络的结构对等性

在社会网络理论中,对等性分析是研究网络位置和社会角色的基础[22]。如果两个节点城市同其他的节点城市之间的关系模式相同,则这两个节点城市则被认为具有结构对等性。在一个网络结构中,具备结构对等性的节点城市通常具备一样"地位",即影响和制约这些节点城市的因素是相同的。

结构对等性分析可用于区域旅游流网络的分析中来,例如在衡量两个节点城市在网络中所担任的角色是否相同时,不仅要分析其所连接的其他节点城市数量,还要求其控制的旅游边缘地数量。因此,本书也采用结构对等性分析方法,运用 Ucinet 软件中的 Network/Roles & Positions/Structural/Profile 判断处于相同结构位置的旅游节点城市(图 7-2)。

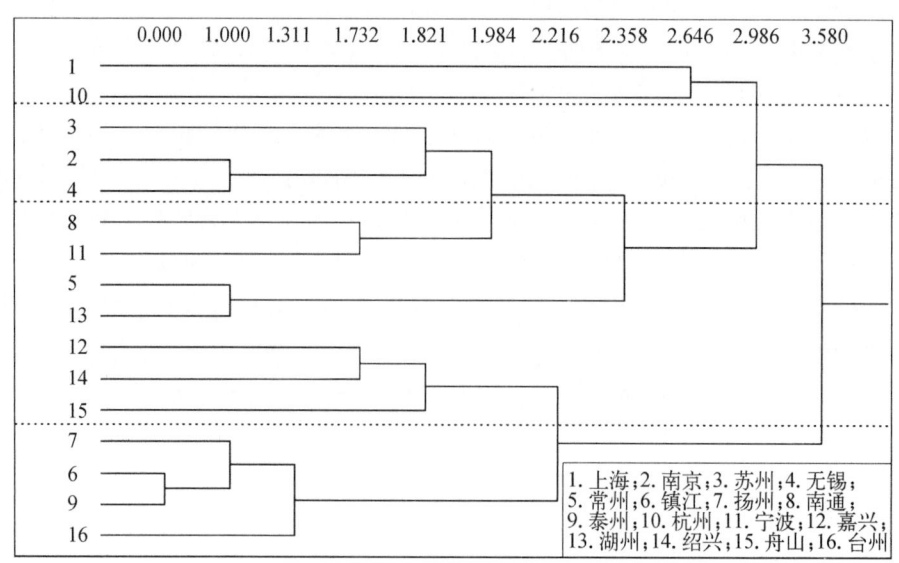

图 7-2　基于高速公路的长三角地区旅游流结构对等性聚类图

各个旅游节点城市在旅游流网络中虽然所担任的角色和地位有所差异,但仍存在一些共有的"属性"。根据这些属性,可对各旅游节点城市进行分类和对比分析。在基于高速公路的长三角地区旅游流结构对等聚类图中,以 3.580 为切点将长三角的旅游流网络划分为四大层次。

第一层次为上海和杭州,根据前面的分析,上海是首要旅游流输入城市,杭州是首要旅游流输出城市,在区域旅游流网络中占据主导地位。上海、杭州作为长三角高速公路网络中的重要节点城市,大部分的旅游流都通过这两个城市集聚和扩散,在本地区具有较强的控制作用。

第二层次有苏州、无锡和南京,它们的共同特征是具有较高的中心度指数,虽然这些城市并不是该区域中的门户旅游地,但在区域旅游发展中也具有举足轻重的作用:一方面将旅游流通过高速公路输入到上海、杭州等地;另一方面也承接上海、杭州等地的客源扩散,同时进一步扩散到旅游网络中的其他节点。另需要注意的是,这三个城市均是江苏省的城市,可能与江苏省的人口较多有关。

第三层次包括南通、宁波、常州、湖州、绍兴、嘉兴、舟山,其共同的特征是中心度指数不高,属于一般目的地。这几个城市的高速公路主要与第一层次和第二层次的城市相连,其旅游流主要靠上述两级城市的带动;此外,由于这些城市的高速公路网络通达性一般,因而城市间旅游流的联系不多,这些城市基本属于中间型的旅游目的地。此外,结构洞指数中的效率性数值较小,约束性的数值较高,所以它们对其他旅游节点城市的制约性较小,并且受制于区域中的主要旅游流集散城市,其旅游发展、旅游流集散的独立性较差。

第四层次包含镇江、扬州、泰州、台州,它们共同的特征是中心度指数很低。在区域范围内的高速路网中多属于过境地位,又缺乏吸引人的旅游资源,所以其旅游流的内外部联系都不高,似乎成为区域旅游流网络中的孤立点,独立于区域旅游流网络之外。同时,这些城市旅游流的集聚与扩散的数量都比较小,在整个网络中处于边缘地位。

7.5 小结

在区域高速公路网络的基础上,本章采用社会网络分析方法,运用旅游节点中心性和旅游节点结构洞对长三角地区各个节点城市的输出能力、引入能力、中介能力、联系能力和约束能力等指标进行评价,采用旅游网络规模、密度、中心势、直径和核心—边缘模型对整体网络进行评价。研究发现:第一,上海、杭州、苏州、南京、无锡等五个城市在本区域的旅游流网络中处于核心地位,承担了本区大部分旅游流的输入与输出;第二,南通、宁波、常州、湖州、绍兴、嘉兴、舟山、镇江、扬州、台州、泰州在本网络中属于边缘旅游地;第三,长三角地区整体旅游流网络密度仅为34.2%,而边缘城市与核心城市的联结密度仅为0.082,本地区的旅游流网络呈现总体发展不平衡、网络密度较低、极核发展趋势明显的态势。

参 考 文 献

[1] Brian Boniface, Chris Cooper. The geography of travel and tourism [M]. 1994, Oxford: Butterworth-Heinemann: 1-6.

[2] 刘法建,张捷,章锦河,等. 旅游流空间数据获取的基本方法分析——国内外研究综述及比较[J]. 旅游学刊,2012,27(06):1-9.

[3] McKercher B L G. Movement patterns of tourists within a destination [J]. Tourism Geographies, 2008, 10(3): 355-374.

[4] 陈浩,陆林,郑嬗婷. 基于旅游流的城市群旅游地旅游空间网络结构分析——以珠江三角洲城市群为例[J]. 地理学报,2011,66(2):257-266.

[5] Shih, Hsin-Yu. Network characteristics of drive tourism destinations: An application of network analysis in tourism [J]. Tourism Managemen 2006, 27(1): 1029-1039.

[6] 杨兴柱,顾朝林,王群. 南京市旅游流网络结构构建[J]. 地理学报,2007,(06).

[7] 陈秀琼,黄福才. 基于社会网络理论的旅游系统空间结构优化研究[J]. 地理与地理信息科学,2006,22(5): 75-80.

[8] 刘法建,张捷,章锦河,等. 社会网络分析在旅游研究中的应用[J]. 旅游论坛,2009,(2): 172-177.

[9] 杨效忠,张捷,叶舒娟. 基于社会网络的跨界旅游区边界效应测度及转化[J]. 地理科学,2010,30(6): 826-832.

[10] 刘法建,张捷,章锦河,等. 中国入境旅游流网络省级旅游地角色研究[J]. 地理研究,2010,29,(06): 1141-1152.

[11] 刘法建,张捷,陈冬冬. 中国入境旅游流网络结构特征及动因研究[J]. 地理学报,2010,65(8): 1013-1024.

[12] 吴晋峰,潘旭莉. 京沪入境旅游流网络结构特征分析[J]. 地理科学,2010,30(3): 370-375.

[13] 吴晋峰,潘旭莉. 入境旅游流网络与航空网络的关系研究[J]. 旅游学刊,2010,25(11): 39-43.

[14] 郭峰,吴晋锋,王鑫,等. 基于SNA的西安入境旅游市场"倒二八"结构研究[J]. 人文地理,2011,121(05),127-132.

[15] 吴晋峰,任瑞萍,韩立宁,等. 中国航空国际网络结构特征及其对入境旅游的影响[J]. 经济地理,2012,32(5): 147-152.

[16] 王永明,马耀峰,王美霞. 中国入境游客多城市旅游空间网络结构[J]. 地理科学进展,2012,31(4): 518-526.

[17] 钟士恩,张捷,韩国圣,等. 旅游流空间模式基本理论:问题分析及其展望[J]. 人文地理,2010,(2): 31-37.

[18] Pearce D G. Tourism today: a geographical analysis[M] 1987, Harlow: Longman.

[19] Freeman L C. Centrality in social networks: concep tual clarification [J]. Social Networks, 1978, 79(1): 215-239.

[20] 莫辉辉,金凤君,刘毅,等. 机场体系中心性的网络分析方法与实证[J]. 地理科学,2010.30(2): 204-212.

[21] 李翠林. 基于旅游动机分析的新疆沙漠旅游产品开发[J]. 商场现代化,2006(20): 197-198.

[22] 刘法建,张捷,等. 中国入境旅游流网络省级旅游地角色研究[J]. 地理研究,2010,29(6): 1141-1152.

第8章 高速公路网与长三角地区中心城市腹地变化

8.1 引言

城市腹地范围不仅对城市本身发展有着重要的影响,也对整个区域的经济、社会和生态上协同发展具有重要的意义。区域经济的空间组织、区域城市体系的空间组织、区域交通网络规划等更强调城市腹地的基础作用。明确合理的城市腹地划分是保证一定区域内各城市功能整合的关键,对于行政区划的调整也具有一定的指导意义。因此,城市腹地变化研究始终是城市地理的热点问题。

高速公路具有行车速度快、通行能力强、物资周转速度快以及经济效益高等特点,区域内各城市的联系密切程度主要依赖于区域高速公路网络。高速公路的发展对区域城镇体系、各城市间吸引或影响辐射范围具有重要影响。按照国家高速公路网规划,我国高速公路网的布局目标是"连接所有目前城镇人口超过20万的中等及以上城市,覆盖全国10多亿人口,形成高效运输网络,连通主要大中城市"[1],这必将大大地影响城市和区域空间格局的发展。截至2010年,我国已建成高速公路里程达7.41万km,仅次于美国,居世界第二位[2]。

随着城市化进程的加快,高速公路网络等基础设施建设的快速推进(图8-1),各城市间的经济联系在日益增强的同时,对各自的空间影响范围或腹地范围的争夺也日趋激烈,以获取更多的原材料、土地、劳动力、资金等要素,增强各自在商品生产、金融贸易等领域的竞争力。因此,城市腹地研究有助于把握城市的辐射范围,对区域内重大设施的配套建设提供依据,指导城市总体规划和区域城镇体系规划编制,促进区域内各城市的协调发展。

本章以我国经济最为发达,高速公路网络较为完善的长江三角洲地区为例,在梳理国内外城市腹地相关研究的基础上,检视城市腹地的属性特征、影响因素及其空间范围判定方法,通过计算该地区2000年和2010年两个年份25个地级以上城市的综合规模值形成该地区的城市位序,进而基于各城市的高速公路网络通达性,划分出不同时期的各个城市的腹地范围,通过对比发现各城市腹地特征,探索在区域高速公路网络影响下城市通达性

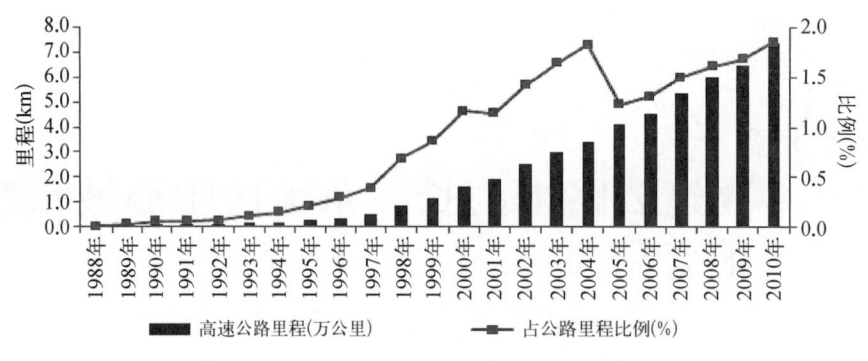

图 8-1 1988～2010 年我国高速公路建设情况

数据来源：根据各年份相关统计年鉴整理。

提高所带来的腹地变化及其影响因素。

8.2 城市腹地的内涵及其相关研究

8.2.1 城市腹地的内涵

腹地概念源于港口，现在"腹地"一词已经成为空间经济学中特定的区域，具有多种的指称和解释，如城市腹地、城市经济腹地、城市影响范围、城市势力圈、城市经济影响区、城市吸引范围等。《现代地理学辞典》认为，城市腹地是指城市周围与城市具有紧密的经济、文化联系的毗邻地区。其大小受自然、资源、社会、经济诸多因素的影响。国内学者对城市腹地有多种解释，但含义大体相同[3~7]。城市腹地的主要特征有：

① 结构的等级性。由于受城市的综合实力以及社会经济发展的影响，城市腹地的范围有大有小，各城市的腹地范围并不相同；另外，等级较高的城市不仅拥有高等级城市中心性的功能，也拥有低等级城市中心性的功能，因此，较高等级城市的腹地范围会包括低等级城市的腹地，不同等级的城市腹地由此在空间上形成各不相同又有着不同程度联系的层次结构，所以，城市腹地结构有一定的等级性。

② 范围的动态性。在一定的时间段内，由于城市经济活动的作用，一些城市腹地的范围可能会增大，另外一些城市腹地的范围会缩小，或者某一城市会袭夺周围城市的腹地而成为自身的腹地。这种动态变化表现出较强的竞争性，各中心城市为了城市的发展，不断扩大其影响辐射范围。这种竞争性随着社会经济活动的加强以及城市化进程的加快而变得越来越激烈。

③ 边界的过渡性。在社会经济发展过程中，相邻城市腹地间的交界地带会随着时间的变化而属于不同的城市，也可能同时属于几个城市共同所有，表现出一种模糊的、不断变化的过渡性。城市腹地的动态变化性使得城市腹地间的界难以精确的判定，呈一定的模糊性。

归纳起来，影响城市腹地主要有以下几个因素：

① 城市综合经济实力。城市腹地的规模大小以及发展状况直接受所属城市的综合经济实力的影响。中心城市经济发展实力强，其城市腹地范围也相对较大，反之，其城市

腹地范围较小。城市综合经济实力与其职能、性质和规模有关。城市职能多、规模大,则其综合实力也较大。可以说,城市综合经济实力是决定其腹地区域范围的关键因素,直接影响和决定其辐射半径,空间范围及其腹地内的经济发展。

② 区域城镇体系网络特征。在一定的区域空间范围内地域面积是一定的,若区域内城市分布较多,城市密度较大,则城市间的竞争较为激烈,城市的辐射影响范围则相对较小。例如,在我国283个地级以上城市中,乌鲁木齐的城市综合经济实力并不是最强的,但其所处区域城市密度较小,其腹地面积超过了北京、上海等大中城市,居全国第一,这是因为西部地广人稀,大城市的影响又很难企及[8]。所以,城市腹地面积与中心城市所在区域内的城市密度关联密切。

③ 行政区划特征。在社会主义市场经济的影响下,行政区划对城市腹地的限制作用正在慢慢减弱,城市之间竞争不断加剧,劳动分工与协作在不断深化,区域间信息、物资流越来越便捷。但是,在一定时间与条件下,行政区划仍然对城市间资源的配置有一定的影响,依然会影响着城市腹地的划分及功能。

④ 区域交通网络特征。除了部分沿海地区外,大部分区域经济发展主要依赖于公路网络。在当代,区域内各城市间以及与周边地区间经济要素的联系密切程度和直接程度,主要依赖于城市与其周边地区间的高速公路网络。区域高速公路网络的发达程度和通达性对区域城市腹地的规模具有很大影响。

除了这几个因素,城市腹地的范围显然还会受到中心城市所处的地理位置、自然条件等的影响。例如,平原地区、山区或者有大河大江分布的地区地形、水域的影响,城市间物质、信息的传递成本差异明显,城市腹地范围必然会受到相应的影响。当然,科技的进步使得地理位置、地形、水系等的限制影响在慢慢减弱。

8.2.2 城市腹地及其相关研究

1555年,G. Chisholm在《商业地理手册》里第一次采用Hinterland(背后的土地)一词,用于指港口周围的物资集散地区。20世纪初开始,Hinterland开始引申用于内陆城市,并与另一个德语词Umland(周围的土地)相互混用,内陆中心城市的周边地区开始成为地理学者研究的对象。20世纪30年代,克里斯特勒在其"中心地理论"中论述了中心地的等级性,显然其中心地的服务范围也存在等级特性。木内信藏分别对欧洲和日本的城市进行研究,提出了近似的城市地域分异的"三地带学说",从城市中心向外依次有序排列:中心地域、城市的周边地域和市郊边缘的广阔腹地[9]。J. R. Friedman的核心—外围理论认为,"核心—外围"的空间关系在特定的情况下即为城市与腹地的关系,中心为区域的中心城市,外围指由于扩散效应、极化效应等形成的腹地地区[10];P. Haggett提出空间相互作用理论,指出空间的一切事物都是相互影响、相互制约的,城市与其腹地之间存在对流、传导和辐射的关系,正是由于这种关系,区域中城市与其腹地之间才会不断调整和优化[11]。"中心—外围理论"解释了中心城市与其腹地形成的过程与机制,以及在经济活动中中心城市是如何促进与压制其腹地的经济发展。而空间相互作用理论着重强调了经济中心与经济腹地之间发生的经济联系。这些理论为

高速公路网与城镇体系的区域整合

以后关于腹地方面的研究提供了强大的支撑，并为以后关于城市及其腹地之间的相互关系奠定了基础。

21世纪前后，欧美和日本学者仍然持续关注城市腹地问题。如富田和晓通过对各种联系流的分析，对东京都市圈、京阪神都市圈和名古屋都市圈的空间结构进行新研究，证明在都市圈核心地区中心城市对腹地集聚性降低的同时，都市圈逐渐走向均衡发展[12]；Javier等根据欧共体高速铁路网的规划预测了2010年欧洲铁路通达性空间格局，并认为不同时期由于外界条件的改变导致了主要城市与腹地之间发展的不平衡[13]；G. Haughton从可持续发展角度，构建了城市与腹地共同发展模型，分别涉及城市的自我增长、重构、外部依赖性和均衡发展四方面内容[11]；O'kelly探索了中心地经济联系的轴—辐关系，分析了城市航空运网轴—辐网络结构，揭示出中心城市与其腹地经济联系空间特征[14]；A. G. Aguilar对墨西哥城的研究表明，在该大都市区城市内部普遍衰落的同时，其周边腹地构成的更广地域范围的大都市带（region-based mega-city）却呈现出稳定增长现象[15]；N. Gallent从规划的政策性因素探讨将腹地纳入城市规划范围的合理性[16]。Lan Mu通过加权Voronoi图从人口视角研究了美国的城市体系及其城市对其腹地的吸引范围[17]。

在我国自20世纪80年代以来，随着城市化的加速推进，中心城市不断发在占壮大，城市腹地及其相关研究成为学界一个持续的热点话题，出现众多与城市腹地及其类似的研究，如城市经济影响、城市吸引范围、城市经济区等。

城市经济影响区域是指城市经济活动影响能力能够带动和促进区域经济发展的最大地域范围[18]，也有人认为城市空间影响范围是指城市吸引力或辐射力作用的空间表现，反映了城市间及城市与区域间物质、能量、资金、信息和人员交流的关系及其强度和范围[19]，或者说城市经济影响区是指城市对周围地区的原料选择、市场分配及产业扩散等多种经济因素共同作用所波及的最大地域范围[20]。陈田较早对我国城市经济影响区域系统进行了研究，他选取15个变量分析，将全国城市经济影响中心划分为五个等级体系[18]；刘科伟对城市经济影响区的范围标准和内在联系进行了判定，将陕西省划分为四级城市影响区域范围[19]；周一星等将城市吸引范围定义为城市的吸引力和辐射力对城市周围地区的社会经济联系起着主导作用的一个区域，并指出这种经济联系包括吸引和辐射两个方面，且中心区对周围地区具有主导作用[20,21]，这和城市腹地的概念是一致的。姜世国(2004)、安春华等(2010)、王洁玉(2010)分别基于断裂点理论对杭州市、中原经济区及中国七大中心城市的城市经济影响区域进行划分[22~24]。张晓明等应用功能联系的方法对长江三角洲巨型城市区范围进行了初步研究[25]；朱杰等采用城市中心性指数和交通时间成本，戴旻等采用中心城市的外部效应场分别对江苏省、湖南省的城市经济空间影响区域进行划分[26,27]。

城市吸引范围是指城市作为一个地区经济、政治、文化的中心，会带动和影响周围地区的发展，从而形成的外部场效应[28]。隆国强曾采用金融流、信息流和客流三个指标对山东省泰安市的城市吸引范围进行划分[29]；王德提出与此相类似的概念——城镇势力圈，指一个城镇的吸引力和辐射力对城镇周围地区的社会经济联系起着主导作用的地域，城镇势力圈的范围形成是区域内同级城镇空间相互作用力量平衡的结果，与城市吸引范围及城市腹地的概念基本一致[30];王德在浙江省上虞城镇体系规划中应用信息流对城市势力圈进行过划分[30];张义文等[28]、张明举等、冯德贤等、南平、段七零分别应用断裂点理论对河北省、重庆市、大足县、郑州市、甘肃省、南京市的城市吸引范围、小城镇经济辐射区的范围进行划分研究[31~34];张莉、陆玉麒、杜忠潮、苏英采用场强模型分别对河北省、陕西省的城市影响范围进行划分[35,36];孔祥宾根据城市圈内部距离标准法计算城市的吸引范围[37];王桂圆等对长三角地区城镇势力圈进行测度[38];夏骥采用威尔逊模型计算出经济中心的辐射半径[39];尹虹潘引入了通达性和人为干扰因素的影响对城市吸引范围进行划分[40];张莉等考虑了实际的陆路交通网,地表的阻隔水域以及道路的类型和等级,开发了区域时间可达性计算与分析模块,对基于时间可达性对长三角地区城市吸引范围进行划分[41]。另外,王新生等[42,43]、郭庆胜等[44]、闫卫阳等[45,46]、李圣权等[47]、李新运等[48]、庞宇等[49]、赵春燕等[50],分别采用Voronoi图、加权Voronoi图、曲边Voronoi图对湖北省、河南省、安徽省和济南市的城市影响、吸引范围进行划分。

城市经济区是以大中城市为核心,与之具有经济关联和经济辐射所及的腹地城镇共同构成的一种网络型的地域生产和劳动分工的空间综合体[51]。顾朝林采用 $d\triangle$ 系和 Rd 链法的腹地划分方法,提出我国两大经济发展地带、三条经济开发轴线、九大城市经济区和 33 个二级城市经济区的城市经济区区划的体系设想[52];周一星等将中国经济地域划分为北方区、东中区和南方区 3 个一级城市经济区和 11 个二级区[53];孙娟指出,都市圈空间范围划分的主导因素为空间、时间、流量和引力,并以南京都市圈为例对此新方法进行了论证[54];车冰倩等依据中心城市的个数和影响范围将淮海经济区划分为 6 个城市经济区[55]。

关于"城市腹地"的研究,刘继生将分形的思想与城市体系空间相互作用理论结合起来,将分形理论应用于城市腹地的研究中[56];王德等通过计算机自动划分软件USAP,对各驻马店及相邻城市和沪宁杭地区的城市腹地进行划分和动态实证[30,57];陈联等认为,城市腹地的动态性决定了城市腹地也必须体现城市的竞争意识,提出了以城市竞争策略为支撑的腹地划分方法[3];孔凡娥等采用影响力指数分别计算广州腹地的断裂点,将广州市的腹地划分为直接腹地和竞争腹地[4];易芳馨等对贵州省城市影响腹地、潘竟虎等对中国地级以上城市腹地进行测度[8,58];吴扬等采用中心城市综合实力和城市间时间成本加权距离两个指标划分城市腹地范围[59];蒋海兵等将以心城市综合规模和交通条件将全国地级以上中心城市腹地的划分为 3 个一级经济区,9 个二级经济区,33 个三级经济区[60]。王丽等以城市影响力指数对中国中部 6 省的城市,邱岳等考虑可达性的影响,采用改良后的场强模型对海西地区地级及以上城市的腹地影响范围进行划分[61,62]。

8.3 研究数据与研究方法

城市腹地空间范围判别方法一般有经验法和数理法两种。经验法是通过选定城市的各项流量指标(如人流、物流、信息流、技术流、资本流等)进行实地调查,然后进行综合分析调查结果将各种流量联系范围在地图上画出,并找出相交的最小部分即为城市的腹地范围。Green曾采用铁路通勤方向、日报发行范围、电话通讯方向等5个指标对纽约和波士顿的城市腹地范围进行划分,堪称腹地划分的经典[63]。以此为基础,有学者有研究实际,对指标体系进行补充和完善,如顾朝林采用人流、物流、技术流、信息流、金融流五个指标对山东省济南市的城市经济影响区进行划分[52]。

数理法是通过建立数学模型,在相关假设的情况下,将综合性的指标代入模型进行计算,再将计算出的范围标记在地图上,以得到城市腹地空间范围。数理法一般采用万有引力模型和空间相互作用的重力模型[41]。雷文茨坦较早将万有引力模型应用于社会科学研究中,并建立了人口迁移模型。赖利根据牛顿引力理论提出"零售引力模型",从商业的角度研究城市周围地区[64],这标志了城市腹地研究深化的开始。康维斯在赖利的基础上提出"断裂点"理论,为以后城市腹地划分奠定了不可动摇的基础作用。具体来看,数理法常常采用下几种方法:

(1) 断裂点模型

断裂点理论公式为:

$$d_i = d_{ij}/(1+\sqrt{P_j/P_i}) \tag{8-1}$$

式中,d_i为从断裂点到城市i的距离;d_{ij}为城市i和j之间的距离;P_i和P_j指城市i和j的综合规模(通常用城市非农业人口来替代),一般的$d_{ij}=d_i=d_j$。

国内外学者多年实践研究表明,由"断裂点"模型得出的腹地范围与用经验法归纳出来的城市腹地范围基本一致。因此,目前该方法仍然常被用于城市腹地范围的划分。"断裂点"公式中的城市规模指标从开始采用非农业人口,演变到后来由几个指标的综合反映城市规模,再演现到以主成分分析法来确定指标,指标选取逐步完善。当然,断裂点原理是Huff概率模式的一维简单形式,所得结论是线上分界点,而非面上分界线,因此,它还不是一种完全的腹地划分方法。

(2) 场强模型

城市作为区域的核心,具有集聚和扩散的功能,从而影响着周围的区域。借用物理学的概念,城市腹地可称为城市影响力的"力场",影响力的大小称为"场强",区域内每一点都接受来自区域内各城市的辐射,最后按照取大的原则判断点的归属。场强模型以最短时间距离来指代空间距离,分析结果科学可信。公式如下:

$$F_{ik} = Z_i/D_{ik}^{\beta} \quad (i \neq j) \tag{8-2}$$

式中,F_{ik}为城市i在k点上的场强;Z_i为城市i的综合实力值;D_{ik}^{β}为城市i到k点的距离;β为距离摩擦系数,一般取值为2。场强模型侧重强调城市对周边地区的影响和辐射,并遵循"距离衰减原理",科学性强,操作简单方便。

(3) Voronoi图法

Voronoi图是一种广泛用于空间分割、空间邻域查找的方法,在Voronoi图的任意一个凸多边形中,任意一个内点到该凸多边形的控制点的距离都小于该点到其他控制点的距离,这些控制点叫作Voronoi图的质心,可以看作城市中心点。凸多边形可以理解为城市腹地,即城市腹地内任意一点受到该城市的影响要大于其他任何城市。利用此原理,采用恰当的数据指标对城市腹地范围进行划分,能够保证结果的科学性。

(4) Huff 概率模式

周一星运用 Huff 概率模式在山东省济宁市做过多城市势力圈的划分[21],但利用 Huff 概率模式对城市势力圈的空间边界时计算量庞大,要用来解决多层次多中心的势力圈时必须结合计算机技术。王德等开发计算机对城镇势力圈自动划分软件 USAP,对城市腹地范围进行划分和动态变化研究[30],经不断改进,此软件有较强的实用性。

本文采用势能模型对长三角地区城市腹地进行划分,该方法基于场强模型,可以利用 ArcGIS 软件基于栅格的算法对城市腹地进行划分,是目前比较成熟的方法:

$$P_{ij} = M_j/d_{ij}^{\gamma} \quad (i \neq j) \tag{8-3}$$

式中,P_{ij} 代表中心城市 j 对 i 点的吸引势能;M_j 表示中心城市 j 的规模;d_{ij} 为点 i 距中心城市 j 的直线距离;γ 为距离摩擦系数。由于该公式求出的势能量纲难以确定,所以,一般采用胡佛概率模型对该模型量纲化:

$$P_{ij} = (M_j/d_{ij}^{\gamma})/\sum_k (M_k/d_{ik}^{\gamma}) \tag{8-4}$$

此式求出的 P_{ij} 为 i 地点归属中心城市 j 的概率,P_{ij} 与中心城市的城市综合规模 M_j 成正比,与两者之间的距离 d_{ij} 的 γ 次方成反比,对于 k 个中心城市,比较出最大的 P_{ik} 就是 i 地点的归属。由于城市的引力势能是一个综合指标并受到区域交通因素直接影响,因此,本文采用主成分分析法确定若干指标以反映城市综合规模,同时用城市间距离采用的最短距离(交通时间成本)。一般的,距离摩擦系数 γ 取值为 $2^{[26]}$。

本文研究数据源自上海、江苏和浙江各省市的相应年份统计年鉴,通过构建衡量城市综合规模指标体系,运用主成分分析法测算长三角地区 25 个地级及以上城市 2000 年和 2010 年的综合规模值。在 ArcGIS 软件的支持下,将长三角地区划分为 1 km×1 km 的格网,利用势能模型,对 2000 年和 2010 年长三角地区地级及以上城市的腹地进行了划分,进而比较不同时期城市腹地的特征和范围变化,分析城市腹地变化的影响因素。

8.4 长三角地区城市腹地变化的测度

8.4.1 长三角地区城镇体系与其高速公路网络发展

(1) 长三角地区城镇体系及其发展

长江三角洲地区是我国经济社会快速发展的地区,是我国最大的经济核心区和城市密集区,其经济发展以及城市体系空间结构变化一直受到国家和地区的关注(表 8-1)。长三角地区涉及两省一市土地面积达 21 万 km²,其中包括 1 个直辖市,3 个副省级城市,21 个地级市。截至 2010 年底,该地区常住人口达 14 920.95 万人,其中城镇人口为 7 491.30 万人。随着城镇体系发展的逐渐成熟,该地区已形成以"特大和大城市较多、城市类别齐全,等级层次分明"的多中心空间结构格局(表 8-2)。

高速公路网与城镇体系的区域整合

表8-1 长三角地区25个地级及以上城市经济社会发展指标

城市	GDP(亿元)	第三产业总产值占GDP的比重(%)	固定资产投资总额(亿元)	年末从业人员数(万人)	邮电业务量(亿元)
上 海	17 165.98	57.30	5 317.67	1 090.76	1 016.44
南 京	5 130.65	51.85	2 623.96	457.75	139.07
无 锡	5 793.30	42.80	2 067.99	382.34	103.94
常 州	3 044.89	41.43	1 420.47	323.41	57.40
苏 州	9 228.91	41.38	2 705.27	589.12	176.86
镇 江	1 987.64	39.52	749.35	182.14	38.21
南 通	3 465.67	37.25	1 281.39	463.72	62.48
扬 州	2 229.49	37.62	890.68	296.84	41.55
泰 州	2 048.72	37.64	693.01	284.33	36.70
徐 州	2 942.14	39.71	1 646.98	520.74	73.39
连云港	1 193.31	39.02	920.82	302.08	26.98
淮 安	1 388.07	39.26	841.22	326.50	27.27
盐 城	2 332.76	36.95	1 054.95	348.26	38.95
宿 迁	1 064.09	37.39	554.92	333.06	21.25
杭 州	5 949.17	48.69	2 753.13	626.33	144.06
宁 波	5 163.00	40.15	2 193.28	476.51	232.59
嘉 兴	2 300.20	36.24	1 488.26	317.60	70.56
湖 州	1 301.73	37.07	719.98	179.92	27.92
绍 兴	2 795.20	38.60	1 245.56	341.81	48.87
温 州	644.32	44.85	413.84	66.65	18.37
金 华	2 925.04	44.37	925.98	558.86	111.07
衢 州	2 110.04	42.75	772.80	346.00	64.75
台 州	755.48	36.58	481.80	128.13	12.07
丽 水	2 426.45	41.69	950.24	367.56	66.30

数据来源：根据上海市、江苏省、浙江省2011年统计年鉴整理。

表8-2 长三角地区城镇体系等级结构

城市等级	划分标准(万人)	城市个数	城市名称(人口数:万人)
巨大城市	≥1 000	1	上海(1 294.95)
特大城市	300～1 000	7	苏州(738.55)、南京(628.60)、徐州(462.58)、无锡(452.35)、南通(407.78)、盐城(381.36)、杭州(365.24)
大城市	100～300	13	常州(293.51)、泰州(257.18)、扬州(253.06)、淮安(244.00)、宿迁(227.97)、连云港(227.55)、宁波(205.23)、镇江(192.97)、温州(170.20)、绍兴(148.53)、嘉兴(146.87)、金华(109.41)、台州(105.67)
中等城市	50～100	2	湖州(82.90)、衢州(53.16)
小城市	≤50	2	丽水(45.23)、舟山(36.46)

数据来源：根据上海市、江苏省、浙江省2011年统计年鉴；整理城市规模划分标准根据《中国小城市发展报告(2010)》。

(2) 长三角地区高速公路网络建设与发展

1988年,中国第一条高速公路沪嘉高速公路在上海建成通车,1996年9月江苏省第一条高速公路沪宁高速建成并试运营,同年12月,浙江省第一条高速公路杭甬高速全面建成通行。至2000年,长三角地区沪宁、沪杭、杭甬3条高速公路形成了"Z"字形的高速公路发展轴。之后,长三角地区高速网络建设进入快速发展时期(图8-2、图8-3),截至2010年底,该区域已建成和通车的高速公路总里程为8 217 km,其中江苏省高速公里程为4 058 km,浙江省高速公路里程为3 384 km,上海市高速公路里程为975 km*。伴随本

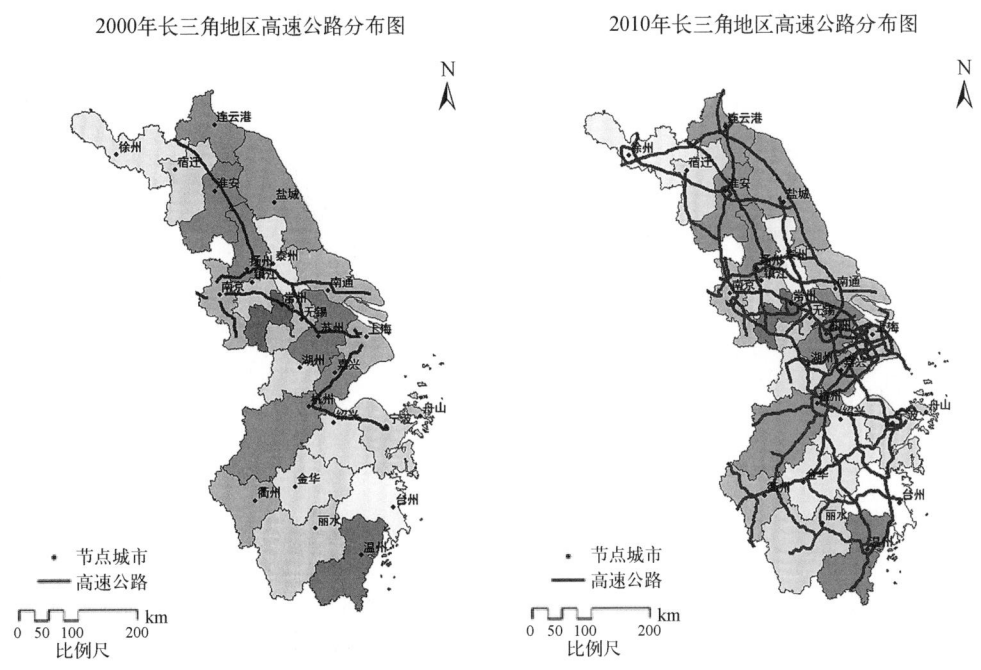

图8-2 2000年与2010年长三角地区高速公路分布图

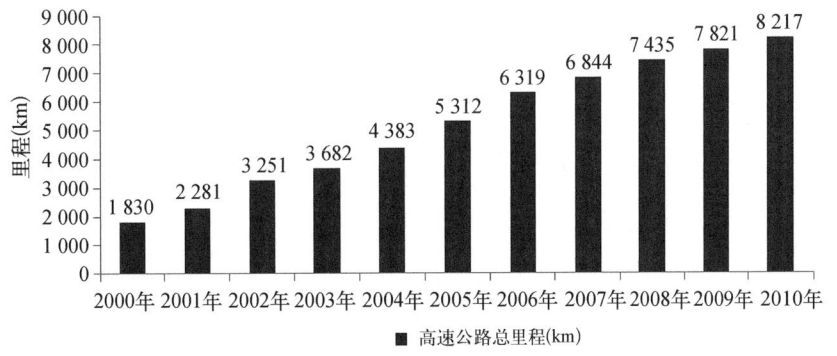

图8-3 2000～2010年长三角地区高速公路里程数增长

数据来源:根据上海市、江苏省、浙江省2001～2011年相关统计年鉴整理

---

* 数据来源:根据上海市、江苏省、浙江省2011年相关统计年鉴整理。

地区高速公路网络的形成,本地区城市自身的辐射能力大大增强,城市腹地空间范围不断发生变化,同时,城市间联系日益密切,也极大地影响了区域城镇体系的空间结构。

8.4.2 长三角地区城市综合规模变化

(1) 城市与测度指标选择

本文选择江、浙、沪两省一市25个地级及以上城市作为研究对象测度其综合规模及其变化。这些城市是上海;江苏省的南京、无锡、常州、苏州、镇江、南通、扬州、泰州、徐州、连云港、淮安、盐城、宿迁;浙江省的杭州、宁波、嘉兴、湖州、绍兴、舟山、温州、金华、衢州、台州、丽水。时间断面分别以本地区高速公路建设快速推进开始的2000年和高速公路网络基本建成的2010年为基准。

参照城市规模测度的相关研究,本文采用经济发展、社会发展、对外开放和交通运输4个一级指标,总共25个二级指标(表8-3)分别测度2000年和2010年长三角地区25个地级及以上城市综合规模。

表8-3 长三角地区25个地级及以上城市综合规模测度指标

一级指标	二级指标
经济发展	X1 城市国内生产总值(GDP)(亿元)
	X2 人均国内生产总值(元)
	X3 固定资产投资总额(亿元)
	X4 地方财政收入(亿元)
	X5 国内生产总值中工业总产值(亿元)
	X6 第三产业总产值占GDP的比重(%)
社会发展	X7 社会消费品零售总额(亿元)
	X8 城市非农业人口(万人)
	X9 高等学校在校学生数(万人)
	X10 年末从业人员数(万人)
	X11 人均住宅使用面积(平方米)
	X12 城镇居民人均可支配收入(元)
	X13 城镇居民人均消费性支出(元)
	X14 城乡居民年末存款余额(亿元)
	X15 全年用电量(亿千瓦时)
	X16 移动电话用户(万户)
	X17 医院、卫生院床位数(万张)
	X18 公共图书馆图书藏量(千册件)
对外开放	X19 出口总额(亿美元)
	X20 实际外商直接投资(亿美元)
交通运输	X21 邮电业务量(亿元)
	X22 公路通车里程(km)
	X23 高速公路里程(km)
	X24 公路客运量(万人次)
	X25 公路货运量(万吨)

(2) 分析方法与步骤

① 采用平均标准化方法对原始指标进行标准化,以消除指标的量纲和数量级不同的影响:

$$A_{ij} = X_{ij}/X_j \qquad (8-5)$$

式中,A_{ij} 为第 i 个城市第 j 个指标标准化后的新值;X_{ij} 为第 i 个城市第 j 个指标的最初原始值;X_j 为所有城市第 j 个指标的算术平均值,即 $X_j = \sum_i X_{ij}/n$ [8]。

② 运用主成分分析对标准化的求特征值和贡献率,并确定主成分的个数。按照特征值大于 1 和累积贡献率大于 85% 来选取主成分,结果如表 8-4。可以看出,前 4 个主成分特征值都大于 1,平均累计方差贡献率 85%,可以代表这 25 个指标的信息。

③ 进一步对主成分进行因子载荷分子,并用方差最大法正交旋转(旋转收敛的最大迭代系数为 25),结果如表 8-5。

表 8-4　长三角地区 25 个地级及以上城市综合规模测度指标的主成分分析结果

成　份	初　始　特　征　值		
	特　征　值	方差的贡献率(%)	累积方差贡献率(%)
1	18.132	72.528	72.528
2	2.367	9.467	81.995
3	1.413	5.650	87.646
4	1.102	4.408	92.053
5	0.687	2.749	94.803
6	0.521	2.085	96.888
7	0.240	0.958	97.846
8	0.176	0.706	8.551
9	0.128	0.513	99.064
10	0.073	0.294	99.358
11	0.054	0.217	99.575
12	0.032	0.129	99.703
13	0.024	0.095	99.798
14	0.016	0.064	99.862
15	0.014	0.055	99.917
16	0.006	0.024	99.940
17	0.005	0.021	99.961
18	0.004	0.015	99.976
19	0.002	0.010	99.985
20	0.002	0.009	99.994
21	0.001	0.003	99.998
22	0.000	0.002	100.000
23	0.000	0.000	100.000
24	1.802E−5	7.210E−5	100.000
25	−7.773E−17	−3.109E−16	100.000

表 8-5　主成分进行因子载荷分子

	主成分载荷矩阵					旋转后的主成分载荷矩阵			
	1	2	3	4		1	2	3	4
x1	0.991	−0.013	−0.015	0.118	x1	0.886	0.432	0.134	0.086
x2	0.723	0.498	−0.014	0.300	x2	0.715	0.050	0.405	0.428
x3	0.973	−0.017	0.071	−5.356E−5	x3	0.799	0.523	0.197	0.040
x4	0.970	−0.141	−0.183	0.030	x4	0.846	0.514	−0.076	0.102
x5	0.957	0.104	0.058	0.247	x5	0.911	0.288	0.255	0.111
x6	0.803	0.136	−0.033	−0.502	x6	0.376	0.819	0.191	0.260
x7	0.993	−0.023	−0.027	−0.048	x7	0.797	0.573	0.122	0.104
x8	0.902	−0.265	0.118	0.103	x8	0.818	0.443	0.068	−0.198
x9	0.704	0.041	0.254	−0.445	x9	0.312	0.740	0.338	−0.009
x10	0.912	−0.163	0.220	−0.043	x10	0.727	0.554	0.213	−0.167
x11	−0.662	0.161	−0.074	0.379	x11	−0.347	−0.696	−0.068	0.062
x12	0.591	0.746	−0.093	−0.011	x12	0.417	0.192	0.480	0.688
x13	0.627	0.641	−0.086	−0.180	x13	0.364	0.369	0.428	0.625
x14	0.975	−0.079	−0.151	−0.048	x14	0.798	0.570	−0.012	0.138
x15	0.954	0.129	0.057	0.246	x15	0.906	0.283	0.270	0.131
x16	0.971	0.075	0.085	−0.032	x16	0.770	0.532	0.264	0.104
x17	0.971	−0.185	0.085	0.005	x17	0.815	0.547	0.104	−0.098
x18	0.919	−0.213	−0.284	−0.120	x18	0.736	0.622	−0.204	0.122
x19	0.913	0.102	−0.021	0.309	x19	0.916	0.212	0.185	0.149
x20	0.925	−0.021	0.002	0.298	x20	0.929	0.249	0.130	0.043
x21	0.932	−0.167	−0.267	−0.053	x21	0.778	0.565	−0.163	0.140
x22	0.197	−0.603	0.662	0.108	x22	0.226	0.132	0.170	−0.868
x23	0.890	−0.257	0.089	0.019	x23	0.762	0.505	0.050	−0.165
x24	0.245	0.587	0.721	−0.082	x24	0.042	0.108	0.958	0.027
x25	0.912	−0.236	−0.248	−0.106	x25	0.737	0.611	−0.193	0.079

④ 主成分因子的经济意义解释。一般由比重较大的几个指标的综合经济意义来确定。由表8-4、表8-5可见，第一主成分的方差贡献率高达72.53%，说明其在25个指标中的主导地位，第一主成分与 x1、x4、x5、x15、x19、x20 的相关性较高，相关系数均超过84%，这些指标反映了城市经济发展水平和对外经济的开放度，因此可将第一主成分命名为"城市综合经济水平"指标；第二主成分方差贡献率为9.467%，第三产业比重指标 x6 与其相关系数为0.819，可将第二主成分命名为"城市经济结构"指标；第三主成分方差贡献率为5.650%，与公路客运量 x24 的相关系数高达0.958，可定义为"城市交通出行水平"指标；第四主成分的方差贡献率为4.408%，指标城镇居民人均可支配收入、人均消费性支出 x12、x13 与它的相关系数相对较高，定义为"居民生活水平"指标。

⑤ 求特征向量，即求主成分内各指标的权重系数。由各指标未经旋转的初始主成分载荷值除以对应主成分特征值的平方根计算，结果如表8-6。

表 8-6 特征向量表

变量	主成分			
	1	2	3	4
x1	0.233	−0.008	−0.013	0.112
x2	0.170	0.324	−0.012	0.286
x3	0.229	−0.011	0.060	0.000
x4	0.228	−0.092	−0.154	0.029
x5	0.225	0.068	0.049	0.235
x6	0.189	0.088	−0.028	−0.478
x7	0.233	−0.015	−0.023	−0.046
x8	0.212	−0.172	0.099	0.098
x9	0.165	0.027	0.214	−0.424
x10	0.214	−0.106	0.185	−0.041
x11	−0.155	0.105	−0.062	0.361
x12	0.139	0.485	−0.078	−0.010
x13	0.147	0.417	−0.072	−0.171
x14	0.229	−0.051	−0.127	−0.046
x15	0.224	0.084	0.048	0.234
x16	0.228	0.049	0.072	−0.030
x17	0.228	−0.120	0.072	0.005
x18	0.216	−0.138	−0.239	−0.114
x19	0.214	0.066	−0.018	0.294
x20	0.217	−0.014	0.002	0.284
x21	0.219	−0.109	−0.225	−0.050
x22	0.046	−0.392	0.557	0.103
x23	0.209	−0.167	0.075	0.018
x24	0.058	0.382	0.607	−0.078
x25	0.214	−0.153	−0.209	−0.101

⑥ 由特征值计算各主成分因子的权重并计算各主成分的得分以及各城市综合规模值。由公式 $\mu_i = \lambda_i/(\lambda_1+\lambda_2+\lambda_3+\lambda_4)$ 计算主成分因子的权重,其中 μ_i 表示第 i 个主成分因子的权重,λ_i 表示第 i 个主成分因子的特征值,计算得 $\mu_1 = 0.788, \mu_2 = 0.103, \mu_3 = 0.061, \mu_4 = 0.048$。由公式 $F = F_1\mu_1+F_2\mu_2+F_3\mu_3+F_4\mu_4$ 计算得到 2010 年长三角地区各城市的综合规模值,其中 F_i 为第 i 个主成分的得分。计算结果如表 8-7 所示:

表 8-7 2010 年长三角地区各城市综合规模排名表

城市	PC1(F1)	PC2(F2)	PC3(F3)	PC4(F4)	总得分	城市综合规模值(F)	排名
上海	22.617	−3.728	−4.858	1.990	16.022	17.012	1
南京	7.492	0.702	2.224	−1.757	8.662	5.953	4
无锡	5.946	1.206	0.757	1.646	9.555	4.875	6

续 表

城市	PC1(F1)	PC2(F2)	PC3(F3)	PC4(F4)	总得分	城市综合规模值(F)	排名
常州	3.927	0.959	0.666	0.696	6.247	3.228	9
苏州	10.425	1.600	1.875	4.174	18.074	8.591	2
镇江	2.527	0.927	0.466	0.391	4.311	2.109	17
南通	4.219	0.038	1.311	0.634	6.202	3.396	8
扬州	2.858	0.385	0.742	0.445	4.430	2.330	15
泰州	2.507	0.508	0.717	0.442	4.174	2.068	18
徐州	3.931	−0.237	1.654	0.086	5.435	3.139	10
连云港	2.198	0.146	0.969	0.113	3.427	1.790	20
淮安	2.277	0.103	1.040	0.051	3.472	1.848	19
盐城	2.859	−0.171	1.411	0.358	4.458	2.310	16
宿迁	1.639	0.122	0.906	0.108	2.775	1.348	22
杭州	7.871	0.539	1.532	−0.026	9.917	6.271	3
宁波	6.326	1.126	0.885	0.928	9.264	5.136	5
嘉兴	3.434	0.930	0.495	0.600	5.459	2.826	12
湖州	2.027	1.025	0.424	0.476	3.952	1.731	21
绍兴	3.464	1.167	0.851	0.579	6.061	2.895	11
舟山	1.321	1.594	0.212	−0.082	3.045	1.201	25
温州	4.131	1.297	1.309	−0.179	6.558	3.419	7
金华	3.192	1.051	1.372	−0.047	5.568	2.673	13
衢州	1.491	0.811	0.516	0.004	2.822	1.275	23
台州	3.119	1.173	1.310	0.181	5.783	2.636	14
丽水	1.476	0.401	0.714	−0.062	2.530	1.231	24

注：表中负号表示该指标低于平均水平。

同理，采用 SPSS 软件，对 2000 年长三角地区 25 个地级及以上城市的 25 个指标做主成分分析，选取 3 个主成分，得到 2000 年 25 个城市综合规模（表 8-8）。

表 8-8 2000 年长三角地区各城市综合规模排名表

城市	第一主成分(F1)	第二主成分(F2)	第三主成分(F3)	总得分	城市综合规模值(F)	排名
上海	30.522	−6.272	3.166	27.416	25.011	1
南京	7.862	0.298	−0.078	8.082	6.603	4
无锡	5.686	1.479	0.141	7.306	4.924	6
常州	3.640	1.290	0.299	5.229	3.201	10
苏州	8.400	1.103	−0.028	9.474	7.143	2
镇江	2.667	1.036	0.675	4.379	2.380	17
南通	4.123	0.766	1.093	5.982	3.591	8
扬州	2.773	0.903	0.783	4.459	2.460	16
泰州	2.448	0.684	0.962	4.095	2.175	18

续表

城　市	第一主成分（F1）	第二主成分（F2）	第三主成分（F3）	总得分	城市综合规模值(F)	排　名
徐　州	3.642	0.630	1.100	5.373	3.175	11
连云港	1.954	0.852	0.819	3.625	1.772	20
淮　安	1.839	0.690	1.017	3.546	1.669	21
盐　城	2.777	0.841	1.071	4.689	2.473	15
宿　迁	1.228	0.500	1.008	2.737	1.137	25
杭　州	7.798	1.464	0.758	10.020	6.722	3
宁　波	5.986	2.453	0.628	9.067	5.308	5
嘉　兴	2.962	1.339	0.638	4.939	2.658	14
湖　州	2.119	1.488	0.957	4.563	1.987	19
绍　兴	3.543	1.956	0.972	6.471	3.229	9
舟　山	1.243	1.440	0.786	3.469	1.239	24
温　州	4.701	2.310	1.553	8.564	4.268	7
金　华	2.966	2.155	1.424	6.545	2.793	13
衢　州	1.415	1.207	1.211	3.833	1.381	23
台　州	3.147	1.832	1.425	6.404	2.909	12
丽　水	1.354	1.322	2.199	4.875	1.397	22

注：表中负号表示该指标低于平均水平。

(3) 2000～2010年各城市综合规模变化

① 由图8-4、图8-5和表8-7、表8-8可以看出，从2000到2010年，在长三角地区25个地级以上城市的综合规模排名中，上海、苏州、杭州、南京、宁波和无锡居于前六位，且位序没有变化，呈稳定有序发展态势；排名上升的有常州、扬州、徐州、淮安、宿迁、嘉兴，其中江苏省5个，浙江省1个；排名下降的为盐城、湖州、绍兴、舟山、台州、丽水，其中浙江省5个；其他城市排名没有变化。

② 2000年城市综合规模差异较大（图8-4），上海城市综合规模值为25.011，比得分最小的宿迁大约22倍，而2010年上海城市综合规模值为17.012，比规模值最小舟山大约14倍；2000年上海城市综合规模比第2名苏州大约3.5倍，而2010年上海比第2名苏州大约2倍；城市综合发展规模的标准差由2000年的4.601降至2010年的3.251；2000年有7个城市的综合规模值高于平均水平，而2010年只有6个城市的综合规模值在平均水平之上。这说明，在2000～2010年的10年间，长三角地区这25个城市的综合规模差距在缩小，上海的绝对优势逐步减弱，城市规模等级体系较为稳定。

8.4.3　长三角地区城市腹地范围划分

我们采用势能模型划分长三角地区陆地部分24个地级及以上城市腹地范围。
首先，利用ArcGIS中arctoolbox下的fishnet插件，采用1 km×1 km的格网对长三

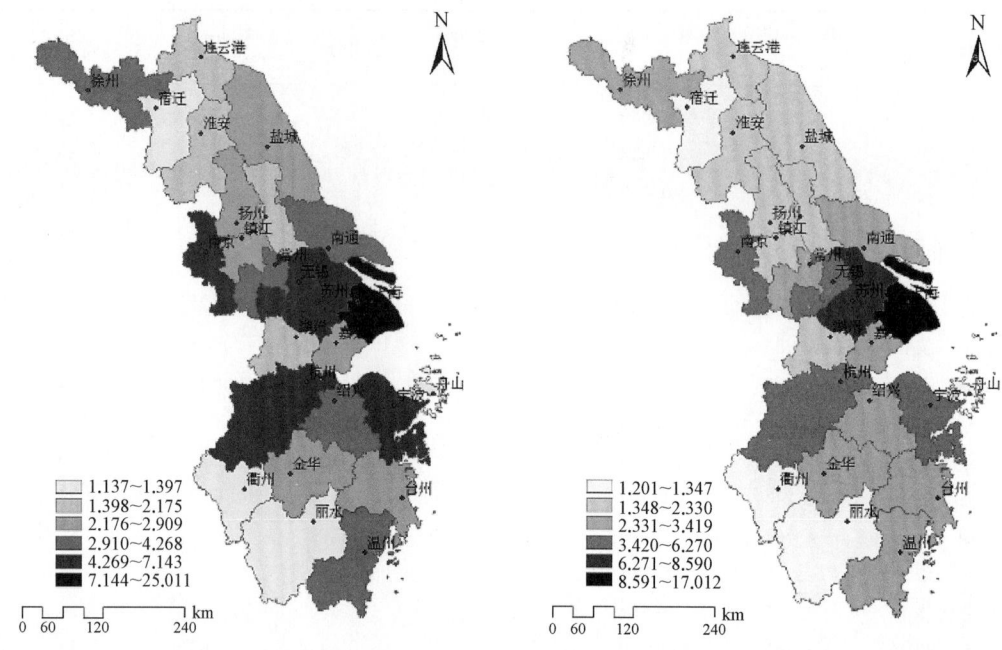

图 8-4　2000 年长三角地区城市综合规模分级　　图 8-5　2010 年长三角地区城市综合规模分级

角地区进行网格化处理,然后用 1 km² 的栅格网将原矢量底图栅格化。其次,按照中华人民共和国行业标准《公路工程技术》(JTGB01-2003)以及实际情况对各等级的公路进赋值(表 8-9),其中没有高速公路、国道和省道通过的栅格其设计速度为 30 km/h。考虑车辆行驶速度的影响因素如天气、道路施工、车流量等影响,车辆行驶的实际平均时速应为"设计时速×折减系数 a"。这样,2010 年车辆道路行驶时速折减系数 a 取 0.8,2000 年的 a 取值为 0.7 较为贴合实际。

表 8-9　主要的空间对象平均速度设定

空间对象	高速公路(km/h)	国道(km/h)	省道(km/h)	其他(km/h)
设计速度	120	100	80	30
2000 年平均速度	84	70	56	21
2010 年平均速度	96	80	64	24

第三,采用公式"时间成本=1.22/栅格的速度值"获取栅格的最短时间成本[58],测算每一栅格的通行时间。利用 ArcGIS 求出每个栅格到所有城市的最短时间,即势能模型中的 d_{ij} 部分。

第四,确定栅格的归属城市。根据栅格时间成本和表 8-7、表 8-8 所求得的每个城市的综合规模值,利用势能模型,求得所有城市对每一个栅格的引力概率 P_{ij},其中引力最大的便是该栅格的归属城市。这样,划分结果如图 8-6、图 8-7 和表 8-10 所示。

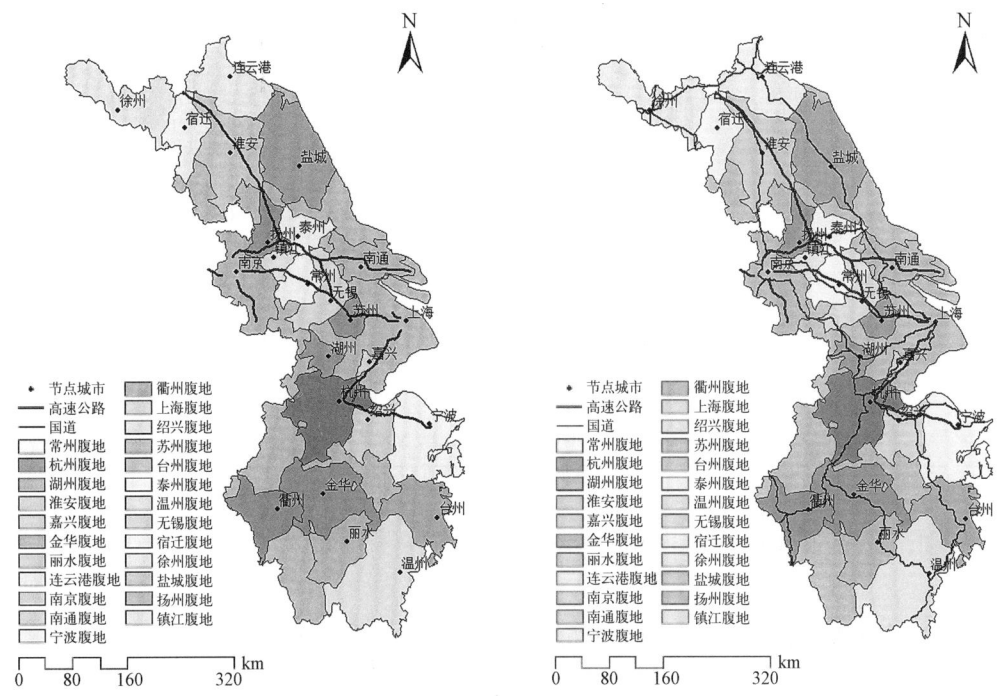

图 8-6 2000 年长三角地区城市腹地划分结果　　图 8-7 2010 年长三角地区城市腹地划分结果

表 8-10　长三角地区 2000 年和 2010 年各城市综合实力及腹地面积统计表

2000 年				城　市	腹地面积变化（km²）	2010 年			
城市综合规模值	腹地面积（km²）	占长三角比例（%）	腹地面积排序			城市综合规模值	腹地面积（km²）	占长三角比例（%）	腹地面积排序
25.011	49 095	25.08	1	上　海	−25 239	17.012	23 856	12.19	1
6.603	8 094	4.13	9	南　京	−255	5.953	7 839	4.00	10
4.924	4 861	2.48	16	无　锡	1 995	4.875	6 856	3.50	14
3.201	3 425	1.75	18	常　州	−219	3.228	3 206	1.64	21
7.143	2 191	1.12	21	苏　州	2 848	8.591	5 039	2.57	17
2.380	1 531	0.78	23	镇　江	7	2.109	1 538	0.79	23
3.591	5 261	2.69	14	南　通	382	3.396	5 643	2.88	15
2.460	3 355	1.71	19	扬　州	1 075	2.330	4 430	2.26	18
2.175	3 217	1.64	20	泰　州	707	2.068	3 924	2.00	19
3.175	8 731	4.46	8	徐　州	−8	3.139	8 723	4.46	9
1.772	7 871	4.02	10	连云港	1 483	1.790	9 354	4.78	8
1.669	10 418	5.32	4	淮　安	2 362	1.848	12 780	6.53	5
2.473	12 214	6.24	3	盐　城	166	2.310	12 380	6.32	6
1.137	4 867	2.49	15	宿　迁	771	1.348	5 638	2.88	16
6.722	10 018	5.12	5	杭　州	6 315	6.271	16 333	8.34	2
5.308	9 742	4.98	7	宁　波	1 855	5.136	11 597	5.92	7

续 表

2000年				城 市	腹地面积变化(km^2)	2010年			
城市综合规模值	腹地面积(km^2)	占长三角比例(%)	腹地面积排序			城市综合规模值	腹地面积(km^2)	占长三角比例(%)	腹地面积排序
2.658	563	0.29	24	嘉 兴	758	2.826	1 321	0.67	24
1.987	2 137	1.09	22	湖 州	283	1.731	2 420	1.24	22
3.229	4 754	2.43	17	绍 兴	−1 135	2.895	3 619	1.85	20
4.268	13 957	7.13	2	温 州	551	3.419	14 508	7.41	3
2.793	9 915	5.06	6	金 华	3 179	2.673	13 094	6.69	4
1.381	6 357	3.25	12	衢 州	1 178	1.275	7 535	3.85	11
2.909	7 294	3.73	11	台 州	−120	2.636	7 174	3.66	12
1.397	5 890	3.01	13	丽 水	1 061	1.231	6 951	3.55	13

8.5 长三角地区城市腹地变化

8.5.1 长三角地区 2000 年城市腹地特征

分析图 8-6 和表 8-10,我们发现:① 上海的腹地面积最大,占长三角总面积的 25.1%,覆盖了除徐州、连云港、宁波、台州和温州外的长三角地区其他城市,具有绝对优势;② 上海、温州、盐城、淮安、杭州和金华城市腹地面积排在前六,显然并不与城市综合规模对应;又如按城市综合规模排列苏州、无锡和宿迁,但其腹地面积却呈宿迁,无锡,苏州排序;③ 杭州、南京、宁波、温州的城市综合规模值较大,也形成了一定规模的城市腹地,而常州、镇江、南通、扬州、泰州、嘉兴、湖州、绍兴等的城市腹地面积较小;徐州、连云港、淮安、盐城、金华、衢州、台州和丽水形成了一定规模的腹地范围。

8.5.2 长三角地区 2010 年城市腹地特征

分析图 8-7 及表 8-10,我们发现,与 2000 年相比,长三角地区 2010 年城市腹地虽有变化,但程度不大,其特征为:① 上海的城市腹地面积仍然最大,但在本区占比下降为 12.2%,腹地范围覆盖与其直接相连的嘉兴、苏州之外,其腹地的飞地涉及南通、湖州、衢州、盐城、宿迁、淮安、宁波、金华等地;上海的腹地飞地一般为其他城市的边缘地区;② 城市腹地面积排在前六名的城市为上海、杭州、温州、金华、淮安、盐城。宁波、南京具有较强的辐射能力,城市腹地规模也比较大。

8.5.3 长三角地区 2000~2010 年城市腹地变化

由表 8-10 可以看出,2000~2010 年间,上海、南京、常州、徐州、绍兴有所减少,其中上海的腹地面积减少最多,相对于 2000 年其变化率达到 51.4%,绍兴 10 年内腹地面积变化率为23.9%,南京为3.2%,常州几乎没有变化。除此5个城市之外,其他城市的腹地面积都有不同程度增加,其中杭州增加了63%,苏州130%,嘉兴135%,变化幅度较大(图8-8)。

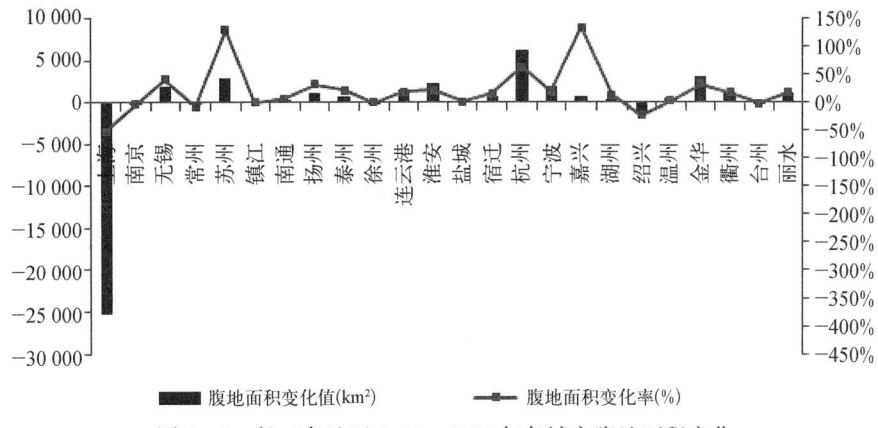

图8-8　长三角地区2000～2010年各城市腹地面积变化

城市腹地的消长,此起彼伏,在一定程度上说明了随着公路基础设施的日益完善,区域高速公路网络的通达性提升,对各个城市的影响力产生了一定影响。

8.5.4　长三角各城市腹地与其行政地域的比较

我们采用"腹地/行政面积比",即城市腹地面积/行政区面积来简单比较各城市腹地与其行政地域之间的关系,粗略表达各城市对外的影响力。如表8-11所示。

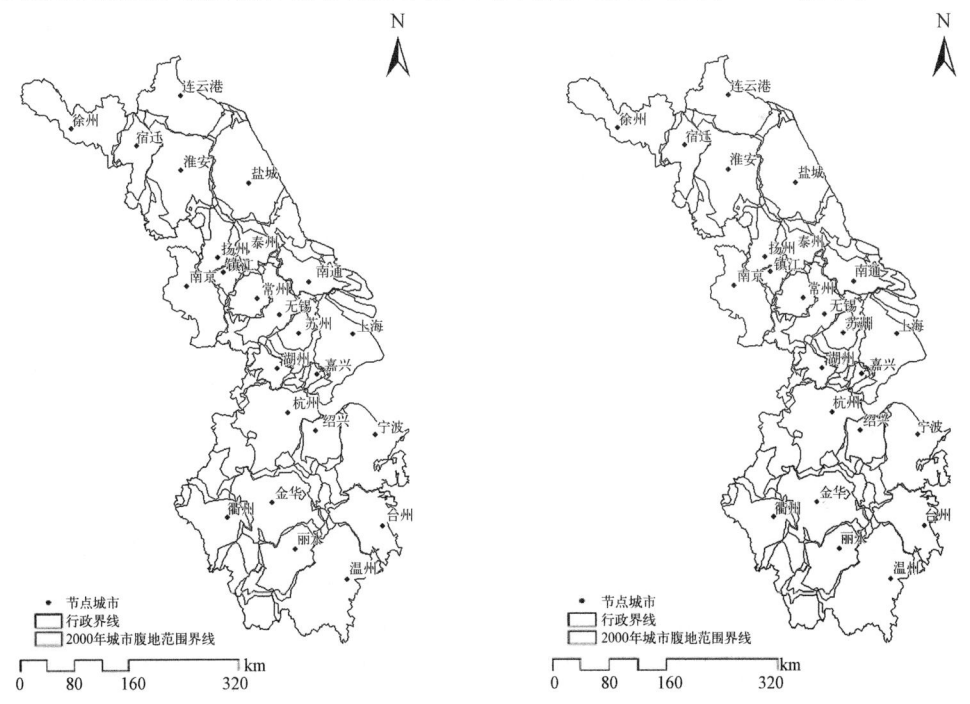

图8-9　2000～2010年长三角地区城市腹地与行政区域叠合

119

表 8-11 长三角地区 2000 年和 2010 年各城市腹地面积与行政区面积对比表

2000年				城 市	变化率	2010年			
腹地(km²)	行政区(km²)	腹地/行政面积比	排名			腹地(km²)	行政区(km²)	腹地/行政面积比	排名
49 095	6 341	7.743	1	上 海	−3.981	23 856	6 341	3.762	1
8 094	6 597	1.227	2	南 京	−0.037	7 839	6 587	1.190	7
4 861	4 650	1.045	5	无 锡	0.436	6 856	4 627	1.482	2
3 425	4 375	0.783	10	常 州	−0.050	3 206	4 372	0.733	13
2 191	8 488	0.258	23	苏 州	0.336	5 039	8 488	0.594	19
1 531	3 843	0.398	20	镇 江	0.001	1 538	3 847	0.400	23
5 261	8 001	0.658	14	南 通	0.048	5 643	8 001	0.705	15
3 355	6 638	0.505	19	扬 州	0.167	4 430	6 591	0.672	17
3 217	5 790	0.556	18	泰 州	0.122	3 924	5 787	0.678	16
8 731	11 258	0.776	11	徐 州	−0.001	8 723	11 259	0.775	11
7 871	7 444	1.057	4	连云港	0.190	9 354	7 500	1.247	4
10 418	10 072	1.034	7	淮 安	0.235	12 780	10 072	1.269	3
12 214	14 983	0.815	9	盐 城	−0.086	12 380	16 972	0.729	14
4 867	8 555	0.569	17	宿 迁	0.090	5 638	8 555	0.659	18
10 018	16 596	0.604	15	杭 州	0.381	16 333	16 596	0.984	9
9 742	9 365	1.040	6	宁 波	0.141	11 597	9 816	1.181	8
563	3 915	0.144	24	嘉 兴	0.194	1 321	3 915	0.337	24
2 137	5 817	0.367	21	湖 州	0.049	2 420	5 818	0.416	21
4 754	7 901	0.602	16	绍 兴	−0.165	3 619	8 279	0.437	20
13 957	11 784	1.184	3	温 州	0.047	14 508	11 786	1.231	5
9 915	10 918	0.908	8	金 华	0.289	13 094	10 941	1.197	6
6 357	8 836	0.719	13	衢 州	0.133	7 535	8 841	0.852	10
7 294	9 411	0.775	12	台 州	−0.013	7 174	9 411	0.762	12
5 890	17 298	0.341	22	丽 水	0.061	6 951	17 298	0.402	22

由图 8-9、图 8-10 和表 8-11，我们可以看出：① 2000 年，上海的"腹地/行政面积比"为 7.743，为本地区最大，其他城市"腹地/行政面积比"大于 1 的城市依次是南京、温州、连云港、无锡、宁波、淮安 6 城市；"腹地/行政面积比"在 0.5～1 之间的有金华、盐城、

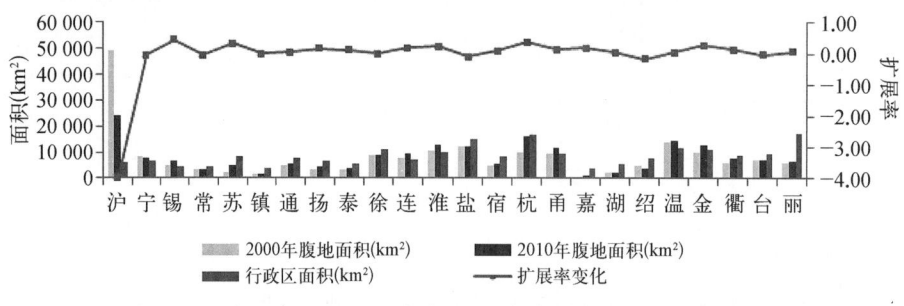

图 8-10 长三角地区 2000 年与 2010 年各城市腹地扩展率变化图

常州、徐州、台州、衢州、南通、杭州、绍兴、宿迁、泰州、扬州;"腹地/行政面积比"最小的城市为嘉兴(0.144)和苏州(0.258);② 2010 年,上海的"腹地/行政面积比"依然是最大,为3.762,但已大幅减小;其他"腹地/行政面积比"大于 1 的为无锡、淮安、连云港、温州、金华、南京、宁波等 7 个城市;"腹地/行政面积比"0.5～1 之间的是杭州、衢州、徐州、台州、常州、盐城、南通、泰州、扬州、宿迁、苏州等 11 个城市;"腹地/行政面积比"最小的为嘉兴和镇江,扩展率分别为 0.337 和 0.400;③ 2000～2010 年间,长三角地区城市间的"腹地/行政面积比"在逐步减小,最大值与最小值从 7.599 降低到 3.425;上海的"腹地/行政面积比"减少最多,差值达 3.981,这说明上海的辐射吸引能力有所减弱;其次为绍兴、盐城、常州、南京、台州、徐州;④ 根据 2000～2010 年城市"腹地/行政面积比"变化程度,将长三角地区城市伏地类型分为三类(表 8－12),若"腹地/行政面积比"在 0.03 以下的可归为保守型。

表 8－12　长三角地区城市腹地分类表

扩 张 型	保 守 型	收 缩 型
嘉兴、苏州、杭州、无锡、扬州、金华、淮安、泰州、衢州、丽水、连云港、宿迁、宁波、湖州、南通、温州	徐州、镇江、台州	上海、绍兴、盐城、常州、南京

8.5.5　长三角地区城市交通网密度与城市腹地

一个城市腹地格局的变化受多种因素影响,其中区域交通网络的发展尤为重要。本文采用的由势能模型中,交通的时间成本就是由交通网络通达性所决定的。一般地,若一个城市对外交通状况良好,则其辐射能力就强,腹地范围就大;若以用城市交通网密度来衡量一个城市的对外交通联系的便捷度,则有下式:

$$\rho_i = \sum_j d_{ij} \times \mu_{ij}/A_i \tag{8-6}$$

式中,ρ_i 为 i 城市的交通网密度;d_{ij} 为 i 城市 j 类公路的长度;μ_{ij} 为 j 类公路的权重,按公路的平均时速对其赋值,高速、国道和省道的权重分别为 1.5、1.25 和 1;A_i 为该城市行政区面积。据此,长三角地区 2000 年、2010 年各城市的公路网密度如图 8－11 所示。

可见,十年间长三角地区各城市交通网密度都有所提高,重要交通轴线对其沿线城市交通网密度影响较大。2010～2000 年,长三角地区国道、省道通车里程分别增加 0.19% 和 28%,而高速公路通车里程增加高达 521%。显然,本地区交通网络通达性提高主要来自高速公路网络的贡献。总体来看,2000 年,上海市城市交通网密度最高,江苏次之,浙江居后;苏南优于苏北,浙北好于浙南;2010 年,本地区城市交通网密度明显提高,但整体格局并未改变,即上海交通网密度最大,其次为南京、常州、嘉兴、苏州和无锡;在结构上,本地区仍呈上海第一,苏浙居次,苏南好于苏北,浙北胜于浙南的格局。

城市交通网密度的提高极大地改善了通达性,大大缩短了出行的时间成本,十分有利于城市对外辐射和吸引能力增强,拓展腹地。例如,腹地面积增长最快的嘉兴和苏州,其交通网密度分别增加 94% 和 95%。当然,城市腹地变化还受到其他因素的影响。

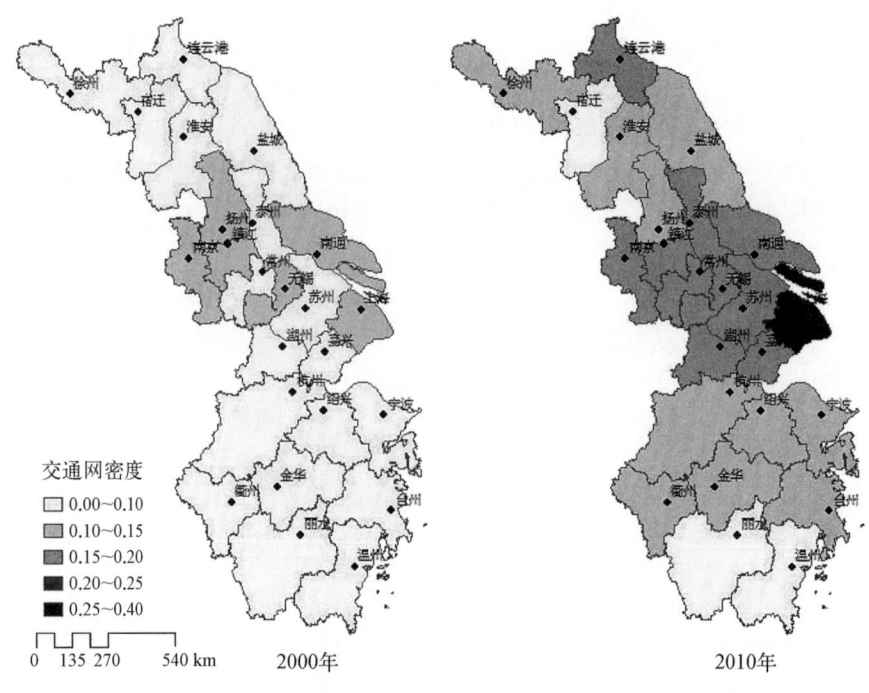

图 8-11 长三角地区 2000 年与 2010 年各城市交通网密度图

8.6 小结

① 2000~2010 年,上海的城市综合规模始终排名第一,但 2010 年其绝对优势有所下降;经过十年的发展,江苏省的城市综合规模已高于浙江省;但是,区域内城市之间规模差距较大,发展仍然很不平衡。

② 2000~2010 年,上海的腹地面积始终是最大的,而且所占比重较大;各个城市之间的腹地面积差异较大,但已呈现出平衡发展的态势;城市的腹地面积并不完全与城市综合规模呈正相关,存在大城市袭夺中、小城市腹地。

③ 长三角地区 2000 年至 2010 年城市腹地变化可以分为扩张型、保守型和收缩型三种类型。城市腹地的影响范围主要是受城市经济、社会要素共同作用,并受交通通达性、行政区面积以及自然条件等多个因素共同制约,城市腹地变化是一个动态的复杂过程,且在这个过程中,城市交通通达性以及经济发展水平对其影响较大。

本章在 ArcGIS 技术的支持下,从高速公路网络通达性视角对长三角地区城市腹地变化进行的研究,并未考虑高铁、航道及其他交通方式。实际上城市腹地变化是一个复杂的过程,受多种因素影响;同时,采用势能模型对城市腹地范围进行划分,是基于区域空间均质性前提,因此划分结果是理想化的;同时对于城市综合规模测度,在指标体系筛选上还有待改进,以得到更准确、客观地判断城市综合规模。

参 考 文 献

[1] 交通部规划研究院.国家高速公路网规划.2004.9.
[2] 中华人民共和国交通运输部综合规划司.2010年公路水路交通运输行业发展统计公报[EB/OL]. http://www.moc.gov.cn/zhuzhan/tongjigongbao/fenxigongbao/,2011.4.28.
[3] 陈联,蔡小峰.城市腹地理论及腹地划分方法研究[J].经济地理,2005,25(5):629-632.
[4] 孔凡娥,周春山.广州城市腹地划分及变化研究[J].城市发展研究.2006,13(4):7-12.
[5] 王德,郭洁.沪宁杭地区城市影响腹地的划分及其动态变化研究[J],城市规划汇刊.2003,(6):6-12.
[6] 郭振淮.经济区与经济区划[M].第1版.北京:中国物价出版社,1998.
[7] 段树军.行政区经济制约城市圈经济发展[J].宁波经济,2001,(11):38-39.
[8] 潘竟虎,石培基,董晓峰.中国地级以上城市腹地的测度分析[J].地理学报,2008,63(6):635-645.
[9] 木内信藏.都市地理学研究[M].东京:古今书院,1951:322-325.
[10] 约翰·弗里德曼.区域发展政策——委内瑞拉案例研究[M].美国:麻省理工大学出版社.1996:42-68.
[11] Haughton G. Developing sustainable urban development models [J]. Cities,1997,14(4):189-195.
[12] 富田和晓,大都市圈的结构演化[M],东京:古今书院,1995:14-79.
[13] Javier G, Rafael G, Gabriel G. The European high speed train network:predicted effects on accessibility patterns [J]. Journal of Transport Geography, 1996, 4(4):227-238.
[14] O'Kelly M E. A geographer's analysis of hub-and-spoke networks [J]. Journal of Transport Geography, 1998,6(3):171-186.
[15] Aguilar A G, Ward P M. Globalization, regional development, and mega-city expansion in Latin America:Analyzing Mexico City's peri-urban hinterland [J]. Cities, 2003, 20(1):3-21.
[16] Gallen N. The rural-urban fringe:A new priority for planning policy [J]. Planning Practice & Research, 2006, 21 (3):383-393.
[17] Lan Mu, Xiao Wang. Population landscape:A geometric approach to studying SPatial pattern of the US urban hierarchy [J]. International Journal of Geographical Information Science, 2006, 20(6):649-667.
[18] 陈田.我国城市经济影响区域系统的初步分析[J].地理学报.1987,42(4):308-318.
[19] 刘科伟.城市空间影响范围划分与城市经济区划问题探讨——以陕西省为例[J].西北大学学报(自然科学版),1995,25(2):129-134.
[20] 郭鸿愚,江曼琦,等.城市空间经济学[M].第1版.北京:经济科学出版社,2002.
[21] 周一星.城市地理学[M].北京:商务印书馆,1995:64.
[22] 姜世国.都市区范围界定方法探讨——以杭州市为例[J].地理与地理信息科学,2004,20(1):67-72.
[23] 安春华,乔旭宁,赵永江,等.中原经济区范围界定研究[J].地域研究与开发,2010,29(6):138-144.
[24] 王洁玉.基于断裂点理论的中心城市空间影响范围变化研究[J].河北省科学院学报,2010,27(1):56-59.
[25] 张晓明,张成.长江三角洲巨型城市区初步研究[J].长江流域资源与环境,2006,15(6):78-78.
[26] 朱杰,管卫华,蒋志欣.江苏省城市经济影响区格局变化[J].地理学报,2007,62(10):1023-1033.
[27] 戴旻,陈国生,陆利军.湖南省城市空间影响范围划分与城市经济区问题[J],经济地理,2008,

28(3):430-433.

[28] 张义文,高新法,荣美娜,等.河北省主要城市吸引范围[J].河北师范大学学报(自然科学版),2001,25(04):533-536.

[29] 隆国强.确定城市吸引范围方法的进一步探讨[J].城市问题,1988,(1):12-16.

[30] 王德,赵锦华.城镇势力圈划分计算机系统的开发研究与应用[J],城市规划.2000,24(12):37-41.

[31] 张明举,等.主成分分析在小城镇经济辐射区研究中的应用——以重庆市大足县为例[J].经济地理,2003,(3):384-387.

[32] 冯德贤,贾晶,乔旭宁.区域性中心城市辐射力及其评价:以郑州市为例[J].地理科学,2006,26(3):266-272.

[33] 南平,姚永鹏,张方明.甘肃省城市经济辐射区及其经济协作区研究[J].人文地理,2006,121(2):89-92.

[34] 段七零.基于断裂点理论的南京经济腹地界定及层次划分[J].长江流域资源与环境,2010,19(8):853-858.

[35] 张莉,陆玉麒.河北省城市影响范围及空间发展趋势研究[J].地理学与国土研究,2001,17(1):11-15.

[36] 杜忠潮,苏英.陕西省城市影响区的空间结构及发展趋势研究[J].西北大学学报(自然科学版),2003,33(50):586-590.

[37] 孔祥斌.城市经济腹地及其空间范围的界定——以成都、绵阳为例[D].成都:西南交通大学,2007.

[38] 王桂圆,陈眉舞.基于GIS的城市势力圈测度研究——以长江三角洲地区为例[J].地理与地理信息科学,2004,20(3):69-73.

[39] 夏骥,孙婷.重庆三峡库区生态经济区经济中心辐射域研究[J].重庆工商大学学报(西部经济论坛).2005,(4):46-48.

[40] 尹虹潘.对城市吸引区范围界定的理论分析[J].财经研究,2005.31(11):108-114.

[41] 张莉,陆玉麒,赵正元.基于时间可达性的城市吸引范围的划分——以长江三角洲为例[J].地理研究,2009,28(3):803-816.

[42] 王新生,郭庆胜,蒋友华.一种用于界定经济客体空间影响范围的方法——Voronoi图[J].地理研究,2000,19(3):311-315.

[43] 王新生,李全,郭庆胜,等.Voronoi图的扩展、生成及其应用于界定城市空间影响范围[J].华中师范大学学报(自然科学版),2002,36(1):107-111.

[44] 郭庆胜,闫卫阳,李圣权.中心城市空间影响范围的近似性划分[J].武汉大学学报(信息科学版),2003,28(5):596-599.

[45] 闫卫阳,秦耀辰,郭庆胜.城市断裂点理论的验证、扩展及应用[J].人文地理,2004,19(2):12-16.

[46] 闫卫阳,郭庆胜,李圣权.Delaunay三角网与Voronoi图在划分城市影响空间中的应用研究[J].测绘信息与工程,2004,29(3):1-2.

[47] 李圣权,胡鹏,闫卫阳.基于加权Voronoi图的城市影响范围划分[J].武汉大学学报(工学版),2004,37(1):94-97.

[48] 李新运,郑新奇.基于曲边Voronoi图的城市吸引范围挖掘方法[J].测绘学院学报,2004,21(1):38-41.

[49] 庞宇,吕曹芳,罗永龙.基于加权Voronoi图的安徽省城市影响范围及经济区域划分[J].安徽师范大学学报(自然科学版),2007,30(5):593-598.

[50] 赵春燕,蒋琼星,周建平.基于加权Voronoi图的湖南省城市影响范围分析[J].测绘通报,2010,(6):59-61.

[51] 顾朝林. 城市经济区理论与应用[M]. 第1版. 长春:吉林科学技术出版社,1991.
[52] 顾朝林. 中国城市经济区划分的初步研究[J]. 地理学报,1991,46(2):191-203.
[53] 周一星,张莉. 改革开放条件下的中国城市经济[J]. 地理学报,2003,58(2):271-284.
[54] 孙娟. 都市圈空间界定方法研究——以南京都市圈为例[J]. 城市规划汇刊,2003,(04):73-78.
[55] 车冰倩,朱传耿,杜艳,等. 淮海经济区城市空间影响范围与城市经济区的划分[J]. 人文地理,2010,(5):86-91.
[56] 刘继生,陈彦光. 分形城市引力模型的一般形式和应用方法——关于城市体系空间作用的引力理论探讨[J]. 地理科学,2000,20(6):528-533.
[57] 王德,项晶. 中心城市影响腹地的动态变化研究[J]. 同济大学学报,2006,34(9):1175-1179.
[58] 易芳馨,殷会良. 基于GIS技术的贵州省城市影响腹地划分[J]. 贵州工业大学学报(自然科学版),2006,35(3):88-95.
[59] 吴扬,汪珠. 基于GIS的城市影响腹地划分研究——以长三角为例[J]. 云南地理环境研究,2008,20(6):45-50.
[60] 蒋海兵,徐建刚. 基于交通可达性的中国地级以上城市腹地划分[J]. 兰州大学学报(自然科学版),2010,46(4):58-65.
[61] 王丽,邓羽,刘盛和,等. 基于改进场强模型的城市影响范围动态研究——以中国中部地区为例[J]. 地理学报,2011,66(2):189-198.
[62] 邱岳,韦素琼,陈进栋. 基于场强模型的海西区地级及以上城市影响腹地的空间格局[J]. 地理研究,2011,30(5):795-803.
[63] Green H L. Hinterland boundaries of New York City and Boston in Southern New England[J]. Economic Geography,1955,10(4):283-300.
[64] Reilly W J. Methods for the study of retail relationships[M]. Bulletin:University of Texas,1929,(2944):1-9.

第9章 高速公路网与长三角地区核心城市日通达性

9.1 引言

运费及交通便捷程度自古就是影响农业、工业布局与发展的重要因素,当今世界又是一个交通网络发达的"地球村",交通运输系统的发展对区域及全球经济发展起到重要作用。交通既是城市群产生和生长所需物质和能量的通道,又是发挥城市群集聚和辐射作用的桥梁纽带[1]。各种运输方式尤其是公路运输在"二战"以后六十年来的迅速发展,为各区域间及区域内部的经济发展与联系做出突出贡献,其中尤以高速公路在运输能力、便捷性和安全性方面具有突出优势,对实现国土均衡开发、缩小地区差别、建立统一的市场经济体系、提高现代物流效率具有重要作用[2]。

2005年《国家高速公路网规划》公布的高速公路网的布局目标是"连接所有目前城镇人口超过20万的中等及以上城市,形成高效运输网络",同时明确支持地方修建连接国家高速公路网的地方高速公路[3]。因此,我国高速公路仍将保持快速增长的势头,公路交通格局将发生重大变化,公路运输空间将大幅度扩展。在大城市间、省区间、经济区域间,将逐步形成400~500 km当日往返、800~1 000 km当日到达的现代化高等级公路网。初步测算,这个规划目标实现后,每年可节约燃油十分之一,实现直接经济效益400亿~500亿元,间接经济效益2 000亿元左右[4]。

作为我国经济发展速度最快、水平最高、综合实力最强的区域,长江三角洲地区已经成为提升国家综合实力和国际竞争力,带动全国经济快速稳定发展的领头者。长江三角洲区域内城镇密集,交通运输网络发达,人员交流、物资流通和经济往来密切,形成了以上海为核心、以南京和杭州为次级核心的向周边多等级城市辐射的比较完整的城镇体系结构[5]。根据《长江三角洲地区现代化公路水路交通规划纲要》,到2020年前后,长江三角洲高速公路网将基本连接县及县级以上城市、10万人口以上城镇、主要港口及机场,城市间以高速公路直接连接,中心城市间形成多线路、稳定可靠的高速公路通道。上海与长江三角洲以外周边地区可以实现"5小时沟通",形成以上海为中心、覆盖长江三角洲的"半日交通圈",所有地区"30分钟上高速";都市圈内中心城市"3小时互通",所有地区"20分钟上高速",长三角都市圈城市间可以一日往返[6]。实际上,至 2010 年末,沪宁、沪杭和杭宁三条高速公路已实现该规划目标,形成了 3 小时快速交通圈,串联起长江三角洲区域的 3 个中心城市——上海、南京和杭州。

随着高速公路网络的进一步完善,区域内越来越多的城市将纳入到一日往返的范围内,这种因日通达性的提高和日通达范围的扩展而产生的及时化交流必然对城际商务、旅游和购物等交流活动带来重要影响[7],使得体系内城市之间、城镇之间的相互作用和交流不断加强,城镇规模不断扩大,农村人口向城镇转移趋势进一步加强,城镇化水平进一步提升,城镇体系的空间结构也将受到影响。实际上,在国家尺度上高速公路网络的区域效应中,长三角地区尚未形成一体化的城镇体系[8],同时,《国务院关于进一步推进长三角地区改革开放和经济社会发展的指导意见》也明确要求"积极推进重大基础设施一体化建设,增强区域发展的支撑能力","加快建成以特大城市和大城市为主体,中小城市和小城镇合理发展的网络化城镇体系"[9],这说明,长三角区域的中小城市和县域经济需要进一步发展,以缩小各等级城市间的发展差异,实现该区域城镇体系中大中小城市之间的职能分工、产业布局优化和经济合作协调。

城镇体系是在一个相对完整的区域或国家中,由不同职能分工、不同等级规模、联系密切并相互依存的城镇所组成的有机整体[10]。本文选取的 5 个城市是长三角地区不同等级的中心城市,2010 年长三角地区 25 个地级及以上城市主要经济社会发展指标如表 9-1 所示。

表 9-1　25 个地级及以上城市主要经济社会发展指标

城 市	GDP(亿元)	第三产业总产值占GDP比重(%)	固定资产投资总额(亿元)	年末从业人员数(万人)	邮电业务量(亿元)
上 海	17 165.98	57.30	5 317.67	1 090.76	1 016.44
南 京	5 130.65	51.85	2 623.96	457.75	139.07
无 锡	5 793.30	42.80	2 067.99	382.34	103.94
常 州	3 044.89	41.43	1 420.47	323.41	57.40
苏 州	9 228.91	41.38	2 705.44	589.12	176.86
镇 江	1 987.64	39.52	749.35	182.14	38.21
南 通	3 465.67	37.25	1 281.39	463.72	62.48
扬 州	2 229.49	37.62	890.68	296.84	41.55
泰 州	2 048.72	37.64	693.01	284.33	36.70
徐 州	2 942.14	39.71	1 646.98	520.74	73.39
连云港	1 193.31	39.02	920.82	302.08	26.98
淮 安	1 388.07	39.26	841.22	326.50	27.27
盐 城	2 332.76	36.95	1 054.95	348.26	38.95
宿 迁	1 064.09	37.39	554.92	333.06	21.25
杭 州	5 949.17	48.69	2 753.13	626.33	144.06
宁 波	5 163.00	40.15	2 193.28	476.51	232.59
嘉 兴	2 300.20	36.24	1 488.26	317.60	70.56
湖 州	1 301.73	37.07	719.98	179.92	27.92

续表

城 市	GDP(亿元)	第三产业总产值占GDP比重(%)	固定资产投资总额(亿元)	年末从业人员数(万人)	邮电业务量(亿元)
绍 兴	2 795.20	38.60	1 245.56	341.81	48.87
温 州	644.32	44.85	413.84	66.65	18.37
金 华	2 925.04	44.37	925.98	558.86	111.07
衢 州	2 110.04	42.75	772.80	346.00	64.75
台 州	755.48	36.58	481.80	128.13	12.07
丽 水	2 426.45	41.69	950.24	367.56	66.30

网络城市理论认为,网络城市的演化过程包括轴心连接和散点连接两个过程。城镇体系发展初期,以空间集聚为主,交通干道发展多为轴心连接。当城镇体系进入扩散阶段,干道发展进入散点连接,产生大量的干道轴线,满足空间的横向联系,网络由此而生。由于城镇体系网络总是向优势资源区位集聚和扩散,因而网络城市理论非常逼近于现实城镇体系发展的模拟研究。网络城市的多中心结构和功能弹性不断滋生出新的垄断优势、多样性和创造性,并且城镇体系空间发展不拥挤,拥有更多的区位自由度[11,12]。因此,交通是城市和区域发展的重要区位因素之一,运输效率的提高和运费的下降大大节省了经济成本,促进了城市间的联系,使得小城镇与中心城市的交往密切,方便获得更多发展机会和利用中心城市各种优势因子,进一步促进低级城镇向高级城市的迈进,缩小了区域内的发展差异。

本章以长江三角洲地区综合实力、对外经济联系强的上海、南京、杭州、苏州、宁波五个中心城市为案例,利用 ArcGIS 技术,以加权赋值及栅格分析为技术手段,以 2000 年和 2010 年为时间节点,测度中心城市日通达范围,阐明该日通达范围内的城镇体系空间结构特征,分析高速公路日通达性对区域城镇体系空间结构的影响,期望丰富交通网络对区域城镇体系空间结构的研究,有助于了解地区之间、城市之间的交通联系状况,探索交通行为和城镇体系布局的关系,探索城市的发展潜力。

9.2 城市的日通达性及其相关研究

9.2.1 日通达性与日通达范围

交通便利程度是决定城镇体系形态变化和城市化发展的主要因素之一。"交通时距"作为描述交通便利程度的主要概念,最早由伦敦学者 Toyne 提出,是指城市居民从出行起点到达终点在时间上的消耗(它包括采用合适交通工具运行及终端必要步行时间),其值越小,表明城市规划布局、交通管理、道路设施及交通工具等的现代化程度越高(区域内部联系的便利程度越高)。交通时距的概念已广泛地应用于城市交通规划和城镇体系规划之中[13,14]。

作为衡量都市圈范围的核心指标,不同的交通时距产生了不同标准的"交流圈",例如 0.5 小时交流圈、1 小时交流圈、1 日交流圈,而 1 日交流圈在反映城际间的联系方面最为重要。1日交流圈反映了以1日为周期的经济高度联系地区,是都市圈的一种,其范围也反映出一个城市最直接的经济腹地。由于不能当日往返而不得不付出一定的额外成本,因此在市场决策力作用下中心城市与区域的关联度在一日交流的边界处发生跳跃,一日交流圈内部的经济联系强度显著高于与外部的联系[15],可以说1日交流圈反映了市场交易成本上的一次突变。

基于以上概念的理解和认识,作者尝试提出"日通达性"及"日通达范围"的概念。所谓"日通达性"是指以单程时限为2.5小时,一天为往返时限,从某一确定地点到达另一个地点的便利程度;"日通达范围"是指以一天为往返时限,从某一确定地点出发能够到达的全部地点所形成的范围,其中心为该确定地点,范围边界为与中心地时距2.5小时地点的连线组成的额区域。在这里,2.5小时时限来自王德在长三角地区所作的调查结果:假设适合于一般居民出行(不至于影响第二天的日常活动)的时间为早上7:30出发,晚上19:30返回,则全天出行时间12小时,减去在两地城市内的平均交通时间约0.5小时,共1小时,再减去各城市一般午休时间1小时,再减去在目的地办事时间大约5小时,得到的单程交通时间约为2.5小时[16]。应用到城镇体系规划中来,就是指两个城镇之间可以一日往返的便利程度。因此,依据日通达性划分的交流区域范围即"日通达范围",可以当日往返,避免了异地住宿,节约了时间成本和经济成本,其人员、物资的流动频率必然高于与该区域外部的交流频率,经济联系也远远大于与该区域外部的联系。

9.2.2 相关研究述评

王德等(2001)认为,以时距为纽带,将城镇体系的规划结构与交通网络规划有机结合起来,以城镇体系发展战略和等级结构为依据,分析各级城镇之间应具有的时距,并确定对交通网络的要求可使得城镇体系规划的抽象宏观意图真正落实到交通网络的具体规划中[17]。交通时距的不同形成了不同范围的交流圈,例如0.5小时交流圈、一小时交流圈,而其中一日交流圈是比较重要的一种。

一日交流圈的概念起源于日本。20世纪50年代,日本行政管理厅对"都市圈"的定义除了对中心城市人口的规模提出要求外,还增加了"以一日为周期"的时距标准[18]。日本国土厅(1987年)在全国第四次国土开发规划中确定了建设"全国一日交流圈"的目标,努力形成主要地区间多重系统交通网,使全国重要城市之间的移动所需时间大致在3小时以内,人员交流能够在一日之内往来,从而形成重要城市间的一日交流圈。加藤晃将任意一点为起点,单程3小时可到达范围定义为"一日交流圈"[19]。

我国学者利用不同方法对我国某些大城市及其所在区域进行一日交流圈的划分,并对比研究各城市不同年份一日交流圈的空间特征、动态变化和影响因素,以此预测未来因交通基础设施的建设而带来的一日交流圈的拓展态势,为加快城镇发展和优化城镇体系结构提供理论依据。如王德等以2.5小时为时距的一日交流圈,并以路长除以设计车速得到单程小于2.5小时的交通时距为依据,划分了沪宁杭三市1990年和1999年的一日交流圈并进行对比分析[20];王德等利用GIS手法,分析了上海市一日交流圈的现状、空间特征和1990~2000年的动态变化,提出了面积增长率、单位长度面积贡献率、速度弹性三

高速公路网与城镇体系的区域整合

个指标,以揭示各级公路对一日交流圈的贡献程度[21];冯章献利用GIS手段,划定了单程时距为1.5小时的沈阳一日交流圈,并结合相关因素的定性分析,划定沈阳大都市圈的空间范围[22];郭玖玖在王德等的研究基础上对京沪穗三市一日交流圈的现状、特征和1990~2005年的动态变化及影响因素、拓展趋势进行比较研究,就各级公路贡献率上得出两个结论:一是高等级公路的单位长度面积贡献率高于低等级公路,即高速公路对一日交流圈的贡献远远超过其他各级公路;二是高等级公路的速度弹性基本上都高于低等级公路,尤其是上海市高速公路的速度弹性最大,通过提升高速公路的运行速度可以有效拓展一日交流圈范围[23]。归纳起来,国内的这些研究所反映的一日交流圈动态变化的主要影响因素是交通网络的完善程度、地形地貌、行政区划、人口密度等,其中影响最大的是交通网络重大项目建设,这些项目使得地形地貌对一日交流圈的阻碍作用大大减弱。

城市化的快速发展和区域经济一体化都有赖于交通运输网络的不断完善,高速公路作为现代交通运输网络的重要组成部分,与其他公路相比具有行车速度快、通行能力大、经济效益高和交通事故少的优点,对现代社会的经济发展和城镇体系产生了广泛而深刻的影响。1960年,B. Berr和R. Petter等用系统论研究了城镇体系中的城市人口分布与服务中心等级体系的关系[24];1964年,J. Friedmann提出"核心—边缘模式"并以其模拟城市群体运作过程,从经济、社会、空间等多种视角分析城镇群体间的相互作用[25];1978年,L. BoLime和J. Simmons的《城镇体系:结构发展与政策》集各家学说之大全,将城镇体系研究推向了又一个高潮[26]。

西方国家高速公路的建设始于20世纪50年代,路网发展已经十分成熟,因此有关高速公路网络对城镇体系的影响研究较早,不过因高速公路大规模建设多在城市化完成之后,因此,他们的研究显然是高速公路对既有城镇体系的影响,与中国目前的情形大有不同。

英国规划咨询公司Atkins早在1959年的研究表明,高速公路的建设明显改善沿线地区的通达性,拉动沿线地区的土地价格上涨。Kanemoto、Mera、Sasaki和Morisugietal对高速公路网的改进和城市体系演变的相关性进行了研究,并分析了城市之间交通运输的投资对区域总体发展的均衡影响[27]。Javier Gutierrez等分析了高速公路对都市区内通达性的影响,结果表明越接近高速公路的地点从新基础设施中获益最多,各个地点如果距离高速公路越远,通达性的提高程度就越弱[28]。麦吉对亚洲发展中国家城市聚集地区的形成进行了研究,指出高速公路及铁路的建设,将两个或两个以上的大城市相互连接起来,从而形成城市间的狭长发展地带[29]。秋元耕一郎在对日本大都市圈进行研究时,从城市发展轴线的角度将城镇体系分类,提出促进城市群合理发展的政策措施[30]。

我国高速公路的建设开始于80年代末期,1990年以后才开始在东部沿海地区大规模兴建,1997年之后进入快速发展的网络化建设时期。这一时期国内学者对高速公路与城镇体系关系的研究多着眼于高速公路的空间效应及其对沿线城镇布局和经济发展的影响。姚士谋等(2001)以苏南地区高速路段为例,探讨了高速公路建设与城镇发展的相互关系,认为高速公路在促进江苏地区经济发展的同时,对城镇的空间布局也产生重要的引导作用[31];赵学彬等(2003)以京津唐、沪嘉等高速公路为例,研究了高速公路沿线产业布局对小城镇发展的影响,说明小城镇依托高速公路轴线发展,促进了区域城镇空间布局的合理配置[32];杨忠臣、陆玉麒以山东省高速公路发展为例,结合各城市经济数据和地理环境差异,分析评价了高速公路路网结构与城镇分布的相互关系,并探讨了高速公路的空间布局密切引导山东省城镇分布和扩展方向[33];蓝万炼等运用城市引力模型计算浙江省杭州、宁波、温州与省内其他城市间因高速公路的开通引起城市引力值的改变,得出高速公路的建成使城市间的相互吸引力值成倍提高,为形成以高速公路为轴线的城市群创造了条件[34];王成金分析了我国高速公路网络的空间演化过程,深入考察了高速公路建设对城镇密集区的空间效应有重要影响[35];林涛分析了高速公路与区域城镇体系关系的研究动态及高速公路沿线小城镇发展的比较情况,得出高速公路通过出入口向外辐射来推动沿线城镇经济发展,并且在时间上有延后性[36,37]。

显然,高速公路网络的显著优势成为加速城市化及推动区域经济增长的新动力,因此它也快速进入学者的研究视野。其中以交通时距为依据作一日交流圈的研究需要在高速路网的条件下进一步充实。

9.3 长三角地区中心城市日通达范围划分

9.3.1 数据来源

上海、南京、杭州、苏州、宁波是长三角地区的重要交通枢纽,综合实力强、对外经济联系度高。这里的城镇体系是指长三角地区县级行政单位及其上级城市所构成的城镇体系。为研究方便,这里将地级市市辖区整体视作一个空间单元,与县级市和县的县域单元开展研究;如镇江市辖区分为京口区、润州区、丹徒区、镇江新区,将这四个分区合并为整体称作镇江市区。

2000年和2010年各县级行政单位的经济、社会、交通等方面的数据分别源自上海市、江苏省、浙江省统计年鉴(2001年、2011年)。地图数据配准信息源自国家基础地理信息中心全国1∶400万地图数据。由于每条道路的路况、交通量、坡度、天气状况等,再加上收费站的影响,使得实际的公路通过时速低于设计时速。这里采用的公路时速为各等级公路设计时速乘以折减系数0.8后的平均时速(表9-2)。

表9-2 各等级公路时速　　　　　　　　　　(单位:km/h)

公路等级	高速公路	国　道	省　道
设计时速	120	100	80
平均时速	96	80	64

9.3.2 技术方法

王德等借助GIS的网络、3D、空间分析模块,采用网络分析—数字高程(TIN)模拟法划分一日交流圈,其原理是:利用ArcGIS建立不规则三角形网络空间模型的源数据可以是线性数据这一特点,用不同时间段内通过的公路来模拟等高线以建立空间模型;具体实

高速公路网与城镇体系的区域整合

施是通过 ArcGIS 的网络分析和空间分析功能,以中心城市为中心计算最短时间路径的方法为基础,分步计算各时间段服务区,叠加各层路网,对叠合公路模拟建立数字高程模型,把 TIN 模型转换为栅格数据并重新分类,再把栅格数据转换为矢量数据最后做叠合处理[38]。该方法可研究多个中心城市,计算精度高、误差小,考虑了高速公路的封闭性,可同时计算不同时距圈。

除此之外,还有分段缓冲区合成法和栅格空间分析法。分段缓冲区合成法把较短的线段看作点,再逐段做缓冲区,使边界连续而圆滑,是一种近似的模拟方法。其技术过程是首先应用网络分析服务区计算方法计算连续各时间段(实际操作采用每 5 分钟为一段)通过的公路,再计算各段公路在 150 分钟剩余时间内的缓冲区,最后叠加所有的缓冲区得到比较精确的时距范围。该方法的缺点是计算精确度与所费时间互相制约,如果各间隔时间段较长则叠加后的结果误差较大,而如果间隔时间段较短,虽然相对来说结果较为精确,但是运算量巨大[39]。

栅格空间分析法的原理是把研究区域分为若干大小相等的栅格,赋予每个栅格对应的时距属性,再利用 GIS 空间分析模块的栅格距离计算功能,计算从某一栅格出发消耗的时距,消耗尽的范围就是该时距范围。其技术过程是把各要素栅格化处理并赋值(每单元格的通过时间),合并各要素层,以一点或者多点为中心进行时距计算,计算结果矢量化[40]。栅格空间分析法原理简单易懂,应用方便,划分结果精确度高、贴近现实情况,可研究多个中心城市,可同时计算不同时距圈,其不足之处在于未能考虑到高速公路的封闭性问题,即虽然图层显示高速公路交叉互通,实际中只有在高速公路出入口处才可通过。

作者的日通达范围为以所选五个中心城市各自为确定中心地,与中心地时距为 2.5 小时的全部地点所形成的区域范围,综合上述方法,拟采用栅格空间分析法,针对其不足进行修正,以完善对栅格空间分析法,即根据地图资料添加实际中的高速公路出入口点要素图层,对高速公路建立缓冲区,并对缓冲区赋予极小值,即在缓冲区处不能通过高速公路,仅在出入口处才可出入高速公路,具体步骤如下:

① 空间数据库的建立。根据国家基础地理信息中心 1∶400 万数据库将地图配准并进行 Albers 等级圆锥投影变换。将配准后的地图数字化,生成面要素(各市、县级行政范围、水域面域)、线要素(高速、国道、省道等各级公路走向和等级),点要素(高速公路出入口、县级行政单位中心及地级市中心)等数据信息。

② 矢量图层栅格化。用 0.5 km×0.5 km 大小的栅格将上述矢量图层(除县域、地级市中心)栅格化。由于高速公路并不是任意连通可随处出入的,因此需要建立高速公路的缓冲区,并将其栅格化,然后将各栅格图层叠加,生成长江三角洲地区栅格图。

③ 对栅格赋值,生成长江三角洲地区速度栅格图。有公路通过的栅格,其速度值按照表 9-2 标准赋值,如水域及缓冲区栅格赋值为 1 km/h,高速公路出入口所在栅格赋予高值,其余栅格赋值为 24 km/h。

④ 生成长江三角洲时间成本栅格图。有公路通过的栅格,其栅格内公路的长度为栅格边长的 1.22 倍[40],因此通过每栅格的时间为 $T=1.22\times0.5/V$,其中 V 为每栅格赋予的速度值,0.5 为栅格边长。

⑤ 划分日通达范围。利用 ArcGIS 中空间分析模块的 Cost Weighted(成本加权距离

法)功能,以 2.5 小时为时间标准计算从中心城市出发到达各栅格单元的时距消耗,划分出各中心城市的日通达范围。

⑥ 叠合处理。将生成的日通达范围图矢量化并根据需要做叠合处理。

按照上述技术方法和步骤划分出来的长三角地区中心城市的"日通达范围"是以单程时限 2.5 小时所覆盖的范围,即以中心城市到达其他地点的日通达范围,其中 0～1 小时所覆盖的范围为"日通达范围的"的核心区域,是单程交通时距小于等于 1 小时的"经济高度联系区";大于 2.5 小时的白色区域是日通达范围之外的地区,即以中心城市为出发地或目的地,根据日通达范围的定义不能当天往返于出发地与目的地之间的区域。

9.3.3　2000年长三角地区各中心城市日通达范围特征

(1) 上海的日通达范围特征

上海市 2000 年的日通达范围总面积为 17510 km², 覆盖区域包括上海市除崇明县以外的市域范围、嘉兴市除海盐县南部以外的市域,杭州市域北部部分地区,湖州市域东部小范围高速公路沿线地区;苏州市(几乎)全部市域、无锡市除宜兴市之外的其他几乎全部市域范围、常州市毗邻无锡市的东部地区;南通地区跨越锡通大桥的靖江部分地区。

观察图 9-1 我们发现,① 上海的日通达范围的形态特征与高速公路的分布、走向一

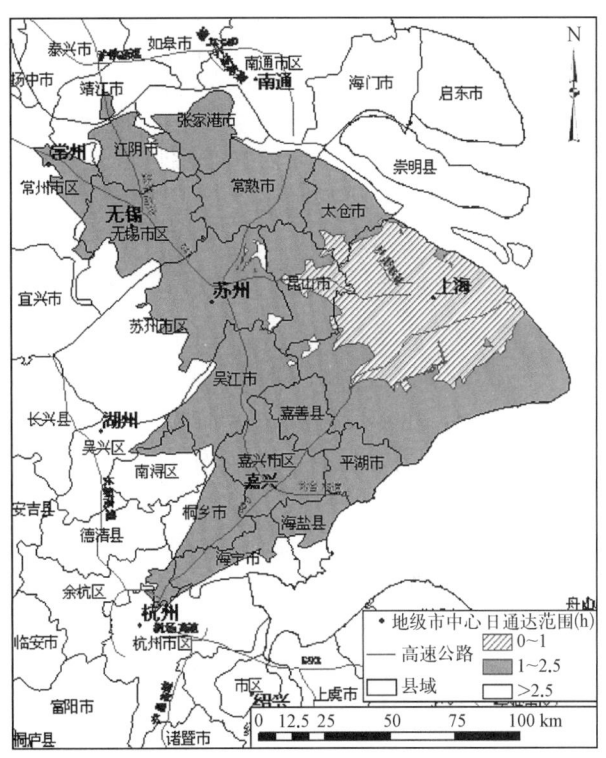

图 9-1　2000年上海日通达范围

致,借助沪宁、盐靖、沪杭高速公路向西北、西南呈指状延伸——西北覆盖到靖江市、常州市区,西南到达杭州市区北端;最北端到达张家港市、靖江市域北界,最南达杭州市北端;② 得益于上海市域内的内环高架路、外环高速,并与沪宁、沪杭、沪嘉高速,以上海为中心的1小时经济高度联系区基本上呈放射状向四周均衡发展,覆盖面积达 3 288.5 km²;几乎涵盖了上海市域的一半面积,甚至沿京沪、沿海高速扩展至太仓市、昆山市的部分地区;③ 受制于东海、长江、钱塘江、太湖等天然屏障,上海市的日通达范围区域局限在长江与杭州湾之间,向西止于太湖;④ 高速公路及路桥如江阴大桥、盐靖、常台高速的建设和发展,部分地克服了水域屏障,使上海日通达范围跨越长江区,延展至靖江市;⑤ 受各等级公路分布及组合不均匀或水域等影响,在国道、省道密度低或缺失的地区交通衔接不畅,造成上海日通达范围边缘呈"支离破碎"形态:如在吴兴区、南浔区、桐乡市形成的半包围形态、江阴市境内形成的日通达范围空洞;而苏州市区的东北角和东南角、上海市区西端、吴江市境内的空洞是湖泊水域障碍;湖州市区、无锡市区内的指状区域是沿国道、省道延伸形成;⑥ 高速公路出入口地区会成为日通达范围的高值点地区,这是由于高速公路出入口处可达性程度高,通勤和集散能力强大,与周围经济联系密切。例如,靖江市南端恰恰处在盐靖高速的出入口处因而成为上海日通达范围的点状扩展地区。

(2) 南京的日通达范围特征

南京市2000年日通达范围如图9-2所示,总面积 19 654 km²,覆盖了南京全部市域、镇江、常州绝大部分地区,无锡市西北部沿沪宁高速沿线至市区的部分市域、宜兴市西北部部分地区;扬州的绝大部分市域,泰州市区和江都市大部地区、高邮和泰兴市的部分地区、盱眙县东部地区和泗洪县中南部高速沿线的小部分地区。1小时经济高度联系区范围覆盖南京市域、句容市北部地区、镇江市西部小部分地区、溧水县北部高速公路沿线部分地区等,面积为 3 652.5 km²。该区域在南京郊区的宁洛、绕城高速及向四周辐射发展的宁合、宁高、G25、沪陕、沪宁高速公路组合支撑下,以南京为中心向外呈放射状;由于长江天然屏障,在市中心形成1小时联系区的细长空洞,但在南京长江大桥跨越的地区由于绕城高速和国道 312、328 的互通使得1小时联系区又连接起来。若不受研究区域的行政区划限制,南京市日通达范围必然被从中心由西南、西北向安徽马鞍山、芜湖和滁州、合肥方向拓展,这与王德等(2003)的研究结果吻合。总体来看,南京市2000年日通达范围以南京为中心向东、北、南三个方向发展,各方向沿高速公路呈指状延伸,沿国道、省道高等级公路呈枝状延伸,边界曲折。由图9-2可见,长江、洪泽湖、高邮湖以及金坛和常州的荡湖、滆湖等水域是南京的日通达范围的制约的天然屏障。

(3) 杭州的日通达范围特征

杭州市2000年日通达范围如图9-3所示,总面积 36 198 km²,覆盖了杭州、嘉兴、湖州、绍兴市、吴江市的全部市域或绝大部分市域,还包括上海、苏州市区、宜兴市、义乌市、宁波市北部的相当部分地区,以及天台、东阳、金华、建德小部分地区;该区域呈不规则多边形,界线曲折,多指状延伸,东北部界线呈锯齿状。其1小时经济高度联系区同样沿高速公路延伸,面积 3 479 km²,形态不规则,边缘界线曲折,系沿各级公路线状扩展所致,桐庐县、浦江县内的空洞是由于河网密布、公路缺失,该地区的通达性降低所造成。

第9章 高速公路网与长三角地区核心城市日通达性

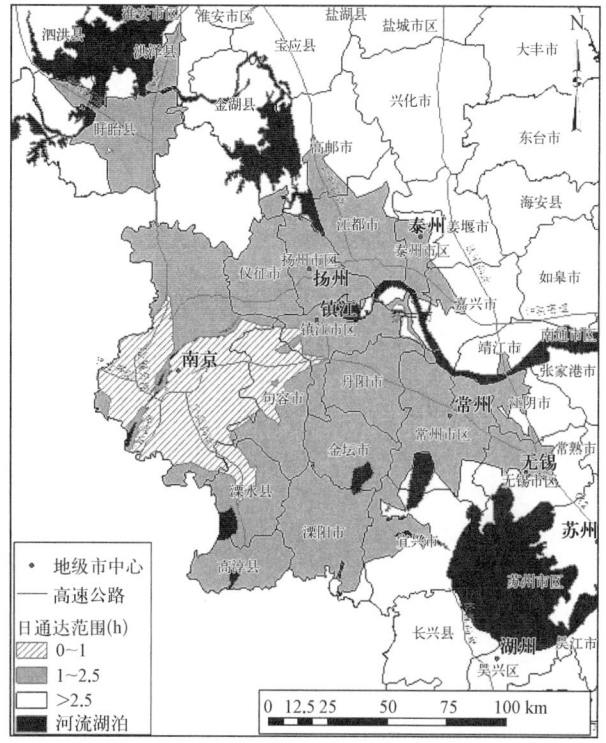

图 9-2 2000 年南京日通达范围

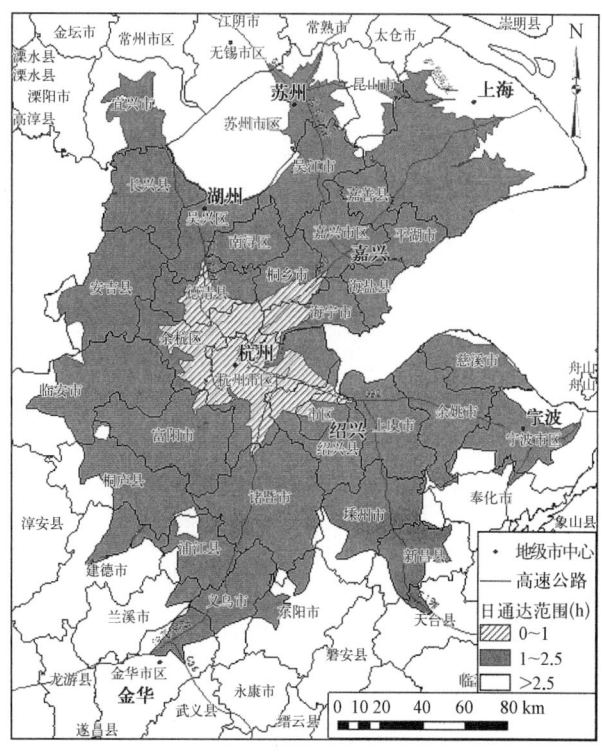

图 9-3 2000 年杭州日通达范围

(4) 苏州的日通达范围特征

苏州市 2000 年日通达范围如图 9-4 所示,总面积 33 903 km²,覆盖了苏州、无锡、常州市、上海、嘉兴市的全部市域或绝大部分,泰州、南通、镇江、湖州的相当部分地区、杭州市北部和钱江南岸沿高速公路的部分地区;日通达范围呈不规则扇形,南北方向覆盖面积广,东西方向较为狭窄,北部、东北部和西部、西南部界线曲折,多呈树枝状延伸;该范围 1 小时经济高度联系区面积为 3 843.5 km²,沿沪宁、沪陕、常台高速呈指状延伸,东北部、东部和南部边缘地区因国道、省道和高速公路交叉分布形成小面积的树枝状延伸,区内主要的国道和省道因与高速公路走向基本一致,对其形态特征影响不明显。

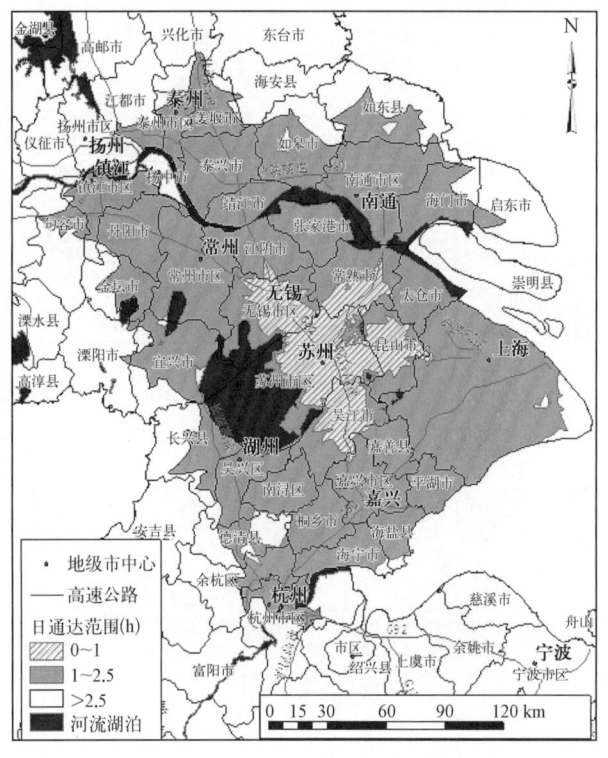

图 9-4 2000 年苏州日通达范围

(5) 宁波的日通达范围

宁波市 2000 年日通达范围如图 9-5 所示,总面积 18 326.5 km²。覆盖区域包括宁波市全域,绍兴、台州市的大部分市域,杭州相当部分地区、湖州的德清县部分地区;该区域沿杭州湾南侧、东海海岸分别向西部、南部扩展,得益于沪杭、长深、杭甬高速,日通达范围北部跨越钱塘江向北可到达桐乡市、德清县、余杭区,西部到达诸暨市,南部到达台州市区。该范围与该区域高速公路网骨架即杭甬、甬台温、常台高速所形成的三角形对应,呈三角形形态。1 小时经济高度联系区沿杭甬、甬台温高速呈不规则多边形指状延伸,面积为 3 395 km²,覆盖宁波市区绝大部分市域,余姚市中部地区,慈溪东部、奉化市东部并延伸至宁海县高速公路沿线小部分地区。

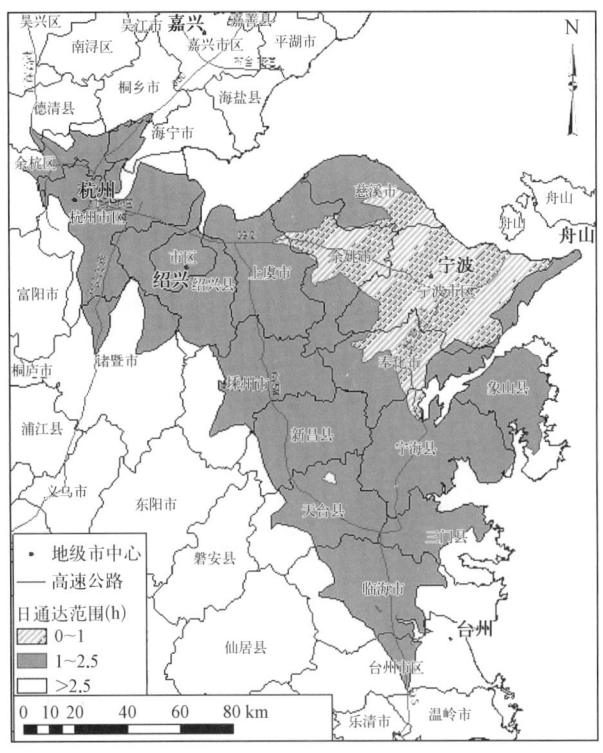

图 9-5　2000 年宁波日通达范围

9.3.4　2010 年长三角地区各中心城市日通达范围特征

(1) 上海的日通达范围特征

2010年长三角地区高速公路已形成较完善的网络系统,上海市2010年的日通达范围如图9-6所示,总面积24571 km²。覆盖上海、苏州、嘉兴的全部市域或绝大部分市域,南通、无锡的相当部分地区以及常州、湖州、杭州的部分地区;沿多条高速公路向西北、西南片状扩展,在长江北岸南通市内和长江入海口崇明县境内形成新增长区,末端界线曲折、多处枝状延伸、沿跨江大桥延展至靖江、慈溪境内。在这个范围内有多达36条高速相互衔接,形态特征得益于高速公路网络的形态、走向和特点(便捷度、通达性、连接度等)。沿沪宁、沿江、盐靖、锡宜、锡张高速组合成树枝状高速系统,日通达范围向西北片状发展,西北端达常州市区、靖江市、宜兴市;沿沪渝、申嘉湖、申嘉湖杭、亭枫、沪昆、沪杭、杭浦高速和新卫高速、跨海大桥北接线、乍嘉苏、杭宁、杭州绕城公路组成七纵五横的高速公路脉络,日通达范围向西南片状发展,最远到达长兴县、德清县、杭州市区;沈海、沪陕高速跨过长江分别连接南北岸的常熟市、南通市区和上海市区、长兴岛、崇明岛、启东市,借助这两条高速日通达范围在长江北岸及入海口处形成新增长区,最北端达如皋市北部。

该范围的1小时经济高度联系区从中心向外沿高速公路辐射扩展,面积3 566 km²,包括上海市、太仓市、昆山市的大部分地区,最西端到昆山市西边界、东北端沿沪陕高速线

高速公路网与城镇体系的区域整合

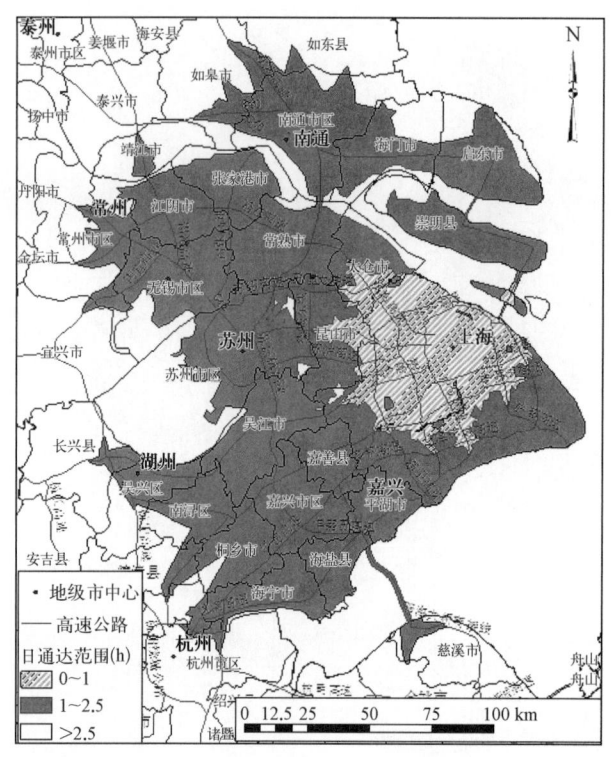

图 9-6　2010 年上海日通达范围

性延伸至长兴岛;1 小时区域末端多处树枝状延伸。由内环线、外环高速、上海郊环高速、沈海高速、苏州绕城东线及沪嘉、沈海沿江、沪宁、苏沪、沪渝、沪昆、申嘉湖、沪金、沪荟高速组成的网络,呈核心环线、外围呈放射状的"三环十射"高速网络,其高密度、高连接度的特点使得该网络通达程度非常高,直接影响 1 小时经济高度联系区经济和社会活动。至 2010 年,苏通大桥、上海长江隧桥、复兴大桥、杭州湾跨海大桥的建成通车,降低了时间成本,大幅度提高了该区域的通达性,使得上海日通达范围沿这些连接线继续拓展,在北部形成新增长区、南部沿跨海大桥线性延伸跨过杭州湾;其末端界线曲折同样受各等级公路组合不均匀影响,沿高速、国道、省道呈树枝状延伸。

(2) 南京的日通达范围特征

南京 2010 年日通达范围如图 9-7 所示,总面积 23 026 km²,覆盖了南京、镇江、常州、宜兴市全部市域,扬州市域、无锡市区、盱眙县的大部分,泰州市域、高邮县、洪泽县、金湖县的部分地区,另外还延展至北端的淮安、南端的长兴小部分地区,形状呈不规则多边形。

宁合、宁芜、宁宣、宁洛、杭宁、沪宁、沪陕、长深、扬溧、锡澄、锡宜、京沪、新扬等长短线高速公路组成错综复杂的高速网络,使得南京 2010 年日通达范围沿高速公路网向四面八方扩展,最北端分别沿宁宿徐、宁连高速线性延伸到达泗洪县和淮安市区,东端沿沪宁高速到达无锡市区,最南端沿杭宁高速到达长兴县。1 小时经济高度联系区形态与高速网络形态相对应,呈"一环八射"高速网络从南京市区中心向外辐射扩展,面积为 4 561.5 km²,覆

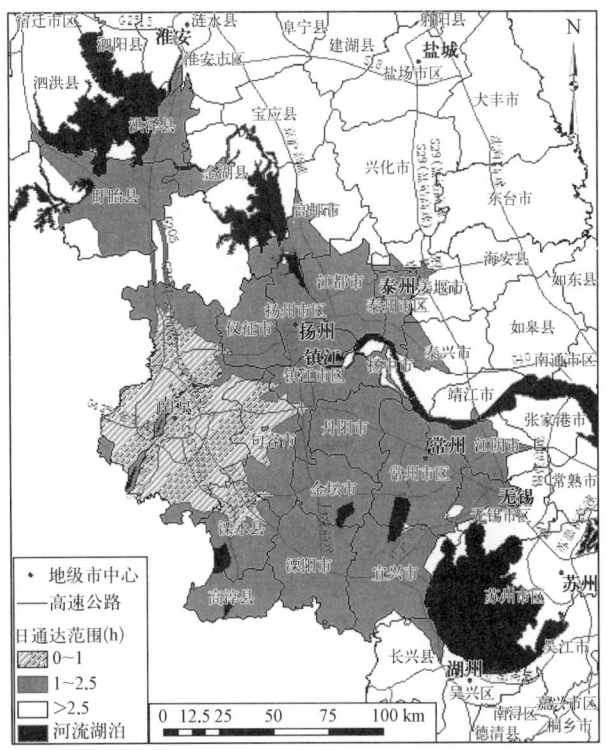

图 9-7　2010 年南京日通达范围

盖南京市区绝大部分,句容市、溧水县大部分,镇江市区、仪征市的小部分。长江虽然从 1 小时联系区中穿过,但在南京绕城高速、宁洛高速通过的地区又被连接起来。南京绕城高速、宁洛、沪蓉高速连接而成的环线与周围放射状高速公路的连通性高、出入口多,使得网络整体通达性提高。

(3) 杭州的日通达范围特征

杭州市 2010 年日通达范围如图 9-8 所示,总面积 40 692 km²。覆盖区域包括嘉兴、杭州、湖州、绍兴市的全部市域或大部分市域,上海邻浙苏的超过一半的市域范围、苏州市域的市区大部和吴江全部以及昆山部分地区,无锡市域的宜兴大部分地区、宁波市域的市区大部和慈溪余姚全部范围,在南部覆盖到东阳、义乌和浦江几乎全境,以及金华的小部分地区。

杭州市 2010 年日通达范围因高速公路的快速发展向各方向都有所扩展,西北部受杭宁高速、锡宜高速支撑下,覆盖宜兴市大部分市域,并可到达溧阳县境内;东北部苏嘉杭、申嘉杭、沪杭、杭浦等多条高速公路影响,该范围最远可抵无锡市区边界和上海市区大部分;西部、西南部有杭瑞高速、杭新景高速,该范围触及浙皖边界,并因杭千高速公路可达淳安县千岛湖;南部和东南部受益于杭金衢、诸永、常台、杭甬高速公路,最南可到达金华市区、义乌市、东阳市,并触及磐安县、天台县,东南可覆盖宁波市区大部分区域,同时又有沈海高速连接杭州湾的跨海大桥,东部覆盖了慈溪市全境。其 1 小时经济高度联系区同样沿"一环八射"高速网络呈放射发展,面积达 3 699 km²,其内部空洞是由河网密布、各级

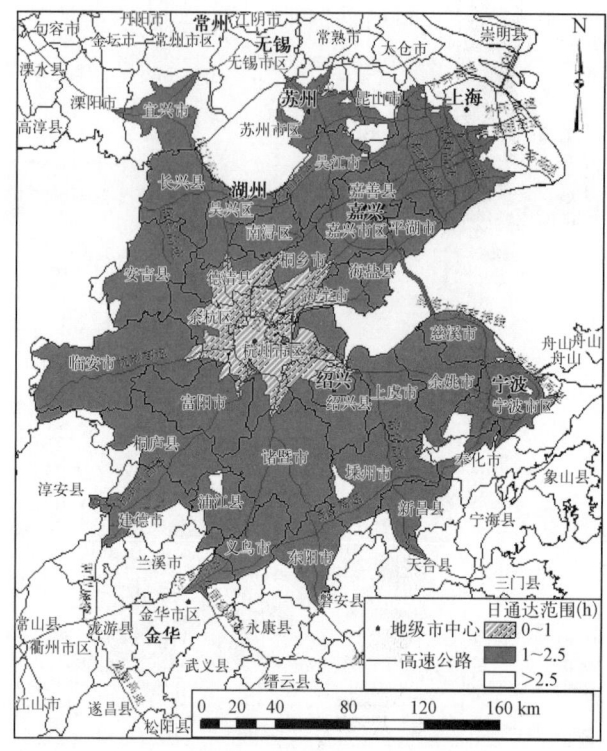

图 9-8 2010 年杭州日通达范围

公路之间通达度较低所致。

(4) 苏州的日通达范围特征

苏州市 2010 年日通达范围如图 9-9 所示,总面积 40 478 km²,覆盖了苏州、无锡、嘉兴市的全部市域,常州市、镇江、泰州市、上海市的几乎全部市域,南通、湖州大部分市域,南及杭州市的中心城区及其余杭区并接近绍兴市界,北端触及扬州、南京市界。显然,得益于进一步发展的高速公路网络,2010 年的苏州日通达范围向北跨越长江可及江都、兴化、海安和如东县,向东远达启东市,长江隧桥的建成通车,该范围亦可覆盖到上海的崇明县;向西有沪宁等高速公路,最远可达句容市、溧水县;东南部由于杭州湾跨海大桥的建成通车,范围可触及慈溪市、余姚市。1 小时经济高度联系区面积 4 421 km²,沿高速公路由中心城区向外放射发展,向西受太湖限制,东部因阳澄湖阻隔及衔接公路密度降低形成 1 小时联系区"空洞"。

(5) 宁波的日通达范围特征

宁波市 2010 年日通达范围如图 9-10 所示,总面积 24 586.5 km²。覆盖区域包括宁波、舟山、绍兴、嘉兴市的全境或绝大部分市域,杭州市中心城区以及余杭区和萧山区全部、台州市的天台、三门和临海等市县的大部分,东阳县的大部分,以及上海金山、青浦的部分区域;得益于本地区高速公路网络的发展,特别是杭州湾跨海大桥、舟山连岛大桥的建成通车,2010 年宁波日通达范围跨越杭州湾,北端到上海市南部;受杭甬、沪昆、甬金高速影响,西部、西南部达义乌市境,南端沿甬台温高速到达台州市区;东端大桥覆盖到舟山

第9章 高速公路网与长三角地区核心城市日通达性

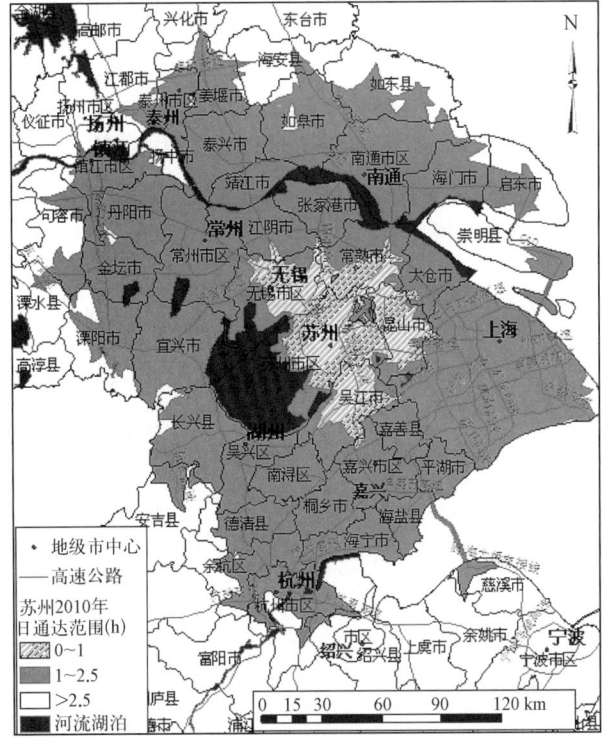

图 9-9 2010 年苏州日通达范围

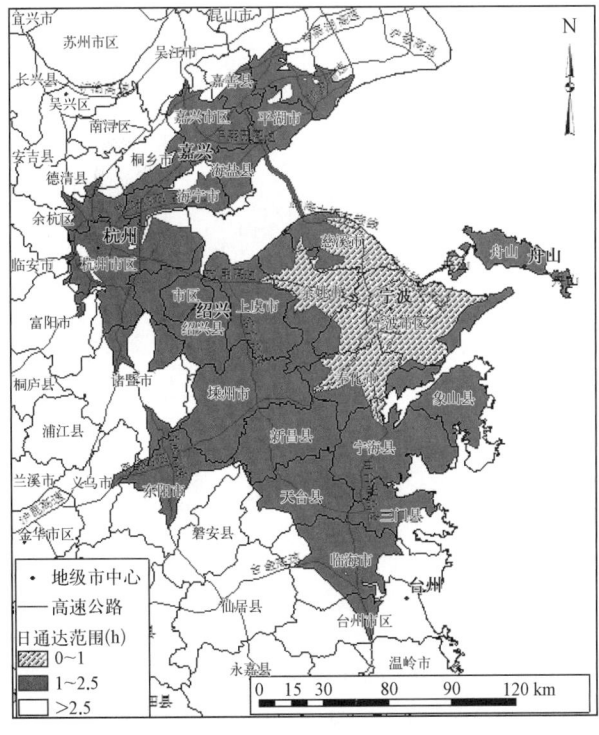

图 9-10 2010 年宁波日通达范围

市大部分市域。1小时经济高度联系区依绕城高速及甬台温、甬金、杭甬高速、跨海大桥南接线、329国道"一环五射"的网络辐射扩展。

9.4 长三角地区中心城市日通达范围变动分析

9.4.1 上海日通达范围的变动

2000～2010年上海市日通达范围的变动情况如图9-11所示：斜线部分为增加的范围，即以上海市中心为出发地或目的地生成的日通达范围2010年比2000年增加的部分；右上角小幅图框中区域为1小时经济高度联系区的变动情况，阴影部分是2010年比2000年增加的1小时联系区范围（下文同此说明）。

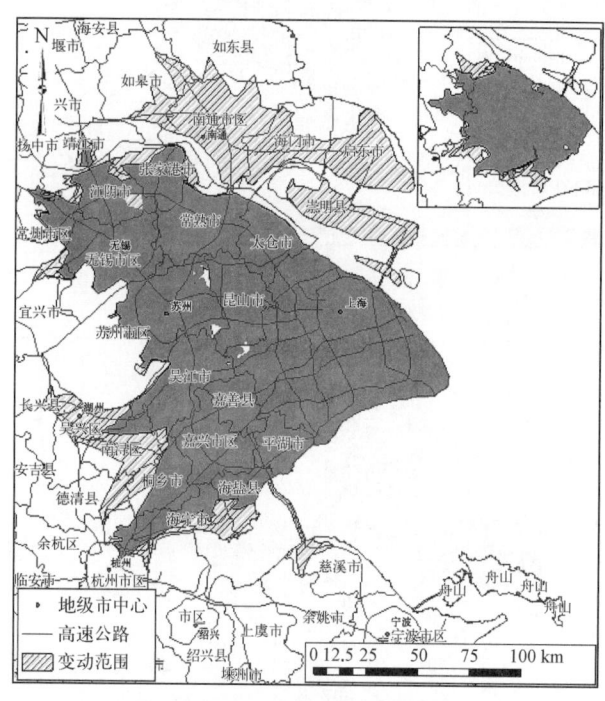

图9-11 上海日通达范围变化图

总面积增加了7 061 km²，北部扩展至的上海崇明县，江苏的南通市大部分地区，西南部拓展至浙江湖州的南浔区、吴兴区和长兴县，南端海盐、海宁、杭州境内进一步扩张，同时跨越杭州湾及至慈溪的区域都有所扩大；江阴市内的覆盖空洞消失。1小时经济高度联系区的面积增加277.5 km²，在上海市区、太仓市、昆山市的范围均有扩展，通过沪陕高速延伸到崇明县长兴岛。2000～2010年上海市日通达范围扩展区域主要是新建高速公路沿线地区，杭浦、杭瑞、杭新景高速公路以及沪昆、沪渝的连接线，特别是上海长江隧桥、苏通大桥、杭州湾大桥的建成通车，大大提高了本区域的高速路网连接度和通达性。

9.4.2 南京日通达范围的变动

南京 2000～2010 年日通达范围总面积增加了 3 372 km²，主要在北部和东南部拓展，即在盱眙县、洪泽县、金湖县、高邮市、泰兴市、江阴市、宜兴市、溧阳县、无锡市区、江都市境内有较大扩展如图 9-12 所示；1 小时经济高度联系区面积增加 909 km²，主要在南京市区、镇江市区、溧水县、句容市内扩张，并扩展至仪征市大部分地区。

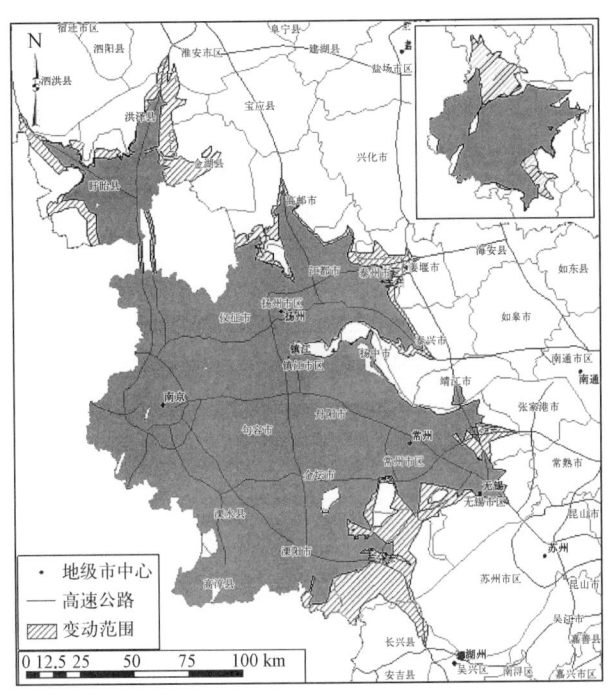

图 9-12 南京日通达范围变化图

南京市的日通达范围的扩展主要受新建高速影响。新建的 G205、启扬、G15 沿江、锡宜、杭宁高速使得日通达范围沿这些高速公路沿线扩展，润扬大桥及扬溧高速的建设连接长江南北地区，大大提高了本地区通达性；同时，省道路网的完善也起到一定作用：扬中长江二桥的建成通车及在此通过的 238 省道连接扬中市、常州市区，与 1994 年建成的扬中长江大桥一起，强化了路网的连接度。1 小时联系区增加的范围受益于南京绕城高速的全线通车、宁洛、G205、杭宁、G15 沿江高速、扬溧高速的建设形成"一环八射"的高速路网，其中 2001 年通车的南京长江二桥连接新建的宁洛高速及 2005 年通车的长江三桥连接绕城高速对绕城高速的全线通车起关键作用，大幅度提升了南京市区的通达性。

9.4.3 杭州日通达范围的变动

杭州自 2000 年至 2010 年间日通达范围增加了 4 494 km²，主要拓展范围在西南地区的临安、桐庐、建德县境以及和东南、东部地区东阳、奉化、宁波市区、慈溪市区境内；北部的苏州、上海境内也有部分拓展如图9-13所示。1小时联系区面积增加了220 km², 在德清县、桐乡市、海宁市、临安市、富阳市、杭州市区内范围有所增加, 增加部分沿新建高速延伸。杭州增加的日通达范围均沿新建高速延伸扩展。如上海"三环十射"高速路网的形成、苏州绕城、宁波绕城、苏绍、杭州湾跨海大桥、杭宁、锡宜、杭瑞、杭新景、诸永、甬金高速的建设等, 大大提高了杭州及其周边城市的通达性, 缩短彼此之间的通达时间。1小时联系区范围的扩大得益于杭州绕城高速的全线通车及沪昆、杭浦、申嘉湖杭、杭瑞、杭新景高速的建设, 其中钱江四桥及六桥的通车对于绕城高速全线贯通、减弱钱塘江的阻隔作用、提高杭州市区的通达度起到关键作用。

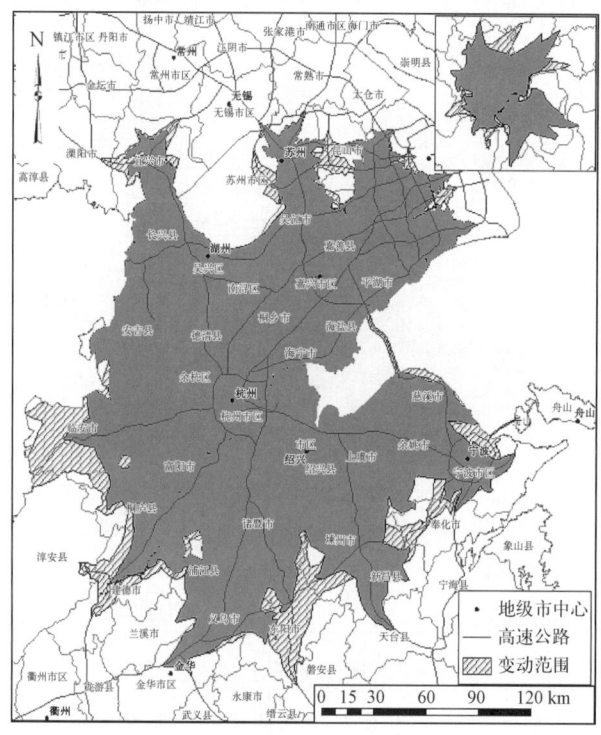

图9-13 杭州日通达范围变化图

9.4.4 苏州日通达范围的变动分析

苏州自2000年至2010年间日通达范围增加了6 575 km², 新增覆盖范围主要在西南部即丹阳、金坛、溧水、溧阳、宜兴、长兴、安吉、德清等市县均有相当的面积拓展, 以及东北部和姜堰、海安、如皋、海门、启东、崇明、浦东南汇等地的扩张, 同时还有南部的慈溪、杭州明显延伸如图9-14所示; 1小时经济高度联系区面积增加577.5 km², 新增的覆盖县域为张家港市, 并在无锡市区、常熟市、昆山市、太仓市、吴江市、上海市区范围有所增加。

2000~2010年, 苏州日通达范围的扩展主要是受新建高速公路和跨海交通工程的影响, 即G15沿江、锡宜、扬溧、沪渝、杭长高速的全面建设及苏通大桥通车和杭宁高速的北段拓展, 使日通达范围得以向西部深入扩展; 杭瑞、杭新景高速的建设及杭州湾绕城、沪昆

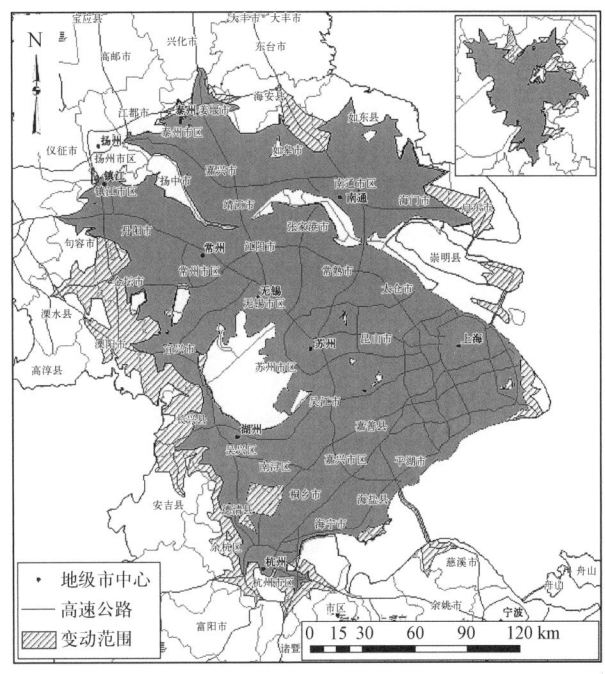

图 9-14 苏州日通达范围变化图

高速的延伸和衔接，使南端扩展到绍兴县；杭州湾跨海大桥的建成及南北接线的全面通车，大大缩短了杭州湾两岸江苏和浙江的时间距离，使慈溪市也被纳入苏州日通达范围内；杭浦高速的建设使日通达范围增加到几乎全部的海宁市、海盐县。北部沿拓展后的沈海高速和新建的启扬高速在如皋市、海安县、姜堰市有所扩展。G40 及上海长江隧桥的建成通车，使日通达范围在启东市、海门市有所扩大，并进一步覆盖到崇明县。

9.4.5 宁波日通达范围的变动分析

宁波自 2000 年至 2010 年间日通达范围增加了 6 260 km²，新拓展的区域明显受到杭州湾跨海大桥、舟山连岛大桥影响，范围扩展至杭州湾北岸的嘉兴市全境以及上海市的青浦、金山小部分地区，以及舟山市区等，另一处明显扩张地区是西南部的嵊州、新昌、诸暨、东阳境内以及杭州中心城区西南边缘；1 小时经济高度联系区面积增加了 478 km²，新增区域扩展到舟山市的金塘岛，并在慈溪市、余姚市、宁波市区、奉化市有所增加。

2000～2010 年，宁波日通达范围的扩展同样受新建高速公路和跨海大桥的影响，北部、西部和东部的范围都有大幅度增加。新建的杭浦、申嘉湖、亭枫高速及杭州湾跨海大桥和南北接线的建成通车，使得日通达范围跨越杭州湾向北扩展到江苏、上海境内；杭瑞、杭新景、杭州绕城高速、甬金、诸永、台金高速的建设和完善，范围覆盖至富阳市、东阳市、义乌市，并在杭州市区内大面积增加，使嵊州市、新昌县的覆盖范围几乎增加到全部县域。2009 年金塘跨海大桥的通车，将舟山金塘岛纳入宁波的 1 小时联系区，并使舟山大部分市域(嵊泗县、岱山县除外)纳入宁波日通达范围内。

高速公路网与城镇体系的区域整合

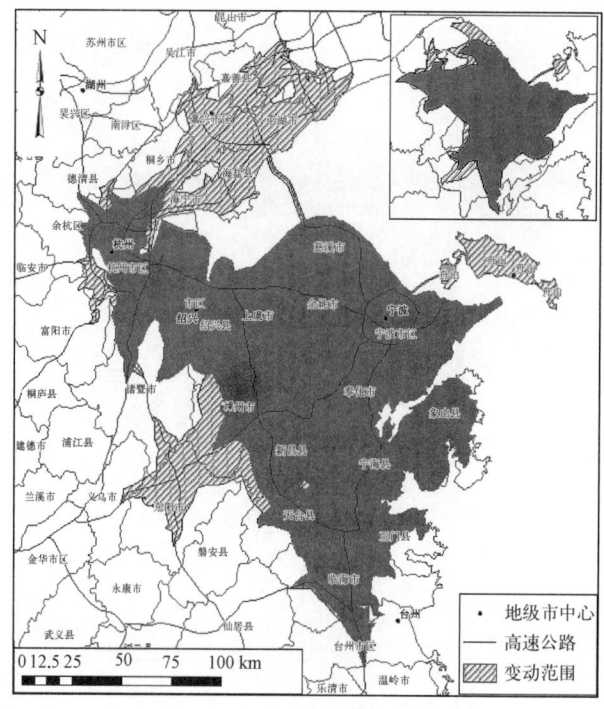

图 9-15 宁波日通达范围变化图

9.4.6 各中心城市日通达范围特征及变化比较

显然,随着本地区高速公路网的不断完善,以及跨江跨海交通工程的建设和发展,各等级中心城市与周边区域的通达时间大大缩短,把更广阔的区域纳入到中心城市2.5小时的日通达范围内,这些中心城市的扩展率都在12%以上,其中上海、宁波的扩张率高达40.33%和34.16%,各城市一小时经济紧密联系区的面积扩张也非常明显,均在6%以上,尤其是南京高达24.89%如表9-3所示。它们所包含的更多的县域因日通达性的提高,与中心城市的经济、文化等交流更为便捷,十分有利于其经济发展和城市化水平的提高。

表 9-3 2000~2010年各中心城市日通达范围比较

城市	2000 总面积 (km²)	2000 1h面积 (km²)	2000 覆盖县域(个)	2010 总面积 (km²)	2010 1h面积 (km²)	2010 覆盖县域(个)	总面积增加 (km²)	总面积扩展率	1h增加面积 (km²)	1h增加面积扩展率	增加县域数量(个)
上海	17 510	3 288.5	19	24 571	3 566	29	7 061	40.33%	277.5	8.44%	10
南京	19 654	3 652.5	22	23 026	4 561.5	27	3 372	17.16%	909	24.89%	5
杭州	36 198	3 479	37	40 692	3 699	39	4 494	12.42%	220	6.32%	2
苏州	33 903	3 843.5	38	40 478	4 421	44	6 575	19.39%	577.5	15.03%	6
宁波	18 326.5	3 395	19	24 586.5	3 873	30	6 260	34.16%	478	14.08%	11

9.5 长三角中心城市日通达范围内的城镇体系的空间组织

我们从人口和经济两个方面,对长三角地区五个中心城市基于高速公路日通达性空间范围内的城镇空间组织和结构进行分析,以阐述高速公路日通达性对区域城镇空间结构的影响。

9.5.1 各中心城市日通达范围内城镇规模体系

(1) 各中心城市日通达范围内城镇人口规模体系

表9-4~表9-8分别显示了上海、南京、杭州、苏州、宁波这五个中心城市日通达范围内的2000年及2010年城镇规模等级体系。对于日通达范围边缘处一些城市行政区划范围未全部纳入日通达范围之内的城市做如下处理:假设各城镇人口平均分布,求得边缘处城镇的非农业人口密度;利用GIS平台计算边缘处各城镇纳入日通达范围内的面积,以此面积与非农业人口密度相乘求得该城镇在日通达范围内的非农业人口规模,在日通达范围内的城镇规模排列及等级分布亦以此标准计算。

表9-4 上海日通达范围内的城镇规模体系

规模 (万人)	2000		2010	
	数量	城镇	数量	城镇
>500	1	上海市区	1	上海市区
100~500	0		1	无锡市区
50~100	1	无锡市区	2	江阴市、苏州市区
20~50	5	常熟、昆山、江阴、嘉兴市区、苏州市区	13	崇明、太仓、常熟、张家港、昆山、吴江、平湖、嘉兴市区、海宁、桐乡、启东、湖州市区、常州市区
<20	11	太仓、吴江、嘉善、平湖、海宁、海盐、桐乡、张家港、靖江、常州市区、湖州市区	10	嘉善、海盐、海门、如皋、如东、靖江、宜兴、长兴、德清、慈溪

表9-5 南京日通达范围内的城镇规模体系

规模 (万人)	2000		2010	
	数量	城镇	数量	城镇
>500	0		0	
100~500	1	南京市区	2	南京市区、常州市区
50~100	4	常州、扬州、镇江、无锡市区	3	扬州、镇江、无锡市区
20~50	2	泰州市区、丹阳	4	盱眙、丹阳、宜兴、泰州市区
<20	15	仪征、句容、溧水、高淳、金坛、溧阳、江都、盱眙、洪泽、宜兴、高邮、泰兴、靖江、江阴、扬中	13	句容、仪征、溧水、高淳、金坛、溧阳、扬中、江阴、泰兴、高邮、洪泽、江都、靖江

高速公路网与城镇体系的区域整合

表 9-6　杭州日通达范围内的城镇规模体系

规模 (万人)	2000		2010	
	数量	城　镇	数量	城　镇
>500	1	上海市区	1	上海市区
100~500	1	杭州市区	1	杭州市区
50~100	0		2	苏州、宁波市区
20~50	4	嘉兴市区、绍兴市区、苏州市区、宁波市区	8	海宁、平湖、桐乡、吴江、绍兴县、嘉兴、湖州、绍兴市区
<20	24	海盐、海宁、平湖、桐乡、嘉善、德清、绍兴县、长兴、安吉、临安、富阳、诸暨、上虞、吴江、余姚、慈溪、嵊州、浦江、宜兴、桐庐、建德、义乌、东阳、湖州市区	19	海盐、嘉善、德清、长兴、安吉、临安、富阳、诸暨、上虞、余姚、慈溪、嵊州、浦江、宜兴、桐庐、建德、义务、东阳、奉化

表 9-7　苏州日通达范围内的城镇规模体系

规模 (万人)	2000		2010	
	数量	城　镇	数量	城　镇
>500	1	上海	1	上海
100~500	0		4	苏州、无锡、常州、杭州市区
50~100	3	苏州、无锡、常州市区	2	江阴市、镇江市区
20~50	7	昆山、常熟、张家港、丹阳、泰州市区、嘉兴市区、杭州市区	15	吴江、昆山、常熟、太仓、张家港、如皋、海门、丹阳、宜兴、桐乡、平湖、海宁、泰州、湖州、嘉兴市区
<20	17	吴江、太仓、靖江、泰兴、姜堰、如皋、海门、金坛、宜兴、长兴、湖州市区、德清、桐乡、嘉善、平湖、海盐、海宁	12	靖江、泰兴、姜堰、金坛、长兴、德清、嘉善、海盐、启东、溧阳、句容、慈溪

表 9-8　宁波日通达范围内的城镇体系

规模 (万人)	2000		2010	
	数量	城　镇	数量	城　镇
>500	0		0	
100~500	0		3	宁波、杭州、上海市区
50~100	2	宁波、杭州市区	0	
20~50	1	绍兴市区	7	绍兴县、海宁、平湖、桐乡、绍兴市区、舟山、嘉兴市区
<20	14	慈溪、余姚、奉化、上虞、嵊州、新昌、宁海、绍兴县、象山、海宁、临海、三门、天台、桐乡	16	慈溪、余姚、奉化、上虞、嵊州新昌、宁海、象山、海盐、岱山嵊泗、嘉善、东阳、临海、三门天台

综合比较五个中心城市 2000~2010 年日通达范围内的城镇规模等级,可以发现,随着各中心城市的日通达范围的扩张,上海的日通达范围内城镇规模等级体系趋于合理,增加了次级中心城市无锡,三级城市也增加了一座,中小城市数量由 16 座增至 33

座,增加了1倍;南京市的日通达范围内城镇体系总体格局几乎没有变化;杭州的日通达范围城镇体系也进一步合理化,增加了两座三级城市,中小城市规模格局几乎没有变化;苏州的日通达范围的城镇体系中的次核城市变化较大——增加了4座,中小城市总体上变化较小;宁波的日通达范围城镇体系格局变化较大,以及城市由原来的两座增加到三座而且规模等级提升了一级,缺失二级城市(大城市)层级,中小城市增加了8座尤其是中等城市由原来的1座增加到7座。总体上,这些中心城市随着高速公路网的扩张以及通达性的提高,其日通达范围内的城镇规模体系趋于合理,经济联系更加紧密。

(2) 各中心城市日通达范围人口的比较及变化分析

交通便捷程度主要取决于交通网的完善程度,可以用密度与结构来衡量。密度是指某一区域内单位面积内的运输线路总长度,密度越大、连接度越大,交通网络的结构越好、便捷程度越高,通达性越好[42]。日通达范围是自中心城市出发或到达中心城市以一天为往返时限形成的范围,该范围内高速公路的便捷程度代表了范围内任意地点与经济中心交通联系的日通达程度。高速公路总量规模越大,其密度就越大,这五座城市的2010年日通达范围的高速公路总量规模比2000年明显增加,因此其密度也显然是增大的;此外,这里以连接度作为衡量日通达范围高速公路网络结构的指标,连接度是指交通图中点与点之间连线的数目与点的数目之比值。表示网络的发达程度,也称为β指数,其公式为

$$\beta = e/v$$

式中,e为线段数,v为顶点数,β指数越大,网络越发达,日通达网络结构越好。表9-9、图9-16是2010年,五座城市日通达范围内,高速公路网的连接度和非农业人口的相关性。显然,高速网络连接度与非农业人口为高度正相关,说明高速网络连接度高、网络结构好、日通达性高的地区非农业人口多、城镇规模大。

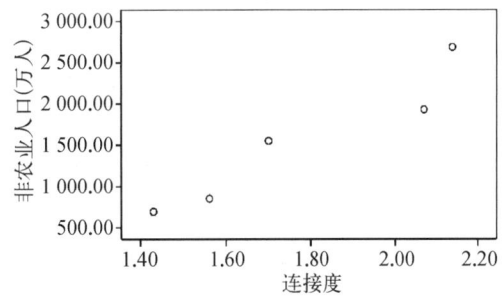

图9-16 连接度与非农业人口的相关性散点图
(显著性检验水平为0.05)

表9-9 五座城市2010年日通达范围内高速公路网连接度与非农业人口的相关性

		连接度	非农业人口
连接度	相关系数	1	0.954
	显著性检验(双侧)		0.012
	个案	5	5
非农业人口	相关系数	0.954	1
	显著性检验(双侧)	0.012	
	个案	5	5

表9-10和表9-11说明,2000~2010年所有城市日通达范围的面积、覆盖非农业人

口和城镇都有了大幅增加;高速公路网连接度越高的城市区域,其日通达范围的面积大,覆盖非农业人口也多。

表9-10 五座中心城市2000年及2010年日通达范围内的非农业人口、高速公路网连接度

城市	2000			2010		
	总面积(km^2)	非农人口(万)	连接度	总面积(km^2)	非农人口(万)	连接度
上海	17 510	1 282.03	0.94	24 571	1 928.50	2.07
南京	19 654	736.39	0.91	23 026	849.46	1.56
杭州	36 198	990.36	0.86	40 692	1 551.13	1.70
苏州	33 903	1 763.81	0.97	40 478	2 687.46	2.14
宁波	18 326.5	308.79	0.90	24 586.5	691.16	1.43

表9-11 五座中心城市2000~2010年日通达范围内的非农业人口、高速路网连接度变化

城市	面积增加(km^2)	非农人口增加(万)	城镇增加(个)	连接度提高率(%)
上海	7 061	646.48	10	120.2
南京	3 372	113.07	4	71.4
杭州	4 494	560.77	2	97.7
苏州	6 575	923.65	9	120.6
宁波	6 260	382.37	10	58.9

9.5.2 各中心城市日通达范围内的城市经济联系

按照引力模型,城市间的经济联系强度与城市自身规模、经济发展水平呈正比,与离城镇的距离呈反比,交通便捷度提高,缩短城镇间的时间距离、降低了运费成本、减少了时空滞留带来的经济损失,直接影响城镇间的经济联系与城镇影响力。长三角地区第一、第二等级中心城市的日通达程度及日通达范围的大小,是影响长三角城镇经济发展与经济联系的关键因素,其变化直接影响长三角地区经济空间结构的变化。扩大经济中心城市的日通达范围,将更多城镇纳入一天往返的时限内,改善高速路网连接度,提高日通达性,将加强整个长三角区域的时空收敛程度,扩大中心城市的经济紧密腹地。

表9-12、图9-17是2010年各中心城市日通达范围的高速公路网连接度和人均GDP为变量的相关性分析结果。

表9-12 2010年各中心城市日通达范围的高速公路网连接度和人均GDP为变量的相关性

		连接度	人均GDP
连接度	相关系数	1	0.931
	显著性检验(双侧)		0.021
	个案	5	5
人均GDP	相关系数	0.931	1
	显著性检验(双侧)	0.021	
	个案	5	5

所有城市日通达范围内的高速公路网络连接度与人均GDP的相关系数为0.931,其双侧检验的显著性水平为0.05,相伴概率小于等于0.05为0.021,两者为正相关且相关系数的绝对值大于等于0.8。因此,高速公路网络连接度与人均GDP为高度正相关,可以说,高速公路网连接度高、结构好、日通达性好的地区,经济发展水平相对高,人均GDP水平高。很明显,在日通达范围之内,高速公路网连接度越高,日通达能力也越高,大大缩短了城镇间联系的时空距离,降低运输成本,使经济活动更加灵活,企业的区位选择范围更加灵活,低等级城镇更容易接近上级城市以进行人员、信息、科技、资金等的交换交流,中心城市核心地位和集聚作用更加明显,同时对于区域范围内的人口的导流也会加强,大大增加了各级城镇的就业机会。

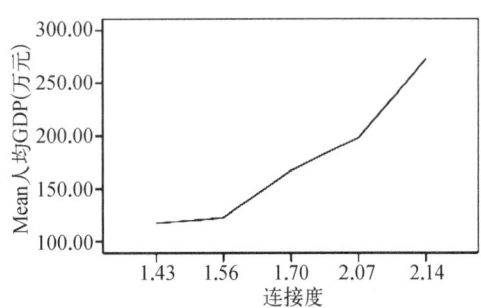

图9-17 2010年各中心城市日通达范围的高速公路网连接度和人均GDP为变量的相关性散点图(*显著性检验水平为0.05)

综上所述,一个城镇与区域中心城市的经济联系强度,是影响城镇经济发展和区域整体经济实力、竞争能力的重要因素。中心城市以显著的集聚作用、完善的公共服务、便捷的交通、雄厚的资金科技、庞大的消费市场等优势区位因子,为其影响区域的经济发展提供优越条件。日通达范围反映了市场交易成本上的一次突变,由于不能当日往返而不得不付出一定的额外成本,因此在市场决策力作用下中心城市与区域的关联度在日通达范围的边界处发生跳跃,日通达范围内部的经济联系强度显著高于与外部的联系[43]。本章研究了长三角地区五个中心城市日通达范围内的城镇空间结构,从人口、经济两方面分析日通达性对城镇空间结构的影响。

9.6 小结

本章基于高速公路网,以长三角地区上海、南京、杭州、苏州、宁波等重要中心城市为研究对象,分析其日通达范围2000年和2010年特征及其变化,从人口、经济两方面分析各中心城市日通达范围内的城镇空间组织及其变化,得的以下结论:第一,2010年比2000年长三角地区各中心城市日通达范围面积均有不同程度的增加,1小时经济高度联系区面积增大,新增范围沿新建高速公路扩展,覆盖的县域数量也随之增加。随着区域高速公路网络的不断完善,衔接国道、省道等公路网络的建设、维护推进,大大缩短了日通达范围内部城镇间通达时间,有效地扩大了中心城市的日通达范围;第二,日通达范围内的城镇规模等级趋于合理;第三,高速公路网络连接度与非农业人口量呈显著正相关;日通达程度越高,其日通达范围越大,覆盖的非农业人口越多;第四,高速公路网络连接度与各城市人均GDP呈高度正相关。路网连接度高、高速路网结构好的地区,日通达性好,运输成本低,经济效益高,有利于经济总量和人均GDP的增长。

中心城市日通达范围内的城市间经济往来于范围外部的网络相比,运费、时间、人力、物资等各种经济成本相对较低。为更好发挥这种成本优势,进一步促进各城市及长三角整体竞争力的提升,笔者认为,在陆路交通建设中,要进一步加强高速公路的建设和维护,提高高速公路覆盖密度,加强运营和管理,提升路网的通行质量;同时,加强国道、省道等公路干线以及低等级道路建设和维护,不断改善这些公路与高速公路网络连接,以完善地区公路网结构,在提高陆路运输效率的同时,进一步加强公路与铁路站点、航空场站的有效衔接,以提升区域交通运输的综合运输能力。

我们以单程时限 2.5 小时界定的日通达范围,是在全天出行时间为 12 小时为前提的,对于现实出行时段及单程时限的界定,还可以进一步做更加全面的、细致的调查。目前,高速公路已经成为我国人员和物资流动的主要通道,对城市经济影响辐射区的格局和发展有很大的影响。由于航空、海运线路不在陆地表面,铁路的时间、营运班次限制严格,站点少且沿线有替代性公路,相对而言,与高速公路相比,它们对区域空间尺度的城市之间经济联系影响相对较小[44]。但是,近几年来,高速铁路的建设显著地改善了铁路运输效益,按照我国《"十二五"综合交通运输体系发展规划》,到 2015 年,我国快速铁路营业里程即可达 4.5 万 km,连接全国省会城市、基本覆盖 50 万以上人口城市。因此,高铁将成为影响区域经济发展的又一重要交通方式,城市的日通达性也会有新的变革,影响区域中心城市日通达范围及各级城市间的经济联系。进一步的研究可以结合高速公路和高速铁路,综合性地探讨区域中心城市的日通达范围,应会更贴近实际。

参 考 文 献

[1] 王成新,刘瑞超,王明苹,等. 高速公路对城市群结构演变的影响研究——以山东半岛城市群为例[J]. 地理科学,2011,31(1):61-67.

[2] 交通部规划研究院. 国家高速公路网规划. 2004,9.

[3] 张文尝,王姣娥. 改革开放以来中国交通运输布局的重大变化[J]. 经济地理,2008,28(5):705-710.

[4] 张大伟. 中国高速公路高速发展[EB/OL]. http://news.eastday.com/epublish/gb/paper10/20001219/class001000009/hwz268762.htm. 2000-12-29.

[5] 郁鸿胜,宗传宏,李娜. 长三角区域城镇体系空间布局研究[M]. 上海:上海社会科学院出版社,2008:16.

[6] 中华人民共和国交通部. 长江三角洲地区现代化公路水路交通规划纲要. 2004.

[7] 林涛. 高速公路网与区域城镇体系的关系及动态研究[J]. 城市问题,2011,11.

[8] 王成金. 中国高速公路网的发展演化及区域效应研究[J]. 地理科学进展,2006,(6):126-136.

[9] 新华. 建设世界级城市群与发展现代服务业. http://news.xinhuanet.com/house/2004-08/16/content_1797102.htm[EB/OL]:2011-12-30.

[10] 郭贯成. 区域城镇体系规划的理论与实证研究——以江苏省为例[D]. 南京:南京农业大学,2003.

[11] Batten, D. F. Network cities versus central place cities: building a cosmo-creative constellation[M]. The Cosmcreative Society. 1993:137-150.

[12] Clark W A V, Kuypers-linde. Commuting in restructuring regions. Urban Studies[J]. 1994,31:465-483.

[13] 王德,刘锴,耿慧志. 沪宁杭地区城市一日交流圈的划分与研究[J]. 城市规划汇刊,2001(5):

38-44.
- [14] 周天勇.城镇居民出行时距是衡量城市规划、建设和管理水平的一个重要指标[J].武汉城市建设学院学报,1986(1).
- [15] 王德,刘锴.上海市一日交流圈的空间特征和动态变化研究[J].城市规划汇刊,2003(3):3-10.
- [16] 王德,刘锴,郭洁.沪宁杭三市一日交流圈的空间特征及其比较[J].城市规划汇刊,2004(3):33-37.
- [17] 王德,耿慧志,胡晓华等.时距概念在城镇体系规划中的应用_以浙江省上虞市为例[J].城市规划,2001,25(7):37-40.
- [18] 郭玖玖.京沪穗三市一日交流圈划分及其比较研究[D].上海:同济大学,2008.
- [19] 王德.沪宁杭三市一日交流圈的空间特征及其比较[J].城市规划汇刊,2004(3):33-37.
- [20] 王德,刘锴,耿慧志.沪宁杭地区城市一日交流圈的划分与研究[J].城市规划汇刊,2001(5):38-44.
- [21] 王德,刘锴.上海市一日交流圈的空间特征和动态变化研究[J].城市规划汇刊,2003(3):3-10.
- [22] 冯章献.基于一日交流圈的沈阳大都市圈空间范围界定与整合发展研究[D].长春:东北师范大学,2006.
- [23] 郭玖玖.京沪穗三市一日交流圈划分及其比较研究[D].上海:同济大学,2008.
- [24] 张京祥.西方城镇群体空间研究之评述[J].国外城市规划,1999(1):31-33.
- [25] 郁鸿胜,宗传宏,李娜.长三角区域城镇体系空间布局研究[M].上海:上海社会科学院出版社,2008:3.
- [26] 唐子来.西方城市空间结构研究的理论和方法[J].城市规划汇刊,1997(6):1-11.
- [27] Y. Kanemoto and K. Mera. General equilibrium analysis of the benefits of large transportation improvements [J]. Reglonal Science and Urban Economies. 1985, 15: 343-363.
- [28] Javier Gutierrez. The impact of orbital motorways on intra-metropolitan accessibility: the case of Madrid's M-40[J]. Journal of Transport Geography. 1999.
- [29] T G Megee, George C S, Lin, et al. China's urban space: development under market socialism [M]. Routledge. 2007.
- [30] 朱照宏,杨东援,吴兵.城市群交通规划[M].上海:同济大学出版社.2007.
- [31] 姚士谋.高速公路建设与城镇发展的相互关系研究初探_以苏南地区高速路段为例[J].经济地理,2001,(05):300-305.
- [32] 赵学彬,肖彬.浅谈高速公路沿线产业布局对发展小城镇的作用[J].小城镇建设,2003,8:78-79.
- [33] 杨忠臣,陆玉麒.高速公路建设与区域城镇分布的相互影响初探——以山东省为例[J].中国人口·资源与环境,2003,3:57-61.
- [34] 蓝万炼,陈赟,黄志刚.高速公路对城镇发展的影响分析[J].衡阳师范学院学报,2004,25(6):94-98.
- [35] 王成金.中国高速公路网的发展演化及区域效应研究[J].地理科学进展,2006(6):126-136.
- [36] 林涛.高速公路网与区域城镇体系的关系及研究动态[J].城市问题,2011(11):22-29.
- [37] 曹秀婷,林涛.高速公路沿线小城镇发展的比较研究——以上海S20以西地区为例[J].上海经济研究,2010(7):107-115.
- [38] 王德,刘锴.上海市一日交流圈的空间特征和动态变化研究[J].城市规划汇刊,2003(3):3-10.
- [39] 刘锴.长江三角洲地区城市一日交流圈研究[D].上海:同济大学.2003.
- [40] 朱杰,管卫华,蒋志欣等.江苏省城市经济影响区格局变化[J].地理学报,2007,62(10):1023-1033.

[41] 李小建,等.经济地理学[M].第二版.北京:高等教育出版社,2006:51-52.
[42] 王德,刘锴.上海市一日交流圈的空间特征和动态变化研究[J].城市规划汇刊,2003(3):3-10.
[43] 辛红,林涛.基于公路网可达性的浙江省城市腹地划分研究[J].上海师范大学学报(自然科学版),2012,41(6):617-624.
[44] 吴金花.武汉城市圈公路可达性与城镇空间结构发展研究[D].武汉:华中师范大学,2011.
[45] 许学强,周一星,宁越敏.城市地理学[M].北京:高等教育出版社,1997:153-154.

第 10 章 长三角地区高速公路走廊：宁沪杭甬高速通道

10.1 背景、概念与相关研究

10.1.1 背景

城市联系是城市经济发展的内在要求和必要条件，因为城市发展的主要动力是为其外的区域提供产品和服务，而这必须以发达的交通网络和现代化的通讯设施等条件为支撑[1]。如果一个区域中城市联系较强，那么区域发展就会有较强的原动力，推动着区域社会经济的发展及其空间结构的演变，呈现出网络化联系的特点，不断促进城市体系演化[2]，这也是区域形成城市密集区或城市群的前提条件[1]。

随着社会经济的发展，全球化的推进，区域间人流、物流、资金流、技术流、信息流等各要素跨界自由流动日益频繁，城市间的空间联系日益密切与复杂[2,3]。高速公路迎合了日益密切和复杂的城市联系需求，不断增强着城市联系，促使城市经济快速增长；高速公路网络的不断完善，使区域的空间联通性、运输能力、运输效应进一步提高，不断调整着地区产业的区位优势，引导着地区经济空间布局，更使高速公路沿线地区的经济持续高效发展。

2010 年，国务院批准实施《长江三角洲地区区域规划》，要求长三角进一步优化总体布局，依托沪宁、沪杭、杭甬铁路和高速公路，优化运输结构，提升运输效率和通过能力，建设沪宁和沪杭通道，形成沪宁和沪杭甬沿线高科技产业带和现代服务业密集带，同时成为国际化水平较高的城镇集聚带，服务长三角地区乃至全国[4]，优化长三角地区空间格局，加快生产要素的优化配置，促进区域一体化，整合长三角地区的城市空间。

以上海为中心的长江三角洲是世界六大城市群之一，是我国综合实力最强的区域，城市分布密集，经济发达。近年来，随着公路网的不断完善，长三角区域内城市之间的运输联系不断增强，区域一体化趋势越来越明显，对交通尤其是高速公路的需求较大。2012 年，长三角地区公路客运量达 47.96 亿人次，占长三角总客运量的 92.7%[1]；公路货运量达 31 亿吨，占长三角总货运量的 95.2%[1]。公路特别是高速公路已成为长江三角洲人员和货物流动的主要通道,决定着产业的集聚和城市的发展。到2012年底,长三角高速公路已建成通车8 795 km[1],形成了较完善的高速公路网,大大缩短了城市的时间距离,提高了城市的可达性和城市间的物资流通效率,当然也改善了城市的区位条件。

沪宁—沪杭—杭甬高速公路沿线10个地级以上城市的GDP占整个长三角GDP的61.2%[2],经济发展水平较高,城市联系密切。以沪宁—沪杭—杭甬高速公路为主要轴线的宁沪杭甬高速公路,承接着这些城市间的主要客货流,是城市联系的纽带。

城市作为一个开放的经济系统,城市联系是城市经济发展的内在要求和必要条件,城市联系越紧密,城市为其外的区域提供的产品和服务就越多,城市发展的原动力就越强,而城市间较强的城市联系对交通运输尤其是高速公路运输条件提出了更高的要求。高速公路走廊是以高速公路及其配套的公路为轴的线状经济系统,高速交通走廊区域范围内包含有若干节点城市,这些城市在空间上、经济上必然存在某种联系,高速公路走廊承接着这些城市间的联系,发挥经济集聚与辐射功能。本章试图判定长三角地区沪宁—杭沪—杭甬高速公路构成的宁沪杭甬高速公路走廊的空间范围,进而分析走廊范围内城市规模体系的格局,分析各个城市的吸引力大小、城市间联系强度和主要方向,以整合走廊空间范围内的城镇体系。这对于发挥高速公路走廊的经济集聚与辐射功能,促进城市空间合理格局以及区域城镇体系发展具有重要的作用[5]。

10.1.2 高速公路走廊及其相关概念

高速公路走廊与高速公路经济带、交通走廊、交通经济带、走廊以及产业带、城市群、大都市带等概念具有密切的联系。这些概念都反映了城镇在空间上的不同组织状态。

从经济地理学看,"走廊"具有廊道的基本特征,在地域上表现为具有基本相同地形地貌的狭窄地带;走廊一般具有两个或两个以上大城市作为增长极,中小城市分布于交通沿线两侧,并通过发达的交通基础设施进行货物、人员、资金流通,走廊内各城市间有着密切的经济相互作用[5]。"交通走廊"是走廊的形态之一,具有走廊的基本特征,是由巨大的综合交通枢纽和多条交通干线组成的,承担空间相互作用的廊道状地域空间系统。但是交通走廊限制在交通基础设施的狭窄范围之内,不会超过同一区域的走廊范围,其最主要的功能是连接作用[5]。"交通经济带"则是以综合运输通道为轴,以轴上大中城市、城镇为依托,沿线经济部门之间进行经济联系、技术协作,集聚资源、人口、产业、城镇、信息、客货流等,辐射带动社会经济有机体和空间经济系统。交通干线、以第二和第三产业为主的产业体系、城镇群是交通经济带的三个基本要素[6]。"高速公路经济带"是交通经济带形式之一,以高速公路为依托的带状区经济系统。以高速公路及其诱发形成的运输网络为基础;以高速公路及其他线性基础设施(配套公路、通讯、输电、能源线路)为发展轴;以时效农业、高科技产业、旅游及信息等大三产业发展为主导;以持续发展目标为约束因素[7]。

"产业带"是在特定经济空间,众多相互配合协作密切的产业部门,围绕资源富集区、中心城市或交通方便的区位(或节点)而集聚,所组成的具有内在联系的产业集聚区域。产业带内包含生产活动所需要的共同基础设施和交通运输网[8]。"产业密集带"是一大批产业在空间的集聚,各种规模和专门化不同的中心城市在一定地区的集聚,经济中心由各种交通运输线路贯通,组成点轴系统。具有一定规模,以中心城市或城市群为依托,经济实力雄厚,产业内部密切联系、分工协作[9]。

"城市群"(urban agglomeration)是指具有相当数量的不同性质、类型和等级规模的城市;以一个或两个特大或大城市作为地区经济的核心,借助于现代化的交通工具和综合运输网的通达性,以及高度发达的信息网络,发生与发展着城市个体之间的内在联系,共同构成一个相对完整的城市"集合体"。城市群具有四个基本特征:城市群形成发展过程中的动态特征;城市群具有区域城市的空间网络结构性;城市群具有区域内外的连续性和开放性特点;城市群内的城市具有相互之间的吸引集聚和扩散辐射功能[10]。

"大都市带"(megalopolis)是法国地理学家戈特曼提出的,他认为,大都市带的形成应具备四个条件:一是区域内城市分布较为密集,有相当多的大城市形成各自的都市区,核心城市与都市区外围地区之间的社会经济联系密切;二是具有较大的总人口规模和高密度的人口分布,总人口在2 500万以上,人口密度至少应达到250人/km^2,核心区密度应更高;三是有高度完善的城镇基础设施和高效率的网络流通体系将核心城市连接起来;四是属于国家的核心区域,具有国际交通枢纽的作用[5]。

显然,上述交通经济带、高速公路经济带、产业带、产业密集带等概念,与"走廊"的概念相近,只不过各种概念强调的侧重点有所差别而已。就其本质而言,应该说与走廊的概念是具有同一性的[5]。交通走廊是限定在交通基础设施范围之内的走廊,高速公路走廊是交通走廊的形式之一,是以高速公路为依托的带状区域经济系统,其作为一条重要的经济轴线引导着区域生产力布局和城镇体系空间扩展。高速交通走廊的产生随即将改变走廊区域的经济空间结构,出现沿高速公路线的产业经济带。经济带内各种产业蓬勃发展并且紧密地联系在一起,产业开始向外扩散,经济带内城镇规模迅速扩大,城市职能分工和联系更加明确,各大城市的卫星城不断出现,局部地段城市连绵区开始出现,经济带影响范围扩大[11]。

无论怎样,这些地带内最为重要的就是经济联系——在地区之间、地区内部、城镇之间、农村之间以及城乡之间在原料、材料及工农业产品的交换活动和技术经济上的相互联系,是劳动地域分工的必然结果。区域间各种现象间的功能联系和社会经济发展的现实需要是经济联系研究的缘起[12]。其中,"城市经济联系"表现为一定区域内经济实体城市间的相互作用和关系,在地域空间上体现为各种空间"流",城市间的这种物质、能量、信息交流通过人口流、物流、信息流、资金流、技术流等形式维持城市所在区域系统的活力,其空间分布最直接反映区际经济社会联系特征[13]。区域经济联系强度的大小,也就是相互作用的强弱,可以直观地用人员、货物、资金、信息等联系数量的大小来表征[2],具体地体现在"城市空间运输联系"——在自然、社会、经济等诸要素的综合作用之下,城市间通过运输设施进行旅客和货物交流所产生的相互联系与相互作用。构成空间运输联系的基本要素主要是旅客和货物的起讫区域(点)、交通通路与设施、被运送的对象(旅客或货物)等要素。空间运输联系产生的最直接原因是空间差异与互补,空间运输联系实现的基础是交通运输等基础设施,主要内容是旅客和货物在空间上的位移[14,15]。

城市对高速公路及其配套交通基础设施的依赖,使得城市空间沿交通干线呈轴线增长,城市在不同等级的城市增长核心之间沿交通空间发展[16]。不同等级的城市是典型的区域增长极核,而高速公路走廊作为一种空间经济形态和空间关联体系,极化发展意味着各项活动向走廊中某个优区位聚集(主要以大城市为主),并逐步成为整个走廊或者更大区域内的增长极,不同等级的城市都可形成一定的增长极核,带动不同范围地区的发展。交通走廊强调城市在区域空间中的功能效应,更突出"走廊"对城市的空间连接和要素流动的功能,在高速公路走廊中,"点"更具有明显的空间可达性。因此,克里斯泰勒的中心地理论、佩鲁的"增长极理论"、弗里德曼的"核心—边缘"理论以及陆大道的"点—轴渐进扩散理论"均可指导高速公路走廊的研究。

高速公路走廊作为区域空间可达性最高的地区,具有促进城市与区域、区域与区域之间的空间相互作用的有利条件,依托高速公路走廊这种区域空间结构形式,各城市与区域之间发生着密切的人口、技术、信息、商品等要素的流动,并产生明显的空间相互作用[4]。因此,城市联系研究十分重要,而中心性(centrality)正是反映城市为其以外地区提供生产能力的大小及服务水平的高低,其服务内容包括商业、服务业、交通运输业和制造业等方面。这个概念对城市体系研究具有十分重要的意义。它既可以评价城市在城市体系中的地位,划分城市体系等级层次,描述城市体系空间交互作用网络的结构,确定城市的直接吸引范围,还可以对城市体系进行横向、纵向的比较,对城镇体系规划起到指导作用[16,17]。空间相互作用发生的三个因素为互补性、可达性和中间机会,尤其可达性是区域之间空间相互作用发生的前提,使得"空间相互作用理论"为我们研究城市之间经济吸引和经济辐射的机制及作用方式提供了明确的指导。

10.1.3 相关研究

在国外,韦贝尔较早提出了运输走廊理论,他指出运输走廊的形成具有强烈的线路依赖性,并且它形成的基础就是一个城市或区域的交通基础设施历史条件[18]。威尔逊和艾伦通过研究有着特定约束条件的区域经济演化过程,指出新的经济中心、居民中心总是在靠近交通线的地方产生,城市体系也具有沿交通线两侧演化分布的特性[5]。沃纳认为,建设连接各中心重要交通干线,将大幅度降低运输费用,并使产业和人口越来越趋向于交通干线周围密集发展[5]。泰弗等根据在尼日利亚、东非、巴西和马来西亚等国的调查,指出发展中国家交通网络形式主要是从沿海向内地深入性扩展,这一发展模式表明运输网络与城市发展之间是相互促进、互为动力的,在交通发展的后期,主要交通线路连接重要的集散地和内陆中心,形成交通走廊[5]。叶芝研究了温萨—魁北克城市走廊,指出它的出现更多的是由于各种运输方式之间的竞争而非合作,走廊相互联系的通道,包括走廊内部不同交通线路的区位基础、主要航空集散地、最大车流量、主要港口、货流、铁路客运量、集装箱运输的快速增长、路网密度图[19]。20世纪90年代初,沙利文等人提出,城市交通走廊的规划可以与城市规划结合,可以在道路沿线、道路交叉口以及高速公路的出入口建设一些联合开发项目,这有利于城市的规划和发展[5,20]。华盛顿2000年大都会地区远景规划,计划建立6个从中心城市放射出去的高密度城市走廊,居住与就业地点集中于中心城市及沿走廊分布的新城市,有公共交通与快速干线为新城市服务[20]。Priemus等以荷兰为例,对交通走廊与空间和城市规划之间的关系进行研究,提出大都市走廊和跨欧洲走廊的概念,旨在提出适应的政策措施,以提升交通基础设施,促进城市化[21]。Knowles 认为,哥本哈根在实施以交通为导向的奥斯塔德计划后,就业、房产业、零售业、教育以及娱乐设施发展较为迅速,促进了哥本哈根的经济增长,缓解了哥本哈根中央商务区的压力的[20,22]。

在公路走廊研究方面,拜尔沃特选取美国 I-494 公路 7 km 长的路段,探讨了交通运输走廊的发展,提出走廊发展演化的模式。他认为,交通运输走廊的发展导致新的商业区的出现[5]。费恩和 Moon 对美国的 I-75 走廊在经济发展中的作用研究指出,美国制造业资金的 15% 是发生在 I-75 走廊地带的,日本在美国投资的 25% 在走廊内[23]。勃亚等人运用投入—产出理论研究了 A55 公路的发展对北威尔士经济增长的影响,强调公路发展的经济作用是处于中间状态[5]。盖特瑞等利用 GIS 分析了未来贯穿欧洲的公路网络影响,他们把沿公路线路 40 km 的范围作为欧洲共同体公路走廊,但到达时间不能超过一个小时[24]。林奈克选评估伦敦市 M25 环状公路通达性的影响,指出通达性的加强是由于时间的缩短,但通达性的方向、强度和大小等之间的因果关系并未改变[5]。Peterson 提出了一个公路走廊规划模型(QROAD 模型),可以在投资决算的约束下,为公路走廊的规划提供了一个最优的投资决算规划[25]。

国外对城市空间联系的研究不仅限于定性描述,更注重城市联系的动态过程和定量模型运用。Zipf 首次将万有引力定律引入城市体系的研究,并对城市空间相互作用进行了分析,为城市空间相互作用建立了基础。Reilly 借鉴物理学中的万有引力原理,提出"零售业引力法则",进一步推动了定量分析城市联系。Converse 发展了 Reilly 的理论,提出了断裂点的概念和计算公式,以此确定城市之间联系的分界点。Harris 提出了以人均批发销售额和人均零售额作为确定城市有无对外联系功能的指标。这些模型在城市联系的定量分析中得到了广泛的应用[26~28]。

在城市体系的研究方面,Meyer 开展了美国城市体系的实证研究,提出了城市体系的动态模型,认为区域联系是美国城市体系发展演化的重要动力[29]。Gordon 等认为,不同集团和不同活动的混合趋向于在不同的地方集结成带(束)状,经济联系发展到某种程度伴随着产业专业化的空间分异(spatial heterogeneity),主要表现为三种带状模式:纯聚集模式;产业综合体模式;社会网络模式[30]。Djankov 基于贸易流,运用引力模型对前苏联 12 个地区 1987~1996 年间经济联系的变化特征进行实证研究[31]。Sohn 运用经济联系空间相关模型研究制造业活动的空间联合,以美国 3110 个县、361 个制造企业资料为基础发现相关系数(correlation coefficient)、空间相关系数(spatial correlation cofficient)能较好地表现出其制造企业的集中性分布特征,具体为制造企业在县域小范围内表现出较强的集中性,而在大范围县域内空间集聚性较弱[32]。Shen 构造了 SAM 模型,估计了大范围内的城市(节点)间的吸引力及其相互作用强度[33]。

国内关于交通走廊研究方面,杨涛等对城市交通走廊的内涵、特点、形成机理、相关因素及地位进行了研究,提出城市走廊是城市的"主动脉",对改善城市居民的出行方式,促进走廊影响区的开发以及城市的合理布局具有重要的意义[34]。史育龙等研究了交通运输走廊与都市连绵区的相互关系,指出高度发达的综合交通运输走廊是都市连绵区形成的基本条件之一[35]。曹小曙等对 20 世纪走廊及交通走廊的研究进行了总结回顾,对走

高速公路网与城镇体系的区域整合

廊、交通走廊的概念做了进一步的解释,总结了走廊及交通运输走廊的发展演化、特征及其功能[5]。曹小曙等对城市交通走廊通达性格局进行研究,认为随着交通运输网络的完善,城市交通走廊的通达性格局将呈明显均质化方向发展,城市的扩张与扩散总是沿着阻力最小的方向进行,便捷的交通线路就成为城市产业与经济活动扩散的最佳通道[36]。毛敏等总结了国内外学者关于运输走廊的定义,并对国内外运输走廊规划建设、理论和系统研究、与区域经济和空间结构相互关系等方面的研究进展及动态进行详尽地阐述[20]。于世军对城市客运交通走廊判定方法进行研究,采用效应场和场中介质来模拟交通走廊对交通流和交通源的吸引作用,同时以人口密度、出行生成密度或潜力密度作为介质函数来表现走廊附近范围的土地利用形态[37]。

在实证研究方面,曹小曙等系统研究了穗港城市走廊的范围、形态、发展演化及它的城镇用地扩展类型,认为穗港城市走廊是珠江三角洲地区的首位交通走廊,利用城镇综合用地扩展系数将穗港城市走廊规划用地扩展类型分为剧变型、强扩展型和弱扩展型三种变化类型[38]。王荣成等探讨了辽西走廊地带的时空演变过程以及城市化响应机制,预测了其未来发展趋势[39]。王成新等以芜湖市为例,对区域交通走廊规划进行研究,指出交通走廊的区位效应、交通产业和乘数效应、软环境效应、可达效应等能够推动区域经济社会的发展,加快城市化进程[40]。

具体到公路和高速公路走廊研究,吴悦慈构建和模拟了高速公路走廊区域交通疏导改道策略,旨在缩减驾驶人的出行时间,提升高速公路走廊的交通绩效[41]。王格芳等以济南市东绕城高速走廊为例,探讨了绕城高速公路走廊的产业发展策略,并指出走廊产业发展所需的人才、科技、投资、资源、基础设施等六大支撑体系[42]。周凯对长三角高速公路网通达性与城镇空间结构发展进行研究,指出在长三角高速网络发展过程中,一条沿长江的交通运输走廊逐渐凸显,成为区域发展之轴,经济产业带凝聚明显[11]。陈开强以道真至湄潭高速公路走廊为例的研究,提出了建设高速公路走廊方案的比选方法[43]。

20世纪90年代之后,国内学者对城市空间联系的研究才逐渐兴起。苗长虹等通过测算河南省省辖市之间以及它们与全国各省会城市之间的经济联系强度,验证了城市之间的经济联系强度与公路、铁路客运之间确实有着极强的线性相关性,由此提出由经济联系强度占区域全部经济联系强度的比例来量化表征经济地理位置的思想[2]。顾朝林等以中国城市间的空间联系强度为研究对象,运用引力模型分析了空间联系状态和结节区结构[44]。姜海宁等借助城市相互作用模型对江浙沪主要中心城市对外经济联系情况进行研究,定量分析其对外经济联系的空间结构等级层次性特征[45]。王芳等以珠三角城市群为研究为例,从城市群规模结构、空间结构角度出发,采用城市群中心城市吸引力的分维数和空间结构的关联维数以及威尔逊模型、空间关联模型,对各个城市空间联系进行评判[46]。钟业喜等以ArcGIS为平台,通过测算最大联系强度、综合实力,采取"自下而上"逐级归并的方法对江苏省1990年、1996年、2002年和2008年不同等级的城市及其腹地吸引范围进行划分[47]。

综上,学界对交通走廊的形成、演化、集聚与分散等方面有比较深入的研究,但整体上,交通走廊的理论研究仍然薄弱,进展较为缓慢,个案研究较多,即以一个区域的某条走廊为例,研究其范围、发展模式、时空演化以及它与经济发展的关系等,理论提升不足;具体来看,对区域空间尺度的交通走廊的研究较多,如交通走廊与城市集聚区、都市连绵区、交通走廊规划与城市规划以及城市交通走廊对城市道路交通网络的完善和通达性影响等;在交通走廊类型研究方面,国外学者并没有进行明确的划分,国内学者曹小曙根据运输枢纽的特性,将交通走廊明确划分为航运、水运、陆地运输、航空以及多模式复合运输走廊这5种类型[5],国内外学者对这5种交通走廊均有所探讨,但内容较为松散,尚未形成体系;此外,学者们还分别从客、货交通走廊的角度进行了研究。对于走廊、交通走廊、交通经济带、产业带、产业密集带的概念并没有一个统一的认识,曹小曙认为这些概念均包含在走廊的概念内,从本质上来说与走廊的概念具有同一性,只不过各种概念强调的侧重点有所差别而已[5]。

国内对城市空间联系的研究主要采用重力模型、城市流强度模型究,重点集中在城市联系的方向、范围以及机制的探讨。对于城市联系已有的研究主要集中在某一城市与所在区域或者全国的联系上,还比较缺乏把区域作为一个整体进行城市联系的定量分析和横向比较[1]。

高速公路走廊作为交通走廊的形式之一,是以高速公路及其配套的公路、通讯运输网络为轴的经济地域系统。总体来看,学界对高速公路走廊的研究还比较少,对高速公路在高速公路走廊形成过程中的作用、走廊的城市联系和城市规模、走廊如何发挥经济集聚和辐射作用等方面仍然需要更多的研究。

本章以长三角地区沪宁—沪杭—杭甬高速公路构成的"Z"字形路径为研究对象,通过加权平均时间距离、社会经济综合值以及30分钟到达高速公路出入口三个指标叠加处理,以计算这三条高速公路构成的"Z"字形走廊的范围;利用首位度指数、位序—规模法则、分形理论分析走廊的城市体系规模格局,通过中心性指数判别各城市的中心地位;利用引力模型、隶属度分析走廊范围内城市联系强度和主要方向。

10.2 数据与方法

10.2.1 数据来源

本章以长三角地区沪蓉高速(G42)的沪宁段(其中沪锡段也是京沪高速G2)、杭州湾环线高速(G92)[其中沪杭段同时也是沪昆高速(G60)的一段,即一般称谓的沪杭高速]的这两段高速公路为轴线的"Z"字形高速公路作为研究对象。为了研究方便,这里以"宁沪杭甬高速公路走廊"来指代这一"Z"形高速公路走廊。沪蓉高速(G42)的沪宁段1996年建成通车,起自上海真如,途经沪苏交界的安亭、江苏的昆山、苏州、硕放、无锡、横山、常州、丹阳、镇江、句容,终于南京东郊的马群,与南京绕城公路相交,全长274 km;杭州湾环线高速(G92),1996年建成通车,起于上海莘庄,经上海闵行、松江、金山,浙江嘉善、嘉兴、桐乡、海宁、余杭、彭埠、红星、高桥至宁波东,全长296 km,其中杭甬段是浙江省内第一条建成通车的高速公路。2011年长三角地区高速公路分布如图10-1所示,高速公路及其配套的国道、省道构成的公路网如图10-2所示。根据《中华人民共和国公路工程技术标准(JTGB01-2003)》规定的不同级别道路设计时速标准分别为高速公路120 km/h、国道

80 km/h、省道 60 km/h,实际行车速度会在设计速度基础上折减,因此考虑实际情况,最终确定的高速公路速度为 100 km/h,国家级道路速度为 70 km/h,省级道路速度为 50 km/h[48]。

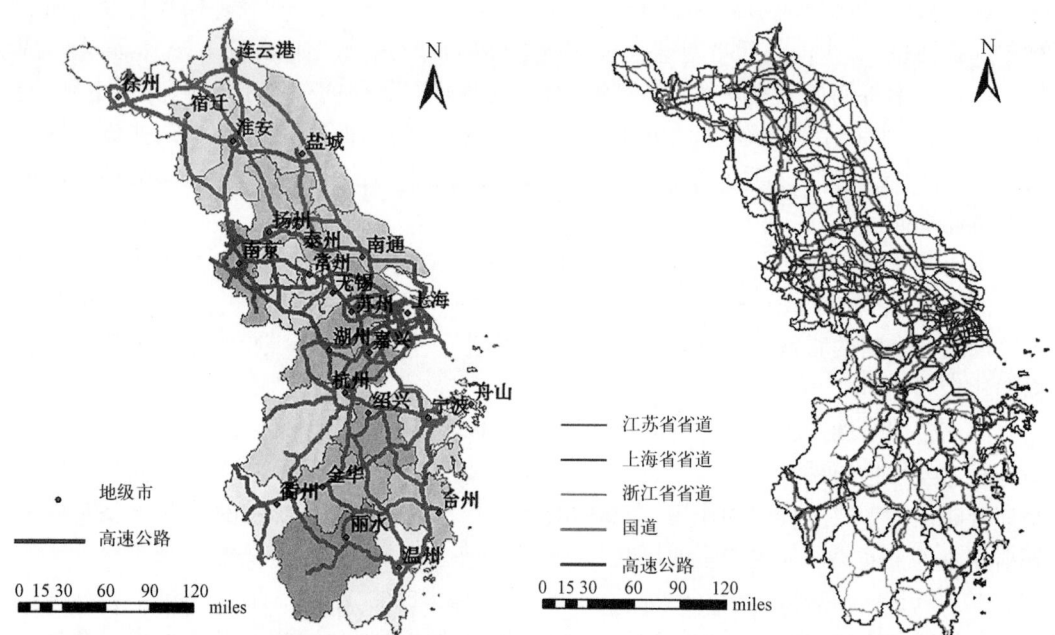

图 10-1　长三角地区高速公路分布图　　图 10-2　长三角地区高速公路、国道、省道分布图

地图数据以国家测绘地理信息局发布的 1∶400 万行政区划地图和公路交通地图为基础,将上海市地图、江苏省地图以及浙江省地图[49]进行扫描配准并矢量化,获得长三角地区的县级及以上城市、高速公路、国道和省道数据。

2011 年,上海市、江苏省、浙江省共有 25 个地级市,132 个县、县级市及地级市市辖区。本书的社会经济数据源于 2012 年《上海统计年鉴》《江苏统计年鉴》《浙江统计年鉴》《中国经济与社会发展数据库》《中国人口和就业统计年鉴》,以及相关城市统计年鉴的上海市、江苏省及浙江省的县、县级市及地级市的社会经济数据。

10.2.2　研究方法

(1) 通达性模型

本书选取最短时间距离、加权平均时间距离以及通达系数测算长三角地区交通通达性格局[50]。

最短时间距离是指在区域内交通网络中,某一节点到其他所有节点最短运行时间的总和。值越小,说明该节点通达性越好[51],公式为

$$A_i = \sum_{j=1}^{n} T_{ij} (i, j = 1, 2, \cdots, n; n = 1, 2, \cdots) \tag{10-1}$$

式中,A_i 为节点 i 的通达性;n 是区域内节点数;T_{ij} 是从 i 点到 j 点的最少运行时间。

加权平均出行距离是指一个评价节点到各区域中心的时间测度,即在规定时间内,各节点城市通过高速公路和其他快速公路出行可到达的最大范围。主要由该节点的空间区位决定,也与区域中心的实力及连接该节点与区域中心的交通设施质量密切相关,公式如下

$$A_i = \frac{\sum_{j=1}^{n}(T_{ij} \times M_j)}{\sum_{j=1}^{n} M_j} (i, j = 1, 2, \cdots, n; n = 1, 2, \cdots) \quad (10-2)$$

式中,A_i 为区域内节点 i 的通达性,值越低,通达性越高;n 为评价系统内除 i 地以外的节点总数。T_{ij} 为通过某交通设施和网络从节点 i 到达节点 j 所花费的最短时间;M_j 为节点 j 的权重,某区域中心和活动目的地的某种社会经济要素流的流量,即表示该经济中心的经济实力或对周边地区的辐射力或吸引力,可用人口、人均生产总值、客货运输量等来代替,本书以常住人口值计算。

通达性系数的计算公式为

$$R_A = A_i/B(i = 1, 2, \cdots, n; n = 1, 2, \cdots) \quad (10-3)$$

式中,R_A 为通达性系数;A_i 为节点 i 的通达值;B 为网络内通达值的平均值。通达性系数越小,说明通达性越好,其值大于 1 时,说明该节点通达性比网络平均通达性水平低;小于 1 时,说明该节点通达性优于网络通达性的平均水平;等于 1 时,说明该节点通达性和通达性平均水平一致。

(2) 社会经济综合实力测度方法

城市社会经济综合实力对确定宁沪杭甬高速公路走廊的范围有着重要的意义。本书选择因子分析法作为城市社会经济综合实力评价方法,它是用较少个数的公因子的线形函数和特定因子之和来表达观测的每个变量,将一些具有错综复杂关系的变量归纳为少数几个综合因子的多变量统计分析方法。

本章从区域经济、人民生活、产业结构优化、城镇化建设以及教育医疗五个方面,通过主成分分析,提取 GDP、财政收入、固定资产投资额、社会消费品总额、城乡居民人均储蓄存款余额、人均 GDP、第一产业比重、第二产业比重、第三产业比重、非农产值、工业总产值、在校学生数、万人拥有医生数 13 个因子的公因子,再进行 Varimax 正交旋转,获得各样本主因子得分与综合得分。

(3) 城市规模分布模型

首位度在一定程度上代表了城市体系中的城市人口在最大城市的集中程度,一个国家或地区最大城市与第二位城市的比值,即首位度(公式 10-4),这是衡量城市规模分布的重要指标。首位度大的城市规模分布,即首位分布。首位度难免以偏概全,故有 4 城市指数和 11 城市指数。城市首位度为

$$S = P_1/P_2 \quad (10-4)$$

高速公路网与城镇体系的区域整合

4 城市指数为

$$S = P_1/(P_2 + P_3 + P_4) \quad (10-5)$$

11 城市指数为

$$S = 2P_1/(P_2 + P_3 + \cdots + P_{11}) \quad (10-6)$$

式中,$P_1,P_2,\cdots,P_{11}$ 为城市按规模从大到小排序后,某位序城市的人口规模。按照位序—规模的原理,2 城市指数应该是 2,4 城市指数和 11 城市指数值应趋向于 1。

位序—规模法则通过城市的规模和城市规模位序的关系来考察一个城市体系的规模分布。城市的位序—规模可用下面的公式表示:

$$X_1 \geqslant X_2 \geqslant X_3 \geqslant \cdots \geqslant X_r \cdots \geqslant X_n \quad (10-7)$$

其中,r 为城市位序,$r=1,2,\cdots,n$;X_r 为 r 序列城市的规模。

最常用的是罗特卡(A J Lotka)模式,即将城市按人口规模从大到小排列,那么位序—规模法则的一般化公式为

$$p_i = \frac{P_1}{R_i^q} \quad (10-8)$$

对上述公式,进行对数变换:

$$\lg P_i = \lg P_1 - q\lg R_i \quad (10-9)$$

其中,P_i 是第 i 位城市的人口;P_1 是规模最大的城市人口;R_i 是第 i 位城市的位序;q 为常数。

当 $q=1$ 时罗特卡模式即为捷夫(G K Zipf)模式,这是一种理想的均衡状态,在这种模式下最大城市人口与最小城市人口数量之比,刚好等于整个城市体系的数量,这是罗卡特模式的特例,因此 q 也称为 Zipf 维数[52]。

公式 10-8 和 10-9 对概况国家和区域的城市规模分布具有显著普遍性,能广泛地应用于实际研究中。若把城市体系中的每个城市按位序和规模落到双对数坐标图上,描绘出相应的散点图,并对散点图进行 $y=a+bx$(令 $\lg P_i = y$, $\lg P_1 = a$, $-q = b$, $\lg R_i = x$)形式的回归分析,就可客观地划分城市规模分布。a 值在坐标图上是回归线的截距,反映第一城市的规模大小。b 值是回归线的斜率,若 $|b|$ 趋近 1,则城市规模分布接近捷夫的理想状态;若 $|b|$ 大于 1,说明城市规模分布比较集中,大城市规模很大,中小城市不够发育,首位度较高;若 $|b|$ 小于 1,则城市规模分布比较分散在各等级城市里,高位次城市规模不突出,中小城市比较发达。

城市体系规模等级结构是一定区域内城市规模分布的层次结构,是一个非线性的复杂系统,反映城市规模与位序的关系,具有分形特征。分形理论认为不规则的物质都具有自相似结构,按照自己的内在规律发展。自然界中大量不规模物体,无法用传统的方法(长、宽、高、面积、体积等)进行描述,从而引入参数——分形维数来描述分形特征。分形维数有很多种定义和计算方法,常用的是豪斯道夫维数。分形的基本特性之一是无标度性,即没有特征尺度。因此,用一般测度方法无法准确描述城市体系的特征,需要借用分

形维数去刻画[53]。

对于一个区域而言,用城市人口尺度 r 来度量城市数目的多少,测量结果为与 r 有关的城市数目 $N(r)$。人口尺度 r 变化,城市数目 $N(r)$ 也会随之变化,人口尺度 r 越小,城市数目 $N(r)$ 越大;反之,人口尺度 r 越大,城市数目 $N(r)$ 越小。一般地,$N(r)$ 与 r 存在幂函数关系:

$$N(r) \propto Cr^{-D} \tag{10-10}$$

对其进行对数变化,可得公式

$$\ln N(r) = \ln C - D\ln r \tag{10-11}$$

其中,C 为常数;D 为豪斯道夫维数;$\propto$ 为成比例算符[53]。

结合位序—规模法则与豪斯道夫维数公式可知,参数 q 与 D 互为倒数,即 $D \times q = 1$。当 $q > 1, D < 1$ 时,表明某特定区域内城市体系规模分布较为松散,人口分布不均衡,差异较大,城市体系发育不成熟,首位城市的垄断性地位较强;当 $q < 1, D > 1$ 时,表明某特定区域内城市体系规模分布较为集中,人口分布较为均衡,中间位序城市数较多,城市体系发育较为成熟;当 $q = D = 1$ 时,表明区域内最大城市与最小城市人口规模之比等于区域内城市体系所有城市的数目,是自然状态下的最优分布模式,城市规模分布呈理想的金字塔形。当 $D \to \infty, q \to 0$,表明区域内所有城市一样大,人口规模分布无差别;当 $D \to 0, q \to \infty$,表明区域内只有一个城市,呈现绝对的首位分布[52~54]。

中心性是指一个城市为其周围地区提供各种产品的能力大小及服务水平的高低,是衡量城市中心地位的重要依据。宁越敏(1993)在确定中心城市概念和标准的基础上,采用市区非农人口、全市工业总产值和市区邮电业务总量 3 个经济指标对全国符合标准的 35 个主要城市进行了中心性指数计算及排序,直观地反映了 20 世纪 80 年代中期以来我国中心城市的不平衡发展状况,并就其今后发展提出了若干建议[55]。林涛等(2000)采用市区非农人口、全市国内生产总值、市区社会消费品零售总额、市区高等学校在校学生数、市区第三产业产值、市区邮电业务总量这 6 项指标对 20 世纪 90 年代中后期我国中心城市的发展进行了系统研究,并提出加快中心城市建设的对策建议[56]。张志斌等(2005)在国内学者所选取的 6 项指标的基础上,增加了工业总产值和第二产业产值比重 2 项指标对中国西部省会城市中心性发展特点进行研究[57]。结合本章研究对象"宁沪杭甬高速公路走廊"所包含的县级行政单位的实际情况,最终所采用的 8 项指标如下所示。

① 非农人口。非农人口的集聚是城市的重要特征,非农人口数量在一定程度上反映一个城市集聚能力的大小。

② 国内生产总值(GDP)。作为一项重要的经济指标,能全面反映一个城市的经济实力及物质基础。

③ 固定资产投资额。反映一个城市的投资规模。

④ 社会消费品零售总额。反映一个城市的集散能力和市场发展水平。

⑤ 专利申请授权量。反映一个城市科技发展水平的高低。

⑥ 工业总产值。反映城市的工业化发展水平。

⑦ 第二产业产值比重。反映城市的产业结构层次和产业发展水平。

⑧ 第三产业产值比重。反映一个城市现代服务业发展水平及其对国内生产总值的贡献率。

根据这些中心性指标,假设对 n 个城市的 m 项指标进行评价,构建指标矩阵 X_{ij}($i=1,2,\cdots,n$; $j=1,2,\cdots,m$),则第 i 个城市的第 j 个指标中心性 C_{ij} 如下

$$C_{ij} = X_{ij} \bigg/ \frac{1}{n}\sum_{i=1}^{n} X_{ij} \tag{10-12}$$

在分别计算 m 项指标的基础上,进一步计算第 i 个城市的中心性 C_i

$$C_i = \frac{1}{m}\sum_{j=1}^{m} C_{ij} \tag{10-13}$$

进入 20 世纪,城市空间经济联系研究进一步发展,各种相互作用模式推陈出新,旨在寻求空间组织中相互作用的特点和规律。本书采取如下公式进行分析

$$T_{ij} = \frac{\sqrt{P_i G_i \times P_j G_j}}{d_{ij}^2} \,(i \neq j;\ i=1,2,\cdots,n;\ j=1,2,\cdots,m) \tag{10-14}$$

式中,T_{ij} 为 i 城市与 j 城市间的互作用强度;P_i、P_j 是以市区非农业人口测度的城市规模;G_i、G_j 为 i、j 两城市市区的 GDP;n 为城市体系内所有城市的数量;d_{ij} 为 i、j 两城市间的距离,本书采用最短公路距离(包括高速公路、国道、省道)作为测度指标。通过公式 10-14 可以计算每个城市与其他城市的引力,即可得到引力矩阵 T_{ij} [28]。

取得引力矩阵 T_{ij} 后,可以获得城市的最大引力值 T_i^{max}:

$$T_i^{max} = \max(T_{i1},\ T_{i2},\ \cdots,\ T_{ij},\ T_{i(n-1)},\ T_{in}) \tag{10-15}$$

通过公式 10-15 可以知道每个城市对应的引力最大的城市,将每个城市与它的最大引力城市进行两两连线,就可得到城市体系的最大引力线分布图。一个城市在区域中的最大引力线连接最多,它在区域中的吸引力就越大,支配地位就越强[58]。

将城市 i 与其他城市的相互作用强度相加,可以得到每个城市 i 的联系强度 T_i

$$T_i = \sum_{j=1}^{n} T_{ij}(i \neq j) \tag{10-16}$$

城市 i 与城市 j 之间的经济联系强度占城市 i 经济联系强度总量的比例为 L_{ij},即城市联系隶属度,用矩阵形式表示:

$$L_{ij} = T_{ij}/T_i \tag{10-17}$$

区域城市联系总强度 ST:

$$ST = \sum_{i=1}^{n}\sum_{j=1}^{n} T_{ij} \tag{10-18}$$

10.3 宁沪杭甬高速公路走廊空间范围确定

我们根据 30 分钟能上高速公路为基本界限这一条件[7],综合确定宁沪杭甬高速公路走廊的空间范围。

10.3.1 长三角地区核心城市通达性格局

在以最短时间距离计算各城市的通达性基础上,再以各城市 2011 年的常住人口作为权重,采用式 10-2,计算加权平均时间距离,分析经济发展水平对通达性的影响;通过式 10-3 计算通达系数和加权通达系数,以比较各城市通达性与区域平均通达性水平,结果如表 10-1。

表 10-1 长三角地区 25 个地级市通达性数据

节 点	最短时间距离(min)	加权平均时间距离	通达性系数	加权通达系数
上 海	76.54	2.68	0.83	0.74
苏 州	79.46	2.88	0.86	0.80
无 锡	68.75	2.55	0.75	0.71
常 州	70.26	2.64	0.76	0.73
南 通	82.46	3.04	0.9	0.84
镇 江	74.69	2.9	0.81	0.80
泰 州	76.6	2.91	0.83	0.80
扬 州	75.95	2.95	0.82	0.82
盐 城	93.21	3.53	1.01	0.98
淮 安	102.77	3.99	1.12	1.10
连云港	119.5	4.63	1.3	1.28
宿 迁	116.87	4.55	1.27	1.26
南 京	77.66	3.01	0.84	0.83
徐 州	138.39	5.38	1.5	1.49
嘉 兴	69.57	2.64	0.76	0.73
湖 州	67.96	2.67	0.74	0.74
杭 州	69.84	2.78	0.76	0.77
绍 兴	81.98	3.32	0.89	0.92
宁 波	86.92	3.5	0.94	0.97
衢 州	109.22	4.57	1.19	1.26
金 华	95.11	3.96	1.03	1.10
台 州	114.5	4.71	1.24	1.30
丽 水	115.64	4.81	1.26	1.33
温 州	127.2	5.24	1.38	1.45
舟 山	110.95	4.54	1.2	1.26

最短时间距离和加权平均时间距离越小,说明通达性越好;反之,通达性越差。2011年,长三角地区主要城市最短时间距离最小的是湖州,在长三角地区的通达性最高;其次是无锡、嘉兴、杭州、常州、镇江、扬州、上海等城市的通达性较高;最短时间距离较高的城市是徐州、温州、连云港、丽水等,由于这这些城市位于长三角地区边缘,通达性相对较差。

以常住人口作为权重,代表城市规模或者城市的经济实力及对周边地区的辐射能力,计算出来的加权平均时间距离最小的是无锡,其次是常州、嘉兴、湖州、上海、杭州、苏州等城市。说明经济发展水平对城市通达性有较大的影响,同时也与城市本身的地理区位有关。经济发展水平较高的地区,通达性一般较好。而徐州、温州、丽水、台州、连云港的加权通达系数依然很高,通达性较差。

通达系数和加权通达系数越小,通达性越高;反之,通达性越低。通达系数值与最短时间距离相对应,最小的是湖州,通达性较好;最大的是徐州,通达性较差。加权通达系数值与加权平均时间距离值相对应,最小的是无锡,通达性较好;最大的是徐州,通达性较差。

整体上看,通达性水平较低的城市主要是苏北的宿迁、淮安、盐城、连云港和徐州,以及浙东南的温州、台州和浙西南部的衢州、丽水等城市,这些城市位于长三角地区的边缘地带,其通达性相对于该区域较差。而上海以及苏南的无锡、苏州、常州、镇江和浙江北部的杭州、湖州、嘉兴等城市位于长三角的中部地区,经济发达,通达性较好。

利用ArcGIS克里金(Kriging)插值法得到的长三角地区交通通达性格局(图10-3～图10-6)。

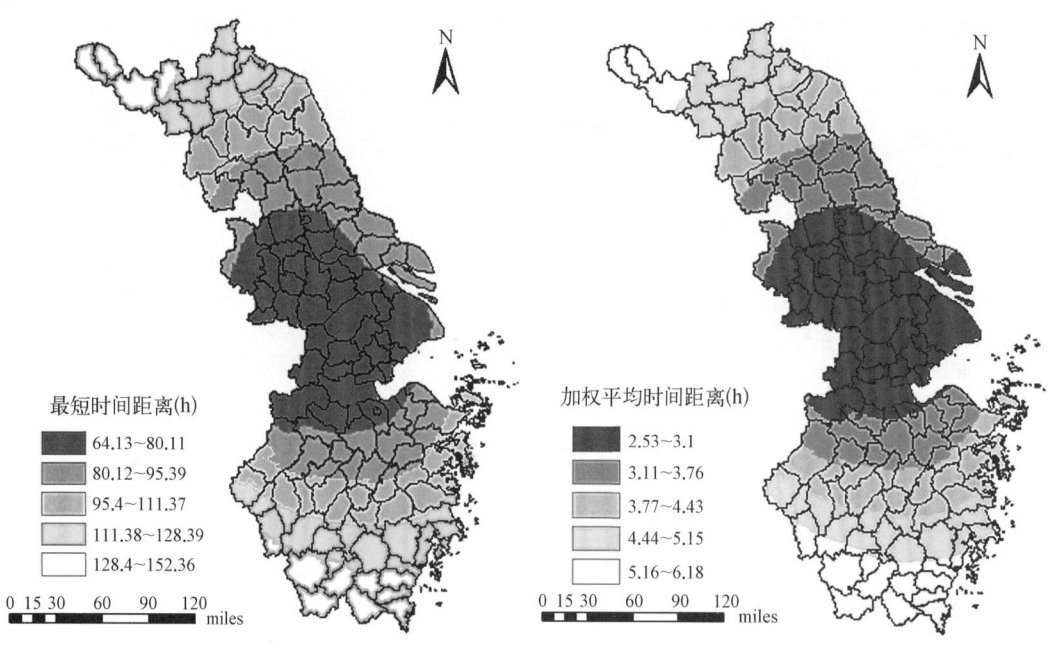

图10-3　长三角地区最短时间距离分布图　　图10-4　长三角地区加权平均时间距离分布图

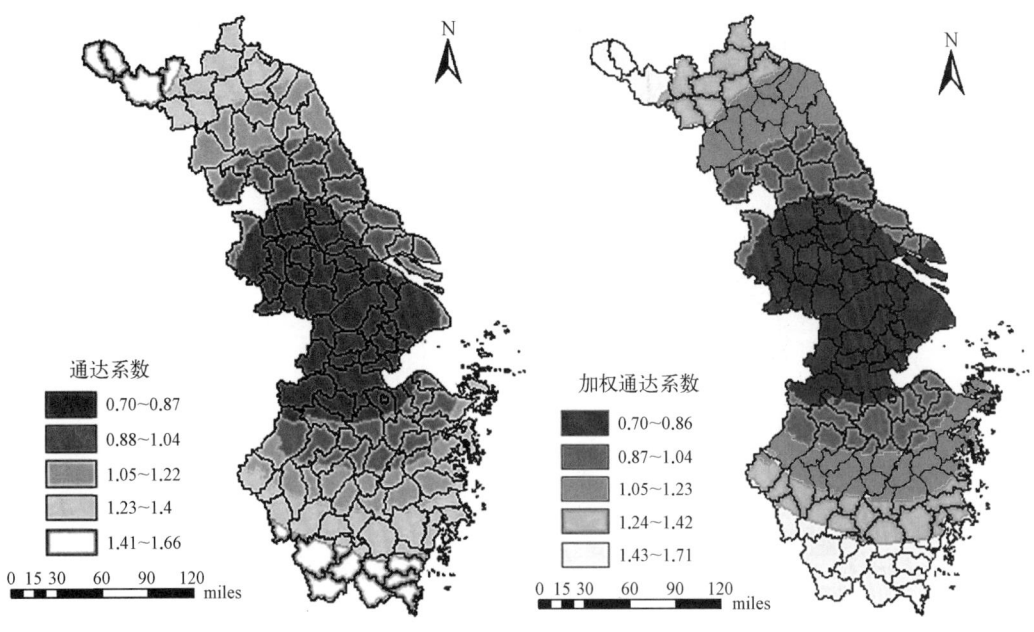

图 10-5 长三角地区通达系数分布图　　图 10-6 长三角地区加权通达系数分布图

10.3.2 长三角地区核心城市社会经济综合实力格局

我们从区域经济、人民生活、产业结构优化、城镇化建设以及教育医疗五个方面对 2011 年长三角 132 个县级行政单位(包括县、县级市、地级市市辖区,下同)的社会经济综合实力进行测算,这五个方面共有 13 个指标(表 10-2)。

表 10-2　长三角地区社会经济综合实力指标

类别	指标	编号	指标单位
区域经济	GDP	X1	亿元
	财政收入	X2	亿元
	固定资产投资额	X3	亿元
	社会消费品零售总额	X4	亿元
人民生活	城乡居民人均储蓄存款余额	X5	元
	人均 GDP	X6	元
产业结构优化	第一产业比重	X7	%
	第二产业比重	X8	%
	第三产业比重	X9	%
城镇化建设	非农产值	X10	亿元
	工业总产值	X11	亿元
教育医疗	在校学生数	X12	万人
	万人拥有医生数	X13	人

高速公路网与城镇体系的区域整合

通过标准化处理与因子分析,选取特征值大于1的3个因子作为主因子,对初始因子载荷矩阵进行正交旋转后,得到主因子载荷矩阵(表10-3)。

表10-3 长三角地区社会经济综合实力载荷矩阵

成份	初始特征值			提取平方和载入		
	合计	方差的%	累积%	合计	方差的%	累积%
1	7.408	56.984	56.984	7.408	56.984	56.984
2	2.388	18.369	75.352	2.388	18.369	75.352
3	1.494	11.491	86.843	1.494	11.491	86.843
4	0.827	6.365	93.208			
5	0.364	2.799	96.007			
6	0.258	1.984	97.991			
7	0.190	1.464	99.456			
8	0.490	0.374	99.830			
9	0.150	0.116	99.945			
10	0.040	0.340	99.979			
11	0.030	0.210	100.000			
12	2.09E−05	0.000	100.000			
13	1.59E−05	0.000	100.000			

选取特征值大于1的因子作为主因子,从表中(表10-3)可以看出前3个因子特征值大于1,第一主因子特征值为7.408,方差贡献率为56.984%;第二主因子特征值为2.388,方差贡献率为18.369%;第三主因子特征值为1.494,方差贡献率为11.491%。三个因子的累计方差贡献率为86.843%,大于85%;且KMO检验值为0.754,满足因子分析的条件。

表10-4 长三角地区社会经济综合实力旋转成分矩阵

	成分1	成分2	成分3
GDP	0.979	0.167	0.630
地方财政收入	0.972	0.690	0.700
固定资产投资额	0.910	0.259	0.160
社会消费品零售总额	0.970	0.170	0.128
城乡居民人均储蓄存款余额	0.251	0.834	0.104
人均GDP	0.245	0.782	−0.19
第一产业比重	−0.222	−0.874	0.164
第二产业比重	−0.830	0.452	−0.854
第三产业比重	0.304	0.289	0.843
非农产值	0.979	0.169	0.630
工业总产值	0.964	0.217	0.320
在校学生数	0.758	0.258	0.297
万人拥有医生数	0.390	0.672	0.380

主因子数值越高,包含的数据量越大。从表 10-4 可以看出,主因子 1 在 GDP、非农产值、地方财政收入、社会消费品零售总额、工业总产值固定资产投资上数值较大,主要反映经济发展指标,是衡量综合实力的首要因子;主因子 2 在城乡居民人均储蓄存款余额、人均 GDP、万人拥有医生数上数值较大,可反映人均经济增长指标;主因子 3 在第三产业比重上数值较大,可反映现代化发展指标。

将旋转成分矩阵的数据除以主成分相对应的特征值开平方根可得到两个主成分中每个指标所对应的系数,即特征向量,如表 10-5 所示。

表 10-5 长三角地区社会经济综合实力特征向量表

	A1	A2	A3
GDP	0.36	0.108	052
地方财政收入	0.357	0.450	0.570
固定资产投资额	0.334	0.168	0.131
社会消费品零售总额	0.356	0.110	0.105
城乡居民人均储蓄存款余额	0.920	0.540	0.850
人均 GDP	0.900	0.506	−0.155
第一产业比重	−0.820	−0.566	0.134
第二产业比重	−0.300	0.292	−0.699
第三产业比重	0.112	0.187	0.690
非农产值	0.360	0.109	0.520
工业总产值	0.354	0.14	0.260
在校学生数	0.278	0.167	0.243
万人拥有医生数	0.140	0.435	0.311

利用 SPSS 将 13 个数据指标标准化,用 ZX_1-ZX_{13} 来表示,用特征向量与标准化的数据相乘,就可得出主成分表达式,即

$F_1 = 0.36ZX_1 + 0.357ZX_2 + 0.334ZX_3 + 0.356ZX_4 + 0.92ZX_5 + 0.9ZX_6 - 0.82ZX_7 - 0.3ZX_8 + 0.112ZX_9 + 0.36ZX_{10} + 0.354ZX_{11} + 0.278ZX_{12} + 0.14ZX_{13}$

$F_2 = 0.108ZX_1 + 045ZX_2 + 0.168ZX_3 + 0.11ZX_4 + 0.54ZX_5 + 0.506ZX_6 - 0.566ZX_7 + 0.292ZX_8 + 0.187ZX_9 + 0.109ZX_{10} + 0.14ZX_{11} + 0.167ZX_{12} + 0.435ZX_{13}$

$F_3 = 0.52ZX_1 + 057ZX_2 + 0.131ZX_3 + 0.105ZX_4 + 0.85ZX_5 - 0.155ZX_6 + 0.134ZX_7 - 0.699ZX_8 + 0.69ZX_9 + 0.52ZX_{10} + 0.26ZX_{11} + 0.243ZX_{12} + 0.311ZX_{13}$

以每个主成分所对应的特征值占所提取主成分总的特征值之和的比例作为权重来计算主成分综合模型:

$$W_1 = \lambda_1/(\lambda_1 + \lambda_2 + \lambda_3) = 0.656$$
$$W_2 = \lambda_1/(\lambda_1 + \lambda_2 + \lambda_3) = 0.212$$

$$W_3 = \lambda_1/(\lambda_1 + \lambda_2 + \lambda_3) = 0.132$$
$$F = W_1F_1 + W_2F_2 + W_3F_3$$

依据主成分权重和各主成分得分值,计算主成分综合值,即社会经济综合实力

$$F = 0.266ZX_1 + 0.251ZX_2 + 0.272ZX_3 + 0.271ZX_4 + 0.186ZX_5 +$$
$$0.146ZX_6 - 0.156ZX_7 - 0.50ZX_8 + 0.204ZX_9 + 0.266ZX_{10} +$$
$$0.265ZX_{11} + 0.250ZX_{12} + 0.142ZX_{13}$$

利用 SPSS 计算出来的长三角地区县级行政单位的社会经济综合值如表 10-6 所示:

表 10-6 长三角地区县级及以上行政单位社会经济综合值

地 区	社会经济综合值	地 区	社会经济综合值	地 区	社会经济综合值
上海市	18.158	绍兴市区	1.360	云和县	−1.004
杭州市区	6.924	诸暨市	0.350	庆元县	−1.330
富阳市	−0.406	上虞市	−0.247	缙云县	−1.033
临安市	−0.755	嵊州市	−0.713	遂昌县	−0.985
建德市	−1.040	绍兴县	0.810	松阳县	−1.352
桐庐县	−0.890	新昌县	−0.583	景宁自治县	−1.081
淳安县	−1.155	金华市区	0.425	南京市区	6.766
宁波市区	4.053	兰溪市	−1.171	溧水县	−1.002
余姚市	−0.62	东阳市	−0.207	高淳县	−0.861
慈溪市	0.279	义乌市	1.628	无锡市区	4.112
奉化市	−0.514	永康市	−0.279	江阴市	1.719
象山县	−0.891	武义县	−0.929	宜兴市	0.458
宁海县	−0.909	浦江县	−0.862	徐州市区	2.543
温州市区	2.575	磐安县	−1.393	丰县	−1.479
瑞安市	0.185	衢州市区	−0.270	沛县	−0.958
乐清市	−0.205	江山市	−1.127	睢宁县	−1.274
洞头县	−0.704	常山县	−1.119	新沂市	−0.822
永嘉县	−0.907	开化县	−1.223	邳州市	−0.742
平阳县	−0.509	龙游县	−1.080	常州市区	2.963
苍南县	−0.596	舟山市区	0.554	溧阳市	−0.273
文成县	−0.620	岱山县	−1.086	金坛市	−0.440
泰顺县	−0.721	嵊泗县	−0.163	苏州市区	4.146
嘉兴市区	0.797	台州市区	0.955	常熟市	1.237
平湖市	−0.329	温岭市	−0.120	张家港市	1.433
海宁市	−0.300	临海市	−0.647	昆山市	1.713
桐乡市	−0.060	玉环县	−0.610	吴江市	0.545
嘉善县	−0.371	三门县	−1.105	太仓市	0.467
海盐县	−0.661	天台县	−0.641	南通市区	2.310
湖州市区	0.227	仙居县	−0.815	海安县	−0.465
德清县	−0.539	丽水市区	0.657	如东县	−0.702
长兴县	−0.619	龙泉市	−1.220	启东市	−0.424
安吉县	−0.690	青田县	−0.851	如皋市	−0.531

续 表

地　区	社会经济综合值	地　区	社会经济综合值	地　区	社会经济综合值
海门市	−0.285	响水县	−1.589	丹阳市	−0.118
连云港市区	1.226	滨海县	−1.281	扬中市	−0.191
赣榆县	−1.191	阜宁县	−1.300	句容市	−0.857
东海县	−1.308	射阳县	−1.242	泰州市区	1.296
灌云县	−1.638	建湖县	−0.939	兴化市	−0.827
灌南县	−1.521	东台市	−0.753	靖江市	0.220
淮安市区	0.613	大丰市	−0.834	泰兴市	−0.557
涟水县	−1.426	扬州市区	1.690	姜堰市	−0.504
洪泽县	−1.155	宝应县	−1.097	宿迁市区	0.175
盱眙县	−1.259	仪征市	−0.588	沭阳县	−0.896
金湖县	−1.026	高邮市	−1.001	泗阳县	−1.352
盐城市区	0.980	镇江市区	1.239	泗洪县	−1.192

注：上海市仅有崇明一个县，为研究方便，将整个上海作为市区处理，即视作一个行政地域单元。

2011年，长三角地区132个县及以上行政单位中，排名前10位的是上海市、杭州市区、南京市区、苏州市区、无锡市区、宁波市区、常州市区、温州市区、徐州市区、南通市区。社会经济综合值大于1的行政地域单元共有20个，占长三角地区县及以上级行政地域单元总数的15.2%。多数位于苏南、浙东北的县级行政单元江阴市、昆山市、义乌市、张家港市、常熟市、绍兴县、吴江市、太仓市、宜兴市、慈溪市、瑞安市、诸暨市、靖江市等，社会经济发展相对较好。其中，浙江衢州市辖区的社会经济综合值较低，为−0.270，社会经济发展相对落后(图10-7)。

图10-7显示，2011年长三角地区社会经济发展水平以上海市为核心，以南京市、杭州市为次核，苏州、无锡、常州、宁波为三级中心，呈现明显的等级结构。社会经济综合值比较大的主要集中在苏南地区的苏州、无锡、常州、南京、镇江，苏中的南通、扬州和泰州，以及浙江东北部的嘉兴、杭州、绍兴、宁波；而苏北地区、浙西、浙东南地区社会经济综合值较小。

10.3.3　30分钟到达沪宁—沪杭—杭甬高速公路的空间范围

以30分钟能上沪宁、沪杭、杭甬高速公路出入口为限制条件，在ArcGIS中将高速公路、国道、省道转换成栅格，栅格大小为2 452 m×2 452 m。将有高速公路通过的栅格区域赋值100 km/h，有国道通过的栅格赋值70 km/h，有省道通过的栅格赋值为50 km/h；利用栅格计算器，在没有高速公路、国道、省道通过的栅格空值地区赋值40 km/h[59]，因为这些空值地区仍然存在包括铁路、县道等其他等级的道路。将赋值好的各个栅格值作为成本计算成本距离，得到30分钟到达宁沪杭甬高速公路出入口的范围(图10-8)。利用ArcGIS计算2011年30分钟内到达沪宁—沪杭—杭甬高速公路的范围面积为3.43万 km²，占整个长三角地区总面积的16.3%。

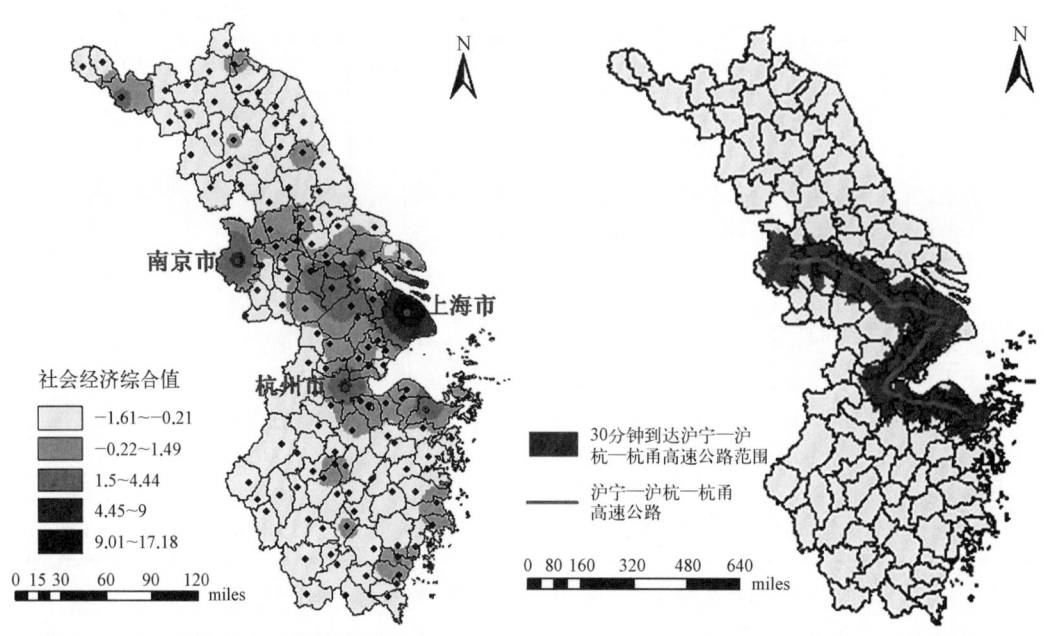

图 10-7 2011年长三角地区县级行政单位社会经济综合值分布图

图 10-8 30分钟到达沪宁—沪杭—杭甬高速公路空间范围

10.3.4 宁沪杭甬高速公路走廊空间范围的确定

考虑到经济实力对通达性的影响,我们以加权通达系数来衡量长三角地区的通达性,加权通达性值越小,通达性越好。若加权通达性值大于1,表明该节点通达性比区域平均通达性水平低;加权通达性值小于1,则该节点通达性优于区域通达性平均水平;加权通达性值等于1,则该节点通达性和区域通达性平均水平一致。区域中社会经济综合值大于0表示社会经济发展水平较好,小于0则表示社会经济发展水平较差。

利用 ArcGIS 空间分析重分类工具,将 2011 年加权通达性系数、社会经济综合值、30 分钟范围进行重分类:将加权通达性系数小于等于1的赋值为1,大于1的赋值为0;社会经济综合值大于等于0的赋值为1,小于0的赋值为0;将30分钟范围中小于等于0.5 小时的赋值为1,大于0.5 小时的赋值为0。用栅格计算器将加权通达系数、社会经济综合值与 30 分钟到达宁沪杭甬高速公路范围叠加计算,结果如图 10-9 所示。叠加值等于 3 的区域即为所求的宁沪杭甬高速公路走廊的范围,这一区域是长三角地区通达性较高、社会经济综合值较好的区域,并且能在 30 分钟到达沪宁—沪杭—杭甬高速公路出入口。

根据 ArcGIS 叠加分析的结果,叠加值为 3 的区域应为宁沪杭甬高速公路走廊的范围。考虑到行政地域单元的完整性,我们将宁沪杭甬高速公路走廊的范围划定为:上海、南京、镇江、常州、无锡、苏州、嘉兴、杭州、绍兴、宁波 10 个地级市市辖区,丹阳、句容、金

第 10 章　长三角地区高速公路走廊：宁沪杭甬高速通道

坛、江阴、常熟、太仓、昆山、吴江、平湖、桐乡、海宁、上虞、余姚、慈溪、扬中、靖江 16 个县级市，以及嘉善县、德清县、绍兴县 3 个县。图 10-10 显示了宁沪杭甬高速公路走廊在长三角地区的空间分布，该高速公路走廊范围共有 29 个县及以上行政单位（图 10-11）。

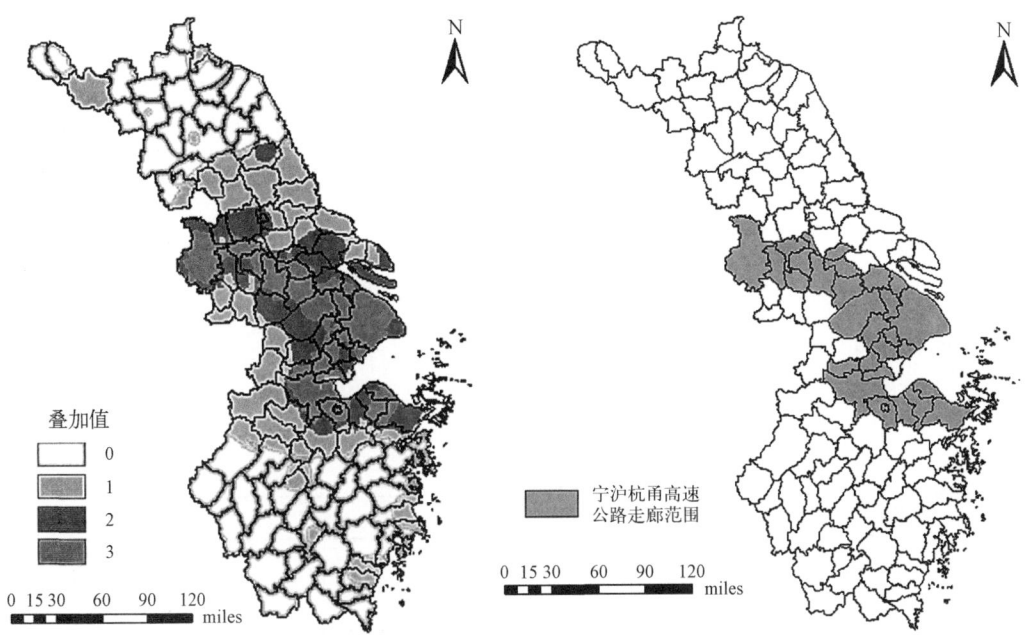

图 10-9　长三角地区三大指标（加权平均时间距离、社会经济综合值与 30 分钟到达沪宁—沪杭—杭甬高速公路）叠加值分布

图 10-10　宁沪杭甬高速公路走廊范围

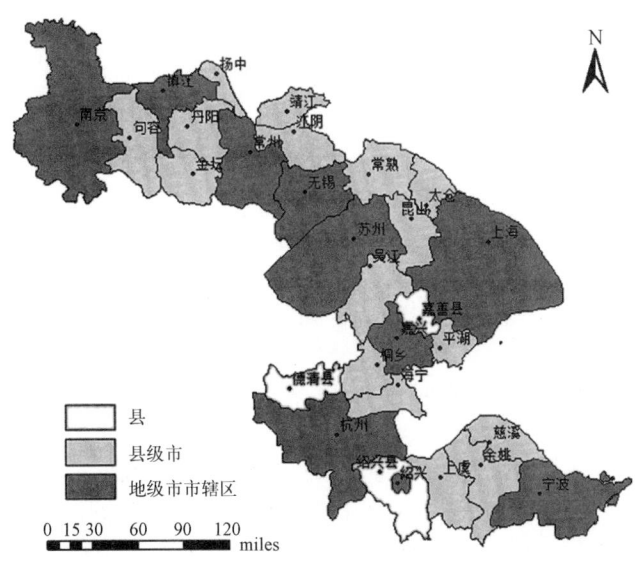

图 10-11　宁沪杭甬高速公路走廊范围内县及以上行政单位

2011年宁沪杭甬高速公路走廊县及以上行政地域单元,如表10-7所示。

表10-7 宁沪杭甬高速公路走廊县及以上行政区划单位

地级市市辖区	县级市				县
南 京					
镇 江	丹 阳	句 容			
常 州	金 坛				
无 锡	江 阴				
苏 州	吴 江	常 熟	太 仓	昆 山	
上 海					
嘉 兴	平 湖	桐 乡	海 宁		嘉善县
杭 州					
绍 兴	上 虞				绍兴县
宁 波	余 姚	慈 溪			
	扬 中	靖 江			德清县
10	16				3

2011年,宁沪杭甬高速公路走廊范围共29个县级行政单位,其中地级市市辖区10个,县级市16个,县3个。据此,表10-8反映了走廊范围内的经济发展水平在区域中所占较大的比重,这些城市对区域经济具有重要的集聚效应。

表10-8 宁沪杭甬高速公路走廊主要指标值及占长三角地区的比重

	面积万 km²	总人口（万人）	GDP（亿元）	人均GDP（元）	固定资产投资额（亿元）	工业总产值（亿元）
宁沪杭甬高速公路走廊	3.96	6 708.4	60 849.46	90 706.37	24 680.31	124 070.89
长三角地区	21.07	15 017.6	100 394.6	66 851.27	44 615.78	195 715.12
走廊/地区	18.79%	44.67%	60.61%	1.36%	55.32%	63.39%

10.4 宁沪杭甬高速公路走廊的城市规模分布

10.4.1 宁沪杭甬高速公路走廊的城市规模分布特征

这里以非农人口来衡量宁沪杭甬高速公路走廊的城市规模分布。我们选取宁沪杭甬高速走廊范围内城市的2011年非农人口数据,测算走廊范围内城市的首位度指数和位序—规模分布特征。2011年宁沪杭甬高速公路走廊城市规模与位序值如表10-9所示。

表 10-9　宁沪杭甬高速公路走廊城市规模与位序值

城市	2011 规模(万人)	位序	城市	2011 规模(万人)	位序
上海	1 240.18	1	绍兴县	31.52	16
南京	514.49	2	金坛	30.76	17
杭州	317.63	3	句容	29.60	18
苏州	245.25	4	丹阳	27.73	19
无锡	227.31	5	上虞	27.45	20
宁波	138.69	6	桐乡	26.49	21
常州	124.74	7	平湖	23.37	22
镇江	79.10	8	海宁	22.88	23
常熟	56.19	9	太仓	20.13	24
江阴	53.26	10	慈溪	18.97	25
绍兴	48.87	11	余姚	18.66	26
嘉兴	43.82	12	嘉善县	18.09	27
昆山	42.16	13	德清县	12.76	28
靖江	35.16	14	扬中	7.90	29
吴江	33.04	15			

可见,宁沪杭甬高速公路走廊29个县及以上级城市规模差异非常大：上海市规模位居第一。2011年,上海非农人口规模居第一位。上海在宁沪杭甬高速公路走廊处于中心地位,是宁沪杭甬高速公路走廊的首位城市,在经济、金融、贸易、交通、科技等方面发展水平最高。南京和杭州的非农人口规模分别排在第二、三位。接下来的位序是苏州、无锡、宁波、常州、镇江、常熟及江阴。显然,江苏省的城市规模高于浙江省。按照我国原有的城市规模划分标准,宁沪杭甬高速公路走廊城市规模分组结果如表10-10。

表 10-10　宁沪杭甬高速公路走廊城市规模构成

城市级别	划分标准（万人）	2011 个数	占总数比例	县、市
超大城市	>200	5	17.2%	上海、南京、杭州、无锡、苏州
特大城市	100~200	2	6.9%	常州、宁波
大城市	50~100	3	10.3%	镇江、常熟、江阴
中等城市	20~50	14	48.3%	昆山、绍兴、嘉兴、句容、吴江、靖江、金坛、海宁、绍兴县、太仓、上虞、桐乡、平湖、丹阳
小城市	<20	5	17.2%	余姚、慈溪、德清县、扬中、嘉善县

为深入探讨宁沪杭甬高速公路走廊范围内城市位序—规模,我们采用城市首位律中的2城市指数、4城市指数以及11城市指数来进一步分析这些城市的规模分布,计算结果如表10-11。

表 10-11 2011 年宁沪杭甬高速公路走廊城市首位度指数

2 城市指数	4 城市指数	11 城市指数
2.41	1.15	1.37

根据位序—规模法则,正常的城市体系中,2 城市指数值为 2,4 城市指数和 11 城市指数趋向 1。显然,2011 年宁沪杭甬高速公路走廊范围,2 城市指数大于 2,首位分布特征依然非常明显,反映了上海作为首位城市在走廊区域的巨大规模和地位;4 城市指数和 11 城市指数趋向于 1,但仍然偏大,说明走廊范围内的城市规模较大差异。

10.4.2 宁沪杭甬高速公路走廊城市规模分形特征

根据位序规模及其指数,我们发现,近 10 年来,宁沪杭甬高速公路走廊城市规模分布趋向均衡化。为了量化这一趋势,我们采用公式 10-11,利用 EViews 软件对宁沪杭甬高速公路走廊范围内城市规模及位序进行一元线性回归分析。R^2 作为回归分析的判定系数,其值越接近 1,表明回归特征越明显。从表 10-12 的回归结果来看,宁沪杭甬高速公路走廊城市规模等级分布 R^2 值均在 0.98 以上,趋向于 1,相关性极高,符合位序—规模法则规律。回归方程、Zipf 维数 q、分维值 D、相关系数 R^2 计算结果参见表 10-12。

表 10-12 宁沪杭甬高速公路走廊城市规模与位序回归结果

年 份	回 归 方 程	Zipf 维数 q	分维值 D	相关系数 R^2
2011	$y_i = 7.274\,578 - 1.367\,832 x_i$	1.367 832	0.731 084	0.977 443

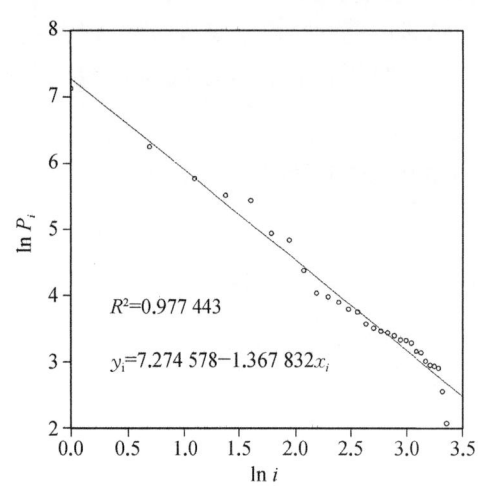

图 10-12 宁沪杭甬高速公路走廊城市规模双对数散点图

显然,2011 年宁沪杭甬高速公路走廊城市规模分布 q 值大于理想值 1,分维值 D 小于 1,说明宁沪杭甬高速公路走廊城市规模分布较为松散,人口分布不均衡,表现为首位城市分布,城市规模差异较大,城市体系发育仍然不成熟。虽然 Zipf 维数 q 值和分维数 D 值均趋向于理想值 1,但是距离理想值还有较大差距,走廊范围内城市体系规模均衡化趋势发展较为缓慢,首位城市上海极核应仍然较强。以 $\ln i$ 为横坐标,$\ln P_i$ 为纵坐标,则 2001 年至 2011 年宁沪杭甬高速概况走廊城市体系位序 i—规模 P_i 双对数散点如图10-12。

2011 年,宁沪杭甬高速公路走廊城市规模回归线斜率绝对值 $|b|$ 整体上大于 1,说明宁沪杭甬高速公路走廊城市规模分布仍然比较集中,大城市的规模很大,中小城市规模较小,距离理想的城市规模分布还有较大距离。

10.5 宁沪杭甬高速公路走廊内的城市联系

10.5.1 宁沪杭甬高速公路走廊内的城市中心性

中心性(centrality index)是测量城市中心地位的指标,由一个或多个反映城市中心性的单指标数据经过运算得到。我们根据宁沪杭甬高速公路走廊 29 个县及以上行政单位特点,终选取 GDP、非农人口、固定资产投资、社会消费品零售总额、专利申请授权量、工业总产值、第二产业产值比重以及第三产业产值比重这 8 项指标(表 10-13),根据公式 10-13 对走廊内城市中心性进行研测度,结果如表 10-14 所示。

表 10-13 宁沪杭甬高速公路走廊城市中心性指标数据

城市	GDP(亿元)	非农人口(万人)	固定资产投资(亿元)	社会消费品零售总额(亿元)	专利申请授权量(个)	工业总产值(亿元)	第二产业产值比重	第三产业产值比重
上海	19 195.69	1 240.18	5 067.09	6 814.80	47 960	33 834.44	41.3	58.0
南京	5 538.93	514.49	3 497.54	2 511.51	11 840	9 372.36	43.4	54.6
镇江	994.61	79.10	732.40	328.79	3 709	2 157.99	54.5	43.0
常州	2 712.11	124.74	1 705.50	926.23	8 884	6 446.64	53.9	44.1
无锡	3 563.89	227.31	2 045.06	1 364.56	23 418	6 117.19	51.6	47.3
苏州	2 654.20	245.25	1 720.93	1 235.06	14 819	8 083.05	46.2	52.5
嘉兴	669.77	43.82	398.21	269.40	2 080	1 373.44	51.0	44.5
杭州	5 589.86	317.63	2 520.24	2 187.78	23 509	9 780.06	44.7	53.4
绍兴	546.45	48.87	307.95	296.51	1 112	1 127.51	45.5	53.0
宁波	3 621.89	138.69	984.88	1 089.14	20 105	8 072.21	54.4	44.0
丹阳	724.90	27.73	231.68	175.35	1 211	1 604.94	55.2	39.4
句容	291.89	29.60	142.85	81.72	1 564	715.08	54.1	36.5
金坛	365.10	30.76	206.60	136.67	448	686.90	55.9	37.5
江阴	2 335.87	53.26	711.92	451.92	6 912	5 953.02	58.0	40.2
常熟	1 710.45	56.19	492.83	426.26	7 980	3 251.66	54.8	43.2
太仓	867.53	20.13	386.25	167.17	3 997	1 706.25	55.9	40.5
昆山	2 432.25	42.16	642.57	420.98	12 742	7 282.21	62.1	37.0
吴江	1 192.28	33.04	504.84	263.65	30 041	2 993.67	58.7	38.7
平湖	393.43	23.37	244.72	105.02	1 481	945.02	63.3	32.2
桐乡	483.78	26.49	215.74	186.70	1 220	1 107.57	54.9	39.6
海宁	532.67	22.88	249.08	211.64	2 506	1 099.95	60.0	35.2
上虞	523.66	27.45	241.07	154.80	1 648	1 199.92	56.6	36.4
余姚	658.77	18.66	178.94	259.69	5 886	1 071.90	59.0	34.0
慈溪	877.18	18.97	219.46	341.96	8 042	1 613.55	60.1	35.0
扬中	300.05	7.90	120.01	78.21	920	729.66	57.3	39.4
靖江	538.98	35.16	232.05	109.13	1 159	1 434.14	56.8	39.9

高速公路网与城镇体系的区域整合

续　表

城　市	GDP （亿元）	非农 人口 （万人）	固定资 产投资 （亿元）	社会消费 品零售总 额（亿元）	专利申请 授权量 （个）	工业 总产值 （亿元）	第二产业 产值比重	第三产业 产值比重
嘉善县	323.20	18.09	182.42	104.28	1 401	732.99	59.0	33.9
德清县	278.27	12.76	140.68	90.42	1 393	634.47	57.5	35.2
绍兴县	931.80	31.52	356.80	142.23	1 925	2 943.10	59.5	36.9

表 10-14　宁沪杭甬高速公路走廊城市中心性指数

城　市	中心性指数 C_i	城　市	中心性指数 C_i	城　市	中心性指数 C_i
上　海	6.20	常　熟	0.65	上　虞	0.31
南　京	2.37	镇　江	0.55	靖　江	0.31
杭　州	2.17	慈　溪	0.48	平　湖	0.30
无　锡	1.65	绍兴县	0.42	桐　乡	0.30
苏　州	1.46	太　仓	0.40	金　坛	0.26
宁　波	1.37	余　姚	0.39	嘉善县	0.26
常　州	1.16	嘉　兴	0.38	句　容	0.25
吴　江	0.93	海　宁	0.34	德清县	0.24
昆　山	0.91	绍　兴	0.34	扬　中	0.22
江　阴	0.79	丹　阳	0.33		

我们看到，上海的中心性指数最高，远高于第二位城市南京和第三位城市杭州。将中心指数值 $C_i > 5$ 的城市划分为一级中心城市，将 $2 < C_i < 5$ 的城市划分为二级中心城市，将 $1 < C_i < 2$ 的城市划分为三级中心城市，将 $0.5 < C_i < 1$ 的城市划分为四级中心城市，将 $C_i < 0.5$ 的城市划分为五级中心城市，结果得到表 10-15。

表 10-15　宁沪杭甬高速公路走廊城市中心性等级划分

等　级	C_i	城　市
一级中心城市	$C_i > 2$	上海
二级中心城市	$2 < C_i < 5$	南京、杭州
三级中心城市	$1 < C_i < 2$	无锡、苏州、宁波、常州
四级中心城市	$C_i < 1$	吴江、昆山、江阴、常熟、镇江
五级中心城市	$C_i < 0.5$	慈溪、绍兴县、太仓、余姚、嘉兴、海宁、绍兴、丹阳、上虞、靖江、平湖、桐乡、金坛、嘉善县、句容、德清县、扬中

那么，在宁沪杭甬高速公路走廊区域范围内，一级中心城市是上海，二级中心城市为南京和杭州，三级、四级中心城市共 9 个城市，其中仅宁波位于浙江省，其余 8 个均位于江苏省，走廊范围内浙江省的城市中心性低于江苏省。

10.5.2 宁沪杭甬高速公路走廊城市联系强度

(1) 宁沪杭甬高速公路走廊城市引力矩阵

我们利用重力模型计算宁沪杭甬高速公路走廊每个城市与其他城市的引力,即可得到引力矩阵 T_{ij},进一步分析可得走廊内城市间的经济联系强度。重力模型是城市相互作用模型中的一种,用来研究区域中城市相互作用的特点和规律。根据该模型,两城市间相互作用值与它们的人口规模和 GDP(表 10-16)乘积的平方根成正比,与它们距离(表 10-17)的平方成反比,这里我们采用最短公路距离作为两城市之间的距离测度标。根据公式 10-17,得到宁沪杭甬高速公路走廊城市间引力矩阵数据(表 10-18)。

表 10-16 2011 年宁沪杭甬高速公路走廊城市 GDP 和非农人口值

类别	城市	GDP(万元)	非农人口(万人)	类别	城市	GDP(万元)	非农人口(万人)
地级市	上 海	19 195.69	1 240.18	县级市	常 熟	1 710.45	56.19
	南 京	5 538.93	514.49		太 仓	867.53	20.13
	镇 江	994.61	79.10		昆 山	2 432.25	42.16
	常 州	2 712.11	124.74		吴 江	1 192.28	33.04
	无 锡	3 563.89	227.31		平 湖	393.43	23.37
	苏 州	2 654.20	245.25		桐 乡	483.78	26.49
	嘉 兴	669.77	43.82		海 宁	532.67	22.88
	杭 州	5 589.86	317.63		上 虞	523.66	27.45
	绍 兴	546.45	48.87		余 姚	658.77	18.66
	宁 波	3 621.89	138.69		慈 溪	877.18	18.97
县级市	丹 阳	724.90	27.73		扬 中	3005.00	7.90
	句 容	291.89	29.60		靖 江	538.98	35.16
	金 坛	365.10	30.76	县	嘉善县	323.20	18.09
	江 阴	2 335.87	53.26		德清县	278.27	12.76
					绍兴县	931.80	31.52

(2) 宁沪杭甬高速公路走廊各城市联系强度

将宁沪杭甬高速公路走廊各节点城市 i 与其他城市的相互作用强度相加,可以得到每个城市 i 的联系强度 T_i;将所有城市联系强度相加,得到宁沪杭甬高速公路走廊范围内 29 个节点的总联系强度 ST(表 10-19)。

可以看出,作为宁沪杭甬高速公路走廊区的一级中心城市,上海城市联系强度值最大,占整个区域总联系强度值的 18.24%,远大于排名第二位的苏州,是苏州的 1.8 倍;无锡、杭州、昆山、江阴、常州、南京、常熟、吴江跻身走廊城市联系排名前 10 位,其中有 8 个城市位于江苏,浙江只有杭州联系强度值居前 10 位;苏州和无锡由于邻近上海,与上海城市联系较强,其城市联系强度明显高于宁沪杭甬高速公路走廊区域的二级中心城市南京和杭州。

高速公路网与城镇体系的区域整合

表10-17 宁沪杭甬高速公路走廊城市间最短公路距离

(单位: km)

节点	1	2	3	4	5	6	7	8	9	10	11	12	13	14	15	16	17	18	19	20	21	22	23	24	25	26	27	28	29
1	0																												
2	286.1	0																											
3	247.3	68.2	0																										
4	175.8	117.0	78.2	0																									
5	132.7	163.6	124.8	50.8	0																								
6	94.8	213.3	174.6	103.1	60.2	0																							
7	95.2	270.3	231.3	159.9	117.1	70.3	0																						
8	175.5	284.4	262.4	208.7	196.9	150.0	87.5	0																					
9	222.1	339.2	317.4	263.6	252.0	205.1	142.6	55.0	0																				
10	217.0	416.7	377.8	306.5	263.6	216.6	146.5	134.8	99.1	0																			
11	215.6	75.3	36.6	51.0	89.9	142.9	200.0	227.2	282.1	346.7	0																		
12	251.8	38.6	41.1	87.3	125.9	179.4	236.2	256.6	311.7	382.8	37.8	0																	
13	208.5	102.0	63.5	43.8	82.7	135.6	192.7	208.1	262.4	339.3	28.4	64.4	0																
14	152.9	147.1	98.9	36.8	43.0	88.4	145.5	225.4	280.2	292.2	78.7	116.4	80.9	0															
15	101.1	198.3	159.6	88.1	45.2	47.9	105.0	184.7	239.8	251.7	128.2	164.1	121.4	69.1	0														
16	54.5	240.9	202.0	130.6	87.6	64.5	113.2	193.2	247.9	236.1	170.6	206.7	163.7	107.3	48.5	0													
17	58.6	235.5	196.9	125.4	82.4	46.6	95.3	175.1	230.0	227.8	165.5	201.4	158.5	110.7	59.8	18.1	0												
18	91.5	223.9	185.4	113.9	71.0	24.1	49.3	129.0	184.1	196.0	153.6	190.0	146.8	98.6	59.1	67.5	49.4	0											
19	99.8	299.4	260.6	189.3	146.1	99.3	29.0	99.4	140.6	127.8	228.6	265.1	222.2	174.5	134.1	118.7	110.4	78.8	0										
20	116.5	290.9	252.3	180.8	137.6	91.0	28.6	58.9	113.8	169.6	220.7	256.6	213.9	166.2	125.7	134.1	116.3	70.3	51.6	0									
21	138.0	319.8	297.6	244.1	202.6	155.7	85.4	58.2	99.2	177.4	262.7	292.2	243.1	230.8	190.0	165.2	166.8	135.3	56.9	87.6	0								
22	240.4	357.8	335.7	282.1	270.5	223.6	161.2	75.7	31.5	67.7	300.6	330.1	281.2	298.6	258.2	265.3	248.5	202.8	156.4	132.2	117.6	0							
23	227.5	378.8	356.7	303.1	273.9	227.2	157.1	96.5	60.5	45.5	321.7	351.2	302.1	302.2	261.8	246.4	238.1	206.3	137.5	153.6	138.8	29.3	0						
24	203.6	392.1	364.6	293.2	250.7	203.5	133.6	109.7	73.4	54.3	333.3	351.2	315.3	302.2	261.8	246.4	238.1	206.3	137.5	153.6	138.8	29.3	24.5	0					
25	223.9	109.3	45.6	63.4	110.3	159.2	216.9	268.3	322.8	363.1	49.9	81.6	76.9	71.4	139.9	178.0	181.5	169.7	245.0	237.0	302.0	341.5	362.7	349.8	0				
26	165.7	156.3	105.1	46.3	52.3	101.5	158.3	238.3	293.2	305.2	87.8	125.9	90.2	13.2	81.9	120.3	123.6	112.3	187.5	179.7	244.0	311.7	315.5	292.1	59.8	0			
27	72.9	285.4	246.9	175.2	132.2	85.6	22.7	102.8	157.6	165.9	215.5	251.3	208.4	160.5	120.3	92.1	83.5	65.2	48.4	44.3	104.5	176.5	175.8	152.5	231.9	174.0	0		
28	190.3	243.2	221.2	167.5	173.1	150.2	105.5	51.7	106.7	184.9	186.1	215.7	166.5	196.6	185.0	193.6	175.7	126.4	128.5	76.7	87.3	125.3	146.4	159.8	226.9	206.3	121.2	0	
29	204.6	321.8	300.0	246.3	234.7	187.6	124.9	37.6	17.4	110.7	264.7	294.5	245.3	262.9	222.6	231.0	212.9	167.2	123.9	96.4	81.9	42.5	72.0	85.5	305.6	276.2	140.8	89.6	0

注: 表中节点1~29分别对应县及以上行政单位: 上海、南京、镇江、常州、无锡、苏州、嘉兴、杭州、绍兴、宁波、丹阳、句容、金坛、江阴、常熟、太仓、昆山、吴江、平湖、桐乡、海宁、上虞、余姚、慈溪、扬中、靖江、嘉善县、德清县、绍兴县。

第 10 章 长三角地区高速公路走廊：宁沪杭甬高速通道

表 10-18 宁沪杭甬高速公路走廊城市间引力矩阵

节点	1	2	3	4	5	6	7	8	9	10	11	12	13	14	15	16	17	18	19	20	21	22	23	24	25	26	27	28	29
1	0	100.6	22.4	91.8	249.4	438.1	92.2	211.1	16.2	73.4	14.9	7.2	11.9	73.6	148.0	217.3	454.1	115.6	47.0	40.7	28.3	10.1	10.5	15.2	4.7	24.5	70.1	8.0	20.0
2	100.6	0	101.8	71.7	56.7	29.9	4.0	27.8	2.4	6.9	42.2	105.1	17.2	27.5	13.3	3.8	9.7	6.7	1.8	2.3	1.8	1.6	1.3	1.4	6.9	9.5	1.6	1.7	2.8
3	22.4	101.8	0	26.7	16.2	7.4	0.9	5.4	0.5	1.4	29.6	15.4	7.4	10.1	3.4	0.9	2.3	1.6	0.4	0.5	0.3	0.3	0.2	0.3	6.6	3.5	0.4	0.3	0.5
4	91.8	71.7	26.7	0	202.6	44.2	3.9	17.8	1.4	4.4	31.7	7.1	32.2	151.2	23.2	4.5	11.8	8.9	1.6	2.0	1.1	0.9	0.7	0.9	7.0	37.4	1.4	1.2	1.6
5	249.4	56.7	16.2	202.6	0	200.6	11.3	30.9	2.3	9.2	15.8	5.3	14.0	171.6	136.8	15.5	42.5	35.4	4.0	5.4	2.4	1.5	1.3	1.8	3.6	45.2	3.9	1.8	2.8
6	438.1	29.9	7.4	44.2	200.6	0	200.6	47.8	3.1	12.2	5.6	2.3	4.6	36.4	109.1	1.8	119.0	274.6	7.8	11.0	3.7	1.9	1.7	2.5	1.5	10.8	8.4	2.1	3.9
7	92.2	4.0	0.9	3.9	11.3	27.9	0	29.8	1.4	5.7	0.6	0.3	0.5	2.9	4.8	1.8	6.0	14.0	19.5	23.6	2.6	0.8	0.8	1.2	0.2	0.9	25.3	1.8	1.9
8	211.1	27.8	5.4	17.8	30.9	47.8	29.8	0	72.0	52.0	3.7	1.9	3.3	9.2	12.1	4.7	13.9	15.9	12.9	43.5	43.4	27.9	15.9	14.3	0.9	3.2	9.6	29.7	162.0
9	16.2	2.4	0.5	1.4	2.3	3.1	1.4	72.0	0	11.8	0.3	0.2	0.3	0.7	0.9	0.4	1.0	1.0	0.8	1.4	1.8	19.8	5.0	3.9	0.1	0.3	0.5	0.9	92.3
10	73.4	6.9	1.4	4.4	9.2	12.2	5.7	52.0	11.8	0	0.8	0.4	0.7	2.9	3.5	1.7	4.4	3.7	4.2	2.8	2.5	18.6	38.0	31.0	0.3	1.0	2.0	1.2	9.9
11	14.9	42.2	29.6	31.7	15.8	5.6	0.6	3.7	0.3	0.8	0	9.2	18.6	8.1	2.7	0.6	1.2	1.2	0.3	0.3	0.2	0.2	0.2	0.2	0.2	2.5	0.1	0.2	0.3
12	7.2	105.1	15.4	7.1	5.3	2.3	0.3	1.9	0.2	0.4	9.2	0	2.4	2.4	1.1	0.3	0.7	0.5	0.1	0.2	0.1	0.1	0.1	0.1	0.7	0.8	0.1	0.1	0.2
13	11.9	17.2	7.4	32.2	14.0	4.6	0.5	3.3	0.3	0.7	18.6	2.4	0	5.7	2.2	0.5	1.4	1.0	0.2	0.3	0.2	0.2	0.1	0.2	0.7	1.8	0.2	0.1	0.3
14	73.6	27.5	10.1	151.2	171.6	36.4	2.9	9.2	0.9	2.9	8.1	2.4	5.7	0	22.9	4.0	9.2	7.2	1.1	1.4	0.7	0.5	0.4	0.6	0.1	1.8	1.0	0.5	0.9
15	148.0	13.3	3.4	23.2	136.8	109.1	4.8	12.1	1.4	3.5	2.7	1.1	2.2	22.9	0	17.4	27.8	17.6	1.7	2.2	0.9	0.6	0.5	0.7	0	3.4	1.6	0.5	1.1
16	217.3	3.8	0.9	4.5	15.5	25.6	1.8	4.7	0.4	1.7	0.6	0.3	0.5	4.0	17.4	0	129.1	5.7	0.9	0.8	0.5	0.6	15.5	8.6	0.8	276.6	1.2	0.2	0.4
17	454.4	9.7	2.3	11.8	42.5	119.0	6.0	13.9	1.0	4.4	1.2	0.7	1.4	9.2	27.8	129.1	0	26.1	2.5	2.7	1.3	0	23.7	0.1	0	6.4	3.5	0.6	1.2
18	115.6	6.7	1.6	8.9	35.4	274.6	14.0	15.9	1.0	3.7	1.2	0.5	1.0	7.2	17.6	5.7	26.1	0	3.1	4.5	3.3	15.5	0	23.7	0.1	1.3	2.9	0.7	1.2
19	47.0	1.8	0.4	1.6	4.0	7.8	19.5	12.9	1.0	4.2	0.3	0.1	0.2	1.1	1.7	0.9	2.5	3.1	0	4.1	3.3	8.6	23.7	0	0.1	0.4	3.1	0.3	1.1
20	40.7	2.3	0.5	2.0	5.4	11.0	23.6	43.5	1.4	2.8	0.3	0.2	0.3	1.4	2.2	0.8	2.7	4.5	4.1	0	1.6	0.8	0.2	0.1	0	0.5	4.4	1.1	2.1
21	28.3	1.8	0.3	1.1	2.4	3.7	2.6	43.4	1.8	2.5	0.2	0.1	0.1	0.7	0.9	0.5	1.3	1.2	3.3	1.6	0	1.0	0.6	0.6	0.1	0.2	0.8	0.9	2.8
22	10.1	1.6	0.3	0.9	1.5	1.9	0.8	27.9	19.8	18.6	0.2	0.1	0.1	0.5	0.6	0.2	0.6	0.6	1.6	0.8	1.0	0	15.5	8.6	0.1	0.2	0.3	0.5	11.4
23	10.5	1.3	0.2	0.7	1.3	1.7	0.8	15.9	5.0	38.0	0.2	0.1	0.1	0.4	0.5	0.3	0.6	0.5	1.0	0.6	0.6	15.5	0	23.7	0.0	0.2	0.3	0.3	3.7
24	15.2	1.4	0.3	0.7	1.8	2.5	1.2	14.3	3.9	31.0	0.2	0.1	0.1	0.6	0.7	0.3	0.8	0.8	1.0	0.6	0.6	8.6	23.7	0	0.1	0.2	0.4	0.6	3.0
25	4.7	6.9	6.6	7.0	3.6	1.5	0.2	0.9	0.1	0.3	2.8	0.7	0.9	3.4	6.4	1.3	2.9	2.2	0.4	0.5	0.3	0.3	0.0	0.1	0	1.9	0.1	0.1	0.1
26	24.5	9.5	3.5	37.4	45.2	10.8	0.9	3.2	0.2	1.0	2.5	0.8	1.8	276.6	1.0	1.2	3.5	3.6	3.1	4.4	0.8	0.3	0.2	0.2	1.9	0	0.3	0.2	0.3
27	70.1	1.6	0.4	1.4	3.9	8.4	25.3	9.6	0.5	2.0	0.1	0.1	0.2	1.0	1.6	1.2	2.9	3.1	4.4	0.8	0.3	0.3	0.4	0.3	0.1	0.3	0	0.3	0.7
28	8.0	1.7	0.3	1.2	1.8	2.1	0.8	29.7	0.9	1.2	0.2	0.1	0.1	0.5	0.5	0.2	0.6	0.7	0.3	0.3	0.4	0.5	0.4	3.0	0.1	0.2	0.3	0	1.3
29	20.0	2.8	0.5	1.6	2.8	3.9	1.9	162.0	92.3	9.9	0.3	0.2	0.3	0.9	1.1	0.4	1.2	1.2	1.1	2.1	2.8	11.4	3.7	114.7	0.1	0.3	0.7	1.3	0
总	2617.1	660.1	266.8	790.9	1289.9	1444.1	285.6	922.5	242.3	306.4	194.7	164.4	128.1	833.0	563.8	440.4	878.4	555.2	124.2	161.5	105.0	124.8	123.4	114.7	43.7	435.1	145.5	56.4	329.7

注：表中节点1~29分别对应县及以上行政单位：上海、南京、镇江、常州、无锡、苏州、嘉兴、杭州、绍兴、宁波、丹阳、句容、金坛、江阴、常熟、太仓、昆山、吴江、平湖、桐乡、海宁、上虞、余姚、慈溪、靖江、扬中、嘉善县、德清县、绍兴县。

表 10-19 宁沪杭甬高速公路走廊各城市联系强度及走廊区域总联系强度

城 市	T_i	占总强度比例	排 名	城 市	T_i	占总强度比例	排 名
上 海	2 617.1	18.24	1	绍 兴	242.3	1.69	17
苏 州	1 444.1	10.07	2	丹 阳	194.7	1.36	18
无 锡	1 289.9	8.99	3	句 容	164.4	1.15	19
杭 州	922.5	6.43	4	桐 乡	161.5	1.13	20
昆 山	878.4	6.12	5	嘉善县	145.5	1.01	21
江 阴	833.0	5.81	6	金 坛	128.1	0.89	22
常 州	790.9	5.51	7	上 虞	124.8	0.87	23
南 京	660.1	4.60	8	平 湖	124.2	0.87	24
常 熟	563.8	3.93	9	余 姚	123.4	0.86	25
吴 江	555.0	3.87	10	慈 溪	114.7	0.80	26
太 仓	440.4	3.07	11	海 宁	105.0	0.73	27
靖 江	435.1	3.03	12	德清县	56.4	0.39	28
绍兴县	329.7	2.30	13	扬 中	43.7	0.30	29
宁 波	306.4	2.14	14	宁沪杭甬高速公路走廊区域总联系强度 ST	14 347.8		
嘉 兴	285.6	1.99	15				
镇 江	266.8	1.86	16				

10.5.3 宁沪杭甬高速公路走廊城市联系方向

(1) 宁沪杭甬高速公路走廊城市最大引力线

从宁沪杭甬高速公路走廊引力矩阵中找出每个城市 i 和其对应的引力最大的城市 i'，将 i 与 i' 进行两两连线，即可得到宁沪杭甬高速公路走廊城市间"最大引力值分布图"，如图 10-13 所示。总引力值越大、最大引力线连接最多的城市，说明该城市在区域城市间的总吸引力最大，空间支配力越大。

从图中可以看出，首先，上海是最大引力线连接最多的城市，共有 10 条，上海与这 10 个城市的最大联系强度值总和占整个宁沪杭甬高速公路走廊区域的 13.95%，在整个走廊区域具有极强的城市吸引力和支配作用。与上海的城市联系强度从大到小依次是昆山、苏州、无锡、太仓、杭州、常熟、嘉兴、宁波、嘉善县、平湖，其中昆山、苏州与上海的联系强度值居于前两位，它们与上海的城市联系强度占这 10 个城市总联系强度的 44.6%。其次，最大引力值连线数量第二多是杭州，共有 6 条最大引力连线，其中杭州与绍兴县的联系强度最大；第三，南京排名第三，引力连线数共有 3 条，其最大联系城市是句容，其引力值仅有 105.1。

根据最大引力线分布数量的多少，可将宁沪杭甬高速公路走廊区域城市吸引力划分为五个层次（表 10-20）：第一层次上海、杭州，在走廊区域城市吸引力较大，支配力较强；第二层次为南京、宁波、常州；第三层次是无锡、苏州、昆山、江阴、句容、靖江、绍兴。

一级中心城市的城市联系强度及范围明显要高于二、三、四级中心城市；二级中心城市杭州、南京总体上对走廊范围内的本省城市吸引力较大，而跨省吸引力较差，另外南京的最大引力城市较少，引力值也较小，对周边地区的辐射影响能力较弱；三级中心城市中，

第 10 章 长三角地区高速公路走廊：宁沪杭甬高速通道

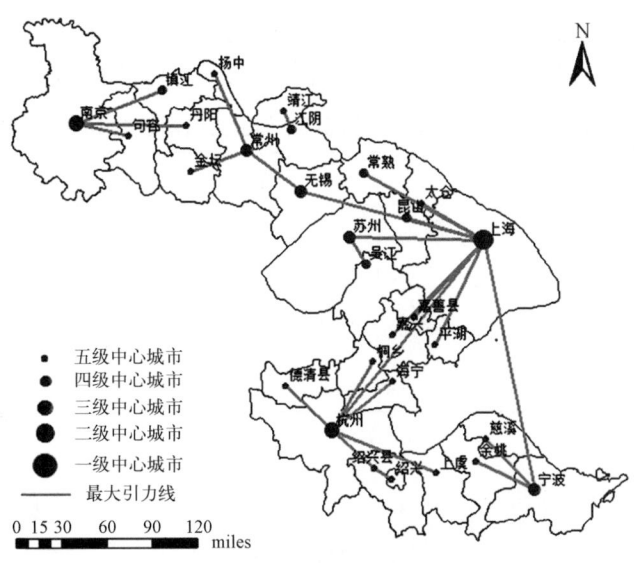

图 10-13 宁沪杭甬高速公路走廊城市最大引力线图

常州、宁波虽然最大联系城市数量多于四级中心城市，但是他们的最大引力值较小。

表 10-20 宁沪杭甬高速公路走廊最大引力城市对

城 市		最 大 引 力 城 市			占总联系强度值比
		地级市	县级市	县	总计(个)	
一级中心	上 海	苏州(438.14) 无锡(249.39) 杭州(211.05) 嘉兴(92.17) 宁波(73.41)	昆山(454.41) 太仓(217.32) 常熟(148.03) 平湖(46.99)	嘉善(70.13)	10	13.95%
二级中心	杭 州		桐乡(43.46) 海宁(43.39) 上虞(27.87)	绍兴(161.95) 德清(29.71)	5	2.14%
	南 京	镇江(101.76)	句容(105.10) 丹阳(42.19)		3	1.73%
三级中心	无 锡	常州(202.56)			1	1.41%
	苏 州		吴江(274.59)		1	1.91%
	常 州		金坛(32.16) 扬中(7.05)		2	0.27%
	宁 波		余姚(38.00) 慈溪(30.98)		2	0.48%
四级中心	昆 山	上海(454.41)			1	3.17%
	江 阴		靖江(276.60)		1	1.93%
五级中心	句 容	南京(105.10)			1	0.73%
	靖 江	江阴(276.60)			1	1.93%
	绍兴县	绍兴(92.28)			1	0.64%

高速公路网与城镇体系的区域整合

从宁沪杭甬高速公路走廊城市引力矩阵中选出引力值排名前 10 位的城市对（表 10-21），并对其进行连线，得到宁沪杭甬高速公路走廊城市空间联系走向分布图（图 10-14）。

表 10-21 宁沪杭甬高速公路走廊城市间引力值排名前 10 位的城市对

排 名	最大引力城市对	引力值	排 名	最大引力城市对	引力值
1	上海—昆山	454.411	6	上海—太仓	217.32
2	上海—苏州	438.14	7	上海—杭州	211.05
3	江阴—靖江	276.60	8	无锡—常州	202.56
4	苏州—吴江	274.59	9	杭州—绍兴	161.95
5	上海—无锡	249.39	10	上海—常熟	148.03

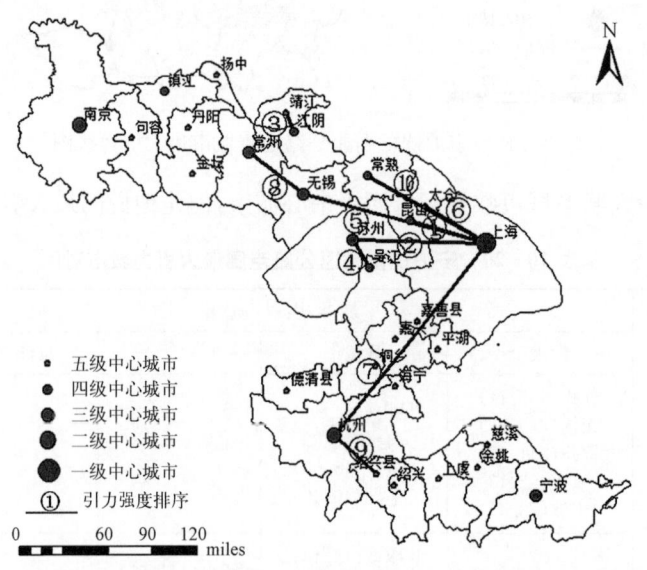

图 10-14 宁沪杭甬高速公路走廊城市相互作用前 10 位城市分布图

可以看到，宁沪高速公路走廊城市联系方向有两条：一是以上海为核心，呈放射状同心圆式扩展，与昆山、苏州、无锡、太仓、杭州、常熟联系密切，在整个走廊区域居主要地位；二是以杭州、苏州、无锡为次核，分别与绍兴县、吴江、常州联系，且这三个城市都与上海联系密切。显然，宁沪杭甬高速公路走廊城市联系方向主是沿沪宁—沪杭—杭甬高速公路，呈"Z"字形轴线扩展。

还可以看到，宁沪杭甬高速公路走廊城市联系主要集中在走廊的中间部分，即沪宁高速公路的上海—常州段，沪杭高速公路全段以及杭甬高速公路的杭州—绍兴段；而位于走廊两端的城市——南京和宁波的城市引力值相对较弱。

(2) 宁沪杭甬高速公路走廊城市联系隶属度

城市联系隶属度 L_{ij} 是指一个城市 i 与另一城市 j 之间的经济联系强度占城市 i 经济联系强度总量的比例。其值越大，表明城市 i 与城市 j 的联系越紧密，城市 j 是城市 i 的主要联系方向。根据公式 2-20，我们得到宁沪杭甬高速公路走廊城市联系隶属度矩阵，以百分比的形式表示（表 10-22）。虽然两城市间引力值相等，但两城市所占各自对外联

第10章 长三角地区高速公路走廊：宁沪杭甬高速通道

表10-22 宁沪杭甬高速公路走廊城市隶属度矩阵（百分制）

节点	1	2	3	4	5	6	7	8	9	10	11	12	13	14	15	16	17	18	19	20	21	22	23	24	25	26	27	28	29
1	0	15.2	8.4	11.6	19.3	30.3	32.3	22.9	6.7	24.0	7.6	4.4	9.3	8.8	26.3	49.3	51.7	20.8	37.8	25.2	26.9	8.1	8.5	13.2	10.8	5.6	48.2	14.2	6.1
2	3.8	0.0	38.1	9.1	4.4	2.1	1.4	3.0	1.0	2.2	21.7	63.9	13.4	3.3	2.4	0.9	1.1	1.2	1.5	1.4	1.7	1.3	1.1	1.2	15.7	2.2	1.1	3.0	0.8
3	0.9	15.4	0.0	3.4	1.3	0.5	0.3	0.6	0.2	0.5	15.2	9.4	5.8	1.2	0.6	0.2	0.3	0.3	0.3	0.3	0.3	0.2	0.2	0.2	15.0	0.8	0.2	0.6	0.2
4	3.5	10.9	10.0	0.0	15.7	3.1	1.4	1.9	0.6	1.4	16.3	4.3	25.1	18.1	4.1	1.0	1.3	1.6	1.3	1.2	1.0	0.7	0.6	0.8	16.1	8.6	1.0	2.2	0.5
5	9.5	8.6	6.1	25.6	0.0	13.9	3.9	3.4	1.0	3.0	8.1	3.2	10.9	20.6	24.3	3.5	4.8	6.4	3.3	3.3	2.3	1.2	1.1	1.6	8.2	10.4	2.7	3.2	0.8
6	16.7	4.5	2.8	5.6	15.6	0.0	9.8	5.2	1.3	4.0	2.9	1.4	3.6	4.4	19.3	5.8	13.6	49.5	6.3	6.8	3.5	1.6	1.4	2.2	3.5	2.5	5.8	3.8	1.2
7	3.5	0.6	0.3	0.5	0.0	1.9	0.0	3.2	0.6	1.8	0.3	0.2	0.4	0.3	0.9	0.4	0.7	2.5	15.7	14.6	2.5	0.6	0.6	1.1	0.4	0.2	17.4	1.6	0.6
8	8.1	4.2	2.0	2.3	2.4	3.3	10.4	0.0	29.7	17.0	1.9	0.2	2.5	1.1	2.1	1.1	1.6	2.9	10.4	26.9	41.3	22.3	12.9	12.4	2.1	0.7	6.6	52.6	49.1
9	0.6	0.4	0.5	0.2	0.2	0.7	0.5	7.8	0.0	3.9	0.1	0.1	0.2	0.1	0.2	0.4	0.1	0.2	0.6	0.9	1.7	15.8	4.0	3.4	0.2	0.1	0.3	1.5	28.0
10	2.8	1.0	0.5	0.6	0.7	0.8	2.0	5.6	4.9	0.0	0.4	0.0	0.5	0.4	0.6	0.1	0.5	0.7	3.4	1.7	2.4	14.9	30.8	27.0	0.6	0.2	1.4	2.2	3.0
11	0.6	6.4	11.1	4.0	1.2	0.4	0.2	0.4	0.1	0.3	0.0	5.6	14.5	1.0	0.5	0.4	0.2	0.2	0.6	0.2	0.2	0.2	0.1	0.1	6.3	0.6	0.2	0.4	0.1
12	0.3	15.9	5.8	0.9	0.4	0.4	0.2	0.2	0.1	0.1	4.7	0.0	1.9	0.3	0.2	0.1	0.2	0.1	0.2	0.1	0.1	0.2	0.1	0.1	1.6	0.2	0.2	0.2	0.1
13	0.5	2.6	2.8	4.1	1.1	0.3	0.2	0.4	0.1	0.3	9.6	1.4	0.0	1.4	0.4	0.1	0.2	0.1	0.2	0.2	0.2	0.7	0.4	0.5	2.0	0.4	0.2	0.4	0.1
14	2.8	4.2	3.8	19.1	13.3	2.5	1.0	1.0	0.4	1.1	4.2	0.0	4.5	0.0	4.1	0.9	3.2	0.7	0.9	0.9	0.7	0.4	0.3	0.5	7.7	63.6	0.7	1.0	0.3
15	5.7	2.0	1.3	2.9	10.6	7.6	1.7	1.3	0.4	1.1	1.5	0.7	1.7	2.8	0.0	4.0	14.7	3.2	1.3	1.4	0.9	0.4	0.6	0.6	1.8	1.5	1.1	1.0	0.3
16	8.3	0.6	0.3	0.6	1.2	1.8	0.6	0.5	0.1	0.5	0.7	0.2	0.4	0.5	3.1	0.0	29.3	1.3	0.7	1.4	0.5	0.4	0.5	0.3	0.5	0.1	0.8	0.4	0.1
17	17.4	1.5	0.9	1.5	3.3	8.2	2.1	1.5	0.4	1.4	0.9	0.4	1.1	1.1	4.9	29.3	0.0	4.7	2.0	1.7	1.2	0.8	0.4	0.7	1.1	0.7	2.4	1.1	0.4
18	4.4	1.0	0.6	1.1	2.7	19.0	4.9	1.7	0.4	1.2	0.8	0.5	0.8	0.9	3.1	1.3	3.0	0.0	2.5	2.8	3.1	1.1	0.5	0.7	0.8	0.5	2.5	1.3	0.4
19	1.8	0.3	0.1	0.2	0.1	0.5	6.8	1.4	0.1	1.4	0.3	0.1	0.2	0.2	0.4	0.2	0.2	0.3	0.0	2.5	1.6	0.4	0.8	0.8	0.2	0.1	2.2	0.6	0.3
20	1.6	0.3	0.2	0.2	0.3	0.8	8.3	4.7	0.6	0.9	0.2	0.1	0.3	0.2	0.4	0.2	0.4	0.8	3.3	0.0	1.6	0.5	0.4	0.5	0.2	0.1	3.0	2.0	0.6
21	1.1	0.3	0.1	0.1	0.2	0.4	0.9	4.7	0.8	0.8	0.2	0.1	0.2	0.2	0.0	0.2	0.4	0.4	2.6	1.0	0.0	0.9	0.6	0.5	0.1	0.1	0.5	1.5	0.9
22	0.4	0.4	0.2	0.1	0.1	0.1	0.3	3.0	8.2	6.1	0.2	0.1	0.2	0.1	4.1	0.2	1.0	3.2	0.4	0.5	0.5	0.0	12.6	7.5	0.1	0.1	0.2	0.8	3.4
23	0.4	0.4	0.2	0.1	0.1	0.3	1.7	1.5	2.0	12.4	0.1	0.1	0.2	0.1	0.0	4.0	0.0	0.4	0.5	0.3	0.6	12.4	0.0	20.7	0.1	0.1	0.2	0.5	1.1
24	0.6	0.2	0.1	0.1	0.2	0.2	0.4	1.5	1.6	10.1	0.1	0.1	0.1	0.1	3.1	0.0	14.7	0.6	0.8	0.4	0.4	6.9	19.2	0.0	0.1	0.1	0.3	0.5	0.9
25	0.2	1.0	2.5	0.9	0.3	0.1	0.3	0.4	0.1	0.1	1.4	0.4	0.4	33.2	1.1	0.3	0.3	0.4	0.3	0.3	0.3	0.2	0.2	0.1	0.0	4.3	0.2	0.1	0.0
26	0.9	1.4	1.3	4.7	3.5	0.6	8.9	1.0	0.2	0.6	0.5	0.3	0.5	1.4	0.5	0.2	0.4	0.6	2.5	2.7	0.7	0.7	0.5	0.4	4.3	0.0	0.2	0.3	0.1
27	2.7	0.2	0.1	0.2	0.1	0.1	0.1	0.2	0.1	0.4	0.1	0.1	0.1	0.1	0.3	0.1	0.4	0.1	0.2	0.2	0.2	0.4	0.5	0.4	0.1	0.0	0.0	0.5	0.2
28	0.3	0.2	0.1	0.1	0.1	0.2	0.2	3.2	0.3	0.4	0.2	0.1	0.2	0.1	0.2	0.1	0.3	0.2	0.9	1.3	0.8	0.4	0.2	0.2	0.3	0.0	0.2	0.3	0.4
29	0.8	0.4	0.2	0.2	0.2	0.3	0.7	17.6	38.1	3.2	0.2	0.1	0.2	0.1	0.2	0.1	0.1	0.2	0.9	1.3	2.7	9.1	3.0	2.6	0.1	0.1	0.5	2.3	0.0

注：表中节点1~29分别对应县及以上行政单位：上海、南京、镇江、常州、无锡、苏州、嘉兴、杭州、绍兴、宁波、丹阳、句容、金坛、江阴、常熟、太仓、昆山、吴江、平湖、桐乡、海宁、上虞、余姚、慈溪、扬中、靖江、嘉善县、德清县、绍兴县。

系的比重却完全不相同。根据表10-22,上海对其他城市的城市隶属度要远远小于其他城市对它的隶属度,意即上海对其他城市的影响力远远大于这些城市对上海的影响。例如,上海对苏州、昆山的隶属度分别是16.71%和17.4%,但苏州、昆山对上海的城市联系隶属度却高达30.3%和51.7%。对上海的隶属度在20%以上的还有嘉善县、平湖、嘉兴、苏州、海宁、常熟、桐乡、宁波、杭州及吴江,再次为南京、句容、镇江、常州,隶属度分别是15.9%、15.4%、15.2%和10.9%。

二级中心城市中杭州与上海的联系更加紧密,杭州对上海的隶属度是南京对上海的1.5倍,说明南京与上海的联系相对弱于杭州与上海的。

三级中心城市中,无锡对上海、常州、苏州、江阴和常熟的隶属度较高。苏州对上海、无锡和吴江的隶属度较大,而吴江对苏州的隶属度达到49.5%,受苏州的影响较大。另外,常熟对苏州的隶属度虽然较大,但小于对无锡的隶属度,说明常熟受无锡的影响更大。常州对无锡、江阴、上海的隶属度较大,但均大于无锡、江阴、上海对常州的隶属度,而金坛、丹阳、扬中、南京对常州的隶属度较大。宁波对上海、杭州、余姚、慈溪的隶属度较大,但上海、杭州对宁波的隶属度较小,分别为2.8%和5.6%;而余姚、慈溪、上虞对宁波的隶属度较大;此外宁波对上海的隶属度要大于南京对上海的隶属度,杭州湾跨海大桥的建立与通车使得宁波与上海的联系更为紧密。

四级中心城市昆山对上海、苏州、太仓的隶属度较大,尤其是对上海的隶属度居于整个走廊区域之首,而且上海对昆山的隶属度也是走廊区域29个市县中最高的,上海对昆山的影响较大;吴江对上海、苏州的隶属度较大;常熟对上海、无锡、苏州的隶属度较大;江阴对常州、无锡、靖江的隶属度较大,而靖江对江阴的隶属度要远高于江阴对它的隶属度,达到63.6%,常州对江阴的隶属度略高于江阴对它的隶属度,两城市间相互作用明显;镇江对南京、常州的隶属度较大,但高于南京、常州对它的隶属度,而丹阳对镇江的隶属度要大于镇江对丹阳的隶属度,丹阳受镇江影响较大。

五级中心城市其本身城市吸引力较弱,主要依附于一、二、三、四级中心城市。

为了进一步研究宁沪杭甬高速公路走廊区域城市间的经济联系作用,对走廊区域内29个城市间的经济联系进行进一步的划分,将城市i对城市j经济联系隶属度值>10%的划分为第一联系城市,5%~10%的划分为第二联系城市,若第二联系城市没有对应值,则以第一联系城市中隶属度值最小的城市作为第二联系城市(表10-23)。

表10-23 宁沪杭甬高速公路走廊各城市对外联系排名前两位的城市

类别	城市	第一联系城市	第二联系城市	作为一级联系城市次数	作为二级联系城市次数
一级中心	上海	昆山、苏州	无锡、太仓、杭州、常熟	16	11
二级中心	南京	句容、镇江、上海、常州	无锡、丹阳	5	1
	杭州	上海、绍兴县	绍兴、宁波、苏州	11	2
三级中心	无锡	上海、常州、苏州、江阴、	常熟	6	6
	苏州	上海、吴江、无锡	昆山、常熟	3	9
	宁波	上海、杭州、余姚、慈溪	上虞	3	1

续 表

类 别	城 市	第一联系城市	第二联系城市	作为一级联系城市次数	作为二级联系城市次数
三级中心	常 州	无锡、江阴、上海	南京、苏州	7	1
四级中心	昆 山	上海、太仓	苏州	2	1
	吴 江	苏州、上海	无锡	1	0
	江 阴	靖江、无锡、常州	上海	3	1
	常 熟	上海、无锡	苏州	0	3
	镇 江	南京、丹阳、常州	上海、无锡、句容	3	2
五级中心	慈 溪	宁波、余姚、上海、杭州	上虞	2	1
	绍兴县	杭州、绍兴	上海	2	1
	太 仓	上海、昆山	苏州	1	1
	余 姚	宁波、慈溪、杭州、上虞	上海	3	0
	嘉 兴	上海、杭州	苏州、嘉善县、桐乡、平湖	3	0
	海 宁	杭州	上海	0	0
	绍 兴	绍兴县、杭州	上虞、上海	4	2
	丹 阳	南京、常州、镇江	金坛、无锡、上海	2	3
	上 虞	杭州、绍兴、宁波、余姚	绍兴县、上海、慈溪	1	3
	靖 江	江阴、无锡	常州、上海	1	0
	平 湖	上海、嘉兴、杭州	苏州	0	1
	桐 乡	杭州、上海、嘉兴	苏州	0	1
	金 坛	常州、丹阳、南京、无锡	上海、镇江	0	0
	嘉善县	上海、嘉兴	杭州、苏州	0	0
	句 容	南京	镇江、丹阳	1	1
	德清县	杭州	上海	0	0
	扬 中	常州、南京、镇江、上海	无锡、江阴、丹阳	0	0

从表 10-23 中可以看出在宁沪杭甬高速公路走廊中,一级中心城市上海作为一级联系城市共有 16 次,作为二级联系城市共有 11 次,走廊区域 93.1% 的城市都受到上海的影响,上海在走廊区域中具有很强的吸引力,其经济辐射能力可以扩展至 90% 以上的走廊区域;二级中心城市杭州作为一级联系城市共有 11 次,作为二级联系城市共有 2 次,占整个走廊区域城市数量的 44.8%,除了与上海有经济联系之外,杭州的经济影响力基本集中在浙江省内的城市,跨省的城市联系较少;南京作为宁沪杭甬高速公路走廊区域的二级中心城市,其作为一级联系城市的次数仅有 5 次,作为二级联系城市的数目也仅有 1 次,仅占整个走廊区域城市数的 20.7%,南京的经济影响力跟它的次级中心城市地位很不相符。

三级中心城市无锡和苏州作为一级联系城市及二级联系城市的次数总和相等,共有 12 次,但是无锡作为一级联系城市的次数要高于苏州,苏州更多的作为二级联系城市;常州共有7次作为一级联系城市,有1次作为二级联系城市,虽然总数上小于无锡和苏州,但是常州作为一级联系城市的次数要高于无锡和苏州,在走廊区域具有较强的经济影响力;而宁波作为走廊区域的三级中心城市,其作为一级和二级中心城市的次数要比无锡、苏州、常州小得多,其经济影响力相对较小。

整体上来说,宁沪杭甬高速公路走廊城市经济影响力主要集中在一、二、三级中心城市,对外经济辐射能力较强,而四、五级中心城市经济影响力较弱,对外依附性较强,尤其是对一、二级中心城市的依赖性较大;二级中心城市南京的经济影响力小于同等级的杭州,甚至低于三级中心城市无锡、苏州和常州;除了上海作为走廊区域的首位城市,其经济影响力能够辐射至整个走廊区域外,经济影响力较强的杭州、无锡、苏州、常州和南京的经济影响力辐射范围只局限于各自所属省域,跨省经济影响力较弱。

10.6 小结

本章以最短时间距离、社会经济综合值以及30分钟到达高速公路出入口三个指标,运用ArcGIS叠加测算,探讨宁沪杭甬高速公路走廊的范围及其特征,并利用位序—规模法则、分形模型探讨2011年宁沪杭甬高速公路走廊范围内县及以上城市的规模体系格局;通过中心性的测算走廊内29个县级行政单位的中心城市等级划分;利用引力模型、最大引力线、隶属度分析走廊内县及以上城市间联系的强度与方向,得到以下结论。

① 2011年宁沪杭甬高速公路走廊空间范围面积3.96万 km^2,占整个长三角地区的18.79%,有29个县及上行政单位——10个地级市市辖区、16个县级市以及3个县,集中了长三角地区60.61%的GDP产值、44.67%的人口、55.32%的固定资产投资额以及63.39%的工业总产值,人均GDP要高于长三角平均水平,在长三角区域具有很强的集聚效应。

② 走廊内首位城市为上海且首位指数较大;特大城市、超大城市有南京、杭州、无锡和苏州;中等城市居多,位序规模前10位的江苏省有7个,浙江省有2个;宁沪杭甬高速公路走廊范围内江苏省的城市规模要大于浙江省;走廊内城市规模体系仍存在较大的非均衡性。

③ 走廊内城市可为五个等级:第一级上海,第二级南京、杭州,第三级无锡、苏州、宁波、常州,第四级吴江、昆山、江阴、常熟、镇江,第五级为其余17个城市。

④ 走廊内城市相互作用空间分异明显:上海的城市作用强度最大,能够辐射到走廊区域90%以上的城市;杭州、南京、苏州居次,杭州与上海的联系更加紧密一些;浙江的城市引力不如江苏省;无锡、苏州和常州构成的苏锡常经济圈。

⑤ 走廊内城市联系方向沿沪宁—沪杭—杭甬高速公路呈"Z"字形延展;城市联系以上海为核心,有27个县级及以上城市将上海作为第一或第二级联系城市;城市联系集中在走廊的中间部分,即常州—上海—杭州—绍兴段。

参 考 文 献

[1] 陶修华,曹荣林,刘兆德.基于城市流分析的城市联系强度探讨——以山东半岛城市群为例[J].河

南科学,2007,25(1):152-156.

[2] 苗长虹,王海江.河南省城市的经济联系方向与强度——兼论中原城市群的形成与对外联系[J].地理研究,2006,25(2):222-232.

[3] 陈园园,李宁,丁四保.城市群空间联系能力与SOM神经网络分级研究——以辽中南城市群为例[J].地理科学,2011,32(12):1461-1467.

[4] 国家发改委.长江三角洲地区区域规划.2010,5.

[5] 曹小曙,闫小培.20世纪走廊及交通运输走廊研究进展[J].城市交通,2003,27(1):50-56.

[6] 韩增林,杨荫凯,张文尝.交通经济带的基础理论及其生命周期模式研究[J].地理科学,2000,20(4):295-300.

[7] 韩增林,尤飞,张小军.高速公路经济带形成演化机制与布局规划方法探讨[J].地理研究,2001,20(4):472-478.

[8] 费洪平.产业带边界划分的理论与方法——胶济沿线产业带实例分析[J].地理学报,1994,49(3):215-225.

[9] 郭振淮,金陵,李丽萍.论产业密集带[J].经济地理,1995,15(1):2-9.

[10] 刘智勇.城市群理论研究综述[J].湖南商学院学报(双月刊),2008,15(4):35-39.

[11] 周恺.长江三角洲高速公路网通达性与城镇空间结发展[J].地理科学进展,2010,29(2):241-248.

[12] 熊剑平,刘承良,袁俊.国外城市群经济联系空间研究进展[J].世界地理研究,2006,15(1):63-70.

[13] 刘建朝,高素英.基于城市联系强度与城市流的京津冀城市群空间联系研究[J].地域研究与开发,2013,32(2):57-61.

[14] 余沛.中原城市群空间联系研究[D].成都:西南交通大学,2007.

[15] 张文尝,金凤君,荣朝和.空间运输联系——理论研究、实证分析、预测方法[M].北京:中国铁道出版社,1992:1.

[16] 许学强,周一星,宁越敏.城市地理学[M].北京:高等教育出版社,1997.

[17] 周一星,张莉,武悦.城市中心性与我国城市中心性的等级体系[J].地域研究与开发,2001,20(4):1-5.

[18] Whebell C F J. Corridor: a theory of urban systems [J]. Annals of the Association of American Geographers, 1969, 59(1): 1-26.

[19] Yeates M. Urbanization: in the Windsor-Quebec City Axis,1921-1981 [J]. Urban Geography, 1984, 5(1): 2-24.

[20] 毛敏,蒲云.交通运输走廊研究综述[J].世界科技研究与发展,2006,28(5):76-81.

[21] Priemus H, Zonneveld W. What are corridors and what are the issues? Introduction to special issue: the governance of corridors [J]. Journal of Transport Geography, 2003,(11): 167-177.

[22] Knowles R D. Transit oriented development in copenhagen, denmark: from the finger plan to orestad [J]. Journal of Transport Geography, 2012, (22): 251-261.

[23] Moon Henry. The interstate highway system [J]. Association of American Geographers, 1994: 121.

[24] Gutierrez J, Urbano P. Accessibility in the European Union: the impact of the Trans European road network [J]. Journal of Transport Geography, 1996, 4(1): 15-25.

[25] E R Peterson. A highway corridor planning model: QROAD [J]. Transportation Research part A, 2002, 36: 107-125.

[26] 张文尝.交通经济带[M].北京:科学出版社,2002.

[27] 詹运洲.城市客运交通政策研究及交通结构优化[M].北京:人民交通出版社,2001.

[28] 李俊峰,焦华富. 江淮城市群空间联系及整合模式[J]. 地理研究,2010,29(3):535-544.
[29] Meyer D R. A dynamic model of the integration of frontier urban places into the United States system of cities[J]. Economic Geography,1980,56:39-120.
[30] Lan R Gordon,Philip Mccann. Industrial cluster:complexes, agglomerations and/or social network[J]. Urban Studies,2000,37(3):513-532.
[31] Simeon Djankov,Carolinc. Freund trade flows in the former sovier union 1987 to 1996[J]. Journal of Comparative Economics,2002,30(1):76-90.
[32] Jungyul Sohn. Do birds ofa feather flock together? Economic linkage and geographic proximity[J]. The Annals of Regional Science,2004,38(3):47-73.
[33] Guo-qiang Shen. Reverse-fitting the gravity model to inter-city airline passenger flows by an algebraic simplification[J]. Journal of Transport Geography,2004,12:219-234.
[34] 杨涛,范东涛,常华. 城市交通走廊形成机理与基本特性研究[J]. 现代城市研究,1995,6:19-24.
[35] 史育龙,周一星. 关于大都市带(都市连绵区)研究的论证及近今进展述评[J]. 国外城市规划,1997,(2):2-11.
[36] 曹小曙. 全球化背景下穗深港巨型城市走廊发展演化及其意义[J]. 珠江经济,2008,4:5-12.
[37] 于世军,李旭宏,王健. 城市客运交通走廊判定方法研究[J]. 公路交通科技,2006,23(11):105-110.
[38] 曹小曙,田文祝,郭庆铭. 穗港城市走廊城镇用地扩展类型分析[J]. 经济地理,2006,26(1):111-113.
[39] 王荣成,车晓翠,修春亮. 辽西走廊地带城镇化发展思路研究[J]. 经济地理,2004(5):715-719.
[40] 王成新,王书国,姚士谋. 区域交通走廊规划实证研究——以芜湖市为例[J]. 规划师,2006,22(10):51-54.
[41] 吴悦慈. 都会区内高速公路走廊交通疏导改道策略之构建与模拟研究——以圆山与台北交流道间之高速公路走廊为例[D]. 台南:成功大学,2002.
[42] 王格芳,王成新. 绕城高速公路走廊的产业发展策略分析——以济南市东绕城高速走廊为例[J]. 资源开发与市场,2010,6:528-531.
[43] 陈开强. 道真至湄潭高速公路走廊方案研究[J]. 交通科技,2012,3:126-128.
[44] 顾朝林,庞海峰. 基于重力模型的中国城市体系空间联系与层域划分[J]. 地理研究,2008,27(1):1-12.
[45] 姜海宁,陆玉麒,吕国庆. 江浙沪主要中心城市对外经济联系的测度分析[J]. 地理科学进展,2008,27(6):82-89.
[46] 王芳,夏丽华,张太煜. 基于GIS的珠江三角洲城市群结构域空间关联研究[J]. 广州大学学报(自然科学版),2010,9(1):47-53.
[47] 钟业喜,陆玉麒. 基于空间联系的城市腹地范围划分——以江苏省为例[J]. 地理科学,2012,32(5):536-543.
[48] 钟业喜,陆玉麒. 基于可达性角度的区域发展机会公平性评价——以江西省为例[J]. 地理科学,2009,29(6):809-816.
[49] 山东省地图出版社. 上海、江苏、浙江、安徽地图册[M]. 济南:山东省地图出版社,2012.
[50] 吴威,曹有挥,曹卫东,等. 长江三角洲公路网络的可达性空间格局及其演化[J]. 地理学报,2006,61(10):1065-1074.
[51] 许爱霞. 山东省城市规模分布研究[J]. 地域研究与开发,2006,25(1):67-70.
[52] 邢海虹,刘科伟. 基于分形理论对陕西城市体系等级规模分布的研究[J]. 人文地理,2007,4:

38-40.
[53] 段七零.江苏城市体系规模结构与空间结构的分形特征[J].地域研究与开发,2011,30(2):69-73.
[54] 陈其霆,苗建军.江苏省城市规模分布的演化分析[J].生态经济,2010,2:51-53.
[55] 宁越敏.我国中心城市的不平衡发展及空间扩散的研究[J].地理学报,1993,48(2):97-103.
[56] 林涛,刘军德.我国中心城市的近今发展[J].城市规划,2000,24(3):26-29.
[57] 张志斌,靳美娟.中国西部省会城市中心性分析[J].人文地理,2005,1:14-18.
[58] 钟业喜.基于可达性的江苏省城市空间格局演变定量研究[D].南京:南京师范大学,2011.
[59] 吴威,曹有挥,曹卫东,等.开放条件下长江三角洲区域的综合交通可达性空间格局[J].地理研究,2007,26(2):391-402.

第11章 高速公路网对长三角地区的影响测度

11.1 高速公路网密度与人口密度关系

11.1.1 模型选择

如果不考虑各国资源—产业结构对公路运输的依赖性及公路建设政策偏好,国家区域公路网建设主要受人口密度、人均 GDP 两大因素控制,并随社会进步而变化。这是因为人口密度越大就越需要密集的公路网以便人们在地域空间流动,经济发展水平越高亦需要越发达的公路网以适应商品货物的运输交换,随着社会进步公路网亦应随之发展,以适应人们物质精神生活的需要。

类比 Cobb-Douglas 生产函数理论[*],假定国家区域公路网需求函数为

$$R = KP^{\alpha}E^{\beta} \tag{11-1}$$

式中,R 为国家区域公路网密度;P 为人口密度;E 为人均 GDP;K、α 和 β 分别为公路网需求函数中的社会进步、人口密度和经济发展水平弹性系数。其中,R、P 和 E 可通过统计资料获取,K、α 和 β 需从纵向时序数据或横向截面数据的统计分析中进行参数估计。为了估计参数 K、α 和 β,求确定公路网需求模型,对式(11-1)两边取自然对数,得

$$\ln R = \ln K + \alpha \ln P + \beta \ln E \tag{11-2}$$

令 $Y = \ln R, A_0 = \ln K, X_1 = \ln P, X_2 = \ln E$,则上式可写为

$$Y = A_0 + \alpha X_1 + \beta X_2 \tag{11-3}$$

11.1.2 统计模型

以 2004 年、2009 年和 2011 年长三角三个省市(上海、浙江和江苏)24 个市级高速公

---

[*] 李子奈.计量经济学——方法与应用[M].北京:清华大学出版社,1992:170-187.

路网密度、人口密度和人均 GDP 数据为依据建立统计模型。因为该时段社会经济发展比较稳定,是新一阶段高速公路规划建设的起点,且统计数据较为系统齐全。对公路网密度(R)、人口密度(P)和人均 GDP(E)这三个序列的统计数据取自然对数得到 $\ln R$, $\ln P$, $\ln E$,运用多元回归分析程序 Matlab 计算出相应参数,并将所求参数代入公式 11-3 得

2004 年高速公路需求模型,相关系数是 $r=0.75152$

$$\ln R = -11.6476 + 1.0139\ln P + 0.1179\ln E \quad (11-4)$$

2009 年高速公路需求模型,相关系数是 $r=0.82338$

$$\ln R = -10.0897 + 0.3693\ln P + 0.4142\ln E \quad (11-5)$$

2011 年高速公路需求模型,相关系数是 $r=0.70195$

$$\ln R = -6.9570 + 0.5705\ln P + 0.0034\ln E \quad (11-6)$$

查检验表,在 $\alpha=0.01$、自由度为 24、约束条件为 2 时,相关系数临界值 $r\alpha=0.5901$,可知回归方程高度相关、符合模拟要求。回归散点图如图 11-1、图 11-2 所示。

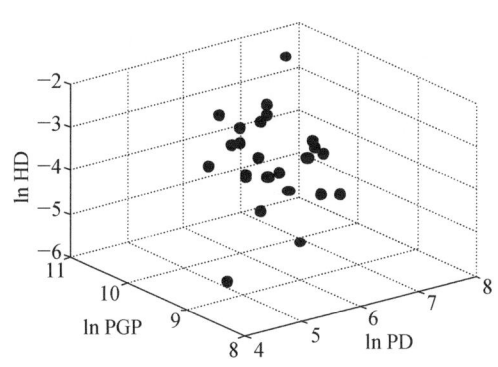

图 11-1 2004 年 HD 与 PD、PGP 关系散点图

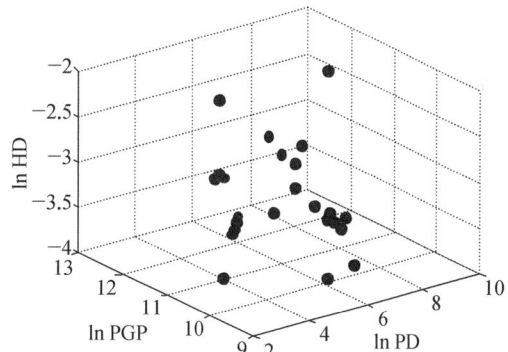

图 11-2 2009 年 HD 与 PD、PGP 关系散点图

从图形来看,各节点的集聚性较好,表明高速公路与人口密度以及人均 GDP 有密切的关系。

把公式 11-4、11-5 两边脱去自然对数,得公路网密度与人口密度、人均 GNP 的函数关系式

$$R = 0.0000087 P^{1.0139} E^{0.1179} \quad (11-7)$$

$$R = 0.0000415 P^{0.3693} E^{0.4142} \quad (11-8)$$

$$R = 0.0009519 P^{0.5705} E^{0.0034} \quad (11-9)$$

11.1.3 计算及推论

将 2004 年和 2011 年长三角地区三省的人口密度、人均 GDP 统计值代入公式 11-6、11-7,计算各公路网密度的方程模拟值,并将实际统计值与方程模拟值作相关图(图 11-

3),可看出公式 11-6、11-7 的模拟结果与实际统计值具有极高的相关性。

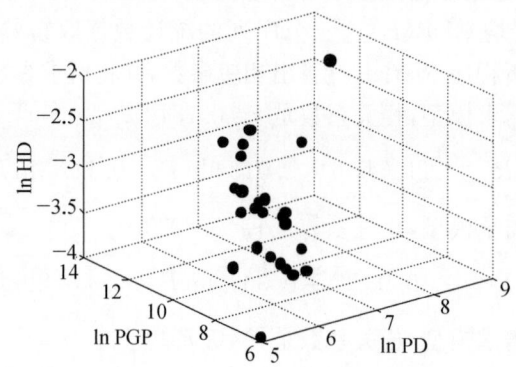

图 11-3　2011 年 HD 与 PD、PGP 关系散点图

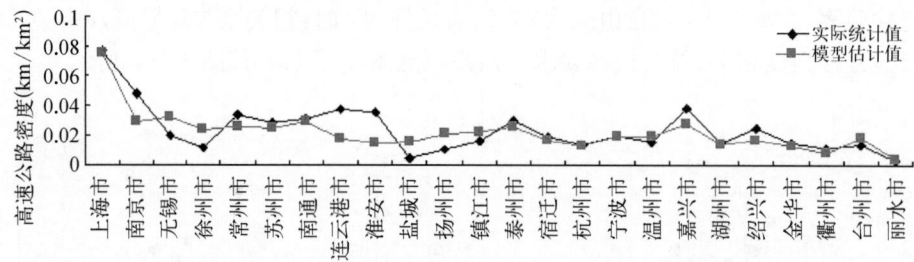

图 11-4　2004 年长三角地区三省各市高速公路密度与人口密度、人均 GDP

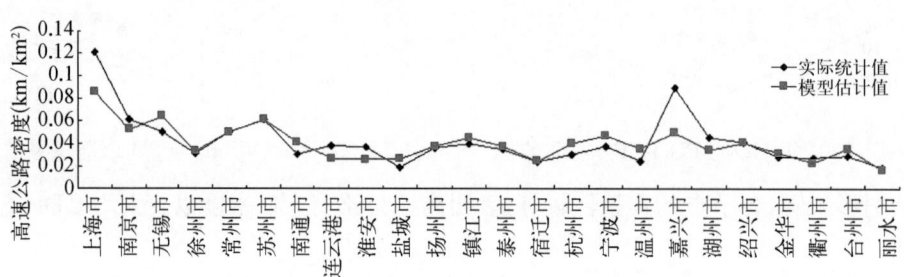

图 11-5　2009 年长三角地区三省各市高速公路密度与人口密度、人均 GDP

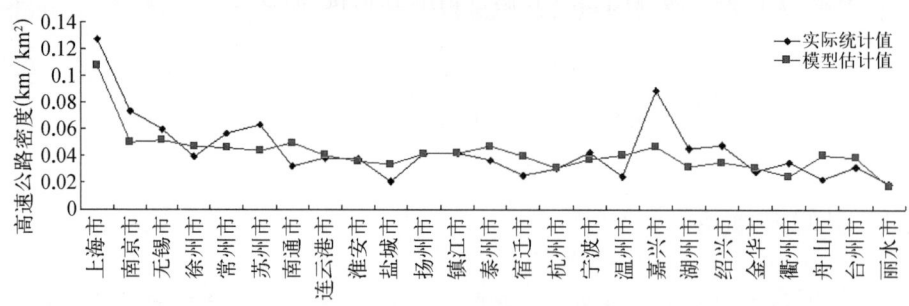

图 11-6　2011 年长三角地区三省各市高速公路密度与人口密度、人均 GDP

第 11 章　高速公路网对长三角地区的影响测度

上述结果表明：人口密度和人均 GDP 越高的地区，其高速公路网密度亦越高；相反，人口密度和人均 GDP 越小的地区，高速公路网密度也应越低。即对于一个人口—公路网—经济社会协调统一发展的长三角地区来说，随着高速交通网络的完善与发展，覆盖的地区越来越大，经济区位差异缩小，使得长三角的空间经济结构产生了较大的变化，由原来的经济单极转化为区域范围内经济多极发展。长江三角洲巨型城市区作为全球化区域，成为了经济、人口快速增长和积聚的地方，区域中心由早期的上海向更大的周边区域扩散。而作为支持这一聚集—扩散过程的区域交通系统，在这一过程中体现出相同的空间演变模式。

11.2　长三角地区对高速公路网络的需求模型

11.2.1　需求弹性系数

为了进一步研究公路密度与人口密度、人均 GDP 的关系，从社会进步、人口密度和经济发展水平弹性系数 K、Q、p 来考察它们之间关系的动态变化。取弹性系数 K、α 和 β 作 3 时段变化趋势图（图 11-7），可以发现随着时段更替，社会进步、人口增长、经济发展三个因素在公路网需求中的弹性系数变化是不等价的，由图 11-7 可以得知：

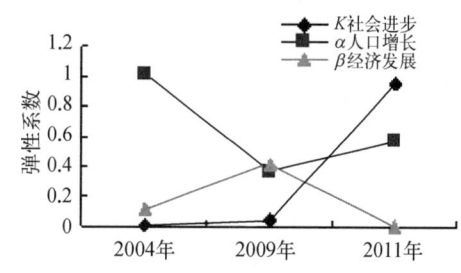

图 11-7　各地区高速公路密度需求模型弹性系数变化趋势图

① 社会进步对公路网需求的弹性系数呈指数增长趋势，2009 年是 2004 年的 4.770 倍，2011 年是 2009 年的 22.937 倍，这说明随着社会不断进步，长三角区域高速公路网的建设是其基础设施建设的主要任务，高速公路网建设密度增大也是社会进步的必然要求。

② 人口增长和经济发展对公路网需求的弹性系数总体上呈指数衰减趋势，2004 年人口增长和经济发展的弹性系数分别是 2011 年的 1.777 倍和 34.676 倍，2011 年人口增长和经济发展的弹性系数比 2004 年分别减少了 43.73% 和 97.12%，这说明高速公路路网建设在 2004～2009 年，人口增长驱动小，伴随着长三角地区经济的发展、社会的繁荣；2009～2011 年，人口增长驱动因素又开始呈现上升趋势，而经济迅速增长对高速公路网建设的影响刚好出现相反的趋势。

11.2.2　依赖—偏好指数及偏差

由于各地区自然环境、资源结构、人口密度、产业结构、经济发展都有差别，高速公路发展除了人口、经济因素影响外，必然也会受到各地区的资源—产业类型和国家政策的影响。在此采用依赖—偏好指数，分析各国资源—产业结构对公路网的依赖性和国家公路网建设的政策偏好。区域公路网依赖—偏好指数的大小，综合地反映了各地区资源—产业结构对公路网的依赖性和公路网建设的政策偏好和走向。依赖—偏好指数是指各地区的公路密度的实际值与理论值的百分比。

现用2011年的高速公路密度,分析长三角各市高速公路密度空间分布规律及其产生的原因,这里主要是资源—产业类型和政策原因(图11-8)。

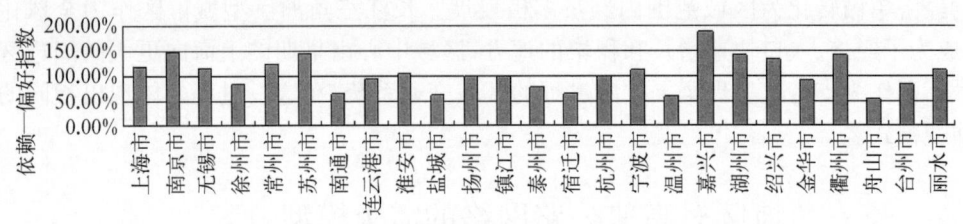

图11-8　2011年长三角各市高速公路网建设依赖—偏好指数

从2011年的依赖—偏好指数来看,各市都大于50%,故各地区对高速公路运输的依赖性都较大。长江三角洲巨型城市区作为全球化区域,成为经济、人口快速增长和积聚的地方,区域中心由早期的上海向更大的周边区域扩散。而作为支持这一聚集—扩散过程的区域交通系统,在这一过程中体现出相同的空间演变模式。图11-8中,嘉兴市、湖州市、苏州市和南京市的依赖—偏好指数≥150%,属于超强依赖偏好,其中受政策影响较明显。自《长江三角洲地区区域规划》政策实施后,为实现长三角地区经济社会一体化,缩短各市之间的公路里程,高速公路的建设起着非常重要的作用*。这些地区地处长三角地区地理中心位置,受政策影响,近年来加大了高速公路的密度。江苏沿江地区的无锡市、常州市、扬州市、镇江市以及浙江的湖州市、绍兴市、衢州市的依赖偏好指数都高达100%,分析其原因发现,该区域在制度构建、经济整合、空间整合上都有集中投入;其次,该区域人口和经济辐射潜能优势明显,这有利于该区域进行规模化的市场建设和资源共享,从而获得经济的协同发展。资源产业因素导致其强依赖偏好。而舟山市、温州市、盐城市、连云港市、宿迁市和徐州市的依赖指数相对偏低,该地区的海运和铁路运输比较发达,减轻了对高速公路的依赖程度。

2011年长三角地区三省市的高速公路密度达到0.040 7 km/km^2,是全国高速公路密度的4.6倍**,与2004年相比增长了93.53%。然而,发达的高速公路网络下,在经济机会和经济影响上获益最大的仍然将是发展较快的经济核心地区,如上海、苏锡常、杭嘉湖,区域的非均衡性明显,并将持续加强。因此,长三角地区高速公路网的布局建设和优化是实现长三角地区社会经济一体化和持续发展的重要举措。

11.3　高速公路网对长三角地区城镇职能的影响

国外学者较早开展了交通对城市职能结构的影响,为我们开展相应研究提供了有益的借鉴,如Seil Mun、Morlon E Okely、Kiyoshi Kobayash分析了交通运输网络对城市体系

---

*　国家发展改革委.长江三角洲地区区域规划[OL].中国政府网,http://www.gov.cn/zwgk/2010-6/22/content_/633868.htm[2014-06-08].

**　国家统计局.中华人民共和国2012国民经济和社会发展统计公报[EB].2012.2.25.

经济联系空间结构的影响,森川洋对"交通通道是城市群形成的发展轴"作了专门的研究等。

国内关于交通系统与区域发展的研究成果也比较多。近期研究如姚士谋、周一星、顾朝林、朱喜钢、杨荫凯等学者都强调了交通,特别是高速公路,对城市结构演化的重要作用,将其视为城市形态、城镇体系乃至城市连绵区形成和发展的必要条件;王成新以山东半岛城市群为研究对象,较全面地分析了高速公路对城市群体系结构、空间结构以及职能结构三个方面的影响;刘瑞超具体分析了高速公路对区域城市群职能结构的影响,得出高速公路的发展改变城市群各部门职能强度,并改变城市的性质。

11.3.1 数据与方法

这里针对长三角地区核心城市构成的区域城镇体系开展研究,这 16 个城市是上海、南京、苏州、无锡、常州、镇江、泰州、南通、扬州、杭州、绍兴、宁波、嘉兴、湖州、舟山、台州。由于高速公路建设标准高、周期长,导致其里程数具有阶段性,鉴于此,这里选取高速公路里程变化明显的 2000 年、2005 年、2010 年数据。城市职能部门的确定是城市职能结构研究的基础,为反映城市的主要职能、保持数据的连续性,以中国城市统计年鉴行业划分为基础,参考以往学者经验对特征年的某些部门进行整合(2010 年的职能部门参照 2005 年),最终形成长三角城市群九大职能部门(表 11-1)。

表 11-1 长三角城市群主要职能部门

合 并 前		合 并 后
2000 年	2005 年	
采掘业、电力燃气及水生产供应业	采掘业、电力燃气及水的生产和供应业	能源生产与采掘业
制造业	制造业	制造业
建筑业	建筑业	建筑业
交通仓储邮电业	交通运输仓储及邮政业	交通仓储邮电业
金融业、房地产业	金融业、房地产业	金融房地产业
社会服务业	信息传输、计算机服务业和软件业、租赁与商业服务业、居民服务业和其他服务业	社会服务业
机关和社会团体	公共管理和社会组织	机关和社会团体
批发零售贸易业	批发零售业、住宿餐饮业	商业
科研综合技术服务业、地质勘查水利管理业、教育文化广播影视业、卫生体育服务业	科学研究、技术服务和地质勘查业、水利环境公共设施管理业、教育、卫生社会保障与社会福利业、文化体育娱乐业	科教文卫部门

数据按照以下步骤进行处理:① 集合最小需求法、Moore 回归分析法、Nelson 城市职能统计分析法,确立城市职能结构;② 结合灰色系统理论的基本思想,建立灰色关联模型,研究高速公路发展对城市职能结构的影响。

11.3.2 城市职能结构

① 以市区非农人口作为反映城市规模的数据,理由是该统计口径尽管偏窄,未考虑

一部分农业人口和外来就业人口,但其时间连续性强,城市之间可比性好,符合城市职能研究的需要。

② 以城市市区非农人口为指标,对于长三角城市群的 16 个城市分别以 2000 年、2005 年、2010 年的规模进行分组。最后每组都可以分为 5 组。分组结果基本呈现出连续的规模结构,因此我们认为是适合于采用 Morre 回归分析方法的。

③ 将各组的中位城市人口规模作为自变量,将各组某个部门的最小职工比重值作为因变量,通过回归拟合后得到两年份 9 个部门的回归方程。

④ 在回归方程中,代入每一个城市的规模人口则可计算出相应部门的维持该城市非基本活动的最低必要量。

⑤ 用城市各部门的实际职工比重减去各部门的最低必要量,即获得城市各部门的基本部分职工比重。

⑥ 运用 Nelson 城市职能统计分析方法明确每个城市的职能特征,通过计算所有城市的每种基本活动职工比重的算术平均值和标准差,以高于平均值 1 到几个标准差来表示该部门职能的强度。

11.3.3 灰色关联模型

灰色关联分析方法的基本思想是根据序列曲线几何形状的相似程度来判断灰色过程发展态势的关联程度,并通过关联度的大小描述各比较列与参考列的关联程度和相互影响的大小。

① 原始数据无量纲化处理。消除量纲的方法有很多,本书采用初值化方法。

$$X'_i t = X_i(t)/X_i \tag{11-10}$$

② 关联系数计算。经过数据变换的母序列记为 $x_o(k)$,子序列记为 $x_i(k)$,则在 $t=k$ 时刻,母序列 $x_o(k)$ 与子序列 $x_i(k)$ 的关联系数 $\varepsilon_i(k)$ 可以由式 11-11 计算。

$$\varepsilon_i(k) = \frac{\min_i \min_k |x_o(k)-x_i(k)| + \rho \max_i \max_k |x_o(k)-x_i(k)|}{|x_o(k)-x_i(k)| + \rho \max_i \max_k |x_o(k)-x_i(k)|} \tag{11-11}$$

式中,$\varepsilon_i(k)$ 为第 k 时刻比较曲线 x_i 与参考曲线 x_o 的相对差值,即 x_i 对 x_o 在 k 时刻的关联系数,反映两个被比较序列在某一时刻的紧密程度,关联系数的范围为 $(0,1)$;$\min_i \min_k |x_o(k)-x_i(k)|$ 为两级最小差;$\max_i \max_k |x_o(k)-x_i(k)|$ 为两级最大差;ρ 为分辨系数,其意义在于削弱最大绝对差数值太大引起的失真,提高关联系数之间差异的显著性,其取值范围 $(0,1)$,一般选择 0.5(本书即取此值)。

③ 求解关联度。关联度是各子序列与母序列之间不同时刻的关联系数的平均值,即

$$r_i = \frac{1}{n}\sum_{i=1}^{n}\varepsilon_i(k) \tag{11-12}$$

式中,r_i 是曲线 x_i 对参考曲线 x_o 的关联度,值越大,则 x_i 对 x_o 的影响越大。

11.3.4 高速公路网络对城市职能演化的影响判断

由于城市职能是依据 Q 值的大小而确立,故高速公路对城市职能演化的影响分析演变为高速公路对职能强度 Q 的影响分析。

按照以上的数据处理方法得出 2000 年、2005 年、2010 年长三角城市群各城市分部门的职能强度(表 11-2)。

表 11-2 长三角城市群各城市分部门职能强度

年份	城 市	能源生产与采掘业	制造业	建筑业	交通仓储邮电业	金融房地产业	社会服务业	机关和社会团体	商 业	科教文卫部门
2000	上海市	−0.428	−2.744	−0.882	−1.422	−0.760	1.015	−0.686	3.136	−0.529
	南京市	−0.300	0.022	0.364	1.279	1.442	−2.034	−0.351	−0.624	−0.489
	苏州市	−0.243	0.717	−1.125	−0.307	−1.236	0.262	−0.292	−0.595	−1.163
	无锡市	−0.478	1.095	−1.043	−1.184	−1.600	0.096	−0.838	0.892	−1.121
	常州市	−0.269	1.663	−1.005	−0.728	−1.440	−0.810	−0.706	−0.148	−1.492
	镇江市	0.280	−0.191	0.187	1.422	0.883	−0.470	−0.611	−0.717	0.030
	泰州市	−0.456	0.939	−0.234	0.022	−0.469	−0.314	0.057	−0.372	−0.256
	南通市	−0.157	0.959	−0.904	1.517	−0.099	−0.982	−0.566	−0.698	−0.816
	扬州市	3.769	0.033	−0.346	0.167	−0.343	−0.333	−0.694	−1.012	−0.908
	杭州市	−0.543	−0.598	0.183	−0.041	0.425	2.182	−0.037	0.213	0.581
	绍兴市	0.160	−0.389	1.867	−0.936	1.068	0.677	−0.683	−0.358	0.851
	宁波市	−0.341	−0.172	0.343	0.625	0.799	−0.225	−0.323	0.176	0.299
	嘉兴市	−0.247	0.588	−0.613	−0.042	−0.891	0.678	0.027	0.480	0.183
	湖州市	−0.244	−0.491	0.377	−0.562	−0.236	−0.462	2.877	0.929	1.631
	舟山市	−0.539	−0.711	0.289	1.572	0.888	1.479	1.202	−0.268	1.851
	台州市	0.037	−0.722	2.542	−1.381	1.567	−0.759	1.626	−1.034	1.349
2005	上海市	−0.460	−1.719	−0.043	−0.323	0.503	3.196	−1.405	3.149	−1.578
	南京市	0.276	−1.039	−0.113	1.472	−0.515	−0.408	−0.112	−0.284	1.226
	苏州市	−0.750	1.717	−0.905	−1.476	−0.876	−0.888	−0.466	−0.780	−1.848
	无锡市	−0.395	0.766	−0.795	−0.791	−0.516	−0.081	−0.179	−0.727	−0.082
	常州市	−0.247	0.460	−0.698	0.015	−0.681	−0.809	−0.175	−0.003	0.960
	镇江市	0.530	−0.405	−0.256	1.154	0.165	0.524	0.331	0.750	0.720
	泰州市	−0.226	0.335	−0.111	0.146	−0.203	0.148	1.194	0.405	0.346
	南通市	−0.098	0.869	−0.844	1.442	−0.741	−0.525	−0.702	−0.889	0.165
	扬州市	3.682	−0.314	−0.272	−0.315	−1.431	−0.730	0.278	−0.192	0.841
	杭州市	−0.567	−0.916	0.162	−0.240	0.233	1.196	−0.232	0.269	0.525
	绍兴市	−0.280	−0.184	3.163	−1.133	−1.433	−0.825	−1.536	−1.183	−1.586
	宁波市	−0.349	0.027	0.036	−0.084	0.241	−0.310	−0.515	0.059	−0.499
	嘉兴市	−0.657	1.806	−0.656	−1.160	0.176	−0.479	−1.024	−0.957	−1.012
	湖州市	−0.128	0.756	−0.545	−0.064	1.917	−0.638	1.137	−0.552	−0.240
	舟山市	−0.115	−0.927	0.362	2.053	1.104	0.210	2.337	0.771	1.182

续 表

年份	城 市	能源生产与采掘业	制造业	建筑业	交通仓储邮电业	金融房地产业	社会服务业	机关和社会团体	商 业	科教文卫部门
2010	台州市	−0.215	−1.232	1.514	−0.696	2.056	0.419	1.071	0.163	0.880
	上海市	−0.286	−1.225	−0.251	2.089	2.343	0.039	−0.544	1.756	0.740
	南京市	−0.218	−0.784	0.004	1.360	−0.688	0.017	−0.022	1.988	0.832
	苏州市	−0.632	2.263	−0.886	−1.242	−0.957	−0.024	−0.764	−1.078	−1.374
	无锡市	−0.294	0.989	−0.485	−0.562	−0.820	−0.002	−0.421	0.036	−0.346
	常州市	−0.161	0.088	−0.894	0.417	0.029	−0.021	0.826	−0.610	1.997
	镇江市	0.593	−0.062	−0.606	0.963	−0.147	−0.026	0.691	0.574	0.865
	泰州市	0.026	0.370	−0.570	−0.408	−0.075	−0.008	1.075	0.252	0.216
	南通市	−0.220	0.449	−0.183	0.342	0.360	−0.017	−0.180	−1.213	0.280
	扬州市	3.714	−0.594	−0.705	−0.764	−1.813	−0.002	1.787	−0.418	1.534
	杭州市	−0.571	−1.477	1.446	−0.287	0.548	0.032	−0.817	1.652	−0.110
	绍兴市	−0.234	−1.237	2.938	−0.871	−1.622	−0.002	−1.605	−0.868	−1.578
	宁波市	−0.464	0.760	−0.347	0.008	0.816	0.026	−1.019	−0.120	−1.114
	嘉兴市	−0.535	1.380	−0.836	−0.950	0.232	−0.005	−0.876	0.294	−0.664
	湖州市	−0.274	0.112	0.468	−0.657	0.414	−0.028	0.017	−0.892	−0.443
	舟山市	0.006	−0.931	−0.147	1.628	0.350	0.052	2.074	−0.451	0.217
	台州市	−0.451	−0.100	1.054	−1.065	1.029	−0.012	−0.221	−0.901	−1.054

利用式(11-9)～式(11-11)计算2000～2007年两阶段高速公路发展与职能部门职能强度变化量关联度(图11-9)。

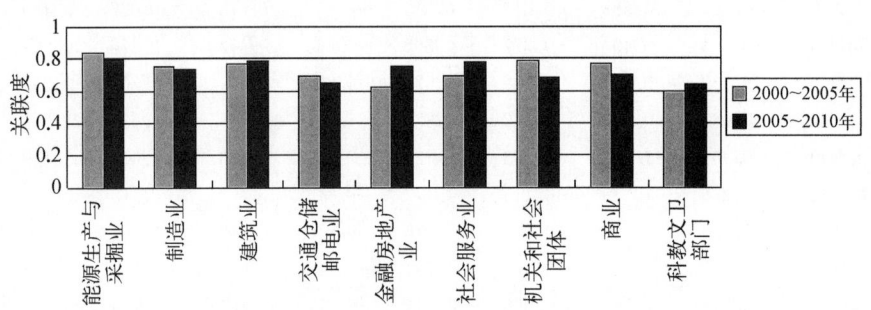

图 11-9　高速公路发展与部门职能强度变化量关联度

(1) 高速公路与城市物质生产部门职能变化

城市职能可以划分为城市物质生产部门和城市非物质生产部门。城市物质生产部门包括能源生产与采掘业、制造业和建筑业三个部门。

第一阶段高速公路的发展与城市物质生产部门职能强度的关联度平均值为0.79，而第二阶段为0.77，有微弱下降的趋势。说明高速公路发展与城市物质生产部门职能强度的影响越来越小。高速公路的建设，尤其是在2000～2010年处于高速发展的一个阶段，高速公路的兴建会在短期直接带动物质生产部门的快速发展，促进相应职能部门的发展。但是在一段时间后，随着高速公路网络的完善，对其发展的影响会越来越小。

随着时间的推移,高速公路与能源生产以及与采掘业、制造业的关联度呈下降趋势,而与建筑业的关联度呈上升趋势。进入20世纪以来,长三角城市群已经进入后工业化时期。高速公路缩短时空上面的距离,制造业多向内陆地区转移,发展第三产业成为长三角城市群提高国际竞争力和转型发展的必然趋势。高速公路对制造业和能源生产采掘业的影响变弱,但是高速公路的兴建,对建筑业的影响会越来越大,高速公路建设本身就是建筑业的一种,还包括高速公路发展引起的房屋、桥梁工程以及建筑安装业、建筑装饰业等。

(2) 高速公路与城市非物质生产部门职能变化

城市非物质生产部门包括交通仓储邮电业、金融房地产业、社会服务业、机关和社会团体、商业以及科教文卫这六大职能部门。

从总体上看,第一阶段高速公路的发展与城市物质生产部门职能强度的关联度平均值为0.69,而第二阶段为0.70,有微弱上升的趋势。高速公路对本地区的发展影响有直接影响和间接影响,而实现的效益主要是间接效益或波及效益,而直接效益多是对物质生产部门产生影响,间接效益多是对非物质生产部门的产生影响,随着时间的推移,这些波及效益会有更多的体现,会促进城市非物质职能部门的发展。

从图11-9可以看出:在六项非物质生产部门中,高速公路对金融房地产业、社会服务业、机关和社会团体以及商业部门的影响较强。关联度平均值第一阶段为0.72,第二阶段为0.73,比整个非物质生产部门关联度平均值多了三个百分点。这是由于高速公路的开通运营,提高了城市的地理区位条件,开发区、产业园区在高速公路带的兴建以及居民区的发展,比较明显地促进了金融房地产业、商业、公共管理和社会组织以及社会服务业这些城市职能的发展。

11.3.5 小结

研究表明,高速公路对长三角城市群的职能结构产生了重要的影响:对物质生产部门的影响整体上是一个下降的趋势,对非物质生产部门的整体影响呈现上升的趋势,且多为第三产业。因此可以说,高速公路的发展在一定程度上对长三角城市群地区第三产业及新兴产业的发展产生了促进作用,以致长三角城市群职能结构的调整,这对于优化长三角城市群职能结构具有重要的影响。

11.4 高速公路网对长三角地区发展的总体影响

关于高速公路对区域影响研究,近期有赵玉林等提出高速公路对沿线经济发展影响评价指标体系,并就行模糊评价[8];刘南以浙江省杭甬高速公路为例,分析高速公路对沿线经济发展所产生的促进作用[9];刘瑞超等则用DAEF评价模型,从经济、社会、环境三个方面更具体分析高速公路对区域发展影响的差异性[10];还有一些学者研究对高速公路为经济发展带来的直接作用、间接作用以及与对城镇发展的影响[11~13]。

目前关于高速公路对区域影响的评价方法较多,如德尔菲法、层次分析法、灰色关联分析法、模糊评价法、人工神经网络、数据包络分析法、人工神经网络等,这些方法也在不断地改进,实证案例也不断增多。我们在已有研究的基础上,运用层次分析法建立评价指标体系,再运用模糊综合评价法以及灰色关联分析法以长三角地区为例,进行系统性实证分析。

我们采用的各指标体数据来源于1998~2012年浙江省统计年鉴、江苏省统计年鉴、上海市统计年鉴,运用SPSS、MS Excel建立相应的数据库,并对收集的资料进行统计分析,评价的结果可以从发展的趋势、指标间的关系等不同的角度进行分析评价。

11.4.1 评价指标体系及其权重

高速公路对长三角发展影响评价系统是一个复合系统,各子系统之间关系符合辩证统一的原理,既相互联系又相互制约。因此,在对高速公路对长三角发展影响体系进行评价时,应注重子系统之间的联系和制约关系,选取科学合理的结构比例关系。结合高速公路对区域发展影响的特点与指标选取的原则,综合相关领域专家意见及前人研究成果,构建高速公路对区域发展影响评价的指标体系,包括3个一级指标、7个二级指标、23个三级指标。运用层次分析法确定各个指标在体系中的权重。计算结果如表11-3。

表11-3 基于AHP的高速公路对区域发展影响评价指标权重

A	W_i	O	W_i	C	W_i	P	W_i
高速公路对区域发展影响的评价 A	1	经济影响 O_1	0.5712	速度 C_1	0.1211	P_1:GDP增速	0.0282
						P_2:地方财政收入增速	0.0250
						P_3:固定资产投资增速	0.0222
						P_4:外贸出口额增速	0.0197
						P_5:社会消费品零售总额增长速度	0.0260
				效益 C_2	0.2695	P_6:人均GDP	0.0627
						P_7:人均地方财政收入	0.0603
						P_8:人均固定资产投资	0.0493
						P_9:人均外贸出口额	0.0438
						P_{10}:人均社会消费品批发零售额	0.0534
				结构 C_3	0.1806	P_{11}:第一产业比重	0.0383
						P_{12}:第二产业比重	0.0852
						P_{13}:第三产业比重	0.0571
		社会影响 O_2	0.2567	教育医疗卫生 C_4	0.0543	P_{14}:万人拥有教师人数	0.0181
						P_{15}:万人拥有医院诊所床位数	0.0181
						P_{16}:万人拥有卫生技术人员数	0.0181
				现代化进程 C_5	0.0812	P_{17}:城镇人均居住面积	0.0203
						P_{18}:城镇人均可支配收入	0.0203
						P_{19}:人口城市化率	0.0406
				对外联系 C_6	0.1211	P_{20}:公路客运量	0.0484
						P_{21}:公路货运量	0.0727
		环境影响 O_3		环境影响 C_7	0.172	P_{22}:废气排放量	0.0860
						P_{23}:工业二氧化硫排放量	0.0860

① 计算三个影响指标 O_1、O_2、O_3 的相对权重(即层次单排序,也是层次总排序),它们表示一级指标对高速公路区域影响评价的重要性。

② 计算每一个二级指标 C 对相应影响指标 O 的相对权重(层次单排序),并用 O 的相应权重加权后相加,计算二级指标的组合权重(层次总排序),表示二级指标对总目标的重要性。

③ 计算每一个三级指标 P 对相应影响指标 C 的相对权重(层次单排序),并用 C 的相应权重加权后相加,计算三级指标的组合权重(层次总排序),表示三级指标对总目标的重要性[14~15]。

11.4.2 隶属度矩阵及模糊运算

(1) 隶属度矩阵构建

具体的评价指标 P 建立在二级指标体系 C 上的即 $P-C$ 的评价模型。假定,评价区域内共有 m 个单位,二级评价指标集合 C 中某一指标 $P_i(i=1,2,n;n=3,4,5)$ 在单位 S 上的实测值为 u_i^s。

若评价指标 P_i 是越大越优型的(如人均 GDP),令 $a_i^s = [u_i^s - \min(u_i)]/[\max(u_i) - \min(u_i)]$;若评价指 P_i 是越小越优型的(如废气排放量),令 $a_i^s = [\max(u_i) - u_i^s]/[\max(u_i) - \min(u_i)]$。显然 a_i^s 就是对于评价指标 P_i 而言,s 区域高速公路对区域发展影响的隶属度[14]。

(2) 模糊计算

在二级评价指标 C 中,如果各指标的权重 W_{CP} 已经确定,则评级结果 V_{CP} 可以用 $W_{CP} \times A_{CP}$ 求得,$V_{CP} = W_{CP} \times A_{CP}$。$V_{CP}^S$ 为二级评价指标 C 而言,区域内 S 单元高速公路对于区域的影响。重复以上步骤,可得对评价指标 A 而言,区域内 S 单元高速公路对于区域的影响[14]。

表 11-4 1998~2011 年高速公路对长三角区域发展影响隶属度

P	P_1	P_2	P_3	P_4	P_5	P_6	P_7	P_8	P_9	P_{10}	P_{11}	P_{12}
1998	0.038 6	0.188 9	0.229 6	0.380 7	0.012 9	0.000 0	0.000 0	0.000 0	0.000 0	0.000 0	1.000 0	0.514 1
1999	0.000 0	0.146 2	0.000 0	0.512 0	0.000 0	0.016 1	0.013 5	0.002 8	0.011 8	0.019 2	0.853 0	0.436 6
2000	0.351 0	0.729 4	0.304 5	0.875 6	0.111 0	0.041 7	0.040 0	0.019 0	0.044 0	0.041 5	0.706 0	0.368 5
2001	0.228 1	0.658 7	0.430 8	0.435 0	0.162 0	0.067 9	0.072 5	0.044 6	0.057 5	0.069 6	0.622 5	0.255 9
2002	0.399 2	0.395 4	0.668 2	0.636 9	0.252 5	0.102 9	0.103 8	0.087 5	0.089 0	0.104 4	0.492 7	0.281 7
2003	0.842 6	0.638 4	0.861 2	1.000 0	0.283 7	0.159 5	0.150 2	0.151 9	0.165 5	0.143 9	0.347 3	0.692 5
2004	1.000 0	0.654 4	1.000 0	0.962 7	0.495 1	0.232 2	0.207 5	0.242 0	0.272 2	0.197 6	0.302 1	0.969 5
205	0.873 9	0.786 7	0.711 9	0.742 0	0.521 7	0.312 4	0.286 2	0.324 8	0.378 8	0.260 6	0.205 2	0.964 8
2006	0.678 2	0.358 0	0.453 4	0.687 3	0.554 4	0.392 8	0.353 8	0.388 8	0.502 5	0.333 6	0.111 5	1.000 0
2007	0.905 2	1.000 0	0.561 4	0.655 5	0.696 6	0.501 1	0.486 9	0.475 4	0.647 1	0.426 8	0.067 9	0.786 4
2008	0.658 6	0.279 9	0.555 6	0.517 7	1.000 0	0.609 7	0.582 6	0.576 9	0.767 7	0.564 5	0.051 7	0.636 2
2009	0.083 5	0.000 0	0.695 0	0.000 0	0.498 9	0.675 5	0.658 4	0.721 1	0.630 8	0.676 6	0.037 0	0.220 7
2010	0.892 5	0.446 9	0.583 1	0.752 5	0.743 0	0.833 5	0.804 2	0.863 5	0.851 7	0.831 0	0.000 0	0.176 1
2011	0.693 2	0.541 1	0.453 0	0.501 1	0.618 3	1.000 0	1.000 0	1.000 0	1.000 0	1.000 0	0.014 5	0.000 0

表 11-4 1998~2011 年高速公路对长三角区域发展影响隶属度(续表)

P	P_{13}	P_{14}	P_{15}	P_{16}	P_{17}	P_{18}	P_{19}	P_{20}	P_{21}	P_{22}	P_{23}
1998	0.0000	0.0000	0.0000	0.1639	0.0000	0.0000	0.0000	0.0000	0.0000	1.0000	0.3414
1999	0.1458	0.0562	0.0155	0.1396	0.0388	0.0388	0.1100	0.0137	0.0103	0.9741	0.8485
2000	0.2892	0.1311	0.0209	0.1012	0.0551	0.0551	0.3072	0.0601	0.0988	0.9219	0.9426
2001	0.4119	0.2293	0.0339	0.0977	0.0919	0.0919	0.3515	0.1056	0.1060	0.7729	0.7288
2002	0.4945	0.3304	0.0632	0.0000	0.1278	0.1278	0.4279	0.1396	0.1660	0.7447	0.7002
2003	0.3913	0.4420	0.1303	0.0437	0.1846	0.1846	0.5064	0.1908	0.2401	0.6929	0.4205
2004	0.2819	0.5413	0.2123	0.0984	0.2454	0.2454	0.5772	0.2417	0.3199	0.5828	0.2507
2005	0.3572	0.6435	0.2918	0.1691	0.3313	0.3313	0.6638	0.3456	0.3878	0.5172	0.0000
2006	0.4095	0.7308	0.4035	0.3161	0.3832	0.3832	0.7127	0.4612	0.4903	0.3719	0.0160
2007	0.5529	0.8314	0.4543	0.4532	0.5221	0.5221	0.7509	0.6183	0.6371	0.3390	0.2046
2008	0.6428	0.8956	0.5474	0.5248	0.6357	0.6357	0.7962	0.8031	0.6997	0.2569	0.5501
2009	0.8688	0.9431	0.6628	0.6459	0.7232	0.7232	0.8278	0.7893	0.6714	0.2260	0.6742
2010	0.9198	0.9357	0.8211	0.8390	0.8357	0.8357	0.9613	0.9110	0.8534	0.0617	0.6725
2011	1.0000	1.0000	1.0000	1.0000	1.0000	1.0000	1.0000	1.0000	1.0000	0.0000	0.7510

表 11-5 1998~2011 年高速公路对长三角区域发展影响评价结果 1

	C_1	C_2	C_3	C_4	C_5	C_6	C_7
1998	0.1547	0.0000	0.4545	0.0541	0.0000	0.0000	0.6707
1999	0.1134	0.0130	0.4329	0.0704	0.0744	0.0117	0.9113
2000	0.4543	0.0375	0.4150	0.0844	0.1812	0.0833	0.9323
2001	0.3731	0.0633	0.3828	0.1203	0.2217	0.1058	0.7509
2002	0.4548	0.0984	0.3937	0.1312	0.2779	0.1554	0.7225
2003	0.7093	0.1539	0.5241	0.2053	0.3455	0.2204	0.5567
2004	0.8140	0.2281	0.6101	0.2840	0.4113	0.2881	0.4168
2005	0.7291	0.3094	0.6111	0.3681	0.4971	0.3709	0.2586
2001	0.5460	0.3895	0.6249	0.4834	0.5480	0.4787	0.1940
2007	0.7765	0.5022	0.5602	0.5791	0.6365	0.6291	0.2718
2008	0.6121	0.6144	0.5143	0.6559	0.7160	0.7411	0.4035
2009	0.2541	0.6730	0.3867	0.7505	0.7755	0.7181	0.4501
2010	0.6881	0.8350	0.3739	0.8652	0.8985	0.8764	0.3671
2011	0.5705	1.0000	0.3193	0.9999	1.0000	1.0000	0.3755

表 11-6 1998~2011 年高速公路对长三角区域发展影响评价结果 2

	O_1	O_2	O_3	A
1998	0.1765	0.0111	0.2020	0.1386
1999	0.1671	0.0440	0.2745	0.1540
2000	0.2452	0.1145	0.2808	0.2178
2001	0.2301	0.1455	0.2262	0.2077

续 表

	O_1	O_2	O_3	A
2002	0.267 3	0.189 0	0.217 1	0.238 7
2003	0.388 7	0.256 8	0.167 7	0.316 8
2004	0.473 3	0.326 4	0.125 1	0.375 8
2005	0.493 9	0.410 4	0.077 9	0.400 9
2001	0.497 1	0.501 1	0.058 4	0.422 8
2007	0.578 7	0.621 2	0.081 9	0.504 2
2008	0.582 3	0.715 1	0.121 1	0.537 2
2009	0.493 7	0.743 4	0.135 1	0.496 2
2010	0.658 2	0.881 0	0.110 1	0.621 2
2011	0.693 7	1.000 0	0.113 1	0.672 5

11.4.3 评价结果与分析

(1) 高速公路对长三角发展影响的整体影响

从表 11-6 最终的评价结果 A 可以看出,高速公路对长三角地区的影响是越来越大。从 1998 年的 0.138 6 到 2011 年的 0.672 5,除在 2009 年出现了下降的趋势,总体上是趋于上升的趋势(图 11-10)。

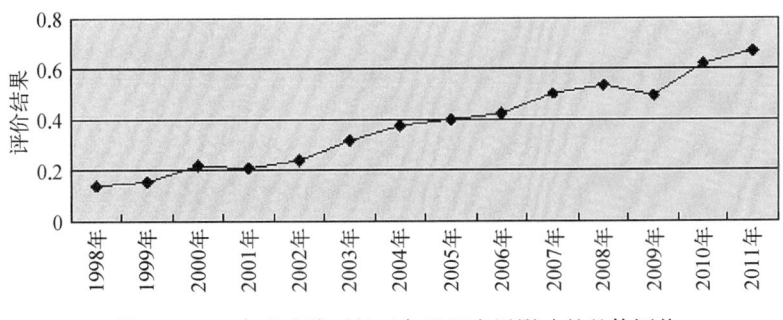

图 11-10 高速公路对长三角地区发展影响的整体评价

(2) 高速公路对长三角区域的影响(经济影响 O_1、环境影响 O_2、社会影响 O_3)

高速公路对长三角地区的影响分为三个大的方面:经济影响;环境影响;社会影响。对经济影响和社会影响是正向的促进发展,经济影响从 1998 年的 0.176 5 到 2011 年的 0.693 7,社会影响是从 1998 年的 0.011 6 到 2011 年的 1。而对环境的影响是负向的发展,从 1998 年的 0.202 0 到 2011 年的 0.113 1(图 11-11)。

① 从影响的贡献率大小来看,在同一个年份的这三方面的影响中,1999~2002 年、2009~2011 年,三个方面的贡献率排名先后不一;2002~2004 年中,经济影响率最大,社会影响率和环境影响率次之;2004~2008 年社会影响率最大,经济影响率和环境影响率大体次之。

② 运用灰色关联分析方法分析关联度。

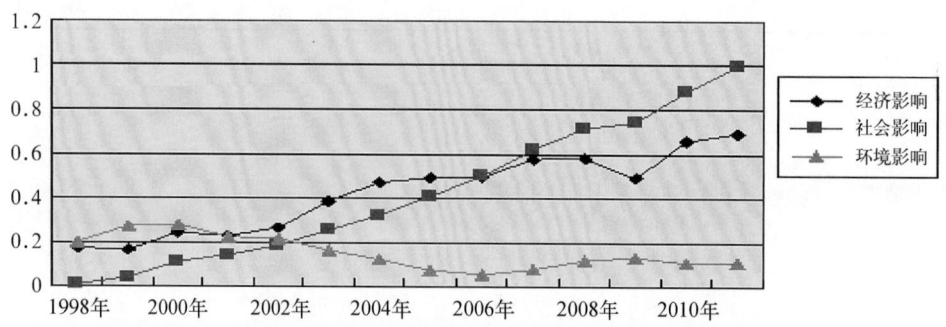

图 11-11 高速公路对长三角经济、环境、社会影响的趋势图

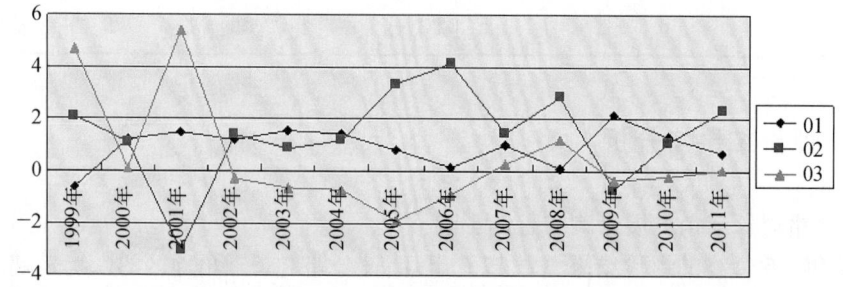

图 11-12 高速公路经济影响 O_1、社会影响 O_2、环境影响 O_3 对区域发展影响贡献率

环境 X_1 = (0.202 0 0.274 5 0.280 8 0.226 2 0.217 6 0.167 7 0.125 6 0.077 9 0.058 4 0.081 9 0.121 6 0.135 6 0.110 6 0.113 1)

经济 X_2 = (0.176 5 0.167 1 0.245 2 0.230 1 0.267 3 0.388 7 0.473 3 0.493 9 0.497 1 0.578 7 0.582 3 0.493 7 0.658 2 0.693 7)

社会 X_3 = (0.011 6 0.044 0 0.114 5 0.145 5 0.189 0 0.256 8 0.326 4 0.410 4 0.501 6 0.621 2 0.715 1 0.743 4 0.881 0 1.000)

Step.1 求均值化

Step.2 求序列差

Step.3 求两极差

Step.4 计算关联系数

根据以上步骤,得出高速公路对经济影响与环境影响的相关度为 0.508 1,对社会影响和环境影响的相关度为 0.507 8。从图 11-12 可以看出,社会影响贡献率和经济影响贡献率发展趋势与环境影响率发展趋势大致沿着坐标轴对称分布,这说明高速公路对社会影响和环境影响、经济影响和环境影响都存在着一定的负向关联。高速公路促进了区域的经济的发展,引发了城市化的进程,带动了工业化的发展和第三产业的发展以及人们生活水平的提高。但是,无论以何种形式的发展,必然会落实到一定的地域,必然会对地区的环境产生影响,这些环境就包括土地的占用、水资源的以及生物资源等的破坏,所以说高速公路的发展会对长江三角洲地区的生态环境产生了一些负面的影响。

③ 高速公路对长三角地区经济发展速度的影响处于一个上下波动状态,从表 11-6

发现在 2008、2009 年发生了明显的下降,这和国家的整体发展水平和国际情况相联系。在 2008 年发生了全球性的经济危机,中国尤其是像长三角地区对外开放程度密切,所以受到了很大的影响。而对于长三角的区域经济效益的评价结果来看,处于明显稳步上升的趋势。对于产业结构来说,第一产业的影响是下降的趋势,第三产业处于上升的态势,而第二产业是上下波动的状态。从整体来讲高速公路对区域的影响使得第一产业向第二、三产业转移,并以发展第三产业为重点。

④ 从表 11-7 可以看出高速公路对长三角区域的社会影响也是逐步上升的,从 1998 年的 0.011 6 到 2011 年的 1.000 0。高速公路运营促进了教育医疗卫生、现代化进程以及对外联系。高速公路的建设,使得交通网络日益发达,公路的客运量以及货运量都大大提升,促进的长三角地区和周边的联系。高速公路的运营加速了城市化的进程,工厂以及新兴的高科技园区向高速公路周边集聚,吸引了众多的企业,企业的集聚吸引了相应的社会设施的配套建设,从而使得人口进一步集聚,形成集镇。对于已经形成的城市来说城市会向高速公路的方向扩建,从而带动了城市化良性的发展。而社会的发展、城市的发展必然引起医疗卫生教育事业的同步发展。

⑤ 高速公路对于环境的影响也是越来越大,高速公路的运营,必然会引起交通运输业的发展,交通运输业的发展,会带来一定的大气污染,例如汽车尾气的排放。在间接的上来看,高速公路促进了城市化的进程、工业化的发展,也必然导致了工业废气的产生,产生了二氧化硫等污染物。所以说在看见高速公路所带来的经济、社会的正向的促进作用的同时,我们也要知道它带来的环境问题。

参 考 文 献

[1] 曹小曙,闫小培.20 世纪走廊及交通运输走廊研究进展[J].城市交通,2003,27(1):50-56.
[2] Gabriel Dupuy, Vaclav Stransky. Cities and highway networks in Europe [J]. Journal of Ttansport Geography, 1996, 4(2): 107-121.
[3] Thierry Bonaudo, Yvonnick Le Pendu, Jean Francois Faure, et al. The effects of deforestation on wildlife along the transamazon highway [J]. European Journal of Wildlife Research, 2005, 51(3): 199-206.
[4] Peter Suppan, Gerd Schadler. The impact of highway emissions on ozone and nitrogen oxide levels during specific meteorological conditions [J]. Science of the Total Environment, 2004, 334-335: 215-222.
[5] 陆大道.论区域的最佳结构与最佳发展——提出"点—轴系统"和"T"形结构以来的回顾与再分析[J].地理学报,2001,02:127-135.
[6] 杨荫凯,韩增林.交通经济带的基本理论探讨[J].人文地理,1999,02:6-10.
[7] 陈才.区域经济地理学(第二版)[M].北京:科学出版社,2009.
[8] 赵玉林,任路平,祝向军,等.高速公路对沿线经济发展影响评价指标体系[J].武汉工业大学学报,1999,21(5):74-77.
[9] 刘南.高速公路对区域经济发展影响研究[J].中国软科学,2002,(11):98-101.
[10] 刘瑞超,丁四保,王成新,等.高速公路对区域发展影响的评价体系研究——以山东省为例[J].地理科学,2012,32(7):798-806.

[11] 蓝万炼,黄志钢.高速公路对城镇发展的影响[J].衡阳师范学院学报,2004,25(6):94-98.

[12] 姚士谋,管驰明,房国坤.高速公路建设与城镇发展的相互关系研究初探——以苏南地区高速公路段为例[J].经济地理,2001,21(3):300-305.

[13] 杨忠臣.高速公路建设与区域城镇发布的相互影响初探——以山东省为例[J].中国人口·资源与环境,2003,13(3):57-60.

[14] 徐建华.现代地理学中的数学方法[M].北京:高等教育出版社,1996.

[15] 徐建华.计量地理学[M].北京:高等教育出版社,2006.

第12章 长三角地区县域交通优势与其综合实力的耦合

12.1 引言

目前,长三角区域已经形成了客运以公路、铁路为主,货运以水运、公路为主,多种交通方式并存的综合交通体系[1]。2012 年,长三角公路运输通车里程已达到 280 209 km;铁路运营里程已经达到 4 570 km;内河航道里程已达到 36 104 km[2~4],形成了较为完善的交通网络。《长三角地区区域规划(2010~2015)》中明确提出要推进跨区域重大基础设施一体化建设,提升交通等基础设施的共建共享和互联互通水平,形成分工合作、功能互补的基础设施体系,增强区域发展支撑能力[5]。

区域交通优势是指以包含该城市区域在内的区域系统,或以比对区域和目标区域,或以理想为参照系,该城市区域交通基础设施网络所反映的支持其经济社会活动的水平与状态[6],是衡量交通网络发展状况的重要指标。一般情况下,交通优势度越显著,其经济发展的条件也越具有优势,发展潜力越大。区域交通优势与城市综合实力之间的关系是学术界研究的重要领域之一,也是地方政府追求的理想目标之一。近年来,随着我国交通运输业的迅速发展,国内学者展开了大量关于交通网络地域特征、交通网络变化对通达性格局的影响、交通网络的区域社会经济效应的研究。金凤君等阐释了交通优势度的基本概念,建立了交通优势度的基本表述结构及交通优势度评价的空间数理模型[6]。在以往的研究中,普遍将区域交通优势表现为"质"、"量"和"势"三个方面,并分别利用交通干线影响度、路网密度和交通区位优势来度量,但该模型分析单元尺度较大,且模型中的阈值及权重需根据不同区域的实际情况确定才可真实反映地区交通优势度。

县级行政区是国家实施宏观、中观与微观管理的主要结合部,也是实施城乡统筹发展的关键区域,是一种行政界线相对稳定和内部结构相对完整的地域单元。2012 年,长三角县域城市 GDP 总产值占整个长三角地区的 50%,在长三角地区经济发展中占据举足轻重的地位。研究县域交通优势与其综合实力的耦合关系,利于推进交通运输与区域经济之间的协调性、动态性和统一性。我们借助 GIS 空间分析方法,以长三角地区县级行政

高速公路网与城镇体系的区域整合

地域单元单位为研究对象,在已有研究的基础上,以路网密度、交通设施影响度和交通枢纽辐射水平为指标,定量测度县域单元的交通优势度,并进一步探讨县域的交通优势与城市综合实力的耦合关系,揭示城市综合实力与交通优势度的协调程度。

国外关于城市与交通关系的研究开展较早,并且成果十分丰富。Dupuy等根据城市的可达性建立城市在交通网络中的等级体系,并分析了影响城市位序的因素,认为城市的等级与它的自然和人文地理背景密切相关,同时受到国家公路体系的影响[7];Kobayashi等以高速铁路系统建设为例,研究了快速交通对城市资本、知识交流、城市规模布局、城市间相互作用等空间结构的影响,并建立多因子区际增长模型,动态模拟了城市群经济联系的发展[8];O'Kelly探讨了中心地经济联系的轴—辐(hub-spoke)关系,并以美国100组城市数据为基础,分析了城市航空运输网络轴—辐网络结构,揭示城市间经济联系及腹地变化的空间特征[9];Miles认为必须充分认识交通基础设施在区域发展中的战略性地位和作用,交通发展规划的不断优化是区域城市化的重要动力,对区域经济的一体化发展具有重要作用,探讨了通过交通投资和发展促进区域均衡发展的方式与途径[10]。

我国学者对区域交通与区域经济关系的研究大体可以分为三类观点:第一,强调交通对经济的推动作用,认为交通运输是国民经济的关键,是"区域经济增长的发动机"[11,12];第二,强调交通与经济之间的推拉作用[13,14];第三,强调交通与经济之间的动态作用[15]。

在城市与交通之间关系的研究方面,近年来的研究如陈彦光认为城市化水平与交通网络之间存在线性关系,并对其进行了模型验证[16];王荣成等探讨了对哈大交通经济带与城市的响应机制[17];王成新等通过区域交通优势度模型对山东省进行了实证研究,认为山东省区域优势度具有以中心城市为核心呈现同心圆的结构形态[18];胡大胜等论证了交通线路密度与城市化的时空关系[19];梁留科等以中原城市群为例,分析了城市群公路网络建设与城市化水平的相关性[20],等等。

具体到区域交通优势,国内的研究不断由定性向定量发展,与空间分析技术结合得越来越紧密。金凤君等认为,区域交通优势表现为"质"、"量"和"势"三个方面,并分别利用交通干线影响度、路网密度和交通区位优势来度量[6];吴威等通过公路网络密度、综合交通可达性以及关键节点联系便捷性三要素的综合集成探讨了长江三角洲地区交通优势度的空间格局[21];孙威等在主体功能区划的背景下,基于山西省107个县(市、区)级行政单元的单项指标和集成性指标的评价,分析了山西省交通优势度的空间分布特征和成因[22];黄晓燕等以海南省为例,采用交通网络密度、邻近度、通达性等指标,构建区域交通优势度综合评价的数理模型,定量分析海南省区域经济差异及空间格局。分析总结海南省各县市交通优势度及经济发展水平的特点及空间结构性规律[23]。

总之,学界从不同视角分析了不同区域交通条件产生的区域空间社会经济效应。由于在评价区域交通优势时存在难以确定研究区域外部边界的问题,大多研究将研究区域抽象为"孤岛",对研究区域与外部的交通联系缺乏系统考虑,不能全面反映研究区域的交通运输整体状况;在研究内容上,目前关于交通与区域经济发展的研究较多集中在具体交通方式或某条线路与经济的关系上,研究尺度多集中于国家与城市内部两个层面,从中观尺度整体上考虑综合交通运输体系的区域效应的研究并不充分,同样,关于交通优势度与城市综合实力的耦合关系的研究还需要进一步探索。

12.2 数据与方法

12.2.1 数据来源

根据《长江三角洲地区区域规划》,长江三角洲包括上海市、江苏省和浙江省,区域面积 21.07 万 km^2,占国土面积的 2.19%。其中陆地面积 18.68 万 km^2、水面面积 23.93 万 km^2。长江三角洲以全国 2.2%的陆地面积、10.4%的人口,创造了全国 22.1%的国内生产总值、24.5%的财政收入、28.5%的进出口总额,是中国经济、科技、文化最发达的地区之一。

2012 年,长三角地区各种运输方式的运输线路里程已超过 32 万 km,其中公路运输通车里程已达到 280 209 km;铁路运营里程已经达到 4 570 km;内河航道里程已达到 36 104 km;客运量约 51 亿人,货运量约 36 亿 t,港口货物吞吐量超 36 亿 t[2~4],交通建设走在全国前列,其综合运输能力、综合运输体系等均有大幅度提高,为区域经济社会的稳定健康发展提供了强力支撑。但是,在长三角地区内部,交通发展的区域差异也比较明显,特别是各县域的交通水平差距较大。

本章以 2013 年长三角地区行政区划为准,以县级行政地域单元为对象,即上海市崇明县、江苏省的 48 个县以及县级市、浙江省的 58 个县以及县级市。社会经济数据来源于 2013 年上海、江苏省和浙江省统计年鉴,地图数据以国家测绘地理信息局 1∶400 万行政区划地图和公路交通地图为基础,将上海市地图、江苏省地图以及浙江省地图进行扫描配准以及矢量化,获得长三角地区的县级及以上城市道路交通数据。

12.2.2 研究方法

我们利用 ArcGIS 从路网密度、交通设施影响度和交通辐射枢纽水平三个方面测度长三角地区县域交通优势度;采用 SPSS 评价长三角区域 107 个县以及县级市的城市综合实力,并运用斯皮尔曼秩相关序数分析城市综合实力与区域交通优势的相关性,利用耦合指数对区域类型进行划分,揭示城市综合实力与交通优势度的协调程度。具体采用的模型方法如下。

(1) 交通优势度评价模型

我们在已有研究基础上,将区域交通优势分为路网密度、交通设施影响度和交通枢纽辐射水平三个测度指标,以更好地指示区域交通优势[24]。三个指标分别反映区域内部道路的联通程度,区域内不同交通通道产生的对外连接影响以及区域交通枢纽对外部交通产生的提升作用,不同指标的权重由专家打分所确定(表 12-1)。

高速公路网与城镇体系的区域整合

表 12-1 多维区域交通优势度指标体系及权重

目标值	一级指标(权重)	二级指标(权重)
交通优势度	路网密度(1.0)	高速公路密度(1.2) 国道密度(1.0) 省道密度(0.8)
	交通设施影响度(1.0)	铁路影响度(1.0) 公路影响度(1.0) 港口影响度(1.0) 机场影响度(1.0)
	交通枢纽辐射水平(1.0)	交通枢纽辐射水平(1.0)

① 路网密度。由于不同等级公路对交通的影响差异,对不同等级的道路长度赋以对应的权重,得到县域模拟路网长度。网络密度的计算为各县模拟路网长度与各县土地面积的绝对比值:

$$L_i = \sum_{m=1}^{n} A_m / L_{im} \tag{12-1}$$

$$D_i = L_i / S_i \tag{12-2}$$

式中,L_m 为不同等级 m 的道路长度;A_m 为不同等级 m 的道路权重;L_i 为县域 i 模拟路网长度;S_i 为 i 县域面积;D_i 为县域 i 的路网密度。

② 交通设施影响度。依据交通设施的等级水平及影响程度,采用分类分级赋值的方法,计算各县不同交通设施的技术等级赋值。拥有多条干线(如高速公路、高速铁路等)可累积计算,不同交通设施得分经过归一化后进行加权汇总:

$$E_{im} = \sum_{p=1}^{n} Q_{ipm} \times N_{ipm} \tag{12-3}$$

$$C_i = \sum_{m=1}^{m} B_m \times E_{im} \tag{12-4}$$

式中,C_i 为县域 i 的交通设施影响度;E_i 为县域 i 第 m 种交通设施的得分;B_m 为第 m 种交通设施的权重;Q_{ipm} 为第 m 种交通设施第 p 种类型的权重赋值;N_{ipm} 为县域 i 第 m 种交通设施第 p 种类型的数量。具体赋值方法见表 12-2。

表 12-2 交通设施技术等级评价表

类型	子类型	标　准	权　重
铁路	铁路	拥有复线/高速铁路或城际站点 距离复线/高速铁路或城际 40 km 距离内 距离复线/高速铁路或城际 80 km 距离内 其他	2 1.5 1.0 0
	单线铁路	拥有单线铁路 距离单线铁路 40 km 距离内 其他	1 0.5 0

续 表

类 型	子类型	标 准	权 重
公 路	高速公路	拥有高速公路及出口 距离高速公路最近出口 40 km 距离内 距离高速公路最近出口 80 km 距离内 其他	1.5 1.0 0.5 0
	国道公路	拥有国道 其他	0.5 0
水 运	沿海港口	港口吞吐量≥5 000×10⁴ t 港口吞吐量≥1 000×10⁴ t 或 距离吞吐量≥5 000×10⁴ t 的港口 50 km 港口吞吐量≥500×10⁴ t 或 距离吞吐量≥5 000×10⁴ t 的港口 120 km 港口吞吐量≥100×10⁴ t 或 距离吞吐量≥5 000×10⁴ t 的港口 2 000 km 其他	2.0 1.5 1.0 0.5 0
	内河港口	港口吞吐量≥1 000×10⁴ t 港口吞吐量≥500×10⁴ t 港口吞吐量≥100×10⁴ t 其他	1.0 0.5 0.2 0
机 场	枢纽机场	拥有机场枢纽 距离机场枢纽 40 km 距离内 其他	1.0 0.5 0
	支线机场	拥有支线机场 其他	0.5 0

③ 交通枢纽辐射水平。指由于各县与区域交通枢纽的交通距离所反映的区位条件和优劣程度,根据各县与交通枢纽的交通距离的远近进行分级,并依此进行权重赋值。这里以上海作为第一级别的交通枢纽,南京、杭州、徐州和温州为二级交通枢纽,算赋值如表 12-3。

表 12-3 与交通枢纽距离的分级及评价赋值

级 别	距 离(km)	权重赋值
1	距离第一级别交通枢纽 0～100	2.00
2	距离第一级别交通枢纽 100～150 或者距离第二级别交通枢纽 0～40	1.50
3	距离第一级别交通枢纽 150～200 或者距离第二级别交通枢纽 40～80	1.00
4	距离第一级别交通枢纽 200～300 或者距离第二级别交通枢纽 80～150	0.50
5	距离第一级别交通枢纽＞300 或者距离第二级别交通枢纽＞150	0.00

④ 交通优势度。将得到的路网密度、交通设施影响度和交通枢纽辐射水平 3 个一级指标的数据进行归一化处理,分别乘以对应的权重,得到每个县域的交通优势度值:

$$H_i = \frac{F_i - F_{i,\min}}{F_{i,\max} - F_{i,\min}} \tag{12-5}$$

$$T_i = \sum_{r=1}^{n} O_i \times H_i \quad (12-6)$$

式中，H_i 为第 i 项指标的归一化数值；F_i 为第 i 项指标的实际得分；$F_{i,\min}$ 和 $F_{i,\max}$ 为第 i 项指标的实际得分的最小值和最大值；O_i 为第 i 项指标的权重；T_i 为第 i 个县域的交通优势度得分。

(2) 城市综合实力模型

采用主成分分析和聚类分析的方法，以综合城市化水平来划分 107 个县域单元城市规模。从城市人口、城市经济、城市服务和城市生活等四个方面来选择评价指标，具体指标包括非农人口、第二三产业人口占就业人口比重、GDP、人均 GDP、第二三产占 GDP 比重、财政收入、实际利用外资、商品零售总额、固定资产投资、在岗职工平均工资、卫生床位数等。利用 SPSS6.0 做主成分分析。按照特征值大于 1 的原则，提取出 2 个主成分变量，并按照方差贡献占总方差的比例作为主成分的权重，得到各城市综合实力的综合得分（表 12-4）。

表 12-4　长三角县域城市综合实力分析指标[25]

类别	指标	编号	单位
城市人口	非农人口	X_1	万人
	第二、三产业人口占就业人口比重	X_2	%
城市经济	GDP	X_3	亿元
	人均 GDP	X_4	元
	第二、三产业占 GDP 比重	X_5	%
	财政收入	X_6	亿元
	实际利用外资	X_7	亿美元
城市服务	商品零售总额	X_8	亿元
	固定资产投资	X_9	亿元
城市生活	在岗职工平均工资	X_{10}	元
	卫生床位数	X_{11}	张

2.2.3　交通优势度与城市综合实力耦合模型

① 相关性模型。这里采用斯皮尔曼等级相关系数，亦称斯皮尔曼秩相关系数，其计算公式为

$$P = 1 - \frac{6 \sum d_i^2}{n(n^2-1)} \quad (12-7)$$

式中，$d_i = X_i - Y_i$，X_i 和 Y_i 分别为两个变量按大小顺序排位的等级；n 为样本个数，本书中为 107。

② 耦合指数模型。首先对城市综合实力和交通优势度数据进行归一化处理。归一化方法见公式 12-8：

$$Q_i = \frac{X_i}{\sum_{j=1}^{107} X_j} \times 100 \qquad (12-8)$$

利用归一化后的城市综合实力指数和交通优势度指数,采用式12-9得到每个城市区域的耦合指数:

$$耦合指数 = 城市综合实力指数 / 交通优势度指数 \qquad (12-9)$$

12.3 长三角地区县域城市综合交通优势度

12.3.1 长三角地区县域综合交通现状

① 便捷的陆路交通网络。2012年长三角地区城市公路通车里程达到28.02万km,同比增长1.5%,其中高速公路里程达到0.88万km,同比增长4.4%,形成了较为完善的陆路交通网(图12-1)。2012年长三角地区共完成客运周转量4 490.43亿人·km,其中公路完成2 452.30亿人·km,占客运周转量的54.6%;铁路完成905.13亿人·km,占客运周转量的20.7%。完成货运周转量38 084.93亿t·km,其中水运完成33 486.40亿t·km,占货运周转量的87.9%,公路完成3 275.3亿t·km,占货运周转量的8.6%[26],由于公路交通具有流量大、速度快、灵活机动的特点,公路运输成为长三角县域地区目前和未来最有优势和竞争力的运输方式(图12-2)。

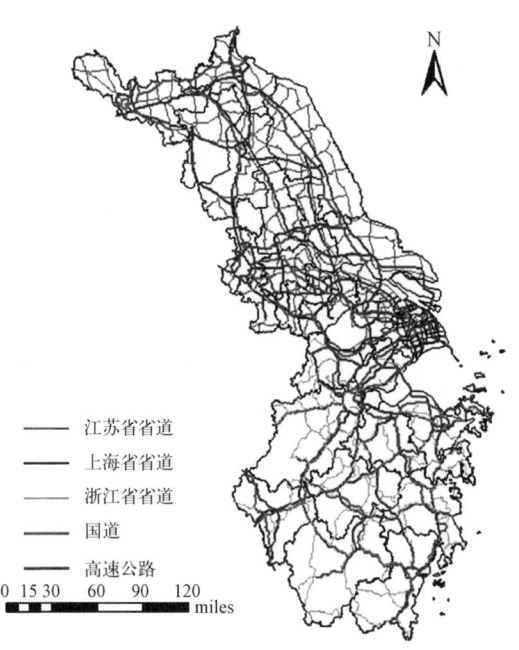

图12-1 长三角高速公路、国道、省道分布图

表12-5 长三角县域城市客运量 (单位:万人次/a)

运输量	2008年	2009年	2010年	2011年	2012年
公 路	404 053	404 580	435 192	457 565	479 623
铁 路	20 637	20 836	23 440	25 235	27 240
水 运	3 615	4 456	4 130	4 123	4 114
航 空	4 072	4 450	5 268	5 617	5 953
总 量	436 377	434 322	468 030	492 540	516 930

高速公路网与城镇体系的区域整合

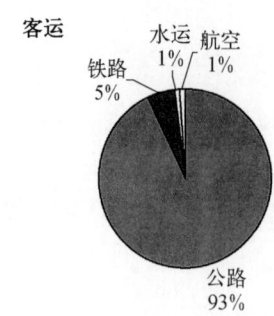
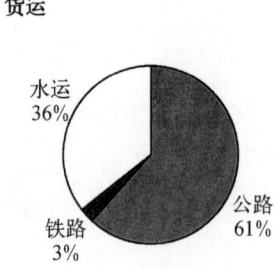

图 12-2 客货运各种运输方式分担图

表 12-6 长三角县域城市货运量 （单位：万 t/a）

运输量	2008 年	2009 年	2010 年	2011 年	2012 年
公 路	242 273	237 549	267 784	292 142	310 000
铁 路	9 528	10 513	11 221	12 336	11 895
水 运	137 142	132 001	150 763	176 273	182 658
总 量	388 943	380 063	429 768	480 751	504 553

② 纵横密布的铁路网。长三角地区铁路交通运输发达，路网已基本覆盖整个地区。2012 年铁路运输里程达到 4 570 km，依靠上海、南京、杭州等重要的枢纽节点，长三角县域城市的铁路交通迅速发展，107 个县以及县级市单位中有 43 个县有火车站点。

表 12-7 长三角县域城市中的火车站点

地级市	县域城市中的火车站点	地级市	县域城市中的火车站点
南京市	溧水站	宿迁市	沭阳站、泗洪站、泗阳站
无锡市	宜兴站	宁波市	余姚站、宁海站
徐州市	新沂站	温州市	瑞安站、永嘉站、苍南站、乐清站
常州市	溧阳站	嘉兴市	海宁站、嘉善站、桐乡站
苏州市	昆山站	湖州市	德清站、长兴站
南通市	如东站、海安站、如皋站	绍兴市	诸暨站、上虞站
连云港市	东海站	金华市	兰溪站、义乌站、永康站、武义站
盐城市	滨海站、阜宁站、建湖站、东台站	衢州市	江山站、龙游站
镇江市	丹阳站、句容站	台州市	三门站、温岭站、临海站
泰州市	姜堰站	丽水市	缙云站、青田站

③ 水运中心，港口密集。长三角区域内拥有优越的地理水资源条件，区域内港口密集，沿海、沿江港口星罗棋布，2012 年长三角地区港口总吞吐量已超过 40 亿 t。形成了以上海为中心、江苏浙江为两翼，以长江流域为广阔腹地的航运枢纽。

④ 国际航空网络正在形成。本地区拥有上海浦东、虹桥两座重要的国际机场，南京禄口机场和杭州萧山机场等的区域性枢纽机场，还有一批中小型机场，如扬泰机场、淮安涟水机场、连云港机场、南通机场、嘉兴机场、常州机场、徐州机场、盐城机场、台州机场等，

形成大型国际枢纽机场—区域枢纽机场—国内小型枢纽机场合理布局、分工协作的航线网络和机场群[27]。

12.3.2 长三角地区县域综合交通优势的影响要素

(1) 路网密度

交通路网密度是评价区域交通基础设施保障水平的重要指标[28]，是指该区域交通线路总长度与区域土地面积的绝对比值。鉴于在长三角地区公路、铁路、航道等各种线状交通设施中，公路交通的便捷性以及在区域交通发展中的普遍性，我们使用公路网密度来代替交通路网密度。不同等级的公路对交通的影响是不同的，因此，按照实际和专家打分，不同等级的道路长度权重不等：高速公路为1.2，国道为1.0，省道为0.8。如此，便得到各县域模拟路网长度，路网密度为模拟路网长度与各县土地面积的比值。路网密度的值越大，表明该区域路网越密集，区域的交通条件也越优越。长三角各县域路网密计算结果如表12-8所示。

表12-8 长三角地区各县域路网密度值

县 域	路网密度	排 名	县 域	路网密度	排 名	县 域	路网密度	排 名
海宁市	0.3272	1	启东市	0.1371	25	奉化市	0.1050	49
洞头县	0.2720	2	灌南县	0.1358	26	云和县	0.1049	50
江阴市	0.2584	3	金坛市	0.1353	27	江山市	0.1042	51
平湖市	0.2514	4	仪征市	0.1347	28	安吉县	0.1041	52
溧水县	0.2406	5	乐清市	0.1337	29	临安市	0.1032	53
昆山市	0.2266	6	泰兴市	0.1327	30	温岭市	0.1024	54
长兴县	0.2194	7	上虞市	0.1309	31	邳州市	0.1007	55
赣榆县	0.2129	8	兴化市	0.1291	32	高淳县	0.0986	56
龙游县	0.2035	9	句容市	0.1253	33	宝应县	0.0975	57
海门市	0.1874	10	新沂市	0.1250	34	建德市	0.0969	58
海盐县	0.1874	11	丹阳市	0.1242	35	沛 县	0.0961	59
海安县	0.1839	12	溧阳市	0.1239	36	沭阳县	0.0955	60
嘉善县	0.1815	13	姜堰市	0.1223	37	天台县	0.0947	61
桐乡市	0.1744	14	东海县	0.1223	38	如东县	0.0942	62
嵊州市	0.1733	15	东阳市	0.1218	39	宁海县	0.0940	63
德清县	0.1684	16	临海市	0.1206	40	滨海县	0.0931	64
余姚市	0.1636	17	永康市	0.1206	41	盱眙县	0.0911	65
常熟市	0.1623	18	绍兴县	0.1152	42	玉环县	0.0896	66
如皋市	0.1613	19	睢宁县	0.1139	43	兰溪市	0.0889	67
太仓市	0.1595	20	靖江市	0.1124	44	永嘉县	0.0878	68
诸暨市	0.1551	21	仙居县	0.1076	45	阜宁县	0.0870	69
新昌县	0.1495	22	涟水县	0.1076	46	象山县	0.0868	70
常山县	0.1431	23	宜兴市	0.1066	47	丰 县	0.0863	71
灌云县	0.1413	24	慈溪市	0.1061	48	松阳县	0.0856	72

续 表

县 域	路网密度	排 名	县 域	路网密度	排 名	县 域	路网密度	排 名
泰顺县	0.0840	73	青田县	0.0738	85	泗阳县	0.0508	97
桐庐县	0.0836	74	张家港市	0.0736	86	大丰市	0.0471	98
高邮市	0.0833	75	建湖县	0.0729	87	文成县	0.0470	99
苍南县	0.0827	76	富阳市	0.0728	88	洪泽县	0.0465	100
磐安县	0.0827	77	浦江县	0.0702	89	东台市	0.0455	101
三门县	0.0825	78	开化县	0.0690	90	金湖县	0.0430	102
扬中市	0.0822	79	泗洪县	0.0671	91	遂昌县	0.0408	103
义乌市	0.0818	80	崇明县	0.0661	92	景宁县	0.0328	104
平阳县	0.0807	81	射阳县	0.0656	93	淳安县	0.0136	105
瑞安市	0.0806	82	响水县	0.0611	94	岱山县	0.0000	106
缙云县	0.0794	83	龙泉市	0.0568	95	嵊泗县	0.0000	107
武义县	0.0767	84	庆元县	0.0548	96			

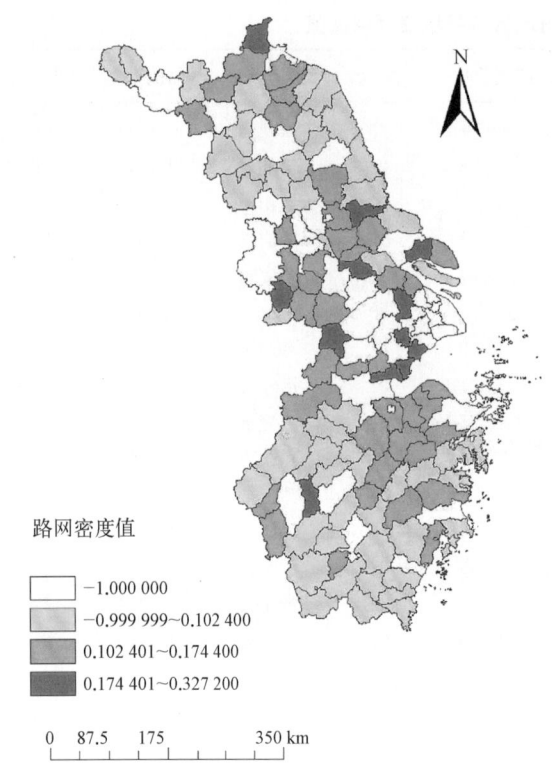

图 12-3 长三角县域城市路网密度值分布图

在长三角地区 107 个县域中,面积最大的是浙江省杭州市的淳安县(4 427 km²),面积最小的是嵊泗县(97 km²);公路里程最长的是启东市(3 513.58 km),最短的是洞头县(160.22 km);各县域中还没有通高速公路的只有如东、阜宁、乐清、文成、泰顺、岱山、嵊泗、温岭、庆元 9 个县域;全域高速公路通车率达到 89.9%。从图 12-3 中可以看出,各县域密度差异相对较小,密度值呈现出由长三角中心向南北方层级递减的趋势;洞头县的路网密度比较高,是由于该县的区域面积较小;路网密度值最小的地区,均位于长三角的西南、东北两端,位置偏远;岱山和嵊泗为海岛,面积小,交通不便,道路建设难度大。

(2) 交通设施影响度

交通设施影响度依据该交通设施的等级水平及影响范围,采用分等级分距离赋值的方法,计算各县不同交通设施的技术等级赋值,不同交通设施得分经过标准化后进行加权汇总[24]。区域交通设施影响度的值越大,则该城市交通设施网络布局越密集,对区域发展的支撑和保障能力也就越强。计算结果如表 12-9 所示。

第12章 长三角地区县域交通优势与其综合实力的耦合

表 12-9 长三角县域城市交通设施影响度得分

县 域	得 分	排 名	县 域	得 分	排 名	县 域	得 分	排 名
昆山市	12	1	灌南县	6.5	37	建德市	4.5	73
大丰市	10.5	2	东台市	6.5	38	宁海县	4.5	74
东海县	10	3	慈溪市	6.5	39	绍兴县	4.5	75
滨海县	9.5	4	奉化市	6.5	40	武义县	4.5	76
海宁市	9	5	海盐县	6.5	41	江山市	4.5	77
上虞市	9	6	桐乡市	6.5	42	崇明县	4.5	78
嘉善县	8.5	7	义乌市	6.5	43	丰 县	4	79
长兴县	8.5	8	三门县	6.5	44	盱眙县	4	80
常熟市	8	9	宜兴市	6	45	淳安县	4	81
涟水县	8	10	张家港市	6	46	东阳市	4	82
句容市	8	11	瑞安市	6	47	浦江县	4	83
平湖市	8	12	乐清市	6	48	天台县	4	84
诸暨市	8	13	新昌县	6	49	邳州市	3.5	85
太仓市	7.5	14	永康市	6	50	洪泽县	3.5	86
启东市	7.5	15	龙游县	6	51	阜宁县	3.5	87
赣榆县	7.5	16	丹阳市	5.5	52	兴化市	3.5	88
泰兴市	7.5	17	靖江市	5.5	53	临安市	3.5	89
永嘉县	7.5	18	沭阳县	5.5	54	象山县	3.5	90
兰溪市	7.5	19	余姚市	5.5	55	磐安县	3.5	91
高淳县	7	20	平阳县	5.5	56	开化县	3.5	92
江阴市	7	21	嵊州市	5.5	57	云和县	3.5	93
睢宁县	7	22	温岭市	5.5	58	景宁县	3.5	94
新沂市	7	23	青田县	5.5	59	金湖县	3	95
溧阳市	7	24	金坛市	5	60	宝应县	3	96
海安县	7	25	射阳县	5	61	玉环县	3	97
如皋市	7	26	建湖县	5	62	遂昌县	3	98
姜堰市	7	27	高邮市	5	63	松阳县	3	99
泗洪县	7	28	桐庐县	5	64	沛 县	2.5	100
富阳市	7	29	苍南县	5	65	洞头县	2.5	101
德清县	7	30	安吉县	5	66	岱山县	2.5	102
常山县	7	31	仙居县	5	67	文成县	2	103
临海市	7	32	如东县	4.5	68	泰顺县	2	104
缙云县	7	33	响水县	4.5	69	龙泉市	2	105
溧水县	6.5	34	仪征市	4.5	70	嵊泗县	0.5	106
海门市	6.5	35	扬中市	4.5	71	庆元县	0.5	107
灌云县	6.5	36	泗阳县	4.5	72			

从图 12-4 中可以看出整个长三角地区交通设施影响度分布呈中心部位高,向东北和西南方减弱的趋势;昆山市成为本地区交通设施影响度最高的地区,这与昆山紧邻长三

高速公路网与城镇体系的区域整合

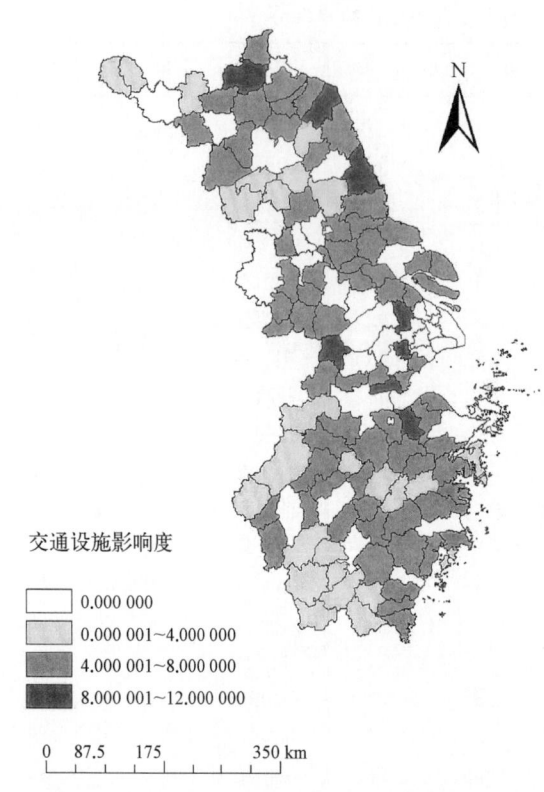

图12-4 长三角县域城市交通设施影响度值分布图

角的交通枢纽——上海市有密切关系；排名前十的县域中江苏省有7个，而排名后十位的县域中江苏省仅有1个，说明江苏省比浙江省在交通基础设施建设方面有优势；沿海县与内陆县的交通设施影响度差别较大，这与沿海地区港口建设比较发达，内陆县优势路网建设不无关系。

(3) 交通枢纽辐射水平

交通枢纽是指几种运输方式或几条运输干线交会并能办理客货运输作业的各种技术设备的综合体[29]。它的辐射水平直接反映了它的辐射范围。各县与区域交通枢纽之间的距离反映了该区域的区位条件和优越程度。一般，根据各县域与区域交通枢纽的距离的远近进行分级，并赋权重值[24]。我们根据长三角地区的实际情况，以上海为一级交通枢纽，南京、杭州、徐州和温州作为二级交通枢纽。通过计算，我们得到各县域交通枢纽辐射水平得分如表12-10所示。

表12-10 长三角地区各县域交通枢纽辐射水平得分

县 域	得 分	县 域	得 分	县 域	得 分
昆山市	2	永嘉县	1.5	桐庐县	1
常熟市	2	海宁市	1.5	洞头县	1
太仓市	2	桐乡市	1.5	平阳县	1
启东市	2	德清县	1.5	苍南县	1
海门市	2	宜兴市	1	文成县	1
平湖市	2	丰 县	1	安吉县	1
嘉善县	2	沛 县	1	诸暨市	1
海盐县	2	睢宁县	1	上虞市	1
崇明县	2	邳州市	1	绍兴县	1
江阴市	1.5	溧阳市	1	岱山县	1
张家港市	1.5	金坛市	1	嵊泗县	1
仪征市	1.5	海安县	1	玉环县	1
富阳市	1.5	如东县	1	温岭市	1
临安市	1.5	如皋市	1	溧水县	0.5
瑞安市	1.5	丹阳市	1	高淳县	0.5
乐清市	1.5	句容市	1	新沂市	0.5

续 表

县 域	得 分	县 域	得 分	县 域	得 分
东海县	0.5	新昌县	0.5	灌南县	0
洪泽县	0.5	兰溪市	0.5	涟水县	0
盱眙县	0.5	东阳市	0.5	响水县	0
金湖县	0.5	义乌市	0.5	滨海县	0
宝应县	0.5	永康市	0.5	阜宁县	0
高邮市	0.5	武义县	0.5	射阳县	0
扬中市	0.5	浦江县	0.5	建湖县	0
兴化市	0.5	磐安县	0.5	东台市	0
靖江市	0.5	三门县	0.5	大丰市	0
泰兴市	0.5	天台县	0.5	沭阳县	0
姜堰市	0.5	仙居县	0.5	泗阳县	0
泗洪县	0.5	临海市	0.5	象山县	0
建德市	0.5	青田县	0.5	宁海县	0
淳安县	0.5	云和县	0.5	江山市	0
余姚市	0.5	缙云县	0.5	常山县	0
慈溪市	0.5	遂昌县	0.5	开化县	0
奉化市	0.5	松阳县	0.5	龙游县	0
泰顺县	0.5	景宁县	0.5	龙泉市	0
长兴县	0.5	赣榆县	0	庆元县	0
嵊州市	0.5	灌云县	0		

由图 12-5 可见，县级交通枢纽辐射水平的分布格局有明显的差异：得分最高(2分)的地区共有 9 个，得分在 1~2 分的基本都是以上海为中心的高等级圈层向外围递减，同时以南京、杭州、徐州和温州为中心的中等级圈层也呈现向外围递减的趋势。长三角东北、西南地区离这两个级别中心较远，受交通枢纽辐射水平较低。

12.3.3 长三角地区县域交通优势度

长三角地区各个县域单元的交通优势度值计算结果如表 12-11。

根据表 12-11 的综合交通优势度数据，将长三角 107 个研究单元分成 4

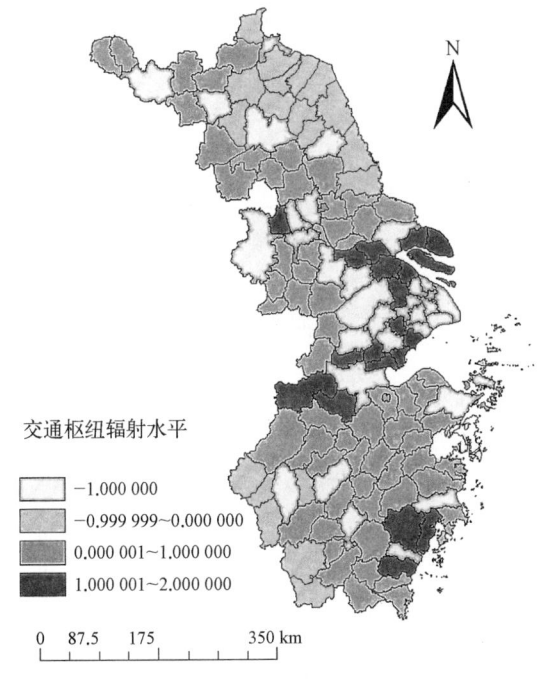

图 12-5 长三角县域城市交通枢纽辐射水平值分布图

高速公路网与城镇体系的区域整合

表 12-11　长三角县域城市交通优势度

县（县级市）	交通优势度指数	排名	县（县级市）	交通优势度指数	排名	县（县级市）	交通优势度指数	排名
昆山市	2.6925	1	温岭市	1.2477	37	青田县	0.9103	73
海宁市	2.4891	2	嵊州市	1.2143	38	兴化市	0.9054	74
平湖市	2.4204	3	安吉县	1.2093	39	高邮市	0.8957	75
嘉善县	2.2502	4	绍兴县	1.1999	40	建德市	0.8938	76
常熟市	2.1483	5	新沂市	1.1972	41	扬中市	0.8489	77
江阴市	2.1047	6	姜堰市	1.1888	42	天台县	0.8436	78
太仓市	2.0960	7	新昌县	1.1852	43	盱眙县	0.8328	79
海门市	2.0945	8	余姚市	1.1848	44	武义县	0.8321	80
海盐县	2.0944	9	临海市	1.1837	45	云和县	0.8314	81
启东市	2.0276	10	平阳县	1.1813	46	文成县	0.7741	82
德清县	1.8299	11	桐庐县	1.1468	47	浦江县	0.7687	83
桐乡市	1.8047	12	苍南县	1.1440	48	宝应县	0.7653	84
上虞市	1.6390	13	如东县	1.1356	49	磐安县	0.7635	85
乐清市	1.6369	14	兰溪市	1.1303	50	松阳县	0.7291	86
海安县	1.6273	15	高淳县	1.1165	51	沭阳县	0.7265	87
永嘉县	1.6270	16	龙游县	1.1001	52	岱山县	0.6739	88
诸暨市	1.6261	17	永康市	1.0966	53	江山市	0.6663	89
长兴县	1.6162	18	慈溪市	1.0960	54	东台市	0.6606	90
如皋市	1.5580	19	奉化市	1.0927	55	洪泽县	0.6529	91
崇明县	1.5497	20	邳州市	1.0685	56	泰顺县	0.6371	92
富阳市	1.5376	21	丰县	1.0681	57	宁海县	0.6350	93
句容市	1.5351	22	滨海县	1.0670	58	建湖县	0.6142	94
仪征市	1.5094	23	缙云县	1.0578	59	景宁县	0.6112	95
溧水县	1.5070	24	靖江市	1.0278	60	金湖县	0.5989	96
洞头县	1.5051	25	三门县	1.0237	61	淳安县	0.5960	97
瑞安市	1.4745	26	义乌市	1.0217	62	遂昌县	0.5921	98
张家港市	1.4531	27	泗洪县	1.0202	63	射阳县	0.5917	99
东海县	1.4497	28	大丰市	1.0134	64	响水县	0.5344	100
溧阳市	1.4440	29	常山县	1.0026	65	阜宁县	0.5267	101
睢宁县	1.4132	30	玉环县	0.9890	66	象山县	0.5262	102
临安市	1.3262	31	涟水县	0.9810	67	泗阳县	0.5030	103
丹阳市	1.3142	32	仙居县	0.9702	68	嵊泗县	0.5000	104
金坛市	1.3047	33	沛县	0.9675	69	开化县	0.4718	105
宜兴市	1.3039	34	灌云县	0.9535	70	龙泉市	0.3039	106
泰兴市	1.2642	35	灌南县	0.9368	71	庆元县	0.1674	107
赣榆县	1.2594	36	东阳市	0.9266	72			

类,得到图 12-6。交通优势度一类地区为排名前 20 的城市,按综合交通优势从高到低依次为昆山市、海宁市、平湖市、嘉善县、常熟市、江阴市、太仓市、海门市、海盐县、启东市、德

清县、桐乡市、上虞市、乐清市、海安县、永嘉县、诸暨市、长兴县、如皋市、崇明县。其中,江苏 8 个、浙江 11 个、上海 1 个,以苏南、苏中、浙北地区为主,这类城市均集中在长三角的中心地区以及沿江中部和沿海地区,这些城市距离长三角经济中心上海较近,受上海经济辐射影响较大,交通建设比较完善。交通优势度二类地区有 35 个,为排名 21~55 的地区,江苏 15 个,浙江 20 个。交通优势度三类地区 42 个,为排名 56~97 的地区,这两类地区,基本是以合围的形式把一类地区包围了起来,形成了交通优势度的圈层结构。交通优势度四类地区 10 个,为遂昌县、射阳县、响水县、阜宁县、象山县、泗阳县、嵊泗县、开化县、龙泉市和庆元县,这些县位于苏北、浙西南地区,一部分处于内陆,一部分位于沿海和海岛,经济相对落后,交通基础设施建设不足,可达性较差。

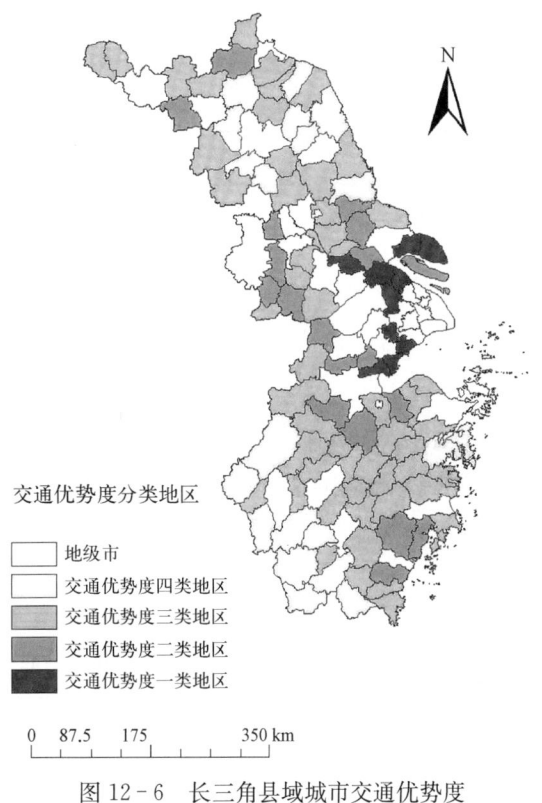

图 12-6　长三角县域城市交通优势度四类地区分布图

江苏苏南的 10 个区域,全部在一类和二类地区中,个数比为 4∶6,除了高淳县,其他 9 个城市均高于交通优势度平均值。浙江浙东北的 25 个城市中,分布在四类地区中的个数比为 9∶10∶4∶2,说明苏南相对于浙东北地区来说,交通优势总体较好。

从总体上来说,长三角地区交通优势度的分布呈现出以区域中心上海为核心逐步向东南—西北方向弱化的趋势,同时这也在一定程度上反映出长三角地区经济发展水平空间分布的特点。

12.4　长三角地区县域综合实力

本章以 2012 的非农人口、GDP、人均 GDP、第二三产业人口占就业人口比重、第二三产业占 GDP 比重、财政收入、实际利用外资、固定资产投资、商品零售总额、在岗职工平均工资、卫生床位数等 11 个指标[25](表 12-12),利用 SPSS 软件,采用主成分分析的方法,对长三角地区县域城市综合实力进行分析。

首先进行 KMO 值检验。2012 年数据的 KMO 检验值为 0.855,表明各数据之间有较好的相关性,适用于主成分分析。对数据标准化处理,得到主因子实力载荷矩阵(表 12-13)。前三个主成分因子的特征值分别为 7.047、1.888、0.681,方差贡献率分别为 64.060%、17.165%、6.192%，累积贡献率为 87.417%>85%，这三因子可以解释原来的 11 个因子。

表 12-12 长三角县域城市综合实力分析指标[25]

类别	指标	编号	单位
城市人口	非农人口	X_1	万人
	第二、三产业人口占就业人口比重	X_2	%
城市经济	GDP	X_3	亿元
	人均 GDP	X_4	元
	第二、三产业占 GDP 比重	X_5	%
	财政收入	X_6	亿元
	实际利用外资	X_7	亿美元
城市服务	商品零售总额	X_8	亿元
	固定资产投资	X_9	亿元
城市生活	在岗职工平均工资	X_{10}	元
	卫生床位数	X_{11}	张

表 12-13 长三角县域城市综合实力载荷矩阵

成分	初始特征值			提取平方和载入		
	合计	方差的%	累积%	合计	方差的%	累积%
1	7.047	64.061	64.061	7.047	64.061	64.061
2	1.888	17.164	81.225	1.888	17.164	81.225
3	0.681	6.192	87.417	0.618	6.192	87.417
4	0.490	4.458	91.874			
5	0.273	2.483	94.357			
6	0.232	2.106	96.463			
7	0.149	1.354	97.817			
8	0.097	0.882	98.699			
9	0.069	0.629	99.329			
10	0.043	0.395	99.723			
11	0.030	0.277	100.000			

根据原变量的旋转因子载荷，主成分的数值越大，那么表示其包含的数据量越多。从表 12-14 中可以看出，主因子 1 在非农人口、GDP、财政收入、固定资产投资、实际利用外资、商品零售总额、卫生床位数上占较高比例，主要反映综合经济发展水平，是衡量综合实力的首要因子；主因子 2 在第二、三产业占 GDP 比重，第二、三产业占就业人口比重，人均 GDP 上占较高比例，主要反映社会发展水平。主因子 3 在在岗职工平均工资上占有较高比重，主要反映生活水平。因此，分别将这 3 个公因子命名为经济发展水平、社会发展水平和生活水平。

将旋转成分矩阵的数据除以主成分相对应的特征值开平方根可得到两个主成分

中每个指标所对应的系数,即特征向量(表12-15)。按其方差贡献占总方差的比例作为主成分的权重,则3个主成分因子的权重分别为0.71、0.17和0.12,依据3个主成分因子的权重和各主成分的得分值,得到主成分的综合值——各城市综合实力值(表12-16)。

表12-14　长三角县域城市综合实力旋转成分矩阵

	成分		
	1	2	3
非农业人口	0.844	−0.376	−0.252
第二、三产业占就业人口比重	0.564	0.737	0.012
GDP	0.974	0.048	0.019
人均GDP	0.773	0.393	0.170
第二、三产业占GDP比重	0.441	0.746	0.289
财政收入	0.890	0.262	0.116
实际利用外资	0.870	−0.049	0.061
商品零售总额	0.907	0.203	0.080
固定资产投资	0.961	0.056	−0.046
在岗职工平均工资	0.099	0.179	0.967
卫生床位数	0.858	−0.196	−0.204

表12-15　长三角县域城市综合实力特征向量表

	成分		
	经济发展水平	社会发展水平	生活水平
非农业人口	0.177	−0.327	−0.076
第二、三产业占就业人口比重	0.002	0.567	−0.325
GDP	0.157	−0.130	0.121
人均GDP	0.081	0.130	−0.011
第二、三产业占GDP比重	−0.007	0.5286	0.012
财政收入	0.119	0.082	0.037
实际利用外资	0.147	−0.242	0.069
商品零售总额	0.129	0.071	0.045
固定资产投资	0.150	−0.036	−0.041
在岗职工平均工资	0.024	−0.289	0.974
卫生床位数	0.162	−0.134	−0.069

表12-16　长三角县域城市综合实力得分结果

县	得分	排名	县	得分	排名	县	得分	排名
昆山市	3.2795	1	常熟市	2.3976	4	慈溪市	1.1306	7
江阴市	2.9774	2	宜兴市	1.3111	5	绍兴县	1.0178	8
张家港市	2.4876	3	太仓市	1.2935	6	义乌市	1.0175	9

高速公路网与城镇体系的区域整合

续 表

县	得 分	排 名	县	得 分	排 名	县	得 分	排 名
余姚市	0.827 0	10	沭阳县	−0.010 0	43	射阳县	−0.437 1	76
诸暨市	0.706 5	11	临海市	−0.012 3	44	龙游县	−0.444 3	77
丹阳市	0.652 7	12	宁海县	−0.013 5	45	阜宁县	−0.444 8	78
海宁市	0.630 8	13	姜堰市	−0.028 5	46	滨海县	−0.451 6	79
温岭市	0.579 5	14	临安市	−0.050 4	47	洞头县	−0.477 5	80
如皋市	0.511 8	15	奉化市	−0.068 4	48	睢宁县	−0.484 4	81
溧阳市	0.489 1	16	海盐县	−0.071 0	49	泗阳县	−0.505 8	82
瑞安市	0.485 2	17	沛 县	−0.108 4	50	涟水县	−0.506 4	83
桐乡市	0.484 9	18	嵊州市	−0.110 2	51	兰溪市	−0.512 4	84
海门市	0.484 4	19	句容市	−0.124 7	52	洪泽县	−0.534 4	85
平湖市	0.462 5	20	大丰市	−0.132 0	53	天台县	−0.534 9	86
上虞市	0.415 8	21	苍南县	−0.132 7	54	泗洪县	−0.541 6	87
靖江市	0.413 0	22	兴化市	−0.135 3	55	常山县	−0.579 2	88
启东市	0.398 4	23	桐庐县	−0.148 1	56	金湖县	−0.603 1	89
乐清市	0.382 2	24	新昌县	−0.173 4	57	灌云县	−0.607 1	90
海安县	0.311 4	25	象山县	−0.199 9	58	灌南县	−0.608 6	91
如东县	0.231 9	26	赣榆县	−0.231 3	59	开化县	−0.613 5	92
富阳市	0.223 7	27	安吉县	−0.238 6	60	丰 县	−0.613 9	93
泰兴市	0.209 1	28	建湖县	−0.247 9	61	淳安县	−0.620 0	94
长兴县	0.171 4	29	高邮市	−0.262 0	62	仙居县	−0.657 3	95
东台市	0.160 5	30	永嘉县	−0.269 6	63	三门县	−0.657 8	96
嘉善县	0.140 1	31	平阳县	−0.304 6	64	响水县	−0.687 2	97
永康市	0.108 2	32	新沂市	−0.314 6	65	云和县	−0.693 5	98
溧水县	0.092 7	33	建德市	−0.322 5	66	文成县	−0.699 8	99
金坛市	0.082 4	34	浦江县	−0.333 3	67	松阳县	−0.712 9	100
东阳市	0.078 7	35	岱山县	−0.338 4	68	景宁县	−0.728 8	101
扬中市	0.076 0	36	武义县	−0.340 6	69	龙泉市	−0.744 5	102
崇明县	0.074 4	37	宝应县	−0.357 1	70	嵊泗县	−0.750 5	103
玉环县	0.038 8	38	缙云县	−0.365 7	71	遂昌县	−0.789 0	104
仪征市	0.036 0	39	东海县	−0.375 6	72	庆元县	−0.812 1	105
高淳县	0.021 3	40	江山市	−0.385 9	73	泰顺县	−0.885 4	106
德清县	0.018 5	41	青田县	−0.408 5	74	磐安县	−0.961 3	107
邳州市	0.016 8	42	盱眙县	−0.411 8	75			

我们看到，长三角地区107个县级(县级市)单位中，综合实力排名前十的是昆山市、江阴市、张家港市、常熟市、宜兴市、太仓市、慈溪市、绍兴县、义乌市和余姚市；综合实力经济值得分最高的是昆山市(3.279 5)，最低的是磐安县(−0.961 3分)，差距较大；城市综合实力经济值在1以上的共有9个城市，占长三角县级行政单

位的8.4%,其中江苏6个,占有绝大多数;城市综合实力经济值小于0的共有65个,占长三角县级行政单位的60.7%,其中江苏省26个,浙江省39个;总体上看,江苏省县域单元的总综合实力要强于浙江省的。

利用ArcGIS将上述综合实力数据分级,得到图12-7。我们可以看出,综合实力值较高的县域位于江苏的苏南地区,以及浙江的东北地区,基本是以上海为中心向外辐射,呈现出等级划分结构。综合实力值较低的县域则位于江苏的苏北地区,以及浙江的浙西、浙东南地区。同时沿海一带的县域城市综合实力经济值也要比内陆城市要高,距离地级市市区近的县域城市要比距离远的城市综合实力也要高,主要是受地级市的辐射作用比较大。

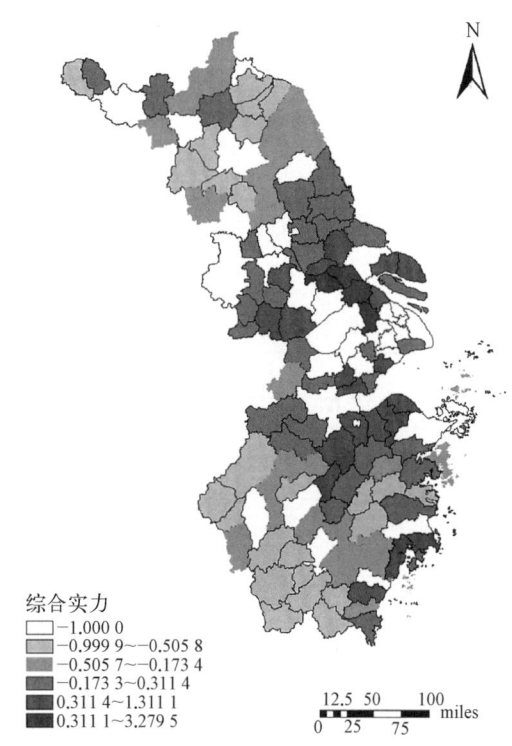

图12-7 长三角县域城市综合实力经济值分布图

注:地级市不在本部分研究范围中,因此,图中将长三角地区24个地级市以及上海市区赋值为-1进行处理,以用于区分县域单位。

12.5 长三角地区县域交通优势度与其综合实力的耦合

12.5.1 长三角地区县域综合实力与交通优势度相关性

经济水平的迅速提升可以为区域交通基础设施的建设提供良好的经济基础,来提升整个城市的交通水平;同时交通网络的不断建设和优化反过来也会为经济发展提供良好的运输条件,对经济发展起到锦上添花的作用,形成良性循环[24]。根据前文数据,分别计算路网密度、交通设施影响度、交通枢纽辐射水平、交通优势度和城市综合实力的斯皮尔曼秩相关序数表明,它们之间均呈现正相关关系,且相关系数均大于0.5,说明存在较强的秩相关。首先,交通优势度和城市综合实力的相关性最为明显,秩相关系数为0.765,这与长三角地区经济发达、交通基础设施完善、交通优势度高的实际情况向符合;其次,路网密度与城市综合实力的相关性也较为明显,为0.712,说明公路网络在城市经济发展过程中的重要性,公路网络是沟通城市之间的最基本途径;第三,交通枢纽辐射水平与城市综合实力也具有比较显著的相关性;第四,相关性较弱的是交通设施影响度,因为交通设施影响度受区域面积影响较大,它更要考虑的是公共服务的均等化,其重要性不及路网密度和交通枢纽辐射水平。

12.5.2 长三角地区县域综合实力与其交通优势度耦合判断

我们采用耦合指数来表征交通优势度与城市综合实力的耦合关系,即利用标准化后的城市综合实力指数和交通优势度指数,利用前文的综合指数模型式 12-9 计算得到每个城市的耦合指数(表 12-17)。

表 12-17 长三角城市综合实力指数与交通优势度耦合指数

县域	优势度指数	综合实力指数	耦合指数	县域	优势度指数	综合实力指数	耦合指数	县域	优势度指数	综合实力指数	耦合指数
溧水	1.21	1.02	0.84	阜宁	0.42	0.50	1.18	乐清	1.32	0.47	0.36
高淳	0.90	0.96	1.06	射阳	0.48	0.51	1.07	永嘉	1.31	0.67	0.51
江阴	1.70	3.83	2.25	建湖	0.50	0.69	1.40	平阳	0.95	0.64	0.67
宜兴	1.05	2.21	2.10	东台	0.53	1.09	2.05	苍南	0.92	0.81	0.87
丰县	0.86	0.34	0.39	大丰	0.82	0.81	0.99	文成	0.62	0.25	0.41
沛县	0.78	0.83	1.06	宝应	0.62	0.59	0.95	泰顺	0.51	0.07	0.14
睢宁	1.14	0.46	0.40	仪征	1.22	0.97	0.80	海宁	2.01	1.38	0.69
新沂	0.97	0.63	0.65	高邮	0.72	0.68	0.94	平湖	1.95	1.55	0.79
邳州	0.86	0.95	1.10	丹阳	1.06	1.57	1.48	嘉善	1.81	1.41	0.78
溧阳	1.16	1.41	1.21	扬中	0.68	1.01	1.47	海盐	1.69	1.07	0.63
金坛	1.05	1.01	0.96	句容	1.24	0.81	0.66	桐乡	1.45	0.87	0.60
常熟	1.73	3.27	1.88	兴化	0.73	0.80	1.10	德清	1.47	0.95	0.65
张家港	1.17	3.35	2.86	靖江	0.83	1.34	1.61	长兴	1.30	1.10	0.85
昆山	2.17	4.12	1.90	泰兴	1.02	1.14	1.12	安吉	0.97	0.70	0.72
太仓	1.69	2.19	1.29	姜堰	0.96	0.91	0.95	诸暨	1.31	1.62	1.24
海安	1.31	1.24	0.94	沭阳	0.59	0.92	1.58	上虞	1.32	1.34	1.01
如东	0.92	1.16	1.26	泗阳	0.41	0.44	1.09	嵊州	0.98	0.83	0.85
启东	1.63	1.32	0.80	泗洪	0.82	0.41	0.50	绍兴	0.97	1.92	1.99
如皋	1.26	1.43	1.14	建德	0.72	0.62	0.86	新昌	0.96	0.77	0.80
海门	1.69	1.41	0.83	桐庐	0.92	0.79	8.86	兰溪	0.91	0.44	0.48
赣榆	1.02	0.71	0.69	富阳	1.24	1.15	0.93	东阳	0.75	1.01	1.35
东海	1.17	0.57	0.48	临安	1.07	0.89	0.83	义乌	0.82	1.92	2.34
灌云	0.77	0.34	0.44	淳安	0.48	0.33	0.69	永康	0.88	1.04	1.18
灌南	0.76	0.34	0.45	余姚	0.95	1.74	1.82	武义	0.67	0.60	0.90
涟水	0.79	0.44	0.55	慈溪	0.88	2.03	2.30	浦江	0.62	0.61	0.98
洪泽	0.53	0.42	0.78	奉化	0.88	0.87	0.99	磐安	0.62	0.00	0.00
盱眙	0.67	0.53	0.79	象山	0.42	0.74	1.75	江山	0.54	0.56	1.04
金湖	0.48	0.35	0.72	宁海	0.51	0.92	1.80	常山	0.81	0.37	0.46
响水	0.43	0.27	0.61	瑞安	1.19	1.41	1.18	开化	0.38	0.34	0.89
滨海	0.86	0.50	0.57	洞头	1.21	1.31	1.08	龙游	0.89	0.50	0.57

续 表

县 域	优势度指数	综合实力指数	耦合指数	县 域	优势度指数	综合实力指数	耦合指数	县 域	优势度指数	综合实力指数	耦合指数
岱 山	0.54	0.61	1.12	温 岭	1.01	0.41	0.41	缙 云	0.85	0.58	0.68
嵊 泗	0.40	0.20	0.51	临 海	0.95	0.30	0.31	遂 昌	0.48	0.17	0.35
玉 环	0.80	1.50	1.88	龙 泉	0.24	0.21	0.86	松 阳	0.59	0.24	0.41
三 门	0.83	0.92	1.12	青 田	0.73	0.54	0.73	景 宁	0.49	0.23	0.46
天 台	0.68	0.97	1.43	云 和	0.67	0.26	0.39	崇 明	1.25	1.01	0.81
仙 居	0.78	0.30	0.38	庆 元	0.13	0.15	1.08				

耦合指数反映了城市交通建设支撑其经济发展能力的程度,耦合指数越大反映出城市经济越发达的地区,同时对交通网络建设的完善程度的要求也越高。同样,耦合指数越小,反映出城市的经济发展水平相对较低,那么它对于交通支撑条件的要求也会相对较小。基于这一条件,并根据"耦合指数≥1.15,0.65<耦合指数<1.15,耦合指数≤0.65",将长三角107个县域城市划分为以下三种类型。

(1) 交通优势与经济发展耦合低类型

该类型包括张家港、义乌、慈溪、江阴、宜兴、东台、绍兴、昆山、常熟、玉环、余姚、宁海、象山、靖江、沭阳、丹阳、扬中、天台、建湖、东阳、太仓、如东、诸暨、溧阳、瑞安、阜宁、永康27个县(市)。其中江苏15个,浙江12个城市。呈现出经济越发达、发展水平越高的地区,其交通网络完善程度,支撑经济发展的能力不足的状态。进一步可分为三种不同的情况:第一种是虽然交通优势度指数高,但交通网络的完善程度不及城市发展的速度,如张家港、江阴、宜兴、昆山、常熟、丹阳、太仓、诸暨、溧阳、瑞安;第二种是交通优势度中路网密度

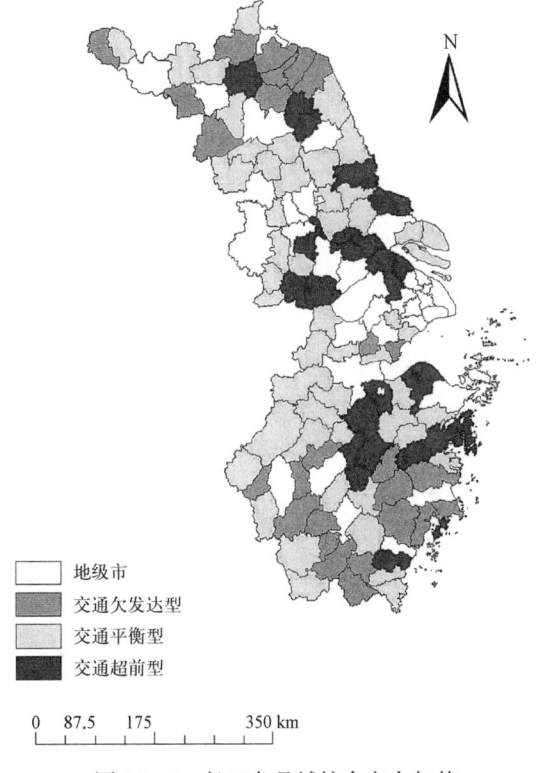

图 12-8 长三角县域综合实力与其交通优势度耦合格局

低或交通设施影响度或交通枢纽辐射水平低,制约了交通网络建设,如义乌、慈溪、东台、绍兴、玉环、余姚、靖江、扬中、东阳、如东、永康;第三种是交通优势度指数低、网络密度低,经济发展水平也低的县(市),如宁海、象山、沭阳、天台、建湖、阜宁。

(2) 交通优势与经济发展基本耦合类型

这类县(市)共有52个,其中江苏25个,浙江26个,上海1个。根据耦合指数,也有三种具体类型;第一种是"双高型",即交通优势度指数和城市综合实力指数均较高,包括

如皋、泰兴、洞头、上虞、金坛、海安、富阳、长兴、溧水、海门、启东、崇明、平湖、嘉善、海宁等,这类城市交通建设程度高,交通基础设施完善(交通优势度指数大于1),城市综合实力也较高,经济发展状况良好(城市综合实力指数大于1),交通网络的发达程度能够为城市经济发展提供良好的运输条件。第二种是交通优势度较好,但城市经济发展水平相对较低的城市,如苍南、桐庐、嵊州、临安、新昌、仪征、安吉、赣榆、缙云、平阳、句容、新沂等。第三种情况是"低低型",即交通优势度和城市综合实力指数都较低的城市,呈现较低水平的耦合类型,如三门、岱山、邳州、兴化、泗阳、庆元、射阳、沛县、高淳、江山、大丰、奉化、浦江、宝应、姜堰、高邮、武义、开化、建德、龙泉、盱眙、洪泽、青田、金湖、淳安等。此外,响水、嵊泗、景宁、松阳、文成、遂昌、泰顺、磐安等综合实力指数和交通优势度指数都很低,也属此类。

(3) 交通优势超前于经济发展类型

该类型共有28个县(市),其中江苏9个,浙江19个城市。我们将其分为两类:第一区域交通优势度指数较高,但经济发展水平较低,如德清、桐乡、永嘉、东海、温岭、睢宁、乐清、临海等;第二交通优势和城市综合实力均有一定的基础,但都处于较低水平。

12.6 小结

区域交通优势是区域交通基础设施网络所反映的支持其经济社会活动的水平与状态,一般情况下,交通优势越显著,其经济发展的条件也越具有优势,发展潜力也越大。本章研究表明:第一,长三角地区县域行政单元的交通优势度呈现出以上海为中心逐步向南北方向递减的格局,在一定程度上表征了县域生产力空间格局的特点;第二,综合实力较高的县域位于苏南、浙北地区,综合实力值较低的县域位于苏北地区以及浙西、浙东南地区;第三,长三角地区县(市)交通优势与其综合实力耦合关系大致有交通优势与经济发展耦合低类型、交通优势与经济发展基本耦合类型、交通优势超前于经济发展类型三种情况,其数量分别是27个、52个、28个。因此,相应的政策和建议十分明朗。

参 考 文 献

[1] 吴威,曹有挥,曹卫东,等. 开放条件下长江三角洲区域的综合交通可达性空间格局[J]. 地理研究,2007(3):391-402.
[2] 江苏省统计局. 江苏统计年鉴2013[M]. 北京:中国统计出版社,2013.
[3] 浙江省统计局. 浙江省统计年鉴2013[M]. 北京:中国统计出版社,2013.
[4] 上海市统计局. 上海统计年鉴2013[M]. 北京:中国统计出版社,2013.
[5] 国家发展和改革委员会. 长江三角洲地区区域规划(2010-2015)[R]. 2010.
[6] 金凤君,王成金,李秀伟. 中国区域交通优势的甄别方法及应用分析[J]. 地理学报,2008(8):787-798.
[7] Dupuy G,Stransky V. Cities and highway network in Europe [J]. Journal of transport Geography,1996(2):107-121.
[8] Kiyoshi Kobayash, Makoto Okumura. The growth of city systems with high-speedrailway systems

[J]. Annals of Regional Scienec,1997,(31):39-56.
- [9] O'Kelly M E. A geographer's analysis of hub-and-spoke networks [J]. Journal of Transport Geography,1998,(3):171-186.
- [10] Miles Cheang. Transportation investmentation rapidly urbanizing in China:Best practies for supporting balaned regionale conomic returns [J] Intemational Syln Posiumon Trans Portation and Develo Pment Innovative Best Practices,2008,(319):27-32.
- [11] 李善同,冯杰.我国交通基础设施建设与区域协调发展[J].铁道运输与经济,2003,(10):10-13.
- [12] 刘南,周庆明.交通基础设施建设投资对国民经济拉动作用的定量分析[J].公路交通科技,2006,(5):150-154.
- [13] 韩彪,陈波.论交通运输业与国民经济之间的交替推拉关系[J].河南交通科技,1993,(5):22-25.
- [14] 马继列.交通基础与经济发展的相互关系[J].综合运输,1998,(2):35-37.
- [15] 张文尝,殷小燕.空间运输联系理论研究[M].北京:中国铁道出版社,1992.
- [16] 陈彦光.交通网络与城市化水平的线性相关模型[J].人文地理,2004,(1):62-65.
- [17] 王荣成,赵玲.东北地区哈大交通经济带的城市化响应研究[J].地理科学,2004,(5):535-541.
- [18] 王成新,王格芳,刘瑞超.区域交通优势度评价模型的建立与实证——以山东省为例[J].人文地理,2010,(1):73-76.
- [19] 胡大胜,杨萍,崔海波.中国交通线路密度与城市化的时空关系研究[J].统计与决策,2010,(9):74-76.
- [20] 梁留科,牛智慧.中原城市群公路网络建设与城市化水平相关性研究[J].地域研究与开发,2007,(2):48-51.
- [21] 吴威,曹有挥,曹卫东.长三角地区交通优势度的空间格局[J].地理研究,2011,(11):2199-2208.
- [22] 孙威,张有坤.山西省交通优势度评价[J].地理科学进展,2010,(12):1562-1569.
- [23] 黄晓燕,曹小曙,等.海南省区域交通优势度与经济发展关系[J].地理研究,2011,(6):985-999.
- [24] 吴旗韬,张虹鸥,叶玉瑶.广东省交通优势度及空间差异[J].热带地理,2012,(6):633-638.
- [25] 钟业喜.城市空间格局的可达性研究——以江西省为案例[M].南京:东南大学出版社,2012:88.
- [26] 长三角联合研究中心.长三角年鉴2013[M].江苏:河海大学出版社,2013.
- [27] 吴威,曹有挥,曹卫东.长江三角洲公路网络的可达性空间格局及其演化[J].地理学报,2006,(10):1065-1074.
- [28] 韩增林,杨荫凯,张文尝.交通经济带的基础理论及其生命周期模式研究[J].地理科学,2000,(4):295-300.
- [29] 吴威,曹有挥,梁双波.20世纪80年代以来长三角地区综合交通可达性的时空演化[J].地理科学进展,2010,(5):619-626.

第13章 长三角地区城市网络的空间结构及其变化

13.1 背景和相关研究动态

13.1.1 背景

在全球化与地方化交织的背景下,城市网络体系是当今世界范围内城市化发展的新趋势[1]。Taylor领导的GaWC团队把世界城市网络体系定义为各单元互相连锁的网络[2]。现实中,城市之间的联系是通过人流、商品流、资金和信息流实现的[3]。全球化和信息化的深入推进不断影响着企业和城市的空间组织,越来越多的企业从地方走向全球,进而将更多的城市纳入到世界城市网络之中[4]。

2011年,中国的城镇人口比重首次超过了50%,这意味着中国进入了以城市社会为主导的发展阶段*。2012年,中国的城镇人口比重达到52.57%。城市正在成为社会经济增长的重要载体。随着我国城市化加快推进,城市规模在不断扩大,空间连接形式日益丰富,连接时间距离越来越短,城际联系成本越来越低,城市间和区域间的分工与合作不断渗透,城市群成为增进区域经济合作、区域协调发展的新形式,不断地加快区域一体化进程。在这个进程中,城市网络体系逐渐形成。

Camagni等以等级网络、互补网络和协作网络等形式研究城市之间的组织形式[5,6],较早从网络的视角来探索城镇体系。Castells认为,城市是一个网络化过程,城市研究不是个案研究,而应在网络背景下进行分析。一个城市可能具有多种地方化的优势,也可能在全球不同的网络中占有一定的地位,例如上海可同时定位为全球金融中心和航运中心[7]。各城市作为区域网络中的节点,通过人员、货币、商品和信息等方面的流动,形成了复杂的网络关系。

长三角地区是我国目前经济发展速度最快、经济总量规模最大、最具有发展潜力的经济区域。随着交通网络的不断完善,长三角地区各城市之间的联系不断加强,区域一体化

---

* 联合国经济和社会理事会人口司.世界城市化展望(2009年修订版).2010年3月25日.

增进。《长江三角洲地区区域规划》明确指出,"长三角地区成为具有较强国际竞争力的世界级城市群",其重要措施之一就是要"构建完备的城镇体系",要求形成"以特大城市与大城市为主体,中小城市和小城镇共同发展的网络化城镇体系"*。

考察和分析空间系统,要强调系统中各组成部分(子系统)之间的相互关联,也要关注它们之间联结变化的过程[8]。本章以长三角各城市作为网络节点,以各城市之间的距离作为网络的连接线,通过分析城市之间所产生的人员、货币、商品和信息流等,结合各城市的综合质量来刻画本地区城市网络空间结构,补充了已有研究多采用比较单一的指标构建城市网络的局限。

13.1.2 相关研究动态

区域空间结构是指各种经济活动在区域内的空间分布状态及其空间组合形式。一方面,各种经济活动的产生需要把分散在地理空间上的相关要素组织起来,形成特定的经济活动过程;另一方面,各种经济活动之间需要相互联系、相互配合,于是就需要考虑如何克服地理空间对经济活动的约束,降低成本,产生特有的经济效益,包括节约经济、集聚经济和规模经济[9]。一般地,点、线、网络和域面是区域空间结构组成的四个基本要素。

在不同的区域和发展阶段,区域空间结构既表现出一定的共性,也存在差异,呈现出各种模式,如极核式、点轴式、网络式等。城市网络体系是由克里斯泰勒的中心地体系发展而来的。图 13-1 为中心地体系模型与网络体系模型,中心地体系同一规模等级的城市之间交流甚少,强调的是上下级节点之间的互动。在网络城市体系中,城市之间的交互变得复杂。网络体系更强调节点性,不同等级节点之间互相分工与合作。

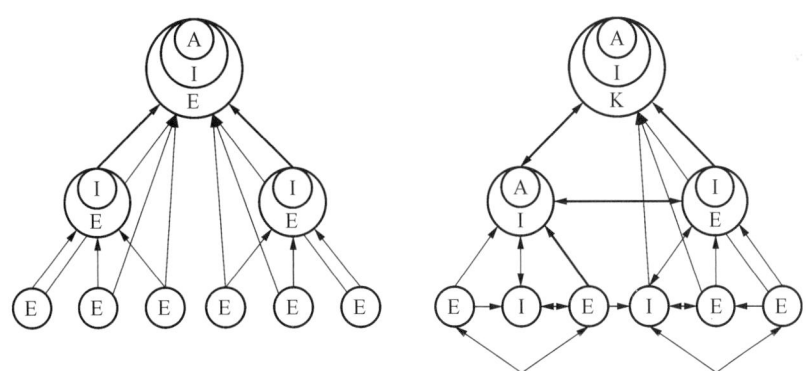

图 13-1 中心地体系模型与网络体系模型

Friedmann 首次提出了世界城市的网络特征,并通过企业总部及大银行的城市分布解析世界城市体系[10]。Castells 指出,社会是由各种流构成的,城市积累和获得财富与权力不是通过城市中所拥有的东西,而是通过城市的各种流来获得[11]。Dematteis 将城市

---

* 国家发改委. 长江三角洲地区区域规划. 2010 年 5 月.

高速公路网与城镇体系的区域整合

网络联系定义为城市体系内大尺度和长距离的联系,城市则作为该网络系统中的主要节点控制区域内联系网络[12]。Abramson 基于互联网基础设施分析了城市网络[13]。Sassen 认为,生产性服务业对构筑城市间联系具有重大作用,并主张以纽约、伦敦、东京为核心的全球城市体系[14]。Taylor 采用连锁网络模型,以 100 家高级生产性服务跨国公司为基础数据,分析得出全球城市网络的组织方式[2]。Taylor 等人还强调城市网络不是一个一般的网络,它具有三个层次以上的含义:作为构成世界经济的网络层次,作为网络多重中心的城市节点层次和作为创造网络的服务公司次节点层次,并且认为后者是最重要的层次,因为它是产生和再现网络的主要过程[15]。Matsumoto 选取 GDP、人口、距离等变量构建重力模型分析航空流作用强度,揭示出了国际航空港城市群的网络结构[16]。Derudder 等研究航空运输网络用来表征城市网络特征[17]。

空间相互作用的具体表现是区域经济联系。张文尝等(1994)研究了空间运输联系的布局规律以及交流规律,并提出了递接性交流、互补性交流和竞争性交流三种货运交流模式,对空间运输联系的生成机制、研究模型和定量研究方法进行了总结[18];朱英明详细研究了城市群空间经济联系,他指出,城市群的本质特征是区域内城市之间存在着复杂联系网,城市群区域联系可以分为大都市区与非大都市区间联系以及大都市区之间的联系[19];戴学珍在着重剖析了空间相互作用的影响因素,如距离、规模、互补性及介入机会等在京津地区空间相互作用中的影响[20];顾朝林等运用重力模型定量计算了中国城市间的空间联系强度,分析了中国城市体系的空间联系格局及结节区结构状态,将 2003 年中国城市体系的空间层次划分为 2 个大区、7 个亚区和 64 个地方的总格局[21]。

在国内,陈才较早的研究认为,区域空间结构的网络形态大致可分为放射状网络、过境网络、扇形网络、轴带网络、环状与一字形网络等[22]。新近,金钟范以中韩城市联系为例,分析了中国城市跨国网络结构特点,认为跨国城市网络在不断扩大的同时,网络基本要素分布呈现区位倾向性,集聚于环渤海和长三角[23];武文杰等采用复杂网络的分析方法,研究了中国城际航空网络的空间结构特征和格局变迁,认为基于城际航班、航线等航空流数据的城际航空网络结构演化在一定程度上反映了城市之间的空间关联特征[24];尹俊等借鉴世界城市网络研究方法,以企业间的联系数据为基础,解读城市网络结构特征。他通过分析全国主要金融业企业布局对中国城市网络进行定量分析。其研究认为,中国城市的网络连接度与城市的重要性有关,城市在网络中的连接率随城市重要性的下降而递减。中国城市网络具有区域性,基本形成了环渤海、长三角、珠三角三大城市区域,北京、上海、深圳是网络中最重要的节点,共同构成了基于金融业的中国城市网络的基本框架[25];姚永玲等分别将北京和首尔在全球城市网络中的联系度及其不同部门的差异进行比较;并对城市网络联系能级的动力因素进行探讨[26];董琦等以中国主要物流企业总部及分公司的分布数据为基础,生成国内物流企业网络,并从物流企业网络中各城市网络连接度、网络总体形态结构和三大城市群网络格局比较三方面分析了中国城市网络空间结构特征。他们探讨了中国网络节点城市连接度层次分布、城际网络联系强度等,以及环渤海、长三角、珠三角三大巨型城市群内外部网络格局差异等[27]。

李响以社会网络视角,对长三角城市群 16 个核心城市,从城市群网络的基本形式、网络结构属性以及内部微观特征三方面分析,认为长三角城市间已互动形成紧密的网络状关联,但网络内各城市节点间中心性不均衡,枢纽型城市较少,区域多中心、网络化协同发展格局显现[28];吕康娟等也在对该 16 个城市的首位特征与产业集聚特征分析基础上,建立了以城市为节点、企业关联业务为边、联系程度为权重的有向边权网络,探讨了该地区城市网络的结构特征[29];王聪等基于生产性服务业,从城市网络的层级分布特征、网络的空间关联和功能特征三方面分析了长三角地区的城市网络特征,认为该地区城市网络的层级特征显著,城市间联系不断加强[30];熊丽芳等借助百度指数,通过计算模拟城市信息流,分析了长三角地区城市网络的时空演变,认为长三角地区城市网络层级变动大,但上海依然是网络的绝对核心,城市网络内部稳定性日趋增强[31]。

13.2 数据与方法

13.2.1 研究区域

按照《长江三角洲地区区域规划》,长江三角洲地区为上海市、江苏省和浙江省,其中江苏省有南京、无锡、徐州、常州、苏州、南通、连云港、淮安、盐城、扬州、镇江、泰州和宿迁 13 个地级市,浙江省有杭州、宁波、温州、绍兴、湖州、嘉兴、金华、衢州、舟山、台州和丽水 11 个地级市,合计 25 个地级及以上城市。

13.2.2 数据来源与研究方法

研究数据来自《江苏统计年鉴》、《浙江统计年鉴》和《上海统计年鉴》的 2004、2008、2012 年 3 个年份的上述 25 个城市的人口和经济数据,采用以下模型方法进行分析研究。

(1) 城市对外服务能力模型

城市的基本活动是对外服务,区位商则是划分城市的基本活动和非基本活动的主要方法。其计算公式为

$$Lq_{ij} = (G_{ij}/G_i)/(G_j/G) \tag{13-1}$$

式中,Lq 表示区位商,若 i 城市 j 产业部门的 $Lq_{ij} < 1$,那么 i 城市 j 产业部门不存在外向功能。$Lq_{ij} > 1$ 时,那么认为 i 城市 j 产业部门存在对外服务功能,因为城市的总从业人员中分配给 j 部门的比例超过了其较高层次区域某同一产业部门的就业人数,即 j 部门在 i 城市中相对于其较高层次区域是专业化部门,可以为城市外界区域提供服务。G_{ij} 表示 i 城市 j 产业的就业人数。G_i 表示 i 城市的总就业人数。G_j 表示 j 产业的就业人数。G 表示较高层次区域的总就业人数[32]。

当 $Lq_{ij} > 1$ 时,计算 i 城市 j 产业的对外就业人数为 E_{ij}

$$E_{ij} = G_{ij} - G_i(G_j/G) = G_{ij}(1 - 1/Lq_{ij}) \tag{13-2}$$

那么 i 城市总对外就业人数为 E_i

$$E_i = \sum_j E_{ij} \tag{13-3}$$

为使总对外就业人数的对外价值经济效益化，考虑 i 城市的人均地区生产总值 (GDP) N_i

$$N_i = GDP_i/G_i \qquad (13-4)$$

那么 i 城市总的对外经济价值为 F_i

$$F_i = E_i \times N_i \qquad (13-5)$$

通过公式 13-1，筛选区位商大于 1 的城市，通过公式 13-2~13-5 的计算分析，便能获得产生对外服务能力的城市及服务能力的大小。

(2) 重力模型和隶属度

重力模型的功能主要是区分城市间吸引力的大小，本书采用一般重力模型模拟长三角地区城市间的经济联系，i 城市和 j 城市的预期联系强度 T_{ij} 为

$$T_{ij} = K \frac{F_i \times F_j}{d_{ij}^b} \qquad (13-6)$$

式中，d_{ij} 表示 i 城市和 j 城市之间的距离，这里以高速公路测算城际公路距离；K 是重力系数，没有绝对量大小的概念，按惯例 K 取值 1；b 为距离摩擦系，b 值一般在 0.5~3 的幅度内变化[1]，根据经验研究，这里 b 值取 0.5。

在重力模型计算的基础上，进一步测度每个地区与其他所有地区的经济联系量之和，即为该地区的对外经济联系总量

$$T_i = \sum_{j=1}^{n} T_{ij} \qquad (13-7)$$

城市 i 和城市 j 之间的经济联系强度占城市 i 经济联系强度总量的比例为 M_{ij}，即城市联系隶属度，反映城市之间联系的紧密程度用矩阵形式表示

$$M_{ij} = T_{ij}/T_i \qquad (13-8)$$

(3) 最大引力连接线

最大引力连接线是某城市与其他每个城市 i 对应的吸引力最大的城市[21]，选取每个城市与它吸引力最大的城市进行连线得到最大引力连接线。最大引力 T_i^{max} 的计算方式为

$$T_i^{max} = \max(T_{i1}, T_{i2}, \cdots, T_{ij}, \cdots, T_{i(n-1)}, T_{in}) \qquad (13-9)$$

最大引力连接线分布图能够清晰地显示城市之间的空间联系状态。最大引力连接线越多的城市在区域中吸引力越强，它的空间支配地位也就越高。

(4) 城市总吸引力模型

根据各个城市总吸引力（G_i，潜能总吸引力）[21]的大小和最大引力连接线的数量（N^{max}）分析和判断节点等级。G_i 的计算方式如下

$$G_i = \sum_{j=1}^{n} T_{ij} (i \neq j) \qquad (13-10)$$

城市总吸引力 G_i 越大,则该城市在区域中与其他城市交流合作能力越强。

(5) 度数中心度模型

度是网络分析的主要分析工具,是指节点 i 的连接边数目,即与 i 节点直接连接的节点个数。在城市网络中,度数大的城市,表明其连接的城市数量较多[24]。这里采用度数中心度(相对中心度)测量城市网络中各节点的中心度,其显示的是节点与其他节点的交往能力[34]。

$$C_{RD}(i) = \frac{C_{AD}(i)}{n-1} \tag{13-11}$$

式中,$C_{RD}(i)$ 为相对度数中心度;$C_{AD}(i)$ 是结点 i 的绝对度数中心度,即节点的度。

13.3 长三角地区城市经济联系分析

13.3.1 长三角地区城镇体系等级规模

根据国务院 2014 年印发的《关于调整城市规模划分标准的通知》,目前长三角地区两省一市城市规模体系如表 13-1、图 13-2 所示。

表 13-1 长三角城市规模

位 序	规模(万人)	等级名称	城市数(个)	城 市
1	>1 000	超大城市	1	上海
2	500～1 000	特大城市	1	南京
3	300～500	Ⅰ型大城市	3	杭州、苏州、无锡
	100～300	Ⅱ型大城市	10	宁波、温州、湖州、台州、徐州、常州、南通、淮安、扬州、连云港
4	50～100	中等城市	9	嘉兴、绍兴、金华、衢州、舟山、盐城、镇江、泰州、宿迁
5	20～50	Ⅰ型小城市	1	丽水
	<20	Ⅱ型小城市	0	

资料来源:2013 年浙江统计年鉴;江苏省统计年鉴;上海市统计年鉴。

表 13-2 以某产业就业人数占城市总就业人数的比重为产业结构。上海、南京、舟山的第三产业比重较大,且上海、南京等 19 个城市该比重在逐年增加,而无锡、常州、苏州、宁波、嘉兴、湖州、绍兴的第二产业比重较大。

表 13-2 长三角城市产业结构及其变化

城 市	第二产业结构(%)			第三产业结构(%)		
	2004 年	2008 年	2012 年	2004 年	2008 年	2012 年
上 海	0.38	0.40	0.39	0.54	0.55	0.56
南 京	0.35	0.40	0.33	0.49	0.48	0.56
无 锡	0.55	0.57	0.58	0.32	0.36	0.38
徐 州	0.28	0.35	0.29	0.24	0.32	0.33

高速公路网与城镇体系的区域整合

续 表

城 市	第二产业结构(%)			第三产业结构(%)		
	2004年	2008年	2012年	2004年	2008年	2012年
常 州	0.53	0.56	0.53	0.31	0.34	0.36
苏 州	0.58	0.59	0.62	0.28	0.35	0.35
南 通	0.40	0.44	0.46	0.24	0.36	0.30
连云港	0.23	0.30	0.31	0.28	0.36	0.36
淮 安	0.18	0.30	0.30	0.39	0.39	0.40
盐 城	0.28	0.30	0.32	0.36	0.33	0.37
扬 州	0.42	0.50	0.45	0.34	0.34	0.35
镇 江	0.44	0.51	0.48	0.31	0.30	0.39
泰 州	0.38	0.42	0.42	0.32	0.34	0.32
宿 迁	0.22	0.36	0.32	0.33	0.31	0.26
杭 州	0.43	0.46	0.45	0.36	0.40	0.44
宁 波	0.51	0.53	0.55	0.29	0.32	0.39
温 州	0.43	0.49	0.42	0.34	0.36	0.46
嘉 兴	0.49	0.60	0.60	0.30	0.27	0.30
湖 州	0.42	0.44	0.51	0.28	0.39	0.35
绍 兴	0.49	0.54	0.52	0.25	0.29	0.33
金 华	0.41	0.45	0.47	0.28	0.32	0.33
衢 州	0.27	0.29	0.30	0.24	0.28	0.30
舟 山	0.34	0.42	0.35	0.38	0.40	0.51
台 州	0.38	0.42	0.44	0.33	0.36	0.37
丽 水	0.21	0.24	0.25	0.28	0.35	0.35

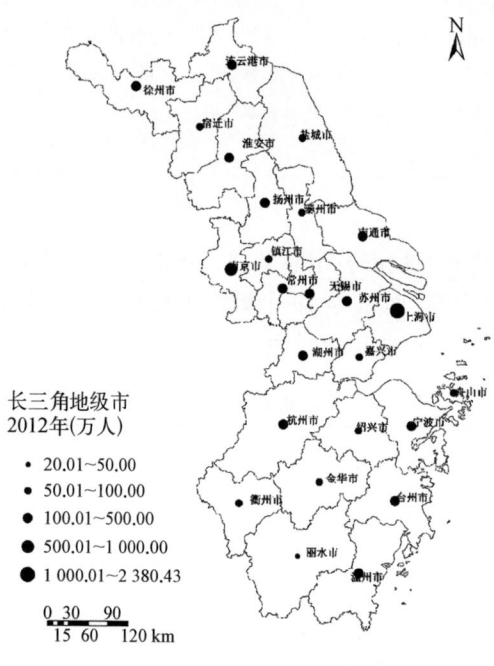

图 13-2 长三角城市等级规模

13.3.2 基于重力模型的城市经济联系强度

(1) 江苏省的城市经济联系

2012年,江苏省13个地级市中,第二产业就业人数最多的是苏州(427.10万人),是该产业就业人数最少的连云港(77.70万人)的5.5倍,苏州的第二产业区位商也最高;第三产业就业人数最多的是南京(251.60万人),是该产业就业人数最少的宿迁(72.50万人)的3.8倍,第三产业区位商最高的是南京。江苏省的徐州、连云港、盐城、泰州和宿迁的第二、三产业区位商都小于1,因此,按照本书的约定,这5个城市在后文的城市联系计算中不做考虑。

根据江苏省各城市的综合区位商(表13-3),南京最高,苏州居次,因此,它们都具有较强的对外服务功能。表13-4清晰地显示了城市之间的对外服务能力和联系强度的对比。在江苏省,城市之间联系强度最大的是苏州与无锡、南京与苏州、无锡与南京,而南通与淮安、淮安与扬州、淮安与镇江的联系较弱;在所有城市中,苏州的对外联系最强。

表13-3 江苏省产业区位商

排 名	城 市	区位商	排 名	城 市	区位商
1	南 京	1.41	5	镇 江	1.09
2	苏 州	1.40	6	南 通	1.04
3	无 锡	1.31	7	扬 州	1.04
4	常 州	1.20	8	淮 安	1.01

表13-4 江苏省城市之间联系强度

	宁	锡	常	苏	通	淮	扬	镇
宁	—	91 345.07	36 019.25	168 526.81	5 874.23	487.16	5 300.94	13 808.61
锡	91 345.07	—	49 035.80	307 992.51	7 682.23	354.66	3 900.98	10 116.16
常	36 019.25	49 035.80	—	76 806.89	2 385.27	118.32	1 564.46	4 282.47
苏	168 526.81	307 992.51	76 806.89	—	17 096.57	680.81	7 146.58	18 039.86
通	5 874.23	7 682.23	2 385.27	17 096.57	—	27.81	290.65	609.26
淮	487.16	354.66	118.32	680.81	27.81	—	20.76	43.78
扬	5 300.94	3 900.98	1 564.46	7 146.58	290.65	20.76	—	824.71
镇	13 808.61	10 116.16	4 282.47	18 039.86	609.26	43.78	824.71	—

由表13-4、表13-5可见,苏南城市与其他城市之间经济联系强度最大,排名前5位的城市均为苏南的城市,而其他城市与苏南联系量比重都超过95%;苏中城市与其他城市之间经济联系强度居中,但实际上南通、扬州也主要与苏南城市发生联系,说明苏中城市的辐射能力相对较弱,且本身受苏州影响最大;苏北城市与其他城市之间经济联系强度最弱,影响力较强的淮安的联系总量远低于苏南城市,苏北联系最多的是南京。

高速公路网与城镇体系的区域整合

表 13-5　江苏省城市联系强度排名　　　　　　　　　　（单位：%）

排名	城市	与苏南联系量比重	与苏中联系量比重	与苏北联系量比重
1	苏州	95.82	4.06	0.12
2	无锡	97.44	2.47	0.09
3	南京	96.36	3.48	0.16
4	常州	97.59	2.35	0.06
5	镇江	96.98	2.94	0.08
6	南通	99.03	0.88	0.09
7	扬州	98.31	1.58	0.11
8	淮安	97.06	2.94	0.00

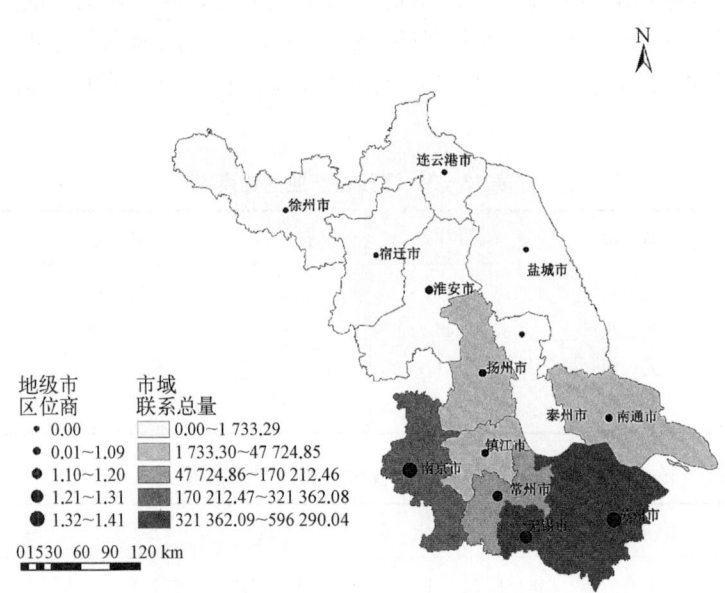

图 13-3　江苏省城市区位商及联系总量分级

(2) 浙江省内城市经济联系

2012 年,在浙江省 11 个地级市中,第二产业就业人数最多的是杭州(290.01 万人),宁波(275.27 万人)次之,最少的是舟山(25.27 万人),第二产业区位商最高的是嘉兴;第三产业就业人数最多的是杭州(284.03 万人),温州(265.36)次之,最少的是舟山(37.15 万人),第三产业区位商最高的是舟山,其次是温州、杭州。衢州、台州和丽水第二产业、第三产业的区位商都小于1,不列入后文计算。

从表 13-6 中可以看出,在浙江省,杭州区位商远高于其他城市,说明它的外服务的功能很强。嘉兴和宁波的第二产业区位商比较高,而舟山的第三产业区位商最高,其次为杭州、温州,这三个城市在第三产业上具有对外辐射能力和带动能力。而杭州、嘉兴、宁波、绍兴、湖州和金华在第二产业上都具有对外辐射能力和带动能力。

第13章 长三角地区城市网络的空间结构及其变化

表 13-6 浙江省城市区位商

排　名	城　市	区位商	排　名	城　市	区位商
1	杭　州	2.14	5	绍　兴	1.19
2	嘉　兴	1.38	6	温　州	1.16
3	舟　山	1.29	7	湖　州	1.16
4	宁　波	1.25	8	金　华	1.08

表 13-7 表明，2012 年，在浙江省，城市之间联系强度最大是宁波与嘉兴、杭州与宁波、杭州与嘉兴，而湖州与金华、湖州与舟山、舟山与金华之间的联系较弱；宁波是与其他城市联系量最大的城市，且宁波与嘉兴之间联系量最大。

表 13-7 浙江省城市之间联系强度

	杭	甬	温	嘉	湖	绍	金	舟
杭	—	25 941.89	5 801.67	22 464.93	5 890.43	17 228.12	2 985.10	2 929.13
甬	25 941.89	—	10 390.22	28 458.55	5 665.95	20 777.65	3 919.02	7 877.41
温	5 801.67	10 390.22	—	5 729.37	1 388.87	4 289.75	1 369.30	1 228.43
嘉	22 464.93	28 458.55	5 729.37	—	6 034.90	13 408.40	2 768.84	3 197.93
湖	5 890.43	5 665.95	1 388.87	6 034.90	—	3 098.67	662.24	672.72
绍	17 228.12	20 777.65	4 289.75	13 408.40	3 098.67	—	2 155.84	2 240.51
金	2 985.10	3 919.02	1 369.30	2 768.84	662.24	2 155.84	—	473.29
舟	2 929.13	7 877.41	1 228.43	3 197.93	672.72	2 240.51	473.29	—

从联系总量来看（表 13-8），2012 年，浙江省内的宁波联系总量最大，说明宁波对浙江其他城市产生了较大的影响；其次为杭州；第三是嘉兴。浙北的城市之间经济联系较强，浙东城市表现居中，浙西城市与其他城市之间联系较弱（图 13-4）。

表 13-8 浙江省城市联系强度测算排名　　　　　　　　（单位：%）

排　名	城　市	与浙北联系量比重	与浙东联系量比重	与浙西联系量比重
1	宁　波	78.47	17.73	3.80
2	杭　州	85.92	10.49	3.59
3	嘉　兴	85.75	10.88	3.37
4	绍　兴	86.26	10.33	3.41
5	温　州	91.40	4.07	4.53
6	湖　州	88.37	8.80	2.83
7	舟　山	90.86	6.60	2.54
8	金　华	87.14	12.86	0.00

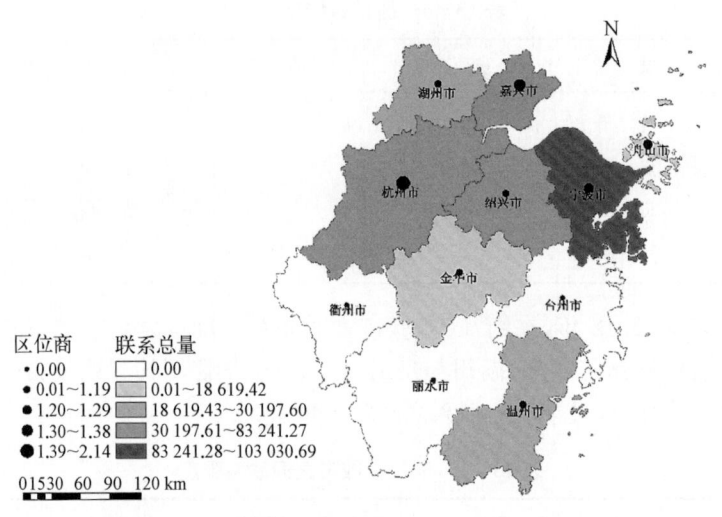

图 13-4　浙江省城市区位商和联系总量分级

(3) 上海市对长三角地区城市经济联系的影响程度

2012年上海市从事第二产业的人数占总就业人数的39.44%,从事第三产业的人数占56.48%,第二产业区位商不高且第二产业的比重仍在下降。另外第三产业区位商居长三角地区城市之首,说明在本地区具有强大的服务功能,其辐射能力和带动作用十分显著。

具体来看(图13-5),2012年,上海与苏州的联系量最大,与无锡的联系量居次,与南京的联系量第三;上海与苏南地区的联系占总联系量的67%,联系紧密,城市之间交流多;上海与浙江的宁波、嘉兴、杭州联系量排名第四位到第六位,联系量居平均水平;上海与浙北城市的联系较多,占总联系量的27%。

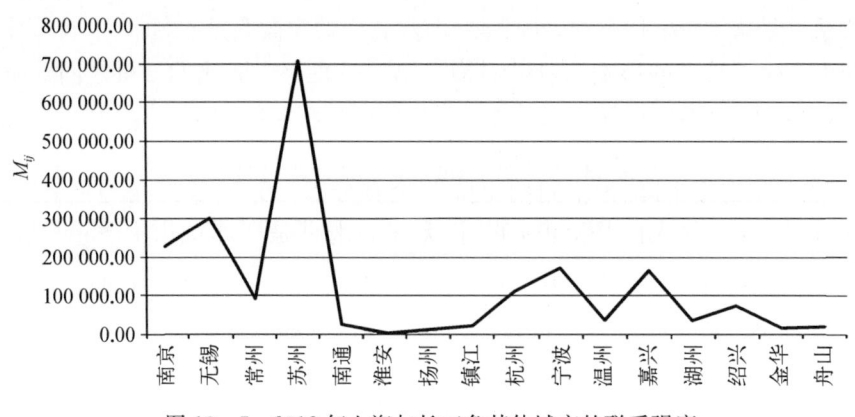

图 13-5　2012年上海与长三角其他城市的联系强度

13.3.3　长三角地区城市经济联系变化

2004~2012年,长三角地区GDP增长迅速,2012年GDP已占全国GDP的

21.29%。上海的GDP占长三角GDP的18.26%,比重最大,苏州居次,杭州第三。本地区总就业人数增长显著,城市总就业人数有波动,2004~2008年城市的就业人口都在增长,但2008~2012年,徐州、常州、连云港、淮安、扬州、宿迁、湖州和丽水的城市就业人口在下降,这些城市集中于苏北。2012年长三角地区的其他各城市GDP都有不同程度的上升(图13-6)。

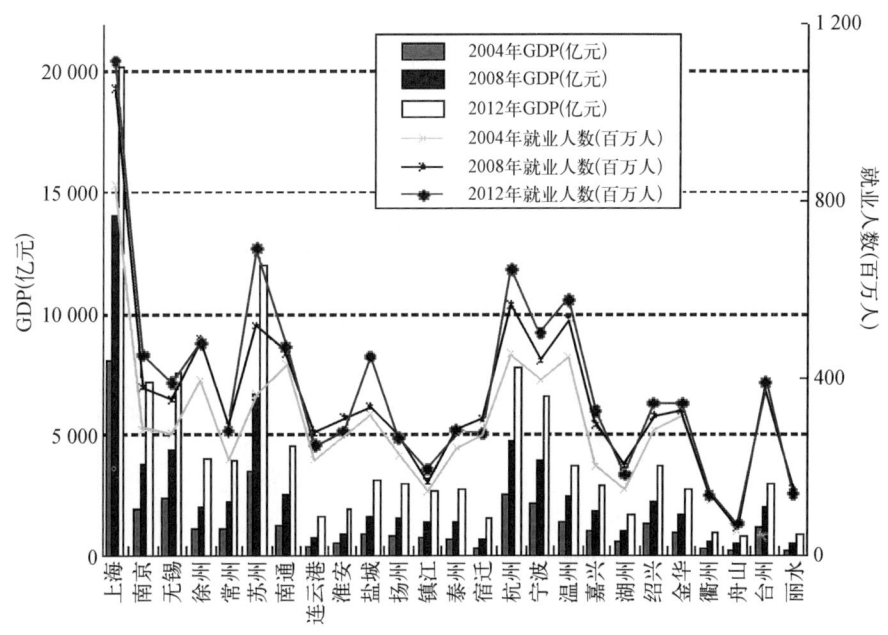

图13-6 城市就业人口和GDP变化

根据长三角地区城市间经济联系矩阵(表13-9),城市间联系强度在不断增强,特别是2008~2012年,城市间的人员、物质、信息等交流在增多,城市之间的联系越来越密切。

由表13-9~表13-11可知,2004~2012年,第一,上海稳居联系总量首位,且远高于第二位的苏州,显现出上海市在本地区的重要地位,但是上海的联系总量在本地区所占比重在逐年下降,8年间约下降5个百分点;第二,长三角地区各城市联系总量变化显著,变化最大的是上海,苏州、无锡和南京是江苏城市中联系总量增长最多的三个城市,宁波、嘉兴和杭州是浙江增长最多的三个城市;第三,由ArcGIS的Graduated colors功能对联系总量分级处理显示,联系总量高的城市由集中于本地区中部呈"Z"字形分布格局,显著向周边扩展,说明城市之间的联系已经不仅仅局限于宁—沪—杭—甬"之"字交通廊道,以高速公路网络为主的陆路交通已经发挥了巨大的网络效应(图13-7~图13-9)。

表 13-9 2004年长三角地区城市联系强度

	沪	宁	锡	常	苏	通	淮	盐	扬	镇	杭	甬	温	嘉	湖	绍	金	舟
沪	—	26 582	51 271	17 965	105 348	620	1 860	1 338	2 751	3 537	19 755	28 194	3 896	16 173	2 323	14 587	1 280	842
宁	26 582	—	7 811	3 644	12 585	73	471	232	768	1 050	2 722	3 432	599	1 633	342	1 977	187	109
锡	51 271	7 811	—	7 240	33 569	139	501	360	825	1 123	4 103	5 666	854	3 229	520	3 064	275	173
常	17 965	3 644	7 240	—	9 903	51	198	141	391	562	1 695	2 120	331	1 118	230	1 137	105	66
苏	105 348	12 585	33 569	9 903	—	269	840	554	1 320	1 748	8 285	11 107	1 601	7 196	1 188	6 072	526	333
通	620	73	139	51	269	—	6	4	9	10	43	61	9	32	5	33	3	2
淮	1 860	471	501	198	840	6	—	29	50	55	176	252	44	114	21	133	13	8
盐	1 338	232	360	141	554	4	29	—	31	34	155	163	27	75	13	86	8	5
扬	2 751	768	825	391	1 320	9	50	31	—	155	267	352	60	169	33	195	18	11
镇	3 537	1 050	1 123	562	1 748	10	55	34	155	—	335	443	73	218	42	239	23	14
杭	19 755	2 722	4 103	1 695	8 285	43	176	111	267	335	—	3 259	468	1 661	310	2 592	171	93
甬	28 194	3 432	5 666	2 120	11 107	61	252	163	352	443	3 259	—	806	2 022	286	3 004	216	241
温	3 896	599	854	331	1 601	9	44	27	60	73	468	806	—	262	45	398	48	24
嘉	16 173	1 633	3 229	1 118	7 196	32	114	75	169	218	1 661	2 022	262	—	180	1 141	90	58
湖	2 323	342	520	230	1 188	5	21	13	33	42	310	286	45	180	—	188	15	9
绍	14 587	1 977	3 064	1 137	6 072	33	133	86	195	239	2 592	3 004	398	1 141	188	—	142	82
金	1 280	187	275	105	526	3	13	8	18	23	171	216	48	90	15	142	—	7
舟	842	109	173	66	333	2	8	5	11	14	93	241	24	58	9	82	7	—

第13章 长三角地区城市网络的空间结构及其变化

表13-10 2008年长三角地区城市联系强度

	沪	宁	锡	常	苏	淮	扬	镇	杭	甬	温	嘉	湖	绍	金	舟
沪	—	56 332	120 030	48 110	237 087	1 660	13 098	14 927	38 370	57 940	12 130	72 667	2 542	36 811	730	2 330
宁	56 332	—	16 618	8 868	25 738	382	3 323	4 027	4 805	6 409	1 696	6 666	340	4 534	97	274
锡	120 030	16 618	—	19 465	75 845	449	3 943	4 757	8 001	11 690	2 669	14 567	571	7 762	157	481
常	48 110	8 868	19 465	—	25 596	203	2 140	2 725	3 782	5 003	1 183	5 771	289	3 296	69	209
苏	237 087	25 738	75 845	25 596	—	723	6 064	7 122	15 530	22 028	4 810	31 205	1 254	14 788	289	889
淮	1 660	382	449	203	723	—	91	89	131	198	52	196	9	128	3	9
扬	13 098	3 323	3 943	2 140	6 064	91	—	1 336	1 059	1 478	379	1 552	74	1 004	22	63
镇	14 927	4 027	4 757	2 725	7 122	89	1 336	—	1 176	1 649	409	1 774	84	1 093	23	70
杭	38 370	4 805	8 001	3 782	15 530	131	1 059	1 176	—	5 578	1 214	6 217	282	5 449	81	215
甬	57 940	6 409	11 690	5 003	22 028	198	1 478	1 649	5 578	—	2 210	8 006	276	6 680	108	589
温	12 130	1 696	2 669	1 183	4 810	52	379	409	1 214	2 210	—	1 569	66	1 342	37	89
嘉	72 667	6 666	14 567	5 771	31 205	196	1 552	1 774	6 217	8 006	1 569	—	379	5 548	99	308
湖	2 542	340	571	289	1 254	9	74	84	282	276	66	379	—	222	4	11
绍	36 811	4 534	7 762	3 296	14 788	128	1 004	1 093	5 449	6 680	1 342	5 548	222	—	88	246
金	730	97	157	69	289	3	22	23	81	108	37	99	4	88	—	4
舟	2 330	274	481	209	889	9	63	70	215	589	89	308	11	246	4	—

高速公路网与城镇体系的区域整合

表 13-11　2012 年长三角地区城市联系强度

	沪	宁	锡	常	苏	通	淮	扬	镇	杭	甬	温	嘉	湖	绍	金	舟
沪	—	229 693	303 536	89 902	714 172	25 386	973	9 613	23 546	114 263	169 738	36 510	165 403	33 395	73 313	16 888	19 968
宁	229 693	—	91 345	36 019	168 527	5 874	487	5 301	13 809	31 100	40 813	11 096	32 984	9 703	19 627	4 863	5 105
锡	303 536	91 345	—	49 036	307 993	7 682	355	3 901	10 116	32 121	46 168	10 828	44 700	10 115	20 840	4 907	5 557
常	89 902	36 019	49 036	—	76 807	2 385	118	1 564	4 282	11 219	14 599	3 548	13 085	3 778	6 538	1 581	1 783
苏	714 172	168 527	307 993	76 807	—	17 097	681	7 147	18 040	74 264	103 627	23 247	114 057	26 456	47 294	10 749	12 240
通	25 386	5 874	7 682	2 385	17 097	—	28	291	609	2 342	3 422	822	3 082	714	1 539	372	418
淮	973	487	355	118	681	28	—	21	44	121	182	49	140	36	80	21	23
扬	9 613	5 301	3 901	1 564	7 147	291	21	—	825	1 234	1 694	446	1 382	382	782	195	211
镇	23 546	13 809	10 116	4 282	18 040	609	44	825	—	2 946	4 061	1 036	3 395	924	1 830	454	504
杭	114 263	31 100	32 121	11 219	74 264	2 342	121	1 234	2 946	—	25 942	5 802	22 465	5 890	17 228	2 985	2 929
甬	169 738	40 813	46 168	14 599	103 627	3 422	182	1 694	4 061	25 942	—	10 390	28 459	5 666	20 778	3 919	7 877
温	36 510	11 096	10 828	3 548	23 247	822	49	446	1 036	5 802	10 390	—	5 729	1 389	4 290	1 369	1 228
嘉	165 403	32 984	44 700	13 085	114 057	3 082	140	1 382	3 395	22 465	28 459	5 729	—	6 035	13 408	2 769	3 198
湖	33 395	9 703	10 115	3 778	26 456	714	36	382	924	5 890	5 666	1 389	6 035	—	3 099	662	673
绍	73 313	19 627	20 840	6 538	47 294	1 539	80	782	1 830	17 228	20 778	4 290	13 408	3 099	—	2 156	2 241
金	16 888	4 863	4 907	1 581	10 749	372	21	195	454	2 985	3 919	1 369	2 769	662	2 156	—	473
舟	19 968	5 105	5 557	1 783	12 240	418	23	211	504	2 929	7 877	1 228	3 198	673	2 241	473	—

第13章　长三角地区城市网络的空间结构及其变化

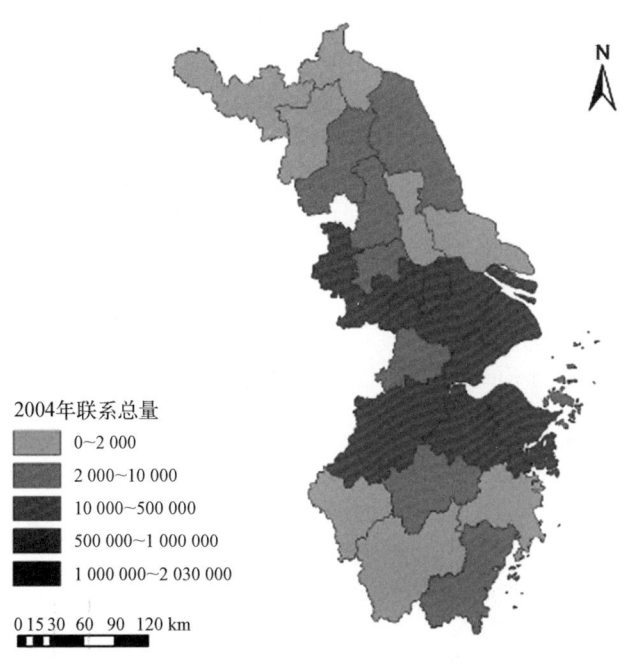

图 13-7　2004 年长三角地区城市联系总量分级

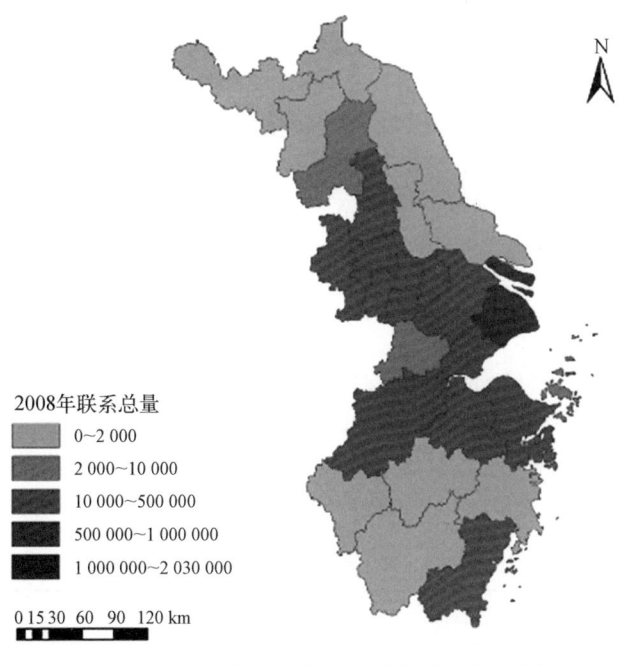

图 13-8　2008 年长三角地区城市联系总量分级

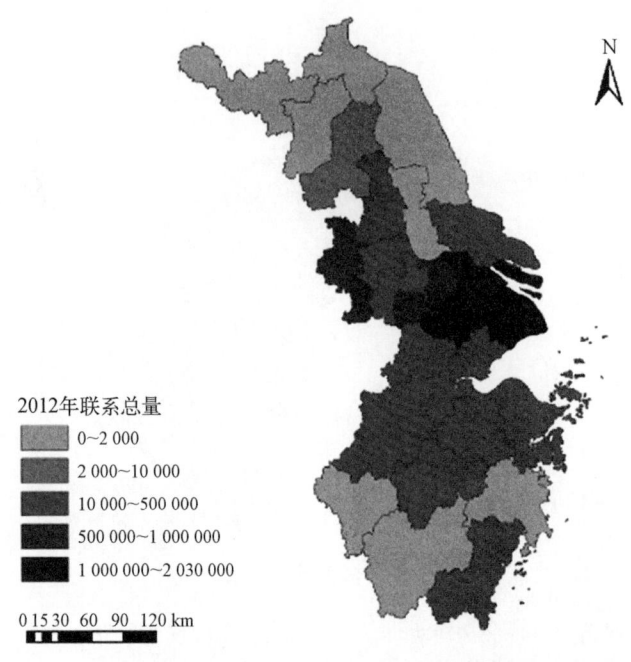

图 13-9　2012年长三角地区城市联系总量分级

13.4　长三角地区城市网络及其空间联系

13.4.1　长三角地区城市网络

(1) 基于最大引力线的城市网络

图 13-10、图 13-11 显示,2012 年,长三角地区的最大引力连接线集中在上海,这说明上海在本地区具有很强的吸引力以及空间支配地位;上海与江苏城市联系总量占上海联系总量的 68.93%,与浙江城市联系总量占 31.07%,表明上海与江苏的城市联系更紧密,交流更频繁;江苏的南京、苏州和无锡与浙江的城市联系较多,浙江省的杭州、宁波和嘉兴与江苏省的城市联系较多。

(2) 长三角地区城市网络节点层级

根据引力线分布的数量和城市的发展状况,本书将长三角丢弃城市网络节点分为四个层级:一级节点为上海;二级节点为南京、苏州、无锡、杭州和宁波;三级节点为嘉兴、常州、绍兴、温州、湖州、镇江、南通、舟山、金华和扬州;四级节点为淮安、盐城、徐州、泰州、宿迁、连云港、台州、丽水和衢州(表 13-12)。

表 13-12　长三角网络节点层级

层　级	城　市
一级节点	上海
二级节点	南京、苏州、无锡、杭州、宁波

续表

层级	城市
三级节点	嘉兴、常州、绍兴、温州、湖州、镇江、南通、舟山、金华、扬州
四级节点	淮安、盐城、徐州、泰州、宿迁、连云港、台州、丽水、衢州

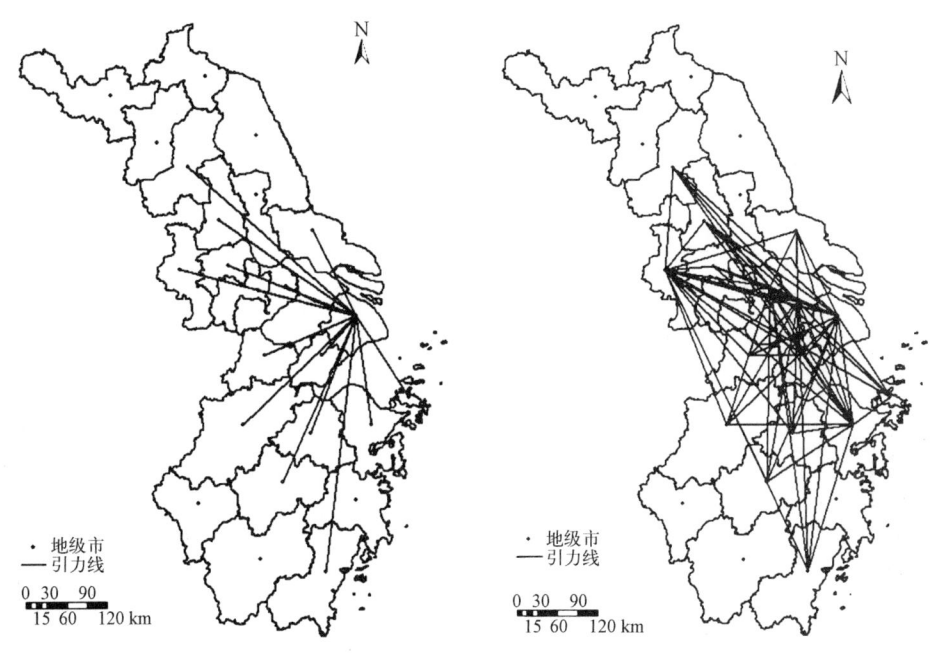

图 13-10 长三角最大引力城市　　图 13-11 长三角城市引力连接线

13.4.2 长三角地区城市网络演化

(1) 长三角城市网络引力结构

运用度数中心度模型测算,2004～2012 年,在参与计算的 25 个城市中只有 9 个城市累计度大于 0,占城市总数的 36%,说明城市联系比较集中;在引力 Top1 网络强度中,上海的度减少了 1,说明其他城市的联系强度在增强;从累计度看,上海($k_{2012}=16$)、苏州($k_{2012}=16$)、无锡($k_{2012}=16$)三个城市连接了网络中其他所有城市,说明这三个城市是网络中最重要的节点;南京($k_{2008}=10,k_{2012}=16$)、宁波($k_{2008}=7,k_{2012}=14$)的度数有所增大,说明它们的影响力在增强;嘉兴($k_{2008}=10,k_{2012}=4$)、常州($k_{2008}=5,k_{2012}=3$)的度在减小,说明它们的影响力在减弱。

(2) 城市网络结构联系隶属度

表 13-13～表 13-15 显示出 2004～2012 年各城市对上海的城市网络结构联系隶属度发生了明显的变化:上海对其他城市的隶属度在不断减小,上海在本地区的吸引力有减弱的趋势。另一方面,其他城市对上海的隶属度要小得多,例如在与南京的联系中,上海占 41.40%,而在与上海的联系中南京只占 8.91%,同时,这些城市对上海的隶属

表 13-13 2004 年长三角地区城市隶属度

	沪	宁	锡	常	苏	通	淮	盐	扬	镇	杭	甬	温	嘉	湖	绍	金	舟
沪	—	41.40	42.47	38.31	52.04	45.29	39.00	41.63	37.15	36.61	42.63	45.75	40.82	45.72	40.41	41.59	40.94	40.53
宁	8.91	—	6.47	7.77	6.22	5.31	9.88	7.22	10.37	10.87	5.87	5.57	6.28	4.62	5.94	5.64	5.97	5.25
锡	17.19	12.16	—	15.44	16.58	10.13	10.50	11.20	11.14	11.62	8.85	9.19	8.94	9.13	9.04	8.74	8.79	8.33
常	6.02	5.67	6.00	—	4.89	3.72	4.15	4.39	5.28	5.82	3.66	3.44	3.47	3.16	4.00	3.24	3.35	3.16
苏	35.31	19.60	27.81	21.12	—	19.68	17.61	17.24	17.82	18.10	17.88	18.02	16.77	20.34	20.66	17.31	16.81	16.03
通	0.21	0.11	0.11	0.11	0.13	—	0.12	0.14	0.12	0.10	0.09	0.10	0.10	0.09	0.09	0.09	0.10	0.09
淮	0.62	0.73	0.41	0.42	0.41	0.41	—	0.91	0.67	0.57	0.38	0.41	0.46	0.32	0.36	0.38	0.42	0.39
盐	0.45	0.36	0.30	0.30	0.27	0.32	0.61	—	0.42	0.35	0.88	0.26	0.29	0.21	0.22	0.25	0.27	0.25
扬	0.92	1.20	0.68	0.83	0.65	0.65	1.04	0.97	—	1.60	0.58	0.57	0.62	0.48	0.58	0.56	0.59	0.54
镇	1.19	1.64	0.93	1.20	0.86	0.71	1.15	1.07	2.09	—	0.72	0.72	0.76	0.62	0.73	0.68	0.72	0.67
杭	6.62	4.24	3.40	3.62	4.09	3.16	3.68	3.46	3.61	3.46	—	5.29	4.91	4.70	5.39	7.39	5.47	4.50
甬	9.45	5.34	4.69	4.52	5.49	4.44	5.29	5.07	4.76	4.59	7.03	—	8.44	5.72	4.98	8.57	6.90	11.62
温	1.31	0.93	0.71	0.71	0.79	0.68	0.91	0.85	0.80	0.75	1.01	1.31	—	0.74	0.78	1.14	1.55	1.16
嘉	5.42	2.54	2.68	2.38	3.55	2.35	2.39	2.35	2.28	2.26	3.58	3.28	2.74	—	3.12	3.25	2.87	2.78
湖	0.78	0.53	0.43	0.49	0.59	0.39	0.43	0.40	0.45	0.44	0.67	0.46	0.47	0.51	—	0.53	0.49	0.42
绍	4.89	3.08	2.54	2.42	3.00	2.39	2.78	2.68	2.63	2.48	5.59	4.87	4.17	3.23	3.26	—	4.55	3.96
金	0.43	0.29	0.23	0.22	0.26	0.22	0.27	0.26	0.25	0.23	0.37	0.35	0.51	0.25	0.27	0.41	—	0.32
舟	0.28	0.17	0.14	0.14	0.16	0.14	0.17	0.16	0.15	0.14	0.20	0.39	0.25	0.16	0.15	0.23	0.21	—

第 13 章　长三角地区城市网络的空间结构及其变化

表 13-14　2008 年长三角地区城市隶属度

	沪	宁	锡	常	苏	淮	扬	镇	杭	甬	温	嘉	湖	绍	金	舟
沪	—	40.21	41.82	37.97	50.55	38.41	36.77	36.18	41.76	44.62	40.63	46.43	39.70	41.36	40.30	40.26
宁	7.88	—	5.79	7.00	5.49	8.85	9.33	9.76	5.23	4.94	5.68	4.26	5.31	5.09	5.34	4.74
锡	16.79	11.86	—	15.36	16.17	10.38	11.07	11.53	8.71	9.00	8.94	9.31	8.92	8.72	8.69	8.31
常	6.73	6.33	6.78	—	5.46	4.69	6.01	6.61	4.12	3.85	3.96	3.69	4.51	3.70	3.79	3.61
苏	33.17	18.37	26.43	20.20	—	16.74	17.02	17.26	16.90	16.97	16.11	19.94	19.59	16.62	15.97	15.37
淮	0.23	0.27	0.16	0.16	0.15	—	0.25	0.22	0.14	0.15	0.17	0.13	0.14	0.14	0.16	0.15
扬	1.83	2.37	1.37	1.69	1.29	2.09	—	3.24	1.15	1.14	1.27	0.99	1.16	1.13	1.19	1.09
镇	2.09	2.87	1.66	2.15	1.52	2.05	3.75	—	1.28	1.27	1.37	1.13	1.31	1.23	1.29	1.21
杭	5.37	3.43	2.79	2.98	3.31	3.02	2.97	2.85	—	4.30	4.07	3.97	4.41	6.12	4.49	3.72
甬	8.11	4.57	4.07	3.95	4.70	4.59	4.15	4.00	6.07	—	7.40	5.11	4.31	7.51	5.99	10.17
温	1.70	1.21	0.93	0.93	1.03	1.20	1.06	0.99	1.32	1.70	—	1.00	1.03	1.51	2.04	1.54
嘉	10.17	4.76	5.08	4.55	6.65	4.54	4.36	4.30	6.77	6.17	5.25	—	5.91	6.23	5.45	5.31
湖	0.36	0.24	0.20	0.23	0.27	0.20	0.21	0.20	0.31	0.21	0.22	0.24	—	0.25	0.23	0.19
绍	5.15	3.24	2.70	2.60	3.15	2.97	2.82	2.65	5.93	5.14	4.50	3.54	3.47	—	4.85	4.25
金	0.10	0.07	0.05	0.05	0.06	0.07	0.06	0.06	0.09	0.08	0.12	0.06	0.06	0.10	—	0.08
舟	0.33	0.20	0.17	0.16	0.19	0.20	0.18	0.17	0.23	0.45	0.30	0.20	0.18	0.28	0.25	—

高速公路网与城镇体系的区域整合

表13-15 2012年长三角地区城市隶属度

	沪	宁	锡	常	苏	通	淮	扬	镇	杭	甬	温	嘉	湖	绍	金	舟
沪	—	32.52	31.98	28.43	41.46	35.23	28.99	27.48	27.25	32.38	34.83	31.00	35.93	30.66	31.19	31.07	30.99
宁	11.34	—	9.62	11.39	9.78	8.15	14.51	15.15	15.98	8.81	8.37	9.42	7.17	8.91	8.35	8.94	7.92
锡	14.98	12.93	—	15.51	17.88	10.66	10.57	11.15	11.71	9.10	9.47	9.19	9.71	9.29	8.87	9.03	8.63
常	4.44	5.10	5.17	—	4.46	3.31	3.52	4.47	4.96	3.18	3.00	3.01	2.84	3.47	2.78	2.91	2.77
苏	35.25	23.86	32.45	24.29	—	23.72	20.28	20.43	20.87	21.05	21.26	19.74	24.78	24.29	20.12	19.77	19.00
通	1.25	0.83	0.81	0.75	0.99	—	0.83	0.83	0.71	0.66	0.70	0.70	0.67	0.66	0.65	0.68	0.65
淮	0.05	0.07	0.04	0.04	0.04	0.04	—	0.06	0.05	0.03	0.04	0.04	0.03	0.03	0.03	0.04	0.04
扬	0.47	0.75	0.41	0.49	0.41	0.40	0.62	—	0.95	0.35	0.35	0.38	0.30	0.35	0.33	0.36	0.33
镇	1.16	1.95	1.07	1.35	1.05	0.85	1.30	2.36	—	0.83	0.83	0.88	0.74	0.85	0.78	0.83	0.78
杭	5.64	4.40	3.38	3.55	4.31	3.25	3.62	3.53	3.41	—	5.32	4.93	4.88	5.41	7.33	5.49	4.55
甬	8.38	5.78	4.86	4.62	6.02	4.75	5.41	4.84	4.70	7.35	—	8.82	6.18	5.20	8.84	7.21	12.23
温	1.80	1.57	1.14	1.12	1.35	1.14	1.46	1.28	1.20	1.64	2.13	—	1.24	1.28	1.83	2.52	1.91
嘉	8.16	4.67	4.71	4.14	6.62	4.28	4.16	3.95	3.93	6.37	5.84	4.86	—	5.54	5.70	5.09	4.96
湖	1.65	1.37	1.07	1.19	1.54	0.99	1.06	1.09	1.07	1.67	1.16	1.18	1.31	—	1.32	1.22	1.04
绍	3.62	2.78	2.20	2.07	2.75	2.13	2.38	2.24	2.12	4.88	4.26	3.64	2.91	2.85	—	3.97	3.48
金	0.83	0.69	0.52	0.50	0.62	0.52	0.62	0.56	0.52	0.85	0.80	1.16	0.60	0.61	0.92	—	0.73
舟	0.99	0.72	0.59	0.56	0.71	0.58	0.69	0.60	0.58	0.83	1.62	1.04	0.69	0.62	0.95	0.87	—

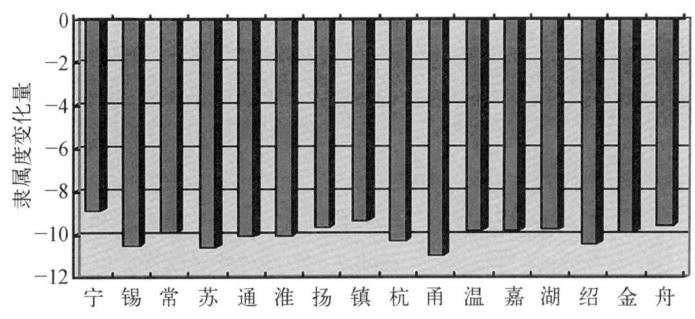

图 13-12 上海对其他城市隶属度变化量

度变化较小,说明它们对上海的吸引力并无显著变化(图 13-12)。

在二级节点城市中,① 苏州的吸引力最大,隶属度比较稳定,保持着较强的经济辐射能力,类似的还有无锡、杭州、宁波。② 苏州、南京对其他城市的隶属度都在增大,吸引力在增强,2012 年苏州对无锡的隶属度为 32.45,高于上海对无锡的隶属度 31.98。③ 杭州和宁波隶属度变化不大,对其他城市的隶属度相对较小,如杭州对上海的隶属度为 5.64,而上海对杭州的隶属度为 34.83,相差 6 倍左右;杭州对南京的隶属度为 4.40,而南京对杭州的隶属度 8.81,相差 2 倍左右,说明杭州的经济辐射能力弱于南京、苏州和无锡。④ 宁波对舟山的隶属度最大,(12.23),宁波对常州的隶属度最小(4.62),在其他城市对宁波的隶属度中,上海最大,淮安最小。

三级节点城市中,嘉兴对上海最大,对镇江最小;常州对其他城市的隶属度变化主要发生在浙江的城市中,常州对这些城市的隶属度在减小。如 2004 年常州对湖州的隶属为 4.00,2012 年为 3.47;温州对其他城市的隶属度整体上在增大;湖州对其他城市的隶属度最大的是杭州,最小的是南通;绍兴对杭州的隶属度最大,对常州最小;金华对温州的隶属度最大,最小的是常州;舟山对宁波的隶属度最大;三级节点城市经济影响力都比较小。

(3) 城市网络结构特征

将城市之间的交流联系作为连接边,对联系强度进行分级,设定 100~10 000 为低联系状态,10 000~100 000 为中等联系状态,100 000~1 000 000 为高联系状态,结果如图 13-13~图 13-15。可以发现以下特点。

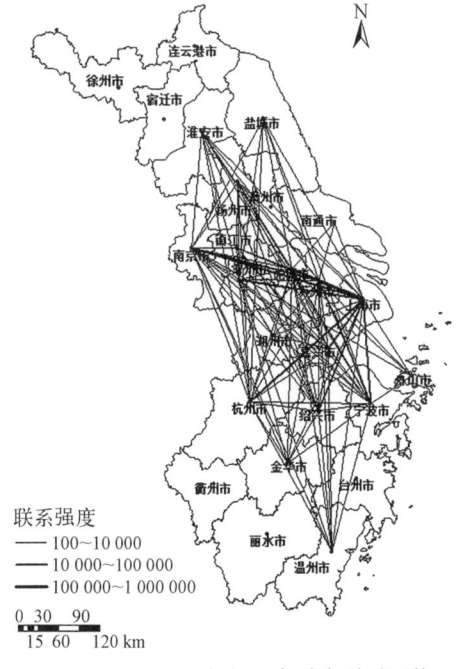

图 13-13 2004 年长三角城市联系网络

第一,长三角地区城市网络区域区域复杂和多样化,表现在:① 2004~2012 年,网络连接边增加了 23 条联系边,区城市联系越来越紧密,整个网络变得更加稠密;② 低联系状态连接边的数量由 94 个减少到 75 个,中等

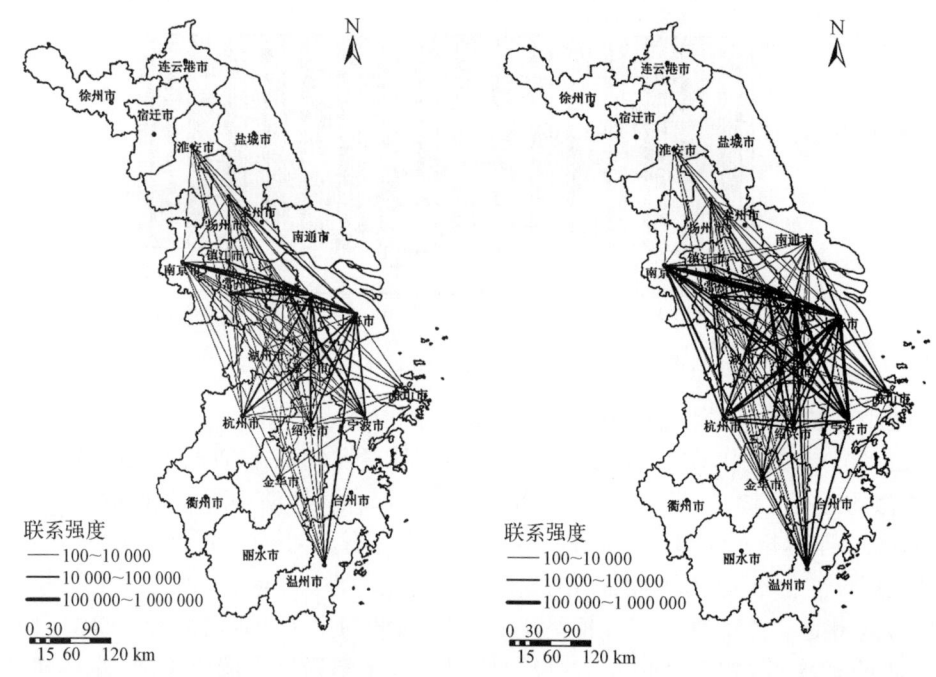

图13-14　2008年长三角城市联系网络　　图13-15　2012年长三角城市联系网络

联系状态连接边的数量由10个增加到43个,高联系状态连接边的数量由1个增加到2个,即从仅有的上海—苏州连接变为上海—苏州、上海—无锡连接；③ 2012年存在高联系状态的城市为上海—南京、上海—无锡、上海—苏州、上海—杭州、上海—宁波、上海—嘉兴、南京—苏州、无锡—苏州、苏州—宁波、苏州—嘉兴。

第二,长三角地区城市网络结构呈现出区域差异化特征。表现在2004~2014年：① 上海始终处于网络结的核心地位,与上海处于低联系状态的城市减少；② 苏南和苏中的城市网络发展较快,苏北发展的相对滞后；③ 浙北和浙东的网络发展较快,浙西相对滞后。例如,与杭州处于中等联系状态的城市从2004年只有上海1个城市,发展到2012年的杭州—南京、杭州—无锡、杭州—常州、杭州—苏州、杭州—宁波、杭州—嘉兴、杭州—绍兴等7条中等联系状态的连接边,宁波与杭州的情况类似；嘉兴由2004年的多与长三角城市多为低联系状态发展为2012年已经具有高联系状态的连接边；舟山更有由2004年的5条网络连接边,发展到2012年的15条,湖州亦然。

(4) 城市网络中心度

选取三个年份的有效数据$C_{RD}(i)$,根据公式13-11对城市网络节点进行中心度进行分析和对比(表13-16)。可以看到,长三角地区C值平均值在不断增大,因此,城市之间的交往能力总体上在增强；上海、苏州和无锡在三个时间点中C值都为1,说明这三个城市保持了较高的交往能力；南京、常州、杭州、宁波、温州、嘉兴从2008年到2012年,C值也都达到了1,说明这些城市的交往能力在不断增强,但是淮安在2008年至2012年C值在减小。淮安的交往能力有所下降。

表 13-16 长三角城市网络度数中心度

城 市	2004 年	2008 年	2012 年
上 海	1.00	1.00	1.00
南 京	0.94	1.00	1.00
无 锡	1.00	1.00	1.00
常 州	0.88	1.00	1.00
苏 州	1.00	1.00	1.00
淮 安	0.53	0.60	0.50
扬 州	0.59	0.73	0.94
镇 江	0.59	0.73	0.94
杭 州	0.88	0.93	1.00
宁 波	0.94	1.00	1.00
温 州	0.53	0.73	1.00
嘉 兴	0.76	0.93	1.00
湖 州	0.53	0.60	0.94
绍 兴	0.82	0.93	0.94
金 华	0.47	0.73	0.94
舟 山	0.29	0.60	0.94
最小值	0.29	0.60	0.50
最大值	1.00	1.00	1.00
平均值	0.74	0.85	0.95

13.5 不同视角的长三角地区城市网络研究

王聪等基于生产性服务业,选择长三角16个核心中心城市的11种类型的企业进行城市网络研究,认为上海为长三角区域内的一级节点城市,杭州、南京为二级节点城市[30];吕康娟等以企业关联业务视角,以长三角16个核心城市为研究区域的研究认为,一级节点城市为上海,杭州、南京、苏州、宁波、无锡和南通为二级节点城市,绍兴和常州为三级节点城市,四级节点城市为嘉兴、扬州、镇江、台州、泰州、湖州和舟山[35];唐子来等从企业的角度,采用的是2012年高端生产性服务业和制造业的跨国公司分布数据来研究长三角城市网络结构,他们认为,上海为一级节点城市,南京、杭州和苏州为二级节点城市,无锡和宁波为三级节点城市,其他城市为网络中的四级节点城市[36]。

熊丽芳等借助信息网络的数据模拟城市间的信息流,选择了2009年和2012年的网络数据,以长三角16个中心城市为研究区域。他们认为,2012年长三角城市网络中一级节点城市为上海,二级城市为南京、苏州、无锡、杭州和宁波,三级节点城市为嘉兴、常州、绍兴、南通、扬州和台州[31]。

沈玉芳等采用长三角县级及以上城市的第二、第三产业的数据,分析了长三角地区城镇空间组织模式,认为长三角地区正处于城镇网络结构优化时期[37];李响以长三角16个中心城市为研究区域,采用社会网络分析方法,认为上海具有很强的带动力,各城市之间联系紧密[38];唐子来等采用是关联网络和价值区段分析,以长三角15个核心城市为研究区域,认为上海为一级节点城市,二级节点城市有南京、杭州、苏州、宁波和无锡[39]。

不同视角的区域城市网络研究各有侧重点,作者认为,区域城市网络应从综合的社会经济视角进行探析,这会更加客观,上述信息网络视角的研究结论与本章的研究有较大的相似性。信息网络依赖于互联网基础设施的发展,而这又与一定地区、一定城市的经济发展密切相关,因此,毫无疑问上海是长三角网区域城市网络的一级节点,居核心地位,南京、杭州、苏州、无锡、宁波是二级节点。

参 考 文 献

[1] 张弥. 城市体系的网络结构[M]. 北京:中国水利水电出版社/知识产权出版社,2007:154-165.

[2] Taylor P J. Specification of the world city network [J]. Geographical analysis, 2001, 33(2):181-194.

[3] Smith D A, Timberlake M. Cities in global matrices:Toward mapping the world-system's city system [J]. World Cities in a World-system, 1995:79-97.

[4] Taylor P J. World city network:A global urban analysis [M]. Lendon:Psychology Press, 2004.

[5] Camagni R, Stabilini S, Diappi L. City networks in the Lombardy Region:An analysis in terms of communication flows[J]. Flux, 1994, 10(15):37-50.

[6] Camagni R P, Salone C. Network urban structures in northern Italy:Elements for a theoretical framework[J]. Urban studies, 1993, 30(6):1053-1064.

[7] Castells M. Globalisation, networking, urbanisation:Reflections on the spatial dynamics of the information age[J]. Urban Studies, 2010, 47(13):2737-2745.

[8] 陆大道. 区域发展及其空间结构[M]. 北京:科学出版社,1995.

[9] 李小建,李国平,曾刚,等. 经济地理学[M]. 北京:高等教育出版社,2006.

[10] Friedmann J. The world city hypothesis[J]. Development and change, 1986, 17(1):69-83.

[11] Castells M. The rise of the network society[M]. Oxford:Blackwell Publishing, 1996.

[12] Dematteis G. Globalisation and regional integration:The case of the Italian urban system[J]. GeoJournal, 1997, 43(4):331-338.

[13] Abramson B D. Internet globalization indicators[J]. Telecommun Policy, 2000, 24(1):69-74.

[14] Sassen S. The global city:New York, London, Tokyo [M]. New Jersey:Princeton University Press, 2001.

[15] Taylor P J, Walker D R, Catalano G, et al. Diversity and power in the world city network[J]. Cities, 2002, 19(4):231-241.

[16] Matsumoto H. International urban systems and air passenger and cargo flows:Some calculations [J]. Journal of Air Transport Management, 2004, 10(4):239-247.

[17] Derudder B, Witlox F, Faulconbridge J, et al. Airline data for global city network research:Reviewing and refining existing approaches[J]. Geo Journal, 2008, 71(1):5-18.

[18] 张文尝,金凤君,唐秀芳. 空间运输联系的分布与交流规律研究[J]. 地理学报,1994,49(6):490-499.

[19] 朱英明. 我国城市群区域联系发展趋势[J]. 城市问题,2001,6:22-24.

[20] 戴学珍.论京津空间相互作用[J].地理科学,2002,22(3):257-262.
[21] 顾朝林,庞海峰.基于重力模型的中国城市体系空间联系与层域划分[J].地理研究,2008,27(1):1-12.
[22] 陈才.区域经济地理学原理[M].北京:中国科学技术出版社,1991.
[23] 金钟范.基于企业母子联系的中国跨国城市网络结构——以中韩城市之间联系为例[J].地理研究,2010(9):1670-1682.
[24] 武文杰,董正斌,张文忠,等.中国城市空间关联网络结构的时空演变[J].地理学报,2011,66(4).
[25] 尹俊,甄峰,王春慧.基于金融企业布局的中国城市网络格局研究[J].经济地理,2011,31(5):754-759.
[26] 姚永玲,董月,王韫涵.北京和首尔全球城市网络联系能级及其动力因素比较[J].经济地理,2012,8:6.
[27] 董琦,甄峰.基于物流企业网络的中国城市网络空间结构特征研究[J].人文地理,2013,28(4):71-76.
[28] 李响.基于社会网络分析的长三角城市群网络结构研究[J].城市发展研究,2012,18(12):80-85.
[29] 吕康娟,王娟.长三角城市群网络化发展研究[J].中国软科学,2011(8):130-140.
[30] 王聪,曹有挥,陈国伟.生产性服务业视角下长三角城市网络特征分析[J].经济地理,2013,33(7):74-80.
[31] 熊丽芳,甄峰,王波,等.基于百度指数的长三角核心区城市网络特征研究[J].经济地理,2013,33(7):67-73.
[32] 冷炳荣,杨永春,李英杰,等.中国城市经济网络结构空间特征及其复杂性分析[J].地理学报,2011:199-211.
[33] 王海江,苗长虹.我国中心城市对外服务能力的空间格局[J].地理研究,2009(4):957-967.
[34] 刘军.整体网分析讲义——UCINET软件实用指南[M].上海:格致出版社,2009.97-107.
[35] 吕康娟,王娟.长三角城市群网络化发展研究[J].中国软科学,2011(8):130-140.
[36] 唐子来,李涛.长三角地区和长江中游地区的城市体系比较研究:基于企业关联网络的分析方法[J].城市规划学刊,2014,2:5.
[37] 沈玉芳,刘曙华.长江三角洲地区城镇空间组织模式的结构与特征[J].人文地理,2009,23(6):45-49.
[38] 李响.长三角城市群经济联系网络结构研究——基于社会网络视角的分析[J].上海金融学院学报,2011(4):105-115.
[39] 唐子来,赵渺希.经济全球化视角下长三角区域的城市体系演化:关联网络和价值区段的分析方法[J].城市规划学刊,2010,1:29-34.

第14章 高速公路网与城镇体系区域整合机理

机理泛指一定的系统结构中各要素的内在工作方式以及诸要素之间在一定环境下相互联系、相互作用的过程(运行规则、原理)和方式。

14.1 高速公路网络与区域城镇体系的相互作用过程

高速公路网的建设与运营总体上要求达到路网规划的目标,以连接中小以上人口规模城市,改善城镇之间的路网通达条件,适应或适度超前于区域经济社会发展。目前,在长三角地区,高速公路网络与25个地级以上城市构成的城镇体系网络总体上是适应的。仅就此25个核心城市而言,高速公路网络的连通处于超强状态,同时网络的集聚功能远远大于扩散功能,强化了本地区已有的发展轴线。但是,网络的复杂程度不高,发育还不够完善,县级市之间、县级市与地级市的联络通道建设需要加强,以达到国家高速公路网规划和本地区的规划。

毫无疑问,高速公路网络的建设和运营极大地改善了区域城镇之间的连通性和通达性,区域时空收敛效应显著。但在此同时,路网的交通流量会有显著增加,城市之间的通达性差距可能会有所增大,重要城市的优势区位将进一步显现。在长三角地区,若仅考虑时间成本,城市之间的高速公路网络可达性差距缩小明显,区域时空收敛显著。但是,潜能可达性、城市空间引力、城市综合实力的变化显现出以宁、沪、杭、甬等城市的区位优势有强化的态势,区位惯性表征明显,形成"Z"形的空间格局。进一步考虑空间摩擦、引力规模等城市质量和相互影响,则本地区高速公路网络的可达性在有较大程度提高的同时,各城市之间的可达性差距明显扩大,而且优势区位的城市可达性进一步增强。

城市之间的客运交通量直接体现了公路网络与城市之间的相互作用。由于高速路网的极高通行效率,最邻近城市往往成为一个城市的首位联系城市,城市间的客运交流量集中在高速公路网络最有效的通行空间范围之内。对长三角地区的长途客运班次O-D数据分析表明,本地区多数城市的客运首位联系城市为最邻近城市,300 km范围内是本地区城市之间最主要客运交流空间,而且公路客运中心等级层次分明——上海是本地区最重要的客运中心,其次是杭州,第三是苏州、南京、无锡;与上海公路客流联系强度较大的城市绝大多数位于宁沪杭甬"之"字形高速公路沿线,显现出明显的公路客运走廊特征。

第 14 章　高速公路网与城镇体系区域整合机理

高速公路网络的不断完善,其运营的结果,使得网络效应也比较明显地展现出来。人们的商务、休闲、旅游出行借助高速路网更加主动、自由和便捷,以致区域客运量较货运量更加分散,相对于货运量而言客运量的城市等级层次并不是那么鲜明的。基于长三角地区长时间(1990~2010 年)序列城市公路客货运量研究,我们发现:第一,尽管客运和货运集中程度在逐年增高,但是本地区客运量的集中程度远低于货运量集中程度,没有明显处于支配地位的城市,呈相对分散的空间格局。历年客运集中度排在首位的城市仅有扬州、南京,上海、常州、连云港、南通、徐州、无锡、盐城、淮安、镇江等城市客运集中程度波动较大。第二,货运量的集中程度高,表现在上海处于绝对优势地位,历年均占据首要位置,远远超过其他城市,形成上海为主、南京为次的空间格局;杭州、宁波、常州、连云港、南通、徐州、无锡、盐城、淮安、镇江等重要城市货运集中程度相对较低,呈平稳波动态势。第三,客运量与货运量等级体系的空间格局存在明显差异,在客运量方面,上海、南京、杭州三个重要城市并无显著的优势地位,而且后两者的地位变动较大,大部分节点城市吸引与该城市距离较近的城市客流,不同年份公路客运量的中心-外围格局有较大变化;在货运方面,本地区货运节点等级体系较为稳定,基本上形成以上海为中心,南京和杭州为次的空间格局。第四,长三角地区公路复合流量各级节点数量变化较大,基本形成以上海为中心,南京和杭州为次核的空间联系格局——上海的客货复合流量辐射范围远远超过南京、杭州两个次中心。第五,本地区的旅游流网络总体发展不平衡、网络密度较低、极核发展趋势明显,上海、杭州、苏州、南京、无锡五个城市在本区域的旅游流网络中处于核心地位,承担了本区大部分旅游流的输入与输出;南通、宁波、常州、湖州、绍兴、嘉兴、舟山、镇江、扬州、台州、泰州在本网络中属于边缘旅游地。

城市腹地的范围受城市经济、社会要素共同作用,并受交通通达性、行政区面积以及自然条件等多个因素共同制约,城市腹地变化是一个动态的复杂过程,且在这个过程中,城市交通通达性以及经济发展水平对其影响较大。因此,高速公路的修建和运营,一般会使得城市腹地大大扩展。在长三角地区,上海的腹地面积始终是最大的,虽然各个城市之间的腹地面积差异较大,但已呈现出平衡发展的态势;根据城市路网通达性的差异,各城市腹地变化可以区分为扩张、保守和收缩三种类型。

汽车化的社会,伴随高速公路的扩张,使得城市的机动性日益提高,通勤、商务、旅游、休闲等活动越来越便捷,以城市为核心的一日通达的空间范围是人们利用高速通道进行及时化充分交流的地理空间。研究表明,在长三角地区,随着路网的不断完善,基于高速公路网络的上海、南京、杭州、苏州、宁波四个重要中心城市的通达范围均有显著增加,1 小时经济高度联系区面积增大,新增范围沿新建高速公路扩展,覆盖的县域数量也随之增加;日通达范围内的城镇规模等级趋于合理;高速公路网络连接度与各城市人均 GDP 呈高度正相关。路网连接度高、高速路网结构好的地区,日通达性好。

城市之间的联通度提高,路网的通达性增强,重要节点城市的区位优势显著等,致使高速公路网络的集聚功能远大于扩散作用,已有的区域发展轴线的强化,尤其是以公路客货流表征的高速公路沿线显现出明显的走廊特征。对以最短时间距离、社会经济综合值以及 30 分钟到达高速公路出入口三个指标界定的高速公路走廊进行分析发现:沪宁杭甬高速公路走廊区域具有很强的集聚效应,2011 年,该走廊空间范围面积占整个长三角

高速公路网与城镇体系的区域整合

的18.79%,29个县及上行政单位集中了长三角地区60.61%的GDP产值、44.67%的人口、55.32%的固定资产投资额以及63.39%的工业总产值,人均GDP要高于长三角平均水平;走廊内城市规模等级体系明显,首位城市为上海,特大或超大城市为南京、杭州、无锡和苏州,中等城市居多;走廊内城市相互作用空间分异明显,上海的城市作用强度最大,能够辐射到走廊区域90%以上的城市,杭州、南京、苏州居次,无锡、苏州和常州构成的苏锡常经济圈;走廊内城市联系方向沿沪宁—沪杭—杭甬高速公路呈"Z"字形延展,城市联系以上海为核心,并集中在走廊的中间部分,即常州—上海—杭州—绍兴段。

交通优势是区域交通基础设施网络所反映的支持其经济社会活动的水平与状态,一般来说,交通优势越显著,其经济发展的条件也越具有优势,发展潜力也越大。高速公路的建设和运营,进一步改善了区域综合交通条件,加强了地方交通优势。目前,长三角地区县域行政单元的交通优势度呈现出以上海为中心逐步向南北方向递减的格局,在一定程度上表征了县域生产力空间格局的特点;综合实力较高的县域位于苏南、浙北地区;综合实力值较低的县域位于苏北地区、浙西、浙东南地区。长三角地区县(市)交通优势与其综合实力耦合关系大致有三种情况:交通优势与经济发展耦合低类型,交通优势与经济发展基本耦合类型,交通优势超前于经济发展类型,其县域数量分别是27个、52个、28个。因此,相应的政策建议十分明朗。

高速公路网络推进扩张所强化的区域或地方交通优势,使得城市之间的联系进一步加强,区域城市网络化进程加快。长三角地区高速公路网路的建设和运营,使城市间联系不断强化。2004~2012年,上海稳居联系总量首位,但是其联系总量在本地区所占比重在逐年下降,8年间约下降5个百分点,苏州、无锡和南京是江苏城市中联系总量增长最多的三个城市,宁波、嘉兴和杭州是浙江增长最多的三个城市;本地区城市间联系总量高的城市集中于本地区中部呈"Z"字形分布格局,显著向周边扩展,说明城市之间的联系已经不仅仅局限于宁沪杭甬"之"字交通廊道,这在一定程度上说明,区域城市网络化的效应已经显现,尤其是门对门、高效便捷高速公路网络为主的陆路交通已经发挥了比较明显的网络效应。尽管如此,长三角地区的最大引力连接线仍然集中在上海,说明了上海在本地区的强大吸引力以及空间支配地位;江苏的南京、苏州和无锡与浙江的城市联系较多,浙江省的杭州、宁波和嘉兴与江苏省的城市联系较多。长三角地区城市网络节点依然分为四个层级:一级为上海;二级是南京、苏州、无锡、杭州和宁波;三级有嘉兴、常州、绍兴、温州、湖州、镇江、南通、舟山、金华和扬州;四级为江苏的淮安、盐城、徐州、泰州、宿迁、连云港和浙江的台州、丽水、衢州。在城市网络引力结构方面,本地区的城市联系比较集中,上海、苏州、无锡三个城市连接了网络中其他所有城市,说明这三个城市是网络中最重要的节点。2004~2012年各城市对上海的城市网络结构联系发生了明显的变化,上海在本地区的吸引力有减弱的趋势,但多数城市对上海的吸引力并无显著变化。总体上,长三角地区城市网络区域复杂和多样化,城市网络结构呈现出区域内部差异化特征。

总体上看,高速公路对长三角地区的影响越来越大,对经济影响和社会影响是正向的促进发展,而对环境的影响负向较多。高速公路对长三角地区城市群的职能结构产生了重要的影响:对物质生产部门的影响整体上是一个下降的趋势;对非物质生产部门的整体影响呈现上升的趋势。可以说,高速公路的发展在一定程度上对长三角地区城市群地区第三产业及新兴产业的发展产生了促进作用,有利于促进长三角地区城市群职能结构的调整。

14.2 高速公路网与城镇体系的区域空间整合方式

整合就是通过某种方式,对要素进行整顿、协调,以提升要素之间的协同性,充分共享资源,形成更有价值和更有效率的一个整体。区域高速公路网的修建和运营,使路网通达性得以有效改善和提升,城市的机动性提高,城市之间的联系不断增强。伴随城市之间分工与合作的逐步深入,区域资源可以更加充分地得到利用,生产要素的协同性进一步增强,区域的整体效率应得到大幅提升。

对长三角地区的研究表明,高速公路网络使得一些重要城市的区位优势有强化的态势,以致高速公路网络的集聚功能大于扩散作用,促使原有的区域发展轴线强化;无论从公路的客运量还是货运量,抑或是客货运复合流量来看,作为高速公路网络节点的城市其相互之间的等级差异十分明显。但是,由于高速公路网络带来的便捷性,越来越依赖于机动车的商务出行和休闲、旅游出行更加自由,不仅客运的集中度有下降的趋势,而且出行当日往返空间范围也在逐渐扩大。因此,借助高速公路网络这种快速高效的联系通道,一定区域内的城市之间在市场的基础机制作用下,自发地或者在被地方政府有意识的引导之下,可以按照以下几种方式进行区域城镇体系的空间整合。

第一,廊道式的综合化整合。在客货交通流较为集中的高速公路干线沿线空间范围,在城市区位惯性的作用下,城市之间密切加强联系,并与铁路通道联合形成综合交通运输廊道,逐步形成规模有序、等级分明的城镇体系空间组织,最终实现廊道空间范围内的综合化城镇空体系间整合。

第二,轴—辐式的核心—边缘化整合。以轴—辐方式,在不同空间范围内,区域内强大的核心城市依靠自身的实力和强大的吸引力或辐射范围,通过高速公路网络中的放射状通道或其他主要联系通道,影响和控制外围城市,外围城市则依赖于核心城市,形成空间范围不等、规模不一的轴—辐状空间组织,以实现核心—边缘化城镇体系空间的整合。

第三,日通达式的及时化整合。以机动车为交通工具,通过高速公路网络从所在城市出发,完成商务、休闲、旅行目的,并实现当日返回。伴随路网的扩张不断扩展,城镇之间联系日益密切,由此形成城市的日通达空间范围,这对于区域的重要核心城市的及时化交流圈的形成尤为重要,最终逐步形成以重要城市为核心的、以日通达范围联系区域的城镇空间组织体系,实现区域内核心城市日通达方式的及时化城镇体系空间整合。

第四,网络式的均衡化整合。高速公路网络建设与发展的理想目标是为推进区域大小城镇的均衡发展形成支撑条件。随着区域高速公路网络的完善,路网联通度的不断提高,高速公路网络的网络效应日益显现,区域城市网络化程度也逐步提升,区域规模不等的城镇由此逐步获得网络化的均衡发展机会,最终在整个区域实现网络式的均衡化城镇体系空间整合。

我们认为,上述几种整合方式的基本意义在于,在区域规划或其修编过程中,应当充

高速公路网与城镇体系的区域整合

分考虑高速公路网这种高速交通网络对于区域城镇体系带来的多样化的影响,而非仅仅在总体上一般性地考虑区域城镇体系的空间组织。同时在区域规划的执行过程中,不同等级的地方政府部门也应当注重这样的影响,以使区域的资源配置更加有效。

后　记

　　本书是本人主持的国家自然科学基金项目(41071073)研究工作的系统集成,同时也是本人目前主持的国家自然科学基金项目(41471100)研究工作的重要前期积累。本书所涉及的研究从总体框架到每一章的具体和深入的研究,均由本人设计和组织,主要研究工作始于2009年。这些研究成果反映了我本人以及我的研究团队对高速公路网络与区域城镇体系之间相互作用、相互影响的基本认识。大部分的具体研究工作在我的指导下,由我的十余位硕士研究生陆续完成。在项目研究推进的过程过中,最令人难忘的是我们这个研究团队的每一次研究讨论会——我们称之为"例会",这是我们思想火花碰撞最为集中、最为激烈的时刻。因此,本书是我们研究团队集体智慧的结晶。当然,这两项基金项目得以资助,离不开我的工作单位——上海师范大学的全力支持,特别是学校科技处和我们地理系。每年我们地理系在高峻教授、温家洪教授、胡小猛教授的带领下,积极申报国家自然科学基金项目及其他纵向项目,开展学术讨论,形成了浓厚的学术氛围。因此,在这里,我也要特别感谢每一次讨论会上同事们予以我所申报项目的中肯建议和批评。

　　本书第2章至第10章,第12章和第13章是在我的历届硕士研究生的学位论文的基础上编纂而成的,这些研究生是曹秀婷(2011届,第2章)、孙婷婷(2011届,第3章)、卢茜(2011届,第4章)、曹梦玉(2013届,第5章)、施丽娜(2013届,第6章)、牛丽静(2011届,第7章)、袁中慧(2012届,第8章)、辛红(2013届,第9章)、唐颖(2014届,第10章)、马华(2015届,第12章)、沈蓓(2015届,第13章)。有兴趣的读者可以在"中国知网(www.cnki.net)"的学位论文数据库中查找到他们的学位论文的原文。另外,第11章的前两节和后两节的原文分别基于谢夏成(2015届)、叶子豪(2015届)两位撰写的研究论文。这些原始研究论文的每一篇都经由我本人亲自进行缩编和文字润色,进行结构上的调整,有的章节甚至重新撰写。因此,书稿的形成可谓历经心血。在此,我衷心地祝愿年轻学子们学业有成,事业进步。但同时,也希望他们能在文字上下更大的功夫,以能既简明扼要、又充分准确地将研究成果或自己的想法、思想表达出来。这是我在编纂这本书的过程中令我印象最为深刻的一件事情。相信文字功底的改善和进步将会使他们终身受益。

　　硕士研究生杨芳芳(2016届)为书稿第6章、第10章、第12章、第13章的文字、图表、引文等的校对校验付出了辛苦劳动。当然,还要感谢我的家人——年迈操心的母亲、辛苦忙碌的太太以及历经大学四年刚刚走上工作岗位、干活认真卖力又极其辛苦的女儿!没有她们在背后的默默的支持,对于我,那实在是难以想象的!

林 涛

二〇一五年十一月二十一日

于苏州西山金庭